北京师范大学全球化与文化发展战略研究院　北京师范大学中华文化研究院

全球化研究

第 4 辑
（2025 春季卷）

主编　薛晓源　吴志成

图书在版编目（CIP）数据

全球化研究. 第4辑，2025春季卷 / 薛晓源，吴志成主编. -- 北京：中央编译出版社，2025.6. -- ISBN 978-7-5117-4941-3

Ⅰ. C913

中国国家版本馆CIP数据核字第2025BZ7335号

全球化研究·第4辑（2025春季卷）

责任编辑	郑永杰
责任印制	李　颖
出版发行	中央编译出版社
网　　址	www.cctpcm.com
地　　址	北京市海淀区北四环西路69号（100080）
电　　话	（010）55627391（总编室）　（010）55625174（编辑室） （010）55627320（发行部）　（010）55627377（新技术部）
经　　销	全国新华书店
印　　刷	北京汇林印务有限公司
开　　本	710毫米×1000毫米　1/16
字　　数	440千字
印　　张	29.75
版　　次	2025年6月第1版
印　　次	2025年6月第1次印刷
定　　价	168.00元

新浪微博：@中央编译出版社　　微　信：中央编译出版社（ID：cctphome）
淘宝店铺：中央编译出版社直销店（http://shop108367160.taobao.com）　（010）55627331

本社常年法律顾问：北京市吴栾赵阎律师事务所律师　闫军　梁勤
凡有印装质量问题，本社负责调换。电话：（010）55627320

《全球化研究》编委会

编委会主任： 康　震

主　　编： 薛晓源　吴志成

副 主 编： 贾克防　刘兴华　王　皓

主　　办： 北京师范大学全球化与文化发展战略研究院

　　　　　　北京师范大学中华文化研究院

编辑委员会：

吴志成（中共中央党校）　　　　　徐　步（中国国际问题研究院）

王　宁（上海交通大学）　　　　　张冠梓（中国社会科学院）

傅小强（中国现代国际关系研究院）　郗卫东（中央编译出版社）

于铁军（北京大学）　　　　　　　张　骥（复旦大学）

方长平（中国人民大学）　　　　　薛晓源（北京师范大学）

刘雪莲（吉林大学）　　　　　　　刘贞晔（中国政法大学）

郭忠华（南京大学）　　　　　　　刘　丰（清华大学）

王辉耀（全球化智库）　　　　　　肖　铠（北京师范大学）

刘兴华（南开大学）　　　　　　　朱永彪（兰州大学）

贾克防（北京师范大学）　　　　　王　皓（吉林大学）

《全球化研究》发刊词

据英国社会学家罗兰·罗伯逊在《全球化百科全书》中考证，"全球化"一词，源于20世纪70年代，80年代开始流行，90年代红遍世界，成为最为时髦的词语和媒体广泛使用的高频词。一个词语的高频率出现，不是一个简单的语言学的现象，其背后蕴含了复杂的经济交往、多维的社会联系和深度的文化互动的现实语境。1997年亚洲金融危机和2008年美国次贷危机，使全球化陷入了困境。进入21世纪，反对全球化的声音开始在发达国家蔓延，逆全球化的分贝在不断增高。

在百年未有之大变局与世纪疫情复合叠加的今天，我们认为全球化是复数的。全球化不只是经济全球化、金融全球化，而是多维度、多层次交融的全球化，疾病的全球化、生态的全球化、安全的全球化和文化的全球化等，也是全球化的重要维度和研究全球化的重要视角。我们反对把全球化只视为经济全球化、金融全球化的单极性和片面性。因此，我们认为在全球化时代，文明的理解与相互借鉴是至关重要的，建立人类命运共同体是至关重要的：它可以化解不同文明的冲突和矛盾，走向相互理解、相互欣赏、相互借鉴、相互发展的健康的、可持续发展之路，为全球化的未来、人类的未来指明发展方向。

中国从全球化的参与者，到全球化的推动者和全球秩序的维护者，用自己的实力和诚意在释放全球化的善意,发挥全球化的美德。全球化的现在与未来需要更全面、立体、理性、客观地审视和观照,这是时代赋予我们的"人的使命"和"学者使命"。我们的刊物要为全球化的发展和研究注入更多理性的声音和客观的分析与探究,而不是一种情感的共鸣与骚动。

《全球化研究》应运而生,旨在汇聚国内外一流学者的真知灼见,发出基于中国的全球化声音,把"释放全球化的善意,发挥全球化的美德"写在我们同舟共济的桅杆之上,乘着时代之风扬帆远行!

目 录
Contents

本期特稿 / 1

    全球化：从互联到纠缠

        〔英〕伊恩·戈尔丁 著　徐信高 译 / 3

    企业全球化与自由主义秩序

        ——治理规范的脱嵌与再嵌入

        〔美〕约翰·杰拉德·鲁杰 著　徐 丹 译 / 15

本期聚焦 / 47

    全球化与全球史：共生与融合

        ——一项关于全球化与全球史学术关系的考察

      薛晓源 / 49

    全球史和全球化史之间的相互成就

        ——以全球史为方法构筑全球化史

      庞中英 / 76

全球化与中国 / 97

全球化面临的挑战与中国推动全球化的主要路径
　　孙吉胜 / 99

中国式现代化的理论资源与全球本土化实践
　　王　宁 / 115

美国"印太战略"对中国周边安全态势的影响
　　刘　霏 / 130

全球视野下的中国式现代化及其战略意涵
　　曹德军　毛雅欣 / 158

全球化趋势研究 / 179

全球化的结构性原则及其转型
　　——以美国为中心的论述
　　郭忠华 / 181

全球化大势下的全球文明
　　——亨廷顿文明范式的批判与思考
　　米　健 / 193

新质生产力纾解全球化"渐冻"的理论解构及路径选择
　　唐任伍 / 231

数字全球化 / 249

数字全球化背景下美国"平台权力"的武器化及其影响
　　马元浩　刘雪莲 / 251

全球化时代数字主权的风险治理
　　孙烨鑫　刘贞晔 / 274

数字技术与未来战争
　　——兼论数字时代的国际关系
　　李　石　肖　捷 / 300

大国博弈下跨国数字公司的国际规范塑造行为
  刘兴华 杨紫寒 / 322

全球治理 / 363
知易行难：推进全球人工智能治理的应然需求与实然障碍
  戚 凯 / 365
清洁能源转型进程中的全球能源治理变迁
  李 冰 / 380
全球安全治理：美国困境与中国路径
  薛美芳 洪丹丹 / 403

全球化研究信息之窗 / 435
全球化研究论文观点辑要
（2024 年 4 月—2025 年 3 月）
  杨乔蕾 整理 / 437
全球化研究论文要目
（2024 年 4 月—2025 年 3 月）
  杨乔蕾 整理 / 452

《全球化研究》稿约 / 465

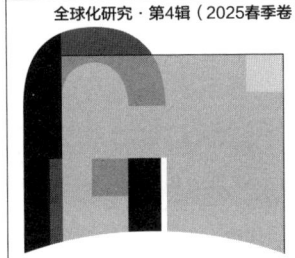

全球化研究·第4辑（2025春季卷）

| 本期特稿

全球化：从互联到纠缠

〔英〕伊恩·戈尔丁* 著　　徐信高** 译

摘要：在保护主义抬头、经济结构调整与全球政治合作弱化的叠加冲击下，全球化进程正经历前所未有的深刻转型。全球化以新的形式强化了各国间的互联互通，从而使人类进入一种命运与共的"纠缠"状态。然而，系统性风险的上升以及地域性不平等的加剧，正催生民粹主义与极端思潮的全球蔓延。与此同时，国际机构陷入低效失能困境，全球化的负面效益不断凸显。站在全球化的历史十字路口，回望文艺复兴的历史经验，国际社会唯有共同努力，推动人类思想大解放，释放全球发展潜力，方能实现全球化的可持续发展。

关键词：全球化　纠缠　系统性风险　地域性不平等

全球化并未消亡，而是正在经历快速而深刻的转型。这里所说的全球化指的是商品、服务、人员以及思想跨越国界的流动。

---

* 〔英〕伊恩·戈尔丁（Ian Goldin），牛津大学全球化与发展学教授、马丁学院创始院长，曾任世界银行副行长、欧洲复兴开发银行首席经济学家、南非总统曼德拉经济顾问。

** 徐信高，南开大学周恩来政府管理学院博士研究生。

一

地区间贸易增速正在放缓，这一现象部分归因于民族主义和保护主义的抬头。尤其是在美国，随着总统大选的临近以及关税政策的调整，贸易环境可能会进一步恶化。然而，贸易放缓的背后还存在着更深层次的原因：随着经济的增长，经济体逐渐变得更加富裕，当收入水平超过一定阈值后，贸易在国内生产总值（GDP）中所占的比重自然会下降。这一趋势反映了经济结构从以制造业为主转向以服务业为主，进而推动非贸易性服务业的兴起。这些服务具有本地化和不可贸易的特性，无法通过远程方式完成，也无法从外部引入。

此外，老年护理等服务同样无法通过远程或跨境贸易实现。随着人口老龄化加剧，越来越多的经济资源被用于满足老年人的护理需求以及他们心理层面的需求。这种结构性变化导致贸易在 GDP 中的比重不可避免地下降。然而，这并非危机，而是经济发展和繁荣的标志。因此，我们不应仅凭贸易数字的下降就断言危机来临，因为贸易比重下降也可能是经济富足和社会进步的体现。我们正从以物质生产为核心的经济模式，转向一个物质需求逐渐被心理需求所取代的新时代。这种转变不仅是经济发展的必然结果，也是社会进步的象征。

大多数人对汽车、鞋子或食物等物质产品的消费是有限度的。当人均收入达到约 2 万美元时，消费量会显著减少，此后人们会更加注重产品的质量。这些产品中蕴含的知识产权以及相关服务中的知识产权，逐渐成为满足人们需求的重要因素。我们消费的食物数量可能保持不变，但其价格可能是原来的 10 倍；我们穿的衬衫数量也可能不变，但由于品牌和设计所体现的知识产权及其带来的心理满足感，衬衫的价格也大幅上涨。这种从数量到质量的转变是导致贸易量下降的重要原因之一。

然而，全球化某些方面的放缓更令人担忧，尤其是全球政治合作，即各国跨越国界开展协作的能力。其中最令人忧虑的是中美之间日益紧张的关系。

这一问题至关重要，因为几乎全球所有重大议题都需要中美两国的合作。当前，中美关系的紧张以及双方合作意愿的减弱，不仅直接导致了地缘政治风险，还可能因未能有效管理这些风险而引发更深层次的系统性危机。如果我们能够将应对疫情所耗费的资金中的一部分用于预防未来大流行病的发生，那么这场疫情本可以成为终结大流行病的契机。然而，现实却是，如今的世界卫生组织（WHO）比2019年时更加脆弱，其应对未来大流行病的能力也进一步被削弱。随着越来越多的人口聚集在机场、高铁站等超级传播节点附近，以及人类与动物接触频率的增加，大流行病暴发的风险正在显著上升。值得注意的是，大流行病的威胁不仅存在于最贫穷国家的最贫困地区，也可能存在于最富裕国家的城市街道，这才是我们真正需要警惕的。此外，气候变化作为全人类共同面临的生存威胁，若缺乏中美两国的合作，也难以被有效应对。同样，金融危机和其他系统性风险的管理也离不开全球协作。

二

全球化正以新的形式将世界各国紧密联系在一起。跨国界的流动是许多问题被成功解决的关键，例如疫苗的快速研发和全球分享。这种高度互联的状态也带来了"纠缠"（entanglement）。纠缠意味着地球上没有任何一个国家或个人能够独善其身。纠缠揭示了我们是命运共同体的本质，这与"没有社会，只有个人"的极端个人主义观点截然相反。事实上，个人的命运只有在健康的社会环境中才能得以实现，而全球化的深化进一步凸显了这一点。

因此，在全球化背景下，个体责任的履行必须与社区关怀及集体福祉的实现相统一。这种统一性不仅体现在国家层面，更适用于全球社会。我们必须实现从"个体本位"向"共同体意识"的范式转换，将人类命运视为一个相互依存、紧密相连的整体。历史经验表明，任何形式的隔离措施都无法有效应对全球性挑战。新冠肺炎疫情的全球大流行充分印证了这一点。同样，2008年全球金融危机的影响也呈现出显著的跨国传导性，其冲击波从美国中西部一直蔓延至非洲最贫困的村落。气候变化问题更是如此，我们所有人都面临着海平面上升、极端天气、气温升高和温室气体排放带来的威胁。

当我们面对当今世界时，核心问题在于如何有效管理这个日益复杂的世界系统。这个系统正变得愈发动态和综合，且其变化速度每分每秒都在加快。然而，与之形成鲜明对比的是，我们的管理系统却在倒退，尤其是在西方模式遭遇困境的背景下。今天早上可能是你们余下生命中最为缓慢的一个早晨。请珍惜这一刻，放松身心，深呼吸。因为我们正置身于一辆不断加速的过山车上，速度越来越快，高点越来越高，低点也越来越低，这既令人兴奋，又令人恐惧。唯一可以确定的是，那些基于过去100年、500年或更久远历史事件的风险管理指标，或许都已不再适用。未来的发展不会建立在过去的基础上，因为未来的系统动力已经发生了根本变化：越来越多的参与者在更多的地方建立了联系。如果我们相信天赋是随机分布的，那么世界上的天才将会更多。新的爱因斯坦、莫扎特、莎士比亚式的人物将改变我们的思维方式、行为模式和认知框架。然而，真正改变世界的并非个人，而是群体——在实验室、交响乐团、教室和广场上，人们的思想碰撞产生的火花才是推动变革的力量。这种现象在全球范围内正以历史上前所未有的速度发生，并且由于思想交流空间向全球互联网和社交媒体的转变，我们将更快地意识到这一点。这是一个充满竞争的舞台，且其规模正在不断扩大。但不幸的是，尤其是在社交媒体上，那些声音最大的人往往更容易被听到。同时，随着人工智能技术的进步，制造和叠加内容的能力越来越强，我们越来越难以分辨事实与虚构。因此，我们正处在一个充满争议的空间中，更令人不安的是，这个空间正面临被极端主义主导的风险。温和的人通常不喜欢大声喧哗，也不愿卷入争斗。然而，这是一场正在进行的思想斗争。极端主义的崛起，正是我们在世界各地看到的民粹主义兴起的根源。

但是，我们所看到的这种诱发政治分裂的民粹主义和民族主义并不只由社交媒体造就，即使它与问题的本源密切相关。如果我们要克服这种分裂，就必须解决这些根本问题，这些根本问题反映了我们在管理全球化方面的失败，我想特别强调两个问题。第一个是我一直在谈论的系统性风险的上升，这种焦虑是由于我们知道会有越来越多的冲击和意外。我认为，如果没有

2008年的金融危机，就不会有特朗普总统入主白宫，也不会有英国脱欧。这些都是实实在在的冲击，导致了5000多万人失业和实际生活水平的下降。但问题不仅仅是物质上的剥夺，更重要的是人们意识到精英的自我欺骗：运行金融系统的人不知道他们在做什么。

我曾是一名银行家，是世界银行的政策制定者，也是金融危机爆发前世界银行的副行长。我没有预料到这次危机，而这一情况并非个例，全球各地的中央银行、国际货币基金组织、世界银行以及国际清算银行中的两万名经济学博士——他们大多毕业于牛津大学等顶尖学府——同样未能预见危机的到来。这些经济学家每年打一次高尔夫球。杰克逊厅（Jackson Hall）的组织领导人还有着他们各自的电话号码。他们彼此间保持着紧密联系，形成了一个致力于维护金融稳定的小型精英网络。然而，当危机真正降临时，他们却花费了相当长的时间才采取有效的应对措施，且无人因此承担法律责任。这导致公众不再信任这个由特权阶层组成的复杂系统的管理能力。这种信任的缺失是有道理的，因为我们确实未能有效管理好这个系统，并且至今仍未完全解决这些问题。因此，当前金融体系面临的潜在风险与危机爆发前相比并未显著降低，系统性危机的阴影依然挥之不去。

此外，我认为民族主义、保护主义和民粹主义抬头的第二个原因在于地域性不平等现象的加剧。在本世纪初，无论是托马斯·弗里德曼（Thomas Friedman）在其著作《世界是平的》中描绘的全球化图景，还是弗朗西斯·凯恩克罗斯（Francis Cairncross）在《距离的消失》中阐述的技术革命预言，都曾不约而同地热情讴歌互联网与科技全球化将带来前所未有的发展机遇。然而，现实却与他们的预言大相径庭。世界并未变得如预期般平坦，反而变得更加尖锐，问题丛生。地域的重要性不仅没有被减弱，反而比以往任何时候都更加凸显。如果你身处不利之地，便难以摆脱过去的桎梏。一些地方代表着落后和机会的匮乏，而另一些地方则代表着未来、变革的潜力以及随之而来的财富。我们看到，美国沿海地区与大湖经济区同中部经济带之间的差距正日益扩大。类似的现象也在欧洲显现：伦敦与英格兰北部、巴黎与法国其他地区、米兰与意大利其他区域之间的经济鸿沟不断加深。韩国同样面临这一问题，首尔如同一块磁石，吸引着全国各地的民众。

因此，当我们观察收入分配格局时，便会发现充满活力的地区与落后地区之间的矛盾正日益加剧。这种矛盾同样反映在投票模式中，折射出民众的不满情绪。一个显而易见的问题是：为什么人们不迁移到充满活力的地区？发生了什么？过去，这种迁移是常态。然而，如今美国的乡村和大城市间的人口流动性仅为50年前的一半。英国、法国以及大多数发达经济体也呈现出相似的趋势。造成这一现象的原因是多方面的，其中最关键的因素在于：充满活力的城市缺乏可负担的住房，房价的持续上涨使得在这些城市生活所需的收入门槛不断提高。

过去，人们解决这一问题的办法是长途通勤。然而，随着交通拥堵加剧、公共交通成本上升、公共交通可用性下降，以及通勤时间和费用的增加，这种方式变得越来越困难。因此，我们看到，那些居住在距离充满活力的城市20、30英里甚至几公里之外的人们，被困在了落后的地区。造成这一现象的其他因素还包括：老年人需要依赖护理院，双职工家庭需要为孩子寻找合适的学校，以及如果搬到这些充满活力的新地方，夫妻双方需要同时找到两份工作。这些因素共同导致了劳动力市场的僵化和灵活性的缺失。值得注意的是，这种僵化和缺乏灵活性的现象急剧增加，并不是因为工会化或最低工资政策（有些人如此认为），而是由于其他更为根本的因素。

这意味着人们被束缚在了过去。当世界加速变化时，社会需要更加灵活。一切都必须更快地发展，然而现实却是，一切都在放缓。人们需要能够更迅速地转换工作，更快地迁移，更快地重新掌握技能。这种灵活性的缺失也是生产力停滞不前的原因之一。正如诺贝尔经济学奖得主罗伯特·索洛（Robert Solow）在50年前所指出的那样，除了在经济统计数据中，我们随处可见计算机的身影。尽管技术变革令人瞩目，但它并未在许多方面深刻影响我们的生活。技术变革并未带来以经济价值计算的每人每小时产出的提升，即生产率的提高。

为何会出现这种现象？这一问题存在诸多解释，经济学家们对此争论不休。我最近在《经济文献杂志》上发表了一篇评论文章，供感兴趣的读者参考。其中一个关键原因或许在于，我们无法跟上快速变化的节奏。换言之，前沿领域的发展速度远超经济的其他部分。为了跟上这一步伐，我们需要提高投资率，包括公共投资和私人投资，涵盖硬件和软件两个方面。硬件指的是基础设施、机器设备、建筑、能源系统和运输系统等；而软件则包括理念、流程、监管环境、教育体系和课程设置等。然而，这些方面都未能跟上变化的步伐。因此，由于这种前沿领域的快速变化，我们经济中越来越多的部分需要加速贬值，并更快地变得过时。然而，我们未能跟上这一变化，因为当前的投资率甚至低于变化较慢时期的水平。这一现象与一系列因素相关，包括政府在提高税收、投资公共服务、基础设施和教育等方面能力的下降。因此，我们正进入一个需要充分认识发展潜力的世界，但无论是在全球还是国家层面，我们都未能实现这一发展潜力。

在全球层面，联合国、布雷顿森林体系机构以及其他国际机构已完全无法适应21世纪的需求。这些机构诞生于不同的时代，并曾取得显著成功。然而，时代已经改变，这些机构也需要与时俱进。但它们未能做到这一点，原因并非因为它们无能。尽管有时它们确实表现出无能，但大多数情况下，问题不在于领导不力，而在于它们的成员不允许它们进行必要的变革。这些多边机构的行为受到其成员的限制。我们不能简单地指责联合国未能解决加沙、乌克兰或苏丹的冲突。如果联合国的成员国没有赋予其明确的使命、充足的资金和必要的能力，联合国便无法有效履行其职责。联合国是全球政治的缩影，它无法超越全球政治的局限。当全球政治陷入僵局时，联合国机构同样束手无策。在国家层面，民族主义和保护主义的抬头使我们陷入了一个危险的漩涡。投资不足导致经济增长放缓，而经济增长放缓又使得政治环境更加复杂。当你在一个固定的蛋糕上争夺份额时，你只能通过剥夺他人来给予某些人利益；而在经济增长的背景下，你可以让每个人都受益，尽管有些人可能受益更多，但你并非通过剥夺某些人来给予其他人。

缓慢增长带来的挑战，本质上是对固定资源分配的政治挑战。在这种环境下，利益的分配往往意味着从一方剥夺以给予另一方，这不可避免地引发公众的不满。国内政治的另一个显著特征是税收上的"逐底竞争"。全球化虽然带来了诸多益处，例如自第二次世界大战以来，全球人均预期寿命延长了20多年。通过思想的传播，全球化显著地提高了全球收入水平。在世界人口增长超过20亿的同时，绝对贫困人口从20多亿减少至不到10亿，这是最为显著的成就之一。此外，全球化还推动了全球范围内人权的改善。在我的祖国南非，全球化与结束种族隔离制度、建立民主体制密切相关。

虽然我热爱全球化，但也深知它充满危险与丑陋的一面。全球化的危险和丑陋之处在于那些需要管理却未能得到有效管理的方面。税收上的"逐底竞争"只是全球化的一个负面溢出效应，其导致了避税天堂的兴起。从开曼群岛到列支敦士登、卢森堡、摩纳哥等许多地方，避税地的存在使得政府越来越难以从全球企业或高净值个人那里征收税款。因此，我们看到了税收套利现象，以及政府税收能力的下降。当然，人们也非常担心，如果提高税收，投资者可能会撤离。结果便是，无论是公司税还是所得税都受到了影响。此外，遗产税、财富税等其他税种也未能幸免。如今的税收水平还不到二战后时期的一半。我们通常认为1950年至1975年是一个艰难的时期，但经济史学家却将其称为资本主义的黄金时代。法语中称之为"Les Trente Glorieuses"，即"光辉的三十年"。因为当时的经济增长极为迅速，投资水平高，税收也高。然而，这个时代随着20世纪70年代的石油危机而终结。

如今，企业税和所得税的税率还不到那个时代的一半。尽管美国的税收水平相对较高，但在全球范围内，税收已经大幅减少，且我们无法回到过去。因此，我们需要以更具想象力的方式思考，如何在资源有限的情况下，帮助政府实现更显著的转型。我认为，转型的关键在于改变我们的创新方式、监管方式以及跨国合作方式。这并不一定意味着需要更多的资金，而是意味着需要更有效地利用现有资源，而这一点目前尚未实现。

三

我们如何确保为21世纪做好充分的准备？当我们审视未来，思考当前这一关键时刻，思考人类所处的历史十字路口时，我不禁想到其中的利害关系，以及这些关系的深远影响。这可能是人类有史以来最为辉煌的一个世纪，一个共同繁荣的时代，我们将因巨大的技术飞跃而取得前所未有的成就。

长期以来，人类面临着诸多挑战。其中，有两个问题尤为突出。其中一个是健康问题，尤其是癌症。我们都知道，癌症曾给许多人带来痛苦，甚至夺走他们的生命。但我乐观地认为，随着技术的进步，20或30年后，下一代将不再需要为此担忧。与我同龄的人则更关注阿尔茨海默氏症、帕金森氏症等神经退行性疾病，尽管这些疾病的治疗更为复杂，但我们也可能在这一领域取得重大突破。因此，我们可以设想本世纪下半叶的世界：人们健康状况良好，工作年限延长，能源成本极低，世界变得更加清洁、明亮和可持续。然而，我们也可以设想一个截然不同的世界，甚至可能是人类的最后一个世纪。这是一个令人不寒而栗的想法，但人类自相残杀和毁灭地球的能力确实比以往任何时候都更强大。

在这个关键的历史十字路口，个人、社区、城市、政府、国际组织，以及投资者和商界所做的决定至关重要。这些决定将深刻影响历史的走向。当我回顾历史，试图寻找与之相似的时期时，我不禁思考：我们能从过去的历史中学到什么，以帮助我们理解这个异常复杂的时代？回顾500年前的文艺复兴时期，古腾堡印刷机的发明和大航海时代的开启推动了一场技术革命，思想以前所未有的方式跨越国界，蓬勃发展并广泛传播。

当我们回想米开朗基罗、达·芬奇、哥白尼等人的非凡成就时，不禁感叹他们如何改变了人类的认知。他们发现地球不是平的，而是圆的，并通过环球航行开启了全球化1.0时代。从1450年到1500年，一幅幅画作和一项项科学发现彻底改变了我们对宇宙的理解。我们不再认为自己位于宇宙的中心，而是意识到我们生活在一个围绕太阳旋转的星球上，这个星球又与其他恒星共同构成了浩瀚的宇宙。这些创新的思想深刻地改变了人们认识世界的方式，巨大的财富随之产生。而这种思想的繁荣，无论在当时还是今天，都显得尤为重要。

人们渴望前往佛罗伦萨，亲身体验他们所读到的一切。然而，世界并未变得更加平坦，反而变得更加尖锐。贸易港口和一些地方的繁荣往往以其他地区的衰落为代价。这一切是如何终结的？你或许熟悉"虚荣的篝火"（bonfire of the vanities）这一典故。1495年，吉洛拉谟·萨伏那洛拉（Girolamo Savonarola）发明了政治小册子，向公众揭示了当时社会的深层危机：不平等在加剧，文士们失业。新出版的著作宣称上帝不在天上，你的心不是你的灵魂，它只是一个泵。对教会体制的批判声浪此起彼伏，其中马丁·路德（Martin Luther）及其追随者更是巧妙地利用印刷术这一革命性技术，广泛传播改革思想，最终产生了席卷欧洲的宗教改革运动。

多样性是文艺复兴的核心特征。在佛罗伦萨，穆斯林和犹太人繁衍生息，移民约占总人口的30%。米开朗基罗绘制罗盘所用的颜料甚至是从东方采购的。然而，这一切在宗教裁判所的兴起中戛然而止，所有的宽容也随之消失。多样性被驱逐出欧洲，穆斯林和犹太人被禁止进入欧洲。甚至在基督教会内部也是如此，天主教统治了欧洲，加尔文派教徒不得不逃离。

在这个关键的历史十字路口，我们是否有能力实现人类的第二次文艺复兴？我认为，第二次文艺复兴拥有更大的发展潜力。它更有可能在500年后被铭记为一个思想蓬勃发展的时期，一个引领地球走向可持续发展道路的时期。然而，我们是否具备实现这一目标的能力？还是说，我们会像文艺复兴结束时那样，因犯下太多错误、无法应对技术、政治等领域日益复杂的挑战，而被后人引以为戒。

我无法对这个问题给出确切答案，因为我们正身处变革的洪流之中。现在断言变革的最终方向还为时尚早。然而，我确信，这对企业乃至社会中的每个人来说，都是一个值得积极参与的时代。我深知，当下是最好的时代。我曾与许多年轻人交流，并试图让他们保持乐观。因为我坚信，对地球上大多数人而言，情况从未像现在这样充满希望。尽管仍然存在许多令人担忧的事情，但我们也见证了无数非凡的成就。回顾过去的50年，尤其是在战后时期，至少在亚洲，我们不得不为世界变化的速度感到震撼。

当人们只关注当下时，往往难以看到这些成就，也很难退后一步审视全局。我们常常忽视世界各地的人们如何逐渐意识到自己的权利，以及性别平等如何在许多地方得到改善。尽管我们仍面临巨大的挑战，但我们已经翻越了许多高峰，正是这种成就让我充满希望。我在我的祖国南非以及世界各地看到的变化，让我深信，人们的共同努力可以带来非凡的转变。当然，政府与私营部门之间的平衡、监管与自由之间的平衡、个体责任与集体责任之间的平衡，都需要谨慎管理。每个国家、每个社会都需要找到自己的解决方案。没有"一刀切"的模式，我们必须按照自己的方式行事，因为这是我们的独特之处。每个国家的历史、社会和其他因素决定了他们选择的解决方案和发展路径。

历史的轨迹必须朝着正确的方向发展，无论在哪里，这都是一场艰巨的斗争。历史的轨迹如同水滴注入浴缸，循序渐进。人们在短期内或许感受不到它的力量，但随着时间的推移，它的影响将逐渐显现。这条轨迹让我们意识到，我们正处在历史的关键时刻。当我们从简单的相互联系走向复杂的相互纠缠，当我们迈向一个我的未来与在座各位的未来紧密交织的世界时，我们不仅需要关注自身和亲近之人，还要承担起对更广泛社区和地球的责任。如今，我们已掌握充分的知识，科学以惊人的速度取得了突破性进展。没有人能够以无知作为借口，那不过是过往时代的奢侈特权。蒙蔽双眼的面纱已被揭开，我们已然明白：必须将这种从"互联"到"纠缠"的认知变革付诸实践。

Globalization: From Connectivity to Entanglement

Ian Golding

Abstract: Globalization is undergoing a profound and unprecedented transformation under the combined impact of rising protectionism, economic restructuring and the weakening of global political cooperation. In its new form, globalization has strengthened interconnectivity among countries, thus bringing humankind into a state of "entanglement" with a shared destiny. However, the rise of systemic risks and the aggravation of geographical inequalities are giving rise to the global spread of populism and extremist thinking. Coupled with the inefficiency and dysfunction of international institutions, the negative effects of globalization are becoming increasingly apparent. Standing at this historical crossroads, reflecting on the lessons of the Renaissance, international society must work together to advance intellectual emancipation and unlock global development potential to ensure the sustainable future of globalization.

Keywords: globalization, entanglement, systemic risks, geographical inequalities

企业全球化与自由主义秩序

——治理规范的脱嵌与再嵌入

〔美〕约翰·杰拉德·鲁杰* 著　徐　丹** 译

摘要：本文讨论了政治经济学意义上的几种自由主义形式，审视了跨国公司在推动自由主义发展变化中的作用。那些瓦解嵌入式自由主义并为我们带来新自由主义的政策措施，也推动了企业全球化的崛起。企业全球化成为过去半个世纪最具变革意义的地缘经济和地缘政治变化。未受约束的企业全球化引发了对企业宗旨的再思考，推动了企业宗旨从"股东利益最大化"为主导到强调作为规范的"企业社会责任"（CSR）。跨国公司被视为更具社会

---

*　〔美〕约翰·杰拉德·鲁杰（John Gerard Ruggie）（1944—2021），著名国家关系理论家，曾任哈佛大学肯尼迪政府学院贝特霍德·拜茨（Berthold Beitz）人权与国际事务教授、美国艺术与科学院院士、联合国助理秘书长。该文原文见 John Gerard Ruggie, "Corporate Globalization and the Liberal Order: Disembedding and Reembedding Governing Norms", in Peter J. Katzenstein and Jonathan Kirshner, eds., *The Downfall of the American Order*? Ithaca: Cornell University Press, 2022, pp. 144–164. 原文致谢：本章的早期版本内容曾于 2019 年 9 月 26 日在康奈尔大学工业与劳动关系学院米尔顿·R. 康维茨纪念讲座和伊瑙迪国际研究中心杰出学者系列讲座中宣读，并于 2019 年 9 月 27 日在康奈尔大学法学院弗兰克·欧文讲座中宣读。对于本书编辑和本书其他作者们提出的宝贵意见，我深表感谢；特别感谢在我们的著作出版研讨会上主持本章讨论的埃里克·赫勒纳（Eric Helleiner）；也要感谢道格·卡塞尔（Doug Cassel）、瑞秋·戴维斯（Rachel Davis）、卡罗琳·里斯（Caroline Rees）和玛丽·鲁吉（Mary Ruggie）。

**　徐丹，英国格拉斯哥大学社会科学学院博士研究生。

属性的实体。

关键词：嵌入式自由主义　跨国公司　企业全球化　企业社会责任　规范

你无法回到过去改变开端，但你可以从当下出发改变结局。

——C. S. 刘易斯

第二次世界大战后西方国家的国际政治经济是由规范性的理解和制度安排塑造的，我将其描述为嵌入式自由主义（embedded liberalism）。[1] 这种模式结合了各国政府在逐步自由化贸易和建立自由稳定的汇率制度上的承诺，同时保留了足够的国内政策空间，包括资本管制，以提供社会投资和安全网，并缓冲自由化带来的经济和社会动荡。与20世纪30年代的经济民族主义和双边主义不同，这一机制具有多边性质；但与第一次世界大战前的金本位和自由贸易的自由主义不同，这种多边主义以国内干预为前提。

尽管这一机制在很大程度上是英美设计的，但它也涵盖了欧洲社会民主国家和社会市场经济体的核心利益和关切，从而构成了《关税与贸易总协定》（GATT）和《国际货币基金组织协定》相关条款的基础。世界银行成立之初是为了提供战后重建援助，但很快转向为发展中国家提供长期援助。而在外国直接投资（FDI）方面，并未建立新的规则或机制。在西方，这一宏大交易促成了法国人所称的"光辉三十年"（les trente glorieuse）——这是历史上最长且最公平的经济扩张时期之一。在马克·布莱斯（Mark Blyth）撰写的章节中，这个时代被描述为"第一个美国秩序"（1945—1980）。

当我撰写嵌入式自由主义的文章时，"新保护主义"的威胁在美国政治经济学家中引起广泛关注："新保护主义在西方世界的出现反映了干预主义或福利经济对市场经济的胜利。"[2] 但我的文章却得出截然不同的结论："当前导

---

[1] John Gerard Ruggie, "International Regimes, Transaction, and Change: Embedded Liberalism in the Postwar Economic Order", *International Organization*, Vol. 36, No. 2, 1982, pp. 379-415.

[2] 参见，如：Melvyn Krauss, *The New Protectionism: The Welfare State and International Trade*, New York: New York University Press, 1978, p. 36。

致不连续性的最主要力量并不是货币和贸易方面的'新保护主义',而是重新抬头的自由资本主义精神。"① 这种精神很快被称为"新自由主义"。在布莱斯的描述中,它的出现标志着第二个由美国主导的国际秩序的开始。

尽管新自由主义一词几乎被普遍使用,但其确切含义、范围和出处仍有争议。② 然而,在1980年前后英美资本主义转型的背景下,新自由主义一般指的是削弱监管、再分配和反垄断政策,以及工会;将政府职能外包给私人承包商;将制成品和某些服务的生产离岸外包给劳动力成本更低、监管薄弱或不存在监管的国家;充分实现资本的流动性;以及金融业的崛起和实体经济的金融化。这些变化伴随着对上市公司普遍认识的根本性转变——用特拉华州衡平法院前大法官威廉·艾伦(William Allen)的话说,从"社会实体"的概念转变为"私有财产"的概念。③ 股东利益最大化或股东至上主义很快被企业领导者、投资者以及监管机构视为公司的首要甚至唯一目的。除美国和英国外,相对较少的国家完全接受了所有这些特征,但它们通过双边投资协定、双边/地区自由贸易协定、全球金融机构施加的条件和世界贸易组织规则,以及这些发展所释放出的新的、强大的全球市场力量,在国际范围内传播开来。

乔纳森·科什纳(Jonathan Kirshner)、马克·布莱斯、彼得·古雷维奇(Peter Gourevitch)、拉维·阿卜杜拉尔(Rawi Abdelal)和伊琳·格拉布尔(Ilene Grable)撰写的各章梳理了这一复杂网络的各项元素,并指出它们最终引发工业化世界大范围政治两极分化和民粹主义崛起的原因和方式。布莱斯认为,如果存在"第二个秩序"的话,它是"无目的的",尽管它仍然依赖

---

① John Gerard Ruggie, "International Regimes, Transaction, and Change: Embedded Liberalism in the Postwar Economic Order", *International Organization*, Vol. 36, No. 2, 1982, p. 413.

② John Braithwaite, *Regulatory Capitalism*, Cheltenham, UK: Edward Elgar, 2008; Colin Crouch, *The Strange Non-Death of Neoliberalism*, Cambridge: Polity, 2011; Quinn Slobodian, *Globalists: The End of Empire and the Birth of Neoliberalism*, Cambridge, MA: Harvard University Press, 2018.

③ William Allen, "Our Schizophrenic Conception of the Business Corporation", *Cardozo Law Review*, Vol. 14, No. 2, 1992, pp. 261 – 282.

美元进行国际交易。格拉布尔（Ilene Grable）认为这是一种"不连贯的秩序"，但其中有一些"富有成效甚至变革性的时刻"。本文将跨国企业置于这些发展之中，① 涵盖了政治经济学意义上的三种自由主义形式：嵌入式自由主义、新自由主义，以及一种自由主义的新形式。这种新形式的自由主义开始将上市公司视为一种更具社会属性的实体，而不再将其局限于国家范畴或股东专属"财产"。与前两者不同的是，第三种形式的出现并非美国作为世界头号强国的产物，而是由于跨国公民对新自由主义时代跨国企业引发的不受监管的社会和环境外部效应的反应。

简而言之，故事是这样的。那些瓦解了嵌入式自由主义并为我们带来新自由主义的政策措施，也推动了企业全球化的崛起。反过来，企业全球化成为过去半个世纪最具变革性的地缘经济和地缘政治发展，而股东至上的理念大大增强了其力量。二者的结合为善于抓住新机遇的人民和国家带来了巨大的利益。但它们不受约束的扩张也会破坏甚至撕裂社会结构，并过度消耗了自然资本。这不仅是可预见的，而且已经被预料到了。在1999年1月的达沃斯会议上，时任联合国秘书长科菲·安南发表了极具影响力的主旨演讲。他警告称，除非企业全球化发展出更强大的社会和环境支柱，否则它仍将"容易受到后冷战世界各种'主义'的反击：保护主义、民粹主义、民族主义、种族沙文主义、狂热主义和恐怖主义"。②

现在，时间来到2019年8月。在新自由资本主义的中心地带，美国商业

---

① 法律上，常用术语"multinational corporation"实际是一个用词不当的称呼，后文将解释这一点。因此，我使用的术语是："跨国企业（multinational enterprise）"或"公司（firm）"——或简称为"the multinational"。经济合作与发展组织（OECD）1976年首次提出的《跨国企业指南》采用了一个简洁的定义："它们通常包括在多个国家设立的公司或其他实体，他们彼此联系从而以各种方式协调其运营。"见 OECD, *Guidelines for Multinational Enterprises*, Paris：OECD, 2011。为了简化表述，我也纳入了买家（如零售商）与其供应商之间的非股权关系，以及基于合同的生产网络（如消费电子产品和汽车的零部件和组装）。

② Kofi Annan, "Kofi Annan's Address to World Economic Forum in Davos", https：//www.un.org/sg/en/content/sg/speeches/1999 - 02 - 01/kofi-annans-address-world-economic-forum-davos. ［1999 - 02 - 01］. 后文对安南观点的引用均源自这篇演讲。

圆桌会议（BR）发布了一份关于"公司宗旨"的新使命声明。商业圆桌会议由大约 200 家美国最大企业的首席执行官组成。在超过四分之一世纪的时间里，该组织的企业治理指南一直支持股东利益最大化。相比之下，新的使命声明要求签约首席执行官们"领导他们的企业，为了所有利益相关者——客户、员工、供应商、社区和股东——的利益而服务"。[1] 同年晚些时候，世界经济论坛宣布，"利益相关者资本主义"将成为其即将召开的达沃斯年会的主题。全球最大的资产管理公司贝莱德（BlackRock）的首席执行官拉里·芬克（Larry Fink）在每年致首席执行官们的信中也谈到了同样的主题："服务利益相关者和拥抱宗旨的重要性正日益成为企业理解其在社会中角色的核心。"[2] 他补充说，贝莱德将开始在其投资组合产品中考虑可持续发展风险，最初主要侧重于气候问题。

不出所料，这些举措受到了广泛的批评和质疑。《华尔街日报》在一篇社论中猛烈抨击了美国商业圆桌会议声明，认为其存在多种恶劣问题，比如，"破坏了自由市场的道德以及企业领导人的道德和受托责任"。[3] 哈佛大学的两位公司法专家认为，如果"利益相关者主义"真正被付诸实践，那么利益相关者和股东的境况都会变差。[4] 《赢家通吃：改变世界的精英骗局》一书的作者阿南德·吉里达拉达斯（Anand Giridharadas）反映了许多人的观点，认为美国商业圆桌会议的声明是"善意的活动，是高尚的副业……而企业的核

---

[1] Business Roundtable, "Business Roundtable Redefines the Purpose of a Corporation to Promote 'An Economy That Serves All Americans'", https://www.businessroundtable.org/business-roundtable-redefines-the-purpose-of-a-corporation-to-promote-an-economy-that-serves-all-americans. [2019-08-19].

[2] Larry Fink, "A Fundamental Reshaping of Finance", https://www.blackrock.com/corporate/investor-relations/larry-fink-ceo-letter. [2019].

[3] "King Warren of the Roundtable", *Wall Street Journal*, editorial, https://www.wsj.com/articles/king-warren-of-the-roundtable-11570395953. [2019-10-06].

[4] Lucian A. Bebchuk and Roberto Tallarita, "The Illusory Promise of Stakeholder Governance", https://corpgov.law.harvard.edu/2020/03/02/the-illusory-promise-of-stakeholder-governance/. [2020-03-02].

心业务相对不受影响"。①

尽管我部分认同这些质疑,但我认为当前关于公司宗旨重塑的讨论表明了一种方向性的转变,尽管这还不是最终目标。我基于三个理由提出这一观点。首先,鉴于企业全球化和股东至上理念对削弱公共产品供给、社会凝聚力和广泛共享繁荣的重大影响——这些正是战后妥协中嵌入的目标——因此,无论出于何种即时动机,企业领导者关于可能转向不同公司宗旨概念的任何讨论,都值得仔细审视。其次,在商业圆桌会议声明、达沃斯宣言以及一些或许带有投机性质的资产管理者背后,有一段历史。二十多年来,包括民间社会、工人组织、联合国机构、部分政府、企业内部创业者以及社会责任投资者在内的社会行为体,共同构建了一个关于企业行为与宗旨的跨国规范和实践的生态系统。研究这些生态系统的发展原因及方式,为当前企业宗旨重塑的辩论提供了背景,有助于我们将纯粹的道德宣誓与真正超越狭隘企业观以及过去一代占主导地位的过度全球化的实质性举措区分开来。最后,假设这些变革确实存在,那么所有关心人类与地球面临挑战的利益相关者都需要理解这些发展所带来的机遇,以及放任自流的局限性。

讨论分为六个部分。第一部分指出了企业全球化的几个关键特征。第二部分指出了一个悖论,即在20世纪90年代和21世纪初最近一次全球化热潮的高峰期,跨国公司发现,由国家提供的合法经营许可本身并不能转化为由社区授予的社会许可。企业通过发展全企业范围的企业社会责任(CSR),并

---

① 引自 Alan Murray, "America's CEOs Seek a New Purpose for the Corporation", https://fortune.com/longform/business-roundtable-ceos-corporations-purpose/. [2019 - 08 - 19]。这种怀疑态度进一步加深,因为签署"商业圆桌会议"(BR)声明者包括波音公司的首席执行官。波音的企业文化在737 Max危机中被《纽约时报》描述为"支离破碎",高级管理层对监管机构、客户甚至同事都缺乏足够的尊重;此外,还有强生公司(Johnson & Johnson)的首席执行官,该公司因实施"虚假、误导和危险的营销活动",加剧了阿片类药物危机,并导致成瘾和死亡率"呈指数级上升",刚被俄克拉荷马州法院判决支付该州5.72亿美元赔偿金。见 David Gelles, "'I Honestly Don't Trust Many People at Boeing': A Broken Culture Exposed", *New York Times*, January 10, 2020. https://www.nytimes.com/2020/01/10/business/boeing-737-employees-messages.html. [2020 - 01 - 10];以及 JanHoffman, "Johnson & Johnson Ordered to Pay \$572 Million In Landmark Opioid Trial", https://www.nytimes.com/2019/08/26/health/oklahoma-opioids-johnson-and-johnson.html. [2019 - 07 - 26]。

将其作为一种管理工具，来应对这种压力。尽管早期的 CSR 相当肤浅，但回过头来看，它标志着企业开始系统地与外部利益相关者接触，哪怕只是为了安抚他们。接下来的三个部分以联合国的三项倡议为视角，指出了在此基础上扩展，并推动朝着将企业视为社会实体的方向迈进的机遇。结论部分将回到当前关于企业宗旨重塑的辩论，并思考这对写于全球危机期间的该书所探讨的问题意味着什么。

企业全球化

雷蒙德·弗农（Raymond Vernon）是 20 世纪 70 年代以来研究跨国公司的先驱，他于 1998 年出版了一本名为《在飓风眼中：跨国企业的困境前景》（*In the Hurricane's Eye: The Troubled Prospects of Multinational Enterprises*）的著作。他在序言中写道，他之所以决定写这本书是因为他"感觉到世界正在滑向这样一个时期：跨国企业与民族国家之间不可避免的冲突可能会频繁和激烈，引起公众和私营部门的反应，从而严重制约跨国公司的作为"。①

尽管如此，跨国公司已经成为并仍然是组织跨国经济活动的标准模式。当然，不同国家的跨国公司存在各自的变体，以及不同类型的所有权和治理结构，但跨国公司作为一种国际制度形式的趋同几乎已成为普遍现象。

它是什么？

某种形式的全球化自古以来就存在。正如长时段历史学家费尔南·布罗代尔（Fernand Braudel）在谈到早先几个世纪时所说："资本嘲笑边界"。② 然而，最近这轮企业全球化形式具有独特的特点。20 世纪 90 年代，全球范围内

---

① Raymond Vernon, *In the Hurricane's Eye: The Troubled Prospects of Multinational Enterprises*, Cambridge, MA: Harvard University Press, 1998, pp. vii – viii.

② Fernand Braudel, *The Wheels of Commerce: Civilization and Capitalism 15th – 18th Century*, New York: Harper and Row, 1982, p. 28.

关于外国直接投资（FDI）的国家立法中，94%都放宽了相关规则，以鼓励外国投资。① 1970年全球大约有7000家跨国公司，到2008年，这一数字增长到了82000家。其中许多跨国公司运营活动覆盖的国家和地区数量甚至超过了联合国成员国数量。② 由于复杂的价值链，到21世纪前十年，大约80%的全球贸易（以总出口计）与跨国公司的生产网络有关；③ 中间产品的贸易超过了所有其他非石油贸易商品的总和。④ 此外，全球每七个工作岗位中就有一个与全球价值链相关，这还不包括"非正式"和"非标准"的工作形式，这些工作通常被分包，可能涉及居家工作、童工甚至奴隶劳动。⑤ 简而言之，通过离岸外包，领军企业实际上已经将自己与全球价值链两端的劳动力和社区脱钩。

新兴市场国家的跨国公司在全球财富500强中数量显著，中国处于领先地位。近年来，由于2008年金融危机后的投资不确定性、贸易战连同尤其是针对中国的外国直接投资（FDI）的国家安全限制增加，以及相对于本国企业的竞争优势有所削弱，跨国公司的快速扩张有所放缓，但迄今为止，试图逆转全球价值链并将生产大规模"回迁"到母国的尝试被证明是成本高昂且基本上无效的。⑥ 甚至在新冠疫情于中国暴发之前，西方企业已经开始将供应商

---

① UNCTAD, *World Investment Report* 2002, Geneva：United Nations Conference on Trade and Development, 2002, p. 7.

② 见"Basic Facts about TNCs", http：//www.coolgeography.co.uk/GCSE/Year11/EconomicGeog/Industry/TNCs/basic_facts_about_tncs.htm；以及UNC-TAD, *World Investment Report* 2010, Geneva：UNCTAD, 2010, p. xviii。

③ UNCTAD, World Investment Report 2013, Geneva：UNCTAD, 2013, p. 135.

④ ILO, *Decent Work in Global Supply Chains*, Geneva：International Labor Organization, https：//www.ilo.org/wcmsp5/groups/public/—ed_norm/—relconf/documents/meetingdocument/wcms_468097.pdf.[2016]。

⑤ ILO, *World Employment and Social Outlook*, Geneva：International Labor Organization, 2015.

⑥ Emily Blanchard, "Trade Wars in the Global Value Chain Era", https：//voxeu.org/article/trade-wars-global-value-chain-era.[2016-06-20]；Austin Hufford and Bob Tita, "Manufacturers Move Supply Chains out of China", https：//www.wsj.com/articles/manufacturers-move-supply-chains-out-of-china-11563096601.[2019-07-14]；Gavyn Davies, "Global Policy Adjusts to the Surprising Effects of Trade Wars", https：//www.ft.com/content/ab213fb0-a891-11e9-984c-fac8325aaa04.[2019-07-28]。

基地分散到劳动力成本更低的其他亚洲国家。

跨国公司制度形式的基石在于它并非源自国家主权，不像联合国或世界贸易组织，或者过去的东印度公司。它的基础在于一种特定的产权结构，国家接受这种结构以参与并受益于国际经济体系。① 跨国公司的综合经济组织通过一个法律实体（通常称为母公司）运作，该实体创建了构成跨国公司集团的其他法律实体。法律将这些实体视为具有独立法人资格和有限责任的个体，即使其完全由母公司拥有。子公司可以根据相同的资格设立自己的子公司并成立合资企业。尚无全球监管机构对跨国公司整体进行监管，国家法律通常只对在其司法管辖范围内注册的集团的特定实体具有管辖权。②

当实力雄厚的跨国公司与强国谈判项目条款时，他们会以相对平等的身份讨价还价，双方都会做出让步。例如，迪士尼与中国就价值数十亿美元的上海迪士尼度假区的建造权进行了漫长的谈判，双方均未能完全实现各自的目标。谈判结束后，迪士尼时任首席执行官罗伯特·艾格（Robert Iger）将谈判结果描述为"地道的迪士尼，鲜明的中国特色"。③ 在谈判双方力量不对等的情况下，跨国公司通常拥有可以利用的区位选择权，并具备优越资源和制度能力。

跨国公司还享有双边投资协定（BITs）提供的特殊法律保护。如前所述，战后的国际经济机制中没有制定管理外国直接投资（FDI）的规则，后来旨在监管跨国公司或保护其利益而制定多边协定的努力也以失败告终。因此，工

---

① John Gerard Ruggie, "Multinationals as Global Institutions: Power, Authority and Relative Autonomy", *Regulation & Governance*, Vol. 2, No. 2, 2018, pp. 317-337.

② 自1996年起的近二十年里，美国联邦法院允许外国原告根据《外国人侵权法》（*Alien Tort Statute*）对跨国公司提起民事诉讼，无论这些公司是否位于美国。《外国人侵权法》是1789年《司法法》（*The Judiciary Act*, 1789）的一部分，赋予美国联邦法院对违反国际法或美国条约的人权侵犯行为的管辖权。在2013年美国最高法院作出裁决之前，原告和跨国公司已在多起案件中达成和解。最高法院裁定，反域外适用推定适用于该法案，这一原则只有当一项诉求"具有足够力度"触及并涉及美国领土时才能被推翻——而"足够力度"这一术语法院并未明确界定。参见 *Kiobel v. Royal Dutch Petroleum Co.*, 569 US 108 (2013).

③ Amy Qin, "Can You Say 'Hakuna Matata' in Mandarin?" https://www.nytimes.com/2016/06/18/theater/the-lion-king-disneyland-shanghai.html. [2016-06-17].

业化国家转而寻求签订双边投资协定。双边投资协定的数量在20世纪90年代呈指数级增长,总数达到3000项。双边投资协定要求接受外国投资的东道国为外国投资者提供可执行的保障。最初关切是无充分补偿的征收,但随着时间的推移,协定条款变得越来越有弹性,包括所谓的"监管征收",以及任何可能被三人仲裁小组认定为"等同于征收"的国内政策,如环境、健康和劳工标准,即使仲裁是在世界银行附属机构的主持下进行的,其规则往往借鉴商业仲裁。① 这类仲裁不设上诉机制。

罗纳德·里根政府的美国双边投资协定谈判代表、杰出国际法教授何塞·阿尔瓦雷斯(José Alvarez)解释了与嵌入式自由主义目的截然不同的双边投资协定更深层次的社会目的。双边投资协定旨在"巩固市场交易所需的基本私法制度——使国际法成为推动撤销(东道国)不利于市场发展的公共法律规定的力量"。② 双边投资协定的有效期一般为15年,之后会重新谈判或撤销。凯瑟琳·蒂蒂(Catherine Titi)指出,最新一代双边投资协定为东道国政府提供了更大的政策空间,这无疑是因为包括美国在内的经合组织国家更频繁地成为双边投资协定索赔案的被告方。③

总而言之,雷蒙德·弗农(Raymond Vernon)曾担忧的跨国公司与国家之间"不可避免的冲突"尚未成为现实。跨国公司的突出地位可能缘于它们比其他替代方案更高效地提供了投资和市场准入。但这种趋同发生得如此迅速和彻底,也表明在某种程度上,模仿甚至规范因素也可能在起作用——从这个意义上讲,这才是开展国际商业的适当方式。

---

① Gus Van Harten, "Private Authority and Transnational Governance: The Contours of the International System of Investor Protection", *Review of International Political Economy*, Vol. 12, No. 4, 2005, pp. 600 – 623; Peter T. Muchlinski, *Multinational Enterprises and the Law* (2ndedition), Oxford: Oxford University Press, 2007; Surya P. Subedi, *International Investment Law: Reconciling Policy and Principle*, Oxford: Hart, 2008.

② José E. Alvarez, "The Evolving BIT", *Transnational Dispute Management* 1 (2010): quotation on 5 – 6, www.transnational-dispute-management.com.

③ Catharine Titi, "Embedded Liberalism and International Investment Agreements: The Future of the Right to Regulate", in Gillian Moon and Lisa Toohey, eds., *The Future of International Economic Integration: The Embedded Liberalism Compromise Revisited*, Cambridge: Cambridge University Press, 2018, pp. 122 – 136.

委托与代理

就在跨国公司扩展到几乎全球各个司法管辖区之际,美国的公司结构经历了一场根本性的变革。大约从罗斯福新政时期开始,威廉·艾伦法官所称的"社会实体"(social entity)的公司概念成为主导形式。尼古拉斯·莱曼(Nicholas Lemann)进一步指出,战后时期的大型美国公司充当了"美国的福利国家"的角色,为数百万员工及其家庭提供高薪的终身职位、健康保险、退休金以及其他类似福利。[1] 然而,到20世纪80年代,私有财产模式重新兴起。[2]

早在1970年,米尔顿·弗里德曼(Milton Friedman)就在《纽约时报》上发表了一篇广为流传的文章《企业的社会责任是增加利润》。[3] 弗里德曼认为,企业应在解决更大社会问题上发挥作用的观点无异于走向社会主义。他坚持认为,公司董事和高管是代理人,旨在为其委托人——股东——的利益服务,而他(错误地)认为股东是上市公司的所有者。[4] 如果代理人希望在有价值的事业上花钱,他们可以自由地使用自己的资金。在这一框架下,处理外部性问题是政府的职责,而企业对监管政策的影响仍然存在争议。

弗里德曼广受关注的文章旨在推广一种意识形态议程,但金融理论家迈

---

[1] Nicholas Lemann, *Transaction Man: The Rise of the Deal and the Decline of the American Dream*, New York: Farrar, Straus and Giroux, 2019, p. 67.

[2] 我之所以说"重新兴起",是因为公司在全国范围扩张,以至于需要招募专业管理人员和从分散投资者那里筹集资本,而在此之前,主要参与者是为资本积累而聚在一起的自然人,这种模式曾是主导形式。

[3] Milton Friedman, "The Social Responsibility of Business Is to Increase its Profits", https://www.nytimes.com/1970/09/13/archives/a-friedman-doctrine-the-social-responsibility-of-business-is-to.html. [1970-09-13].

[4] 罗贝(J-P Robé)最简洁地指出了弗里德曼的错误:"在公司成立后,股东无权使用公司资产;他们不以公司的名义签订任何合同。他们不会因公司的活动而承担任何责任。他们不经营公司,也不拥有公司。" J-P Robé, "Being Done with Milton Friedman", *Accounting, Economics and Law*, Vol. 2, No. 1, 2012, p. 8.

克尔·詹森（Michael Jensen）和威廉·梅克林（William Meckling）并非如此。① 在一篇被引用约10万次的学术文章中，他们以正式术语提出了"委托代理问题"（agency problem）。借鉴产权理论等来源，他们探讨了委托人如何以最有效的方式最小化"代理成本"——具体而言，包括委托人的监督成本、对代理人的激励成本，以及在某些情况下代理人对委托人的担保成本。在公司语境下，他们的解决方案是通过设计让代理人承担自己决策的财务风险的合同，从而使代理人的行为更趋于委托人的利益。"股东利益最大化"这一理念由此产生，并在商学院和公司法学术项目中几乎实现了"认知闭合"（epistemic closure）。在证券法规和行业标准将其载入史册之前，这一理念已成为商业世界的社会规范。到2001年，这被宣称为"公司法历史的终结"。②

但股东至上理念最终不仅在理论上，而且在实践中占据主导地位的原因是什么？20世纪70年代严重的滞胀和全球化带来竞争加剧，为这种理念的兴起提供了背景解释。对股东至上主义直言不讳的法律批评家琳恩·斯托特（Lynn Stout）还提出了一些更具体的因素。这为公众和媒体提供了简单易懂的说法，以解释20世纪80年代的众多企业丑闻（被描述为"失控的企业高管"）；它被用来为当时由垃圾债券推动的并购狂潮提供了合理性；它为公司和改革者提供了一种简单的企业绩效衡量指标；此外，它提出的解决方案正好契合芝加哥经济学派和保守派法律与经济学运动在那段时期的崛起；最后，不容忽视的是，这一理论迎合了利己主义的需求。③ 该学说的支持者们主张减少代理成本的主要手段之一是将首席执行官的薪酬与股票表现挂钩——这在实践中往往意味着短期表现。但财报可以轻易被操纵，回购股票可以提高股价。削减成本也能产生类似效果，也可以通过减少研发支出和资本投资，以

---

① Michael C. Jensen and William H. Meckling, "Theory of the Firm: Managerial Behavior, Agency Costs and Ownership Structure", *Journal of Financial Economics*, Vol. 3, No. 4, 1976, pp. 305-360.

② Henry Hausman and Reinier Kraakman, "The End of History for Corporate Law", *Georgetown Law Journal*, Vol. 89, 2001, pp. 439-468.

③ Lynn Stout, *The Shareholder Value Myth: How Putting Shareholders First Harms Investors, Corporations, and the Public*, San Francisco: Barret-Koehler, 2012, pp. 19-21.

及将工作离岸外包到偏远和不透明的供应链来实现。通过这些方式，股东至上主义在母国工人工资开始停滞的时期，助长了企业高管薪酬的飙升，而这种短期主义可能危及公司本身的长期健康发展。

税基侵蚀和利润转移

企业全球化还受到另一种产权概念的推动：国家将其主权商业化的权利。[1] 这与避税天堂有关，这导致了经济合作与发展组织（OECD）所称的税基侵蚀和利润转移（BEPS）。[2] 加布里埃尔·祖克曼（Gabriel Zucman）估计，在战后初期，避税天堂寥寥无几，主要是瑞士和卢森堡等地。[3] 2010年的一项研究报告称，避税天堂的数量已达50个，并且还在增加。[4] 最初的增量来自英吉利海峡群岛，随后是包括开曼群岛在内的英帝国的其他遗留地。许多避税天堂仍与伦敦金融城关系密切，这增强了其作为全球金融中心的地位。太平洋小国也加入了这场游戏。

避税天堂为非居民提供低税甚至零税率，严格保密，对注册公司的要求也极低。事实上，大多数避税天堂仅仅是账面中心。也就是说，实际交易发生在其他地方，但交易登记在这些司法管辖区。相关方通常除了在当地律师事务所门口的名牌外，没有任何实体存在。罗南·帕兰（Ronen Palan）、理查德·墨菲（Richard Murphy）和克里斯蒂安·沙瓦涅（Christian Chavagneux）表示，"约50%的国际银行贷款和30%的全球外国直接投资存量登记在这些司法管辖区"。[5] 避税天堂极大地增强了跨国公司在公司内部和相关方之间进

---

[1] Ronen Palan, *The Offshore World: Sovereign Markets, Virtual Places, and Nomad Millionaires* (Ithaca, NY: Cornell University Press, 2003), p. 157.

[2] OECD, "International Collaboration to End Tax Avoidance", www.oecd.org/tax/beps/.

[3] Gabriel Zucman, *The Hidden Wealth of Nations: The Scourge of Tax Havens*, Chicago: University of Chicago Press, 2018.

[4] Ronen Palan, Richard Murphy and Christian Chavagneux, *Tax Havens: How Globalization Really Works*, Ithaca: Cornell University Press, 2010.

[5] Ronen Palan, Richard Murphy and Christian Chavagneux, *Tax Havens: How Globalization Really Works*, Ithaca: Cornell University Press, 2010, p. 5.

行转移定价的能力,无论是商品、服务还是贷款。知识产权的所有权经常在这些机构注册,其价值由跨国公司自行定价。同样,一家美国公司产生的海外利润如果汇回本国需要缴纳税款。祖克曼估计,美国公司超过一半的海外利润(占其总利润的三分之一)是在6个低税或零税国家"赚取"的。①

避税天堂的存在与各国企业税竞争共同带来的后果十分深远。前美国财政部长、近期全球化进程重要的推手劳伦斯·萨默斯(Lawrence Summers)后来总结道:"这是个事关国家税收能力的重大问题,对维持累进税制的能力构成了巨大挑战。"② 简而言之,避税天堂极大地推动强化了跨国公司的规模、业务范围及法律优化。这也因此削弱了国家的税收基础,加重了中小企业、个人和家庭的税收负担。因而,国内的社会安全网和其他公共支出受到影响,加剧了经济不平等和社会不满。为解决这一问题,政府间的谈判已持续数十年;至少就共同最低企业税率达成一项国际协议或许指日可待。

没有哪个国家或公司将这种企业全球化模式作为其长期愿景或战略计划。其发展环境是政府遵循新自由主义剧本逐步构建的。处于有利地位的企业推动或直接利用了这些逐步推进的措施。政府政策的累积效应为企业的全球化崛起创造了功能性和法律性的空间。我们无法回到过去改变开始。没有任何灵丹妙药能够逆转如此深远而广泛的系统性变革。唯一尝试改变结局的方法是通过在现有体系中找到战略干预点,并在看似有效的基础上进一步发展。在企业全球化达到顶峰时,其中一个战略支点开始逐渐显现。

从当下出发

企业全球化为公民社会和工人组织已开展的跨国行动注入了活力,例如

---

① Gabriel Zucman, *The Hidden Wealth of Nations: The Scourge of Tax Havens*, Chicago: University of Chicago Press, 2018, p. 195.

② 引自 Eduardo Porter, "Tax Tactics Threaten Public Funds", https://www.nytimes.com/2014/10/02/business/economy/multinational-ax-strategies-put-public-coffers-at-risk.html. [2014-10-01]。

针对南非种族隔离的撤资运动；在发展中国家，尤其是撒哈拉以南非洲地区，艾滋病肆虐期间取得巨大成功的"获取基本药物"运动；以及针对各国人权和环境政策的运动。① 20世纪90年代中期，在每年国际货币基金组织和世界银行会议召开地都会出现大规模的反全球化示威活动。1999年11月，所谓的"西雅图之战"迫使关贸总协定（GATT）部长级会议中止。针对跨国公司的行动是这一更广泛的跨国公民压力的一部分。

离岸风波

耐克是最早将整个生产链转移至海外的美国品牌之一，也是最早在20世纪90年代因其东南亚承包工厂虐待工人的问题，引发多国、多媒体、多年份抗议活动的公司之一。这场抗议最初由印尼当地工会发起，最终美国工会、展示耐克标志的大学生，以及美国、加拿大和欧洲的媒体都参与其中。这场运动效果显著，耐克创始人兼首席执行官菲尔·奈特（Phil Knight）1998年在国家记者俱乐部的一次演讲中含泪承认："耐克产品已成为奴隶工资、强迫加班和任意虐待的代名词。我真心相信，美国消费者不愿购买在恶劣条件下生产的商品。"② 随后，耐克成为将CSR作为管理工具的领导者。③

大约在同一时期，尼日利亚奥戈尼地区发生大规模社区示威，抗议石油

---

① Gay W. Seidman, "Monitoring Multinationals: Lessons from the Anti-Apartheid Era", *Politics & Society*, Vol. 31, No. 3, 2003, pp. 381–406; Susan K. Sell and Aseem Prakash, "Using Ideas Strategically: The Contest between Business and NGO Networks in Intellectual Property Rights", *International Studies Quarterly*, Vol. 48, No. 1, 2004, pp. 143–175; Suerie Moon, "Embedding Neoliberalism: Global Health and the Evolution of the Global Intellectual Property Regime (1995–2009)", PhD dissertation, John F. Kennedy School of Government, Harvard University, 2010; Margaret E. Keck and Kathryn Sikkink, *Activists beyond Borders: Advocacy Networks in International Politics*, Ithaca, NY: Cornell University Press, 1998.

② 引自 John Cushman, "Nike Pledges to End Child Labor and Apply US Rules Abroad", https://www.nytimes.com/1998/05/13/business/international-business-nike-pledges-to-end-child-labor-and-apply-us-rules-abroad.html#:~:text=Nike%20said%20it%20would%20raise,underage%20workers%20already%20in%20place. [1998-05-13]。

③ Simon Zadek, "The Path to Corporate Responsibility", *Harvard Business Review*, No. 82, December 2004, pp. 125–132.

巨头壳牌对当地空气、农田和渔业资源丰富的河流造成破坏的行为，壳牌还被指控与对抗议者过度使用武力的尼日利亚军事独裁政府勾结。尼日利亚政府以煽动暴力的罪名逮捕了9名奥戈尼领导人。尽管来自民间社会组织和各国政府，包括其他非洲国家领导人的国际抗议和求情不断，但在一次军事法庭的虚假审判后，这9名领导人仍被尼日利亚政府处决。壳牌对此袖手旁观，并声明："像壳牌这样的商业企业，不能也绝不会干涉任何主权国家的法律程序。"① 当时主张公司采取更强硬立场的壳牌高管马克·穆迪·斯图尔特爵士（Mark Moody-Stuart）后来成为公司董事长，他在回忆录中反思了壳牌的"灾难性的一年"，② 并表示这一事件促使壳牌采用了新的"商业原则"，并像耐克一样，推行了新的 CSR 实践。③

简而言之，耐克和壳牌发现，仅仅获得政府授予的在某国运营的法律许可，并不足以确保它们的"社会运营许可"——"社会对企业活动的默许和认可"。④ 这种合法性挑战既是本地的，也是全球性的。我在其他地方将这些动态的制度化和聚合描述为创造了一个"全球公共领域"，这是一个制度化的话语、争论和行动的场域："它由非国家行为体与国家行为体之间的互动构成，允许各种人类利益的直接表达和追求，而不仅仅是通过国家调解（过滤、解读和促进）的利益。它'存在于'跨国和非领土性的空间形态中，并植根于规范、期望以及国家内部、国家间和超越国家的制度网络和回路之中。"⑤

这个公共领域本身并不比国内公民领域更必然地决定结果。但其在跨国公司相关事务上的一个早期成就之一是引导它们将 CSR 作为一种新的管

---

① 引自 Bronwen Manby, *The Price of Oil*: *Corporate Responsibility and Human Rights Violations in Nigeria's Oil Producing Communities*, New York: Human Rights Watch, 1999。

② Sir Mark Moody-Stuart, *Responsible Leadership*: *Lessons from the Front Line of Sustainability and Ethics*, Sheffield, UK: Greenleaf, 2014.

③ 这并不是说壳牌后来一直遵守其商业原则和企业社会责任承诺。

④ Geert Demuijnck and Björn Fasterling, "The Social License to Operate", *Journal of Business Ethics*, Vol. 136, 2016, pp. 675 – 685.

⑤ John Gerard Ruggie, "Reconstituting the Global Public Domain: Issues, Actors, and Practices", *European Journal of International Relations*, Vol. 10, No. 4, 2004, p. 519.

理工具。

企业社会责任（CSR）

倡议团体历来倾向于支持对跨国公司进行有约束力的全球监管。但这需要一个得到广泛支持的国际协议。在新自由主义的鼎盛时期，比尔·克林顿总统敦促"我们必须拥抱不可阻挡的全球化逻辑"，并宣称"大政府时代已经结束"，在国际层面创建更多监管机构来管理跨国公司似乎极不可能。发展中国家通过出口加工区和其他优惠政策，提供越来越有吸引力的条件竞相吸引外国投资。跨国公司愿意做的，以及政府鼓励它们做的，正是耐克和壳牌已经做过的事情：采用 CSR 政策和实践。

CSR"在 20 世纪 90 年代和 21 世纪初成为热点问题……在管理学文献的思想殿堂中独树一帜"，在实践中也取得了令人瞩目的进步。① 作为一种企业自我监管形式，CSR 是新自由主义对其引发的社会和环境外部性问题的回应。在其崛起过程中，全球 CSR 实践表现出几个共同特征。② 它们起源于西欧和北美。最初，它们最有可能被像耐克和壳牌这样注重品牌形象或面向社区的企业所采用，尽管很快就出现了模仿效应。它们设定的标准大多是自我定义的，通常反映了对本国市场甚至市场细分领域的感知偏好。例如，与沃尔玛等性价比品牌相比，高端品牌如耐克在供应商工厂的工作场所标准上做出了更严格的承诺，报告透明度更高。在企业内部，CSR 通常作为一个成本中心孤立出来，而非整合到核心业务职能中。然而，尽管存在这些不足，一种社会规范正在形成：企业，特别是在发展中国家运营的西方跨国公司，应制定

---

① Andrew Crane, et al., eds., *The Oxford Handbook of Corporate Social Responsibility*, Oxford: OxfordUniversity Press, 2008, p. 3.

② United Nations, "Human Rights Policies and Management Practices: Results fromQuestionnaire Surveys of Governments and Fortune Global 500 Firms", *Report of the SpecialRepresentative of the Secretary-General on the Issue of Human Rights and TransnationalCorporations and Other Business Enterprises*: John Ruggie. UN Document A/HRC/4/35/Add. 3 (February 28, 2007); Krista Bondy, Jeremy Moon and Dirk Matten, "An Institutionof Corporate Social Responsibility (CSR) in Multinational Corporations (MNCs): Formand Implications", *Journal of Business Ethics*, Vol. 111, No. 2, 2012, pp. 281-99.

一套政策和实践,以解决股东以外的利益相关者所关心的问题。

规范整合

各个企业都在追求自己版本的CSR,这意味着没有一个公认的权威标准,每家公司报告的内容都是自行决定的,而且发展中国家的公司只有在遵守西方跨国公司供应商准则的情况下才会被纳入这些框架。对联合国秘书长科菲·安南来说,这些差距意味着CSR规范的规模和范围有机会进一步扩大,并能扎根于联合国的愿景和法律原则。因此,在前面提到的1999年1月的达沃斯演讲中,他向与会的商界领袖发出挑战,邀请他们与他一起加入"一个共享价值观和原则的全球契约"。他指出,全球化是脆弱的,"市场的扩展速度超过了社会及其政治体系的适应能力,更不用说引导它们的发展方向了。历史告诉我们,经济、社会和政治领域之间的这种失衡无法长期维持"。他接着提出,你们不需要等待世界上各个政府采取行动,"你们可以通过自身的商业行为直接维护人权、体面的劳动和环境标准"。

安南向商界领袖提出了两方面的提议。首先,他们应将其CSR政策和实践与伦理学家所称的"超规范"(hypernorms)保持一致:这些规范足够基础且被普遍认可,可以作为建立、指导和评估更低层级规范的基础。① 伦理学家长期以来一直在争论这些规范的起源,甚至它们是否真正存在。在联合国的语境下,这并不神秘。尽管"超规范"这一术语不会被直接使用,但它们指的是各国政府在条约、宣言和其他普遍或接近普遍的正式表达中达成共识的高层级规范。具体而言,安南希望企业将CSR政策和实践与源自《世界人权宣言》、国际劳工组织的《关于工作中的基本原则和权利宣言》、《里约环境与发展宣言》以及《联合国反腐败公约》中的十项原则保持一致。正如他所说:"你们可以将这些普遍价值观作为连接全球业务的黏合剂,因为它们是全

---

① Thomas Donaldson and Thomas W. Dunfee, *Ties That Bind: A Social Contracts Approach to Business Ethics*, Cambridge, MA: Harvard Business School Press, 1999.

世界人民都会承认的价值观。"

作为回报，安南承诺联合国机构将全力协助企业将这些超规范转化为适合不同类型企业和运营环境的低层级规范、操作实践和合作项目。他还为来自公司和其他利益相关者群体的 CSR 专家建立了持续的学习论坛。这些论坛极大地促进了信息共享，并帮助识别和推广最佳实践，同时也在企业内部和实践社区中招募更多内部创业者。为确保企业高层参与，加入全球契约组织（GC, Global Compact）俱乐部需要首席执行官向秘书长提交承诺信；定期举行的领导人峰会则将首席执行官与秘书长聚集在一起。

联合国全球契约组织于 2000 年 6 月正式启动，已成为全球最大的国际企业参与平台，涵盖来自 160 个国家的近 14000 家企业，其中包括所有主要的新兴市场经济体（尽管多年来有 4000 家企业因未提交年度进展报告而被除名）。此外，全球契约组织还在约 60 个国家建立了自我维持的国家网络。毫不意外，北欧国家网络率先成立，印度和巴西紧随其后。早期，全球契约组织与当时刚刚起步的全球报告倡议（GRI）签署了一份谅解备忘录。全球报告倡议是一个总部位于阿姆斯特丹的独立多利益相关方实体，鼓励全球契约组织的参与者通过全球报告倡议履行报告任务。随之，全球报告倡议成了领先的可持续发展报告组织。

关于全球契约组织的学术文献相当丰富，但其中许多基于一个前提，即它被设计作为一种监管工具。然而，事实并非如此。[①] 因此，学者们大多误解了这一事业的本质。全球契约组织没有监管工具所必需的政府间的授权，最初除了安南的"魅力权威"（用韦伯的术语来说）外它没有任何资源——或者，正如美国曾任驻联合国大使的理查德·霍尔布鲁克（Richard Holbrooke）

---

① 当时的记录清楚地说明了这一点。参见 John Gerard Ruggie, "global_governance. net: The Global Compact as Learning Network", *Global Governance*, Vol. 7, No. 4, 2001, pp. 371 – 378; John Gerard Ruggie, "The Theory and Practice of Learning Networks: Corporate Social Responsibility and the Global Compact", *Journal of CorporateCitizenship*, Vol. 5, Spring 2002, pp. 27 – 36; Georg Kell and John Gerard Ruggie, "Global Marketsand Social Legitimacy: The Case of the Global Compact", in Daniel Drache, ed., *The Market or the PublicDomain: Global Governance and the Asymmetry of Power*, London: Routledge, 2003。

所描述的，安南是"国际外交的摇滚明星"。相比之下，公众对全球契约组织的高度理解和认可是迅速且令人印象深刻的。全球契约组织于2000年启动后不久，《基督教科学箴言报》评论称它是"联合国迄今为止最具创造性的革新"。[1] 一年后，安南和联合国共同被授予诺贝尔和平奖，以表彰他们"为应对世界经济、社会和环境挑战开展国际动员"方面的作用，以及安南"为这一组织注入新活力"所做的贡献。[2]

关于企业为何选择成为早期参与者的系统性证据很少；构建足够大的数据集以进行严格的统计分析将是一项艰巨的任务。作为全球契约组织的设计者和参与者，我的个人观察是，关注社会许可问题的西方企业希望找到某种权威框架来构建其 CSR 政策，但并不希望涉及直接监管。像耐克和壳牌这样的企业可能还看到了先行者优势。对于新兴经济体的企业来说，两个考虑似乎是关键驱动因素。首先，向全球市场传递信号，表明它们作为供应商或合资伙伴是符合 CSR 标准的。其次，帮助在本国通常高度官僚化的政企关系中激发更大的活力。中国甚至鼓励一些国有企业参与，中国石化的首席执行官曾担任全球契约组织委员会副主席（秘书长担任主席）。印孚瑟斯（Infosys）是首家加入的印度公司，其网站声明："在我们超过37年的发展历程中，我们推动了使印度成为全球软件服务人才目的地的一些重大变革。"咨询公司嗅到了商机，迅速加入。

同样，关于全球契约组织对企业实践影响的系统性数据也很少。但在全球契约组织成立十五周年之际，挪威咨询公司 DNV-GL 对企业参与者进行了一项调查。其中一个问题是全球契约组织在哪些方面对他们发挥了重要作用。60% 的受访者同意或强烈同意"激励我们公司推动更广泛的联合国目标和议题（如贫困、健康、教育）"；65% 的受访者同意"指导我们企业的可持续发展报告"；66% 的受访者同意"推动我们实施可持续发展政策和实践"；48%

---

[1] "A New Global Compact?" https://www.csmonitor.com/2000/0908/p10s1.html. [2000 – 09 – 08].

[2] Norwegian Nobel Committee (2001), http://nobelpeaceprize.org/en_GB/laureatel/laureates-2001/press-2001/. [2001].

的受访者同意"塑造我们公司的愿景"。① 虽然无法确定这些调查结果在多大程度上反映了现实,但这些回应确实表明,至少全球契约组织的参与企业正在向更广泛的社会实体概念迈进。

CSR 这一术语已很少使用,包括全球契约组织也是如此(它现在自称"企业可持续发展"倡议)。此外,这一领域已变得更加多样化,每个细分领域都充满了参与者,并且日益专业化。对于龙头企业来说,责任的概念已扩展到包括根据《巴黎协定》设定碳排放目标,并使用第三方报告工具。大型消费品公司正在大力投资开发塑料替代品并减少水资源压力。其他公司则与民间社会团体和/或联合国机构合作,开展改善农业实践、公共卫生和教育的联合项目。一些公司承诺在其供应链中支付公平的生活工资。还有一些公司已改变其法律地位,成为共益企业(B-Corp,Benefit Corporations)或法国的"使命驱动型企业",以扩大其受托责任的范围。② 供应链准则和监督已成为常态,尽管系统性地将触角深入一级供应商以外的分包层对许多企业来说仍然具有挑战性。

作为这一领域的元老,全球契约组织仍然拥有相当大的召集力。但其现在的角色主要是知识聚合者和策展者,已发布了超过 7000 份报告。它还推动企业支持联合国 2015 年提出的 17 项可持续发展目标。安德烈亚斯·拉舍(Andreas Rasche)对全球契约组织与企业关系作出了总体评估。他将全球契约组织描述为"一种必要的补充"。③ 它的必要性在于,如果没有它所推动的规范整合,以及它帮助创建和扩展的实践社区,CSR 的共同话语和实践可能不会以如此连贯的方式形成和演变,以支持国际"公共产品"。它是一种补充,因为它凝聚并放大了无数其他利益相关者群体和内部创业者的努力,这

---

① DNV-GL, *The United Nations Global Compact: Transforming Business, Changing the World*, https://www.unglobalcompact.org/library/1331.[2015].

② 例如,参见 Rebecca Henderson, *Reimaging Capitalism in a World on Fire*, New York: Public Affairs, 2020; 以及 Myriam Sidibe, *Brands on a Mission*, London: Routledge, 2020。虽然这些措施在主要企业中越来越普遍,但并不是主流做法。

③ Andreas Rasche, "'A Necessary Supplement': What the Global Compact Is and Is Not", *Business & Society*, Vol. 48, No. 4, 2009, pp. 511–537.

些努力和压力使这些问题得以进入并保持在议程上。

市场激励

全球契约组织还利用其在联合国的地位，推动了投资领域的相应变革。美国的社会责任投资（SRI）行业至少自20世纪70年代起就已存在，当时首批经过社会筛选的共同基金成立。[①] 社会责任投资最初专注于从投资组合中排除某些股票（例如武器、烟草、赌博或酒精），并对涉及这些生产的公司进行游说。20世纪80年代，主要养老基金和大学捐赠基金参与了针对南非种族隔离政权的撤资运动，作为其社会责任的表达。20世纪90年代，首家研究公司成立，向投资界推销公司的社会和环境数据。随后，使用此类数据的评级机构相继出现。

在这一背景下，在构建投资组合时考虑公司的环境、社会和治理的ESG投资逐渐演变而来。ESG这一概念最早出现在2004年全球契约组织的一份报告——《谁在乎谁赢：将金融市场与变化的世界联系起来》。该报告是为全球契约组织与国际金融公司（IFC）和联合国环境规划署金融倡议（UNEP FI）共同组织的一次研讨会准备的，来自欧洲、美国、拉丁美洲和新加坡的20家金融机构参与了此次研讨会。[②] 该报告阐述了将ESG标准纳入投资分析和投资组合选择的合理性，并向金融行业提出了一系列建议。科菲·安南随后在纽约证券交易所召集了更大一批机构投资者，启动了"负责任投资原则"（PRI）。"负责任投资原则"后来成为一个推动ESG投资的独立非营利组织，到2020年，其签署方包括约3000家资产所有者、管理公司和分析机构，管理的资产总额达100万亿美元。

[①] Steven Lydenberg, *Corporations and the Public Interest: Guiding the Invisible Hand*, San Francisco: Berrett-Koehler, 2005.

[②] https://www.unepfi.org/fileadmin/events/2004/stocks/who_cares_wins_global_compact_2004.pdf. [2004].

截至2018年底，ESG投资占全球管理资产总额的四分之一；到2021年，这一比例上升至三分之一。澳大利亚、加拿大、欧洲和新西兰仍处于领先地位，美国正在迎头赶上。多年来，ESG投资的增长是渐进的，但在2008年金融危机后，其呈曲棍球棒式增长，这表明投资者对主流投资的信心下降。在美国，ESG投资从2016年到2018年增长了38%，被商业杂志《巴伦周刊》称为"特朗普上涨"（Trump Bump），预计新政府不太可能对ESG友好。① 2019年的净资金流入量几乎是前一年的四倍。② 到2020年初，ESG评级最高的公司股票交易价格比表现最差的公司溢价30%。③ 2020年6月，金融数据提供商晨星英国（Morningstar UK）发布了一项对4900只欧洲基金的研究，发现ESG基金在过去十年中的平均回报率和存活率均高于传统基金。④ ESG基金在面对由新冠疫情引发的前所未有的市场波动时也表现出更强的韧性。⑤ 迄今为止，ESG投资主要由大型资产管理公司和养老基金等机构投资者推动。⑥ 预计

---

① Darren Fonda, "The Trump Bump and Sustainable Investing", *Barron's*, June 23, 2018. 事实上，特朗普政府随后发布了规定，要求养老基金必须完全以"资金收益为目的"进行管理；Rachel Koning Beals, "TrumpLabor Department's Rule Discouraging ESG investing in Retirement Plans Is Finalizedover Swell of Objections", https：//www.marketwatch.com/story/trumps-labor-rule-discouraging-esg-investing-in-retirement-plans-is-finalized-over-swell-of-objections-11604089492. [2020-10-31]。这些规定在法庭上受到挑战，并已被拜登政府推翻。

② Chris Flood, "Record Sums Deployed into Sustainable Investment Funds", https：//www.ft.com/content/2a6c38f7-4e4b-411b-b5e696b36e597cfc. [2020-01-19].

③ Patrick Temple-West, "'Monstrous' Run for Responsible Stocks Stokes Fears of aBubble", https：//www.ft.com/content/73765d6c-540211ea-90ad-25e377c0ee1f. [2020-02-20].

④ Morningstar UK, "How Does European Sustainable Funds' Performance Measure Up?" https：//www.morningstar.com/en-uk/lp/European-Sustainable-Funds-Performance. [2020-06].

⑤ Patrick Temple-West, "ESG Shines in the Crash", https：//www.ft.com/content/dd47aae8-ce25-43ea-8352-814ca44174e3. [2020-03-13]. 建立因果关系仍然十分困难。ESG基金往往对科技股的敞口较高，而对化石燃料的敞口较低，这在一定程度上解释了其表现差异。但也有人假设，ESG评级较高的公司本身管理水平更优，能够在决策过程中纳入更广泛的信息。更详细的讨论参见John Gerard Ruggie, "Corporate Purpose in Play: The Role of ESG Investing", in Andreas Rasche, Herman Bril and Georg Kell, eds., *SustainableInvesting: A Path to a New Horizon*, London: Routledge, 2020。

⑥ Sandra Flow, Caroline Hailey and Ahsan Sayed, "Navigating the ESG Landscape", https：//corpgov.law.harvard.edu/2020/01/31/navigating-the-esg-landscape/. [2020-01-31].

千禧一代（1981—1996年出生）将推动零售市场的增长，据报道他们将从婴儿潮一代父母那里继承30万亿美元的财富。而咨询公司的调查显示，他们对ESG投资有强烈的偏好。① 此外，投资者和许多政府现在正大力推动制定统一的ESG标准。②

ESG投资的显著增长与关于重新定位上市公司角色的辩论密切相关。二者都反映出一种观点，即大型上市公司应考虑其对股东之外利益相关方的影响。ESG投资为这一规范演变引入了市场激励机制。总之，通过全球契约组织的视角，我们可以追踪实体经济企业和投资者向更加社会化的企业概念迈进的轨迹。

软法之外

2020年6月，《美国国际法》杂志举办了一场关于商业与人权领域软法和硬法的在线专题研讨会。密歇根大学布鲁诺·西马（Bruno Simma）法学教授史蒂文·拉特纳（Steven Ratner）在导言中表示：

> 对于许多关注商业活动对人权影响的利益相关者来说，过去十年是规范制定的旋风期……更重要的是，它在国家、国际和企业层面掀起了一波立法和标准制定的浪潮，特别是为企业详细阐述了其在《联合国工商业与人权指导原则》（UNGPs）第二支柱下的责任范围：企业尊重人权的责任。国内法包括实施UNGPs推动的公司尽职调查的法定要求，作为

---

① John Gerard Ruggie and Emily K. Middleton, "Money, Millennials and Human Rights: Sustaining 'Sustainable Investing'", *Global Policy*, Vol. 10, No. 1, 2019, pp. 144–150.

② Attracta Mooney, "BlackRock Pushes for Global ESG Standards", https://www.ft.com/content/2a8d7fac-5ab6-43e5-9e04-8e9b3adfd195. [2020-10-29]; Carlos Tornero, "IFRS Foundation Throws Hat in the ESG Ring with a 'Sustainability StandardsBoard'", https://www.responsible-investor.com/articles/ifrs-foundation-throws-hat-in-the-esg-ring-with-a-sustainabilitystandardsboard. [2020-09-30]; Carlos Tornero, "EU to Launch Single Platform for Sustainability and Financial Data", https://www.responsible-investor.com/articles/eu-to-launch-single-platform-for-sustainability-and-financial-data. [2020-09-25].

确定其与人权侵犯的关联性和参与程度的一种方式。①

回顾一下，2011年，联合国人权理事会一致通过了《联合国工商业与人权指导原则》（UNGPs）——共31项原则，每项原则均附有阐释其含义和影响的评注。② 我在担任秘书长工商业与人权问题特别代表的六年任期内起草制定了UNGPs。人权理事会的认可标志着联合国首次就国家和企业在工商业与人权方面的各自责任发布权威性指导意见，这也是联合国首次批准未经政府间谈判的规范性文本。这一认可将UNGPs从纯粹的自愿性范畴提升到了软法领域。③

卡琳·布曼（Karin Buhmann）将UNGPs的成功部分归因于其制定过程的合法性。④ 她是对的，由授权产生并用于授权的详尽的研究报告：约50次国际磋商、在各利益相关者群体内部和之间建立跨国联盟、试点项目，以及将所有文件及批评意见发布在总部位于伦敦的独立机构"商业与人权资源中心"网站上，使任何人都难以批评UNGPs的制定过程。但是，请允许我简要强调一下与本文主题相关的UNGPs的五个实质性特征。⑤

---

① Steven R. Ratner, "Introduction to the Symposium on Soft and Hard Law on Business and Human Rights", *American Journal of International Law Unbound*, Vol. 114, 2020, pp. 163 – 164, https://www.cambridge.org/core/journals/american-journal-of-international-law/article/introduction-to-the-symposium-on-soft-and-hard-law-onbusiness-and-human-rights/1532C4E20155F5A925EF1D9F24948BD8. [2020 – 07]. 对于UNDPs的理论阐释，参见Ruggie, "The Social Construction of the UN Guiding Principles on Business and Human Rights", in Surya Deva and David Birchall, eds., *Research Handbook on Business and Human Rights*, Cheltenham, UK: EdwardElgar, 2020。

② United Nations, *Guiding Principles on Business and Human Rights*, https://www.business-human-rights.org/en/un-guiding-principles. [2011].

③ "软法"指的是源自广泛政治共识但本身不具有法律约束力的国际文书。

④ Karin Buhmann, "The Development of the 'UN Framework': A Pragmatic Process towards a Pragmatic Output", in Radu Mares, ed., *The UN Guiding Principles on Business and Human Rights*, Leiden, The Netherlands: Martinus Nijhoff, 2012; Karin Buhmann, "Business and Human Rights: Analysing Discursive Articulation of StakeholderInterests to Explain the Consensus-Based Construction of the 'Protect, Respect, RemedyUN Framework'", *International Law Research*, Vol. 1, No. 1, 2012, pp. 88 – 101.

⑤ 更深入的讨论参见John Gerard Ruggie, *Just Business: Multinational Corporations and Human Rights*, New York: W. W. Norton, 2013。

首先，UNGPs明确划分了国家和企业各自的角色和责任。国家在采纳国际人权条约时承担了相应的人权义务，它们有法律责任防止包括企业在内的第三方侵犯人权。保护意味着要制定有效的政策、法规、立法和执法措施。对于企业而言，此前制定国际监管框架的努力只是试图将国家的全部人权义务转移到企业的各自影响范围内："促进、确保履行、尊重、确保尊重和保护人权。"① 这一做法遭到了国家和企业的反对，因为它会引发无休止的责任推诿。相比之下，UNGPs根据企业自身的行为和影响来界定其义务范围。基本原则是企业应尊重人权，即它们应避免通过其活动或商业关系损害人权，并应对已发生的损害进行补救。这一责任独立于国家的作为或不作为，是企业独立的责任，并贯穿于全球价值链中。

第二，企业要尊重人权，必须建立相应的体系，以便了解和展示其行为。政策承诺是必要的，但还不够。企业还需要开展人权尽职调查，以发现、预防、减轻和说明其解决人权风险和影响的方式。UNGPs详细阐述了人权尽职调查的过程及其组成部分。这一做法受到了企业的欢迎，包括企业法律顾问，他们的职责包括标准化的尽职调查和风险管理。哈佛商学院的一个案例引用了当时全球最大金矿公司的总法律顾问西比尔·维恩曼（Sybil Veenman）的话："UNGPs是第一个告诉企业如何应对这些问题的文件……你面临的问题是不可预测的，很难知道如何解决。UNGPs是一个起点，为我们的努力赋予了一些合法性。"②

第三，UNGPs避免了关于企业是否可以作为国际人权法下的责任主体的长期且陷入僵局的教条争论。③ UNGPs绕过了这一问题，声明企业应参考核心国际人权文书作为权威性的列举，不是企业可能违反的国际法，而是对企业

---

① United Nations, "Responsibilities of Transnational Corporations and RelatedBusiness Enterprises with Regard to Human Rights", UN. Doc. E/CN. 4/DEC/2004/116 (2004).

② Rebecca Henderson and Nien-he Hsie, "Putting the Guiding Principles intoAction: Human Rights at Barrick Gold (A)", Harvard Business School Case 315 – 108, March 2015, p. 9.

③ José E. Alvarez, "Are Corporations 'Subjects' of International Law?" *Santa ClaraJournal of International Law*, Vol. 1, 2011, pp. 2 – 36.

造成不利影响的人权清单。这一框架还使得包括中国和美国在内的未批准关键国际人权公约的国家能够认可 UNGPs，并在其国家政策和企业指导中引用它们。① UNGPs 进一步明确了企业在非法律意义上可能承担的责任。根据 UNGPs，这取决于企业是否造成了负面影响；企业是否虽未直接造成但促成了负面影响；或者负面影响是否是由与企业有持续业务关系的第三方造成的，即使企业既未造成也未促成相关损害。根据这些区别，企业所需采取的补救措施也有所不同。为扩展可用的补救途径，UNGPs 还提供了关于非司法争议解决过程的有效性和合法性标准的广泛指导，包括操作层面的申诉机制。

第四，我们从最初就与联合国以外的标准制定机构进行了合作，包括各国政府（国家法规）、经合组织（《跨国公司指南》、公司治理原则）、国际金融公司（项目融资提供者）、联合国国际贸易法委员会（制定投资者/国家仲裁规则）、欧盟委员会（制定企业行为规范和法律指令）、国际标准化组织（制定国际技术标准）以及专业组织（例如国际律师协会）。每个机构都有自己的使命，但它们都与 UNGPs 密切相关，能够提供见解，并在其职责范围内成为执行的分布式网络的一部分。②

第五点，我回到拉特纳的观点。他指出，UNGPs"在国家、国际和企业层面掀起了一波立法和标准制定的浪潮——特别是为企业详细阐述其责任范围"。③ 领军企业的采纳情况令人印象深刻；国际足联（FIFA）的采纳则出人

---

① 例如，中国商务部下属的一个机构向在海外运营的中国矿业公司发布了一份咨询报告，指出它们应"确保在矿业项目的整个生命周期内，所有操作都符合《联合国工商业与人权指导原则》"。China Chamberof Commerce of Metals, Minerals & Chemicals, "Guidelines for Social Responsibilityin Outbound Mining Investments", https：//www. emm-network. org/wp-content/uploads/2015/03/CSR-Guidelines-2nd-revision. pdf. [2015].

② 例如，经济合作与发展组织（OECD）将 UNGPs 的第二支柱纳入其《跨国公司行为准则》中，该准则此前缺乏人权章节，并将尽职调查条款扩展到准则的其他部分，是唯一有针对跨国公司行为的政府间投诉机制。

③ Steven R. Ratner, "Introduction to the Symposium on Soft and Hard Law onBusiness and Human Rights", *American Journal of International Law Unbound*, Vol. 114, 2020, p. 163, https：//www. cambridge. org/core/journals/american-journal-ofinternational-law/article/introduction-to-the-symposium-on-soft-and-hard-law-onbusiness-and-human-rights/1532C4E20155F5A925EF1D9F24948BD8. [2020 – 07].

意料，FIFA 被说服支持 UNGPs，并在 2026 年男子世界杯的投标要求中纳入人权标准。① 但真正的新鲜事物是，政府借鉴 UNGPs 的尽职调查条款制定了新的国家立法；此前，它们大多仅限于支持或推广纯粹的自愿性倡议。新法律包括法国的《警戒法》（loi de vigilance）、加利福尼亚州、英国和澳大利亚的《现代奴隶制法案》（Modern-Day Slavery Acts）、荷兰的《童工法》（Child Labor Laws）、德国的《强制性人权尽职调查法》（A Mandatory Human Rights Due-Diligence Law）、欧盟的非财务报告要求（nonfinancial reporting requirements），以及预计于 2021 年秋季推出的欧盟层面的强制性人权和环境尽职调查指令，该指令预计将适用于整个价值链，并包括民事责任条款。② 我注意到，这一系列法律举措目前主要集中在欧洲，但欧洲是所有跨国公司的第二大总部所在地。此外，欧盟的强制性尽职调查指令将适用于在欧盟内部市场运营的超过一定规模的外国公司。

在商业和人权领域发生的变化，是众多社会行为者通过战略性干预推动的转变的又一实例。这也标志着一些立法机构认识到，考虑到一些企业本身的发展，它们与企业的政治运作环境已经发生了显著变化。这应该给所有政府更大的勇气去履行其本应履行的职能：治理，并为公共利益而治理。

米尔顿·弗里德曼（Milton Friedman）在 1982 年版《资本主义与自由》的序言中写道："在私人和尤其是政府安排中，存在着巨大的惯性——维持现

---

① 除了腐败问题外，FIFA 还面临来自倡议组织、商业赞助商和工人组织的巨大压力，因其使用来自南亚和东南亚的近乎奴工性质的劳动力为 2022 年卡塔尔世界杯建造设施。FIFA 委托我进行一项人权风险评估并提出建议。参见 John Gerard Ruggie, "'For the Game. For the World.' FIFA andHuman Rights", Corporate Responsibility Initiative Report no. 68, Cambridge, MA: John F. Kennedy School of Government, Harvard University, 2016. FIFA 与其当地分支机构及国际建筑和木工工会合作，利用其对卡塔尔当局的影响力改善着移民工人的条件。Building and Woodworkers'International, "2019 Report on Joint Inspections", https：//www.bwint.org/cms/news-72/2019-bwi-sc-jwg-report-on-joint-inspections-in-qatar-released1641.[2020].

② 欧洲议会已向欧盟委员会推荐了一项法律草案，它对委员会没有约束力，但由于得到了 504 票赞成、79 票反对的压倒性多数通过，它传递了一个强有力的信号。有关这些情况的更广泛讨论，参见 John Gerard Ruggie, Caroline Rees and Rachel Davis, "Ten YearsAfter：From UN Guiding Principles to Multi-Fiduciary Obligations", Business and HumanRights Journal, Vol. 6, No. 2, 2021, pp. 1–19.

状的暴政。只有一场危机——实际的或感知的——才能带来真正的变化。当危机发生时，采取的行动取决于现有的想法。我相信，这是我们的基本功能：开发现有政策的替代方案，让他们保持活力并随时可用，直到政治上不可能的事情变得政治上不可避免。"① 这本书最早于 1962 年出版，销量超 50 万本。

在我撰写本文时，我们正处于三场现实的危机之中：一个多世纪以来最严重的疫情、自镀金时代以来最广泛的社会经济不平等差距，以及人类历史上史无前例的气候威胁。我无法预测这些危机最终将如何发展。但本文追踪了关于企业宗旨和身份的"现有想法"，这些是应对所有三场危机的关键要素。事实上，案例研究表明，其中一些想法已经进入企业和政府行动的领域，受到人们需要摆脱弗里德曼帮助建立的认识论和制度牢笼的需求所推动。

彼得·卡赞斯坦讨论了自由主义的终结与开端。本文则讨论了政治经济学意义上的几种自由主义形式：嵌入式自由主义，旨在平衡国际经济开放与国内稳定；新自由主义，其主要目标是在全球层面实现深度的私有经济一体化，并转变国家公共监管体系以支持这一目标；以及一种新的自由主义形式，将上市公司视为社会实体，而不仅仅是证券持有人的私有财产。

总之，我还想简要讨论另外两种形式的自由主义。第一种是作为政治哲学的自由主义，它主张在法律规则下，所有人享有与生俱来的尊严和平等、不可剥夺的权利。这种形式的自由主义仍然是一种令人鼓舞的力量，这一点在 2020 年乔治·弗洛伊德（George Floyd）被残忍谋杀后得到了最好的体现，数千万不同肤色、性别、性别认同和年龄的人们在超过 50 个国家的城市中游行，坚持"黑人的命也是命"，并宣告没有社会正义（包括在他们自己的国家），就没有社会和平。那些声称这种形式的自由主义已经过时，或自诩为"非自由民主主义者"的政治领袖们，见证了这种基础形式的意义，尽管在他们统治的国家中，人民目前不被允许充分享有这些权利。

最后，一种确实正在走向终结的自由主义形式是约翰·伊肯伯里（John

---

① Milton Friedman, *Capitalism and Freedom* (2nd edition), Chicago: University of Chicago Press, 1982, pp. xviii – xiv.

Ikenberry)所描述的"自由利维坦"——美国的国际政治秩序。① 国家间权力的持续再平衡是每一门国际关系本科课程中都会讲述的持久主题。事实上,本文前面讨论的新自由主义经济政策显著推动了中国的崛起,而中国是当前权力再平衡的主要外部来源。但使自由利维坦的持续衰落变得极为不寻常的是,自苏联帝国解体后美国宣称其霸权以来,这一衰落加速了。未来的历史学家无疑会强调,这种衰落的起源几乎可以追溯到战后初期。但其衰落的加速是由于21世纪的自我伤害行为:一场基于谎言的、不必要的战争,其中禁止酷刑的法律被重新定义以允许"加强审讯";美国金融系统的内爆,由几乎没有社会价值但使那些凭空构建它们的人变得非常富有的金融工具推动,而纳税人为此买单,被取消房屋赎回权的房主运气不佳;以及特朗普政府对新冠疫情的应对彻底混乱,导致美国在感染和死亡人数上领先于工业化国家——再加上特朗普总统拒绝接受2020年选举失败。这些事件中的第一件显著削弱了美国的道德资本。第二件引发了人们对美国管理其创建的全球金融体系能力的根本怀疑。最后,美国在新冠疫情问题上的分歧招致了嘲笑和怜悯,而2020年总统选举"被窃取"观点的支持者则令盟友震惊,令对手得意。没有任何自由利维坦能在这种一连串的打击下长久生存。

Corporate Globalization and the Liberal Order: Disembedding and Reembedding Governing Norms

John Gerard Ruggie

Abstract: This paper spans three forms of liberalism in the political economy sense of the term and examines the role of multinational corporations in driving the evolution of liberalism. The policy measures that unraveled embedded liberalism and

---

① G. John Ikenberry, *Liberal Leviathan: The Origins, Crisis, and Transformation of theAmerican World Order*, Princeton, NJ: Princeton University Press, 2011.

gave us neoliberalism also enabled the ascendance of corporate globalization. Corporate globalization became transformative geo-economic and geopolitical development of the past half century. Unfettered corporate globalization has led to a rethinking of corporate purpose, which has shifted from the dominance of "maximizing shareholder benefits" to an emphasis on "corporate social responsibility" (CSR) as norms. Multinational corporations have been viewed as more of social entities.

Keywords: embedded liberalism, multinational corporations, corporate globalization, corporate social responsibility, norms

| 本期聚焦

全球化与全球史：共生与融合
——一项关于全球化与全球史学术关系的考察

薛晓源[*]

摘要：本文详细考察了全球化与全球史的内在学术关系，详细分析了全球化与全球史各自的本质属性、研究边界和研究方法的迥异，描述了全球化与全球史之间错综复杂的发展态势，论证了全球化与全球史研究领域之间是一种健康多变的共生与融合的学术关系，其相互影响、相互依存、相互"批评"学术事态，令学界关注。

关键词：全球化　全球史　共生　视野融合

"全球化"与"全球史"这两个词汇以及所带来的文化和学术震颤，都是出现在 20 世纪 70 年代，兴盛于 90 年代。在 21 世纪初全球化浪潮开始退潮和逆全球化涨潮之时，全球史研究浪潮却依然汹涌澎湃，让人困惑不已。"全球化"与"全球史"在理论建构之间相互生成、"互不服气"、相互"批评"的关系，也让人惊讶不已。在考察分析和研究全球化与全球史的内在关系之前，我们有必要对全球化与全球史它们各自的内在的本质属性和内在关系以及它们之间的相互影响和相互排斥进行分析和界定，从某种意义而言，它们

---

[*] 薛晓源，北京师范大学全球化与文化发展战略研究院院长、教授、博士生导师。

是一对相克相仇、相关相连的孪生兄弟。因此，我们有必要进行重新审读和反思它们究竟是什么、到底是在何种层面和语境进行相互影响和相互干预，全球化与全球史的专家学者们又是如何对其研究领域进行分析和评述的。因此，我们进行一项它们之间学术关系的考察：我们要分别追问全球化是什么？全球史是什么？从而界定它们各自的研究领域和学术边界，辨别它们研究对象和方法的差异性和共同性；探析它们研究的内在关联性和最大差异性？

一、全球化是什么？

德国全球史研究名家奥斯特哈默（Jurgen Osterhammel）先生认为："没有哪个概念像'全球化'那样，用很短的时间就在社会科学和文化科学内部同时获得了如此大的吸引力。'全球化'这个概念在二十年内所实现的成就，另一个可资比较的范畴——'现代性'要用两百年的时间才能做到。"[①]

全球化是什么？虽然是老生常谈的问题，我们还是追溯一下全球化研究专家的命名和界定。"全球化"一词据英国社会学家罗兰·罗伯逊在《全球化百科全书》中考证，源于20世纪70年代，80年代开始流行，90年代红遍世界，成为最为时髦的词语和媒体广泛使用的高频词。一个词语的高频率出现，不是一个简单的语言学的现象，其背后蕴含了复杂的经济交往、多维的社会联系和深度的文化互动的现实语境。

实证主义者认为全球化是一个神话，是一个虚构的乌托邦；民族主义者认为全球化是对民族国家的进攻，全球化使民族国家失去了疆界。全球化究竟何为？有鉴于此，英国社会学家吉登斯认为："全球化并不是我们生活的附属品。它是我们生活环境的转变。它是我们现在的生活方式。"吉登斯教授认为：全球化就是流动的现代性。什么是流动的现代性？它是指人、货物、信息、货币、观念、符号和图像的快速流动。英国政治学家戴维·赫尔德认为："全球化指的是全球相互联系的扩大、深化以及加速，但是这样一种定义需要

---

① 〔德〕于尔根·奥斯特哈默：《全球史讲稿》，陈浩译，北京：商务印书馆2021版，第48页。

进一步说明……本项研究从理解全球化开始,承认全球化具有鲜明的空间特征,而且这些特征随着时间的推移不断呈现出来……全球化既不是单一的状态,也不是线性的过程。而且,最好把它看作一个涉及政治、军事、经济、文化、移民以及环境等各种领域的活动和交往,高度分化的现象。每一个领域都涉及不同的关系和活动模式。"[①]

英国社会学家罗兰·罗伯逊认为:"作为一个概念,全球化既指世界的压缩(compression),又指认为世界是一个整体的意识的增强……我们目前称为全球化的东西是一个很长期的、不平衡和复杂的过程。"[②]

德国社会学家乌尔里希·贝克认为:"全球化的概念是指世界的时空压缩以及增强世界作为一个整体的意识……因此,全球化是一种意识、一种现象、一种行动、一种变革以及一种过程……概括起来全球化具有以下五层含义:1. 全球化是一种全球尊重意识的发展。2. 全球化是一种社会价值变迁的现象。3. 全球化是一种建构全球秩序的行动。4. 全球化是一种人类关系的变革。5. 全球化是一种持续进行的过程。"[③]

德国历史学家于尔根·奥斯特哈默深刻阐述全球化进程和当代的影响力。他认为:"(1)(随着跨国公司的兴起)始于1900年的朝向一种'去领土化'全球资本主义的发展趋势有所加强,尤其是在媒体和通讯领域;(2)一个统一的全球资本市场的形成,它以极快的交易速度运行;(3)通讯和信息技术方面的技术革新,及其向千家万户和移动电话/平板电脑端的迅速传播;(4)迄今为止历史上从未有过的便利,让世界上发达国家中低收入人群实现长途运输,以及(不可避免的)以消耗化石能源为主的人群移动持续增长——主要是通过上个世纪发明的汽车;(5)不同国家甚至不同大洲之间在消费模式和消费

---

① 〔英〕戴维·赫尔德:《全球大变革——全球化时代的政治、经济与文化》,杨雪冬等译,北京:社会科学文献出版社2001年版,第21、33页。

② 〔英〕罗兰·罗伯森:《全球化——社会理论和全球文化》,梁光严译,上海:上海人民出版社2000年版,第12、14页。

③ 薛晓源、刘国良:《全球风险世界:现在与未来——德国著名社会学家、风险社会理论创始人乌尔里希·贝克教授访谈录》,载《马克思主义与现实》2005年第2期。

喜好上的趋同，或可称之为'麦当劳化'，或可称之为通过名牌货的市场化而实现的'标准化'……"①

综上所述，笔者之所以列举各位全球化研究大家的论述，就是想表明全球化是一种复杂的政治、经济和文化现象，全球化是复数的，不是单向度的，不同大家的表述，表明全球化研究具有多维度、多种层次和多重复杂性。他们的表述既有共同性也有差异性。共同性在于他们把全球化看作是一个渐进的发展过程，是一个复杂多变的历史进程，是一个快速流动的多变过程，是世界范围的时空压缩；差异性是不同大家看到全球化复杂性的不同维度，有的学者看到全球化带来同质化趋向，关注全球化带来的经济社会文化的"麦当劳化"与"沃尔玛化"。有的学者看到全球化带来异质化趋向，看到民族国家对全球化的恐惧与抵抗，全球化带来社会的"破碎化"和文化"杂糅化"；全球化就是同质化与异质化多向杂糅，"泥沙俱下"，相向混合而成。从以上大家论述表明全球化没有一个令大家都非常满意的概念，全球化概念与内涵也是一个复杂多变；即使学界对全球化现象和学术概念是有分歧的，但是我们可以做出这样的学术判断：全球化是历史客观进程，全球化依然是我们现在的生活世界与生活方式，全球化对于中国具有伟大的现实意义，全球化的历史进程不是一帆风顺的，全球化是流动的现代性，全球化也是风险社会。全球化对于中国具有伟大的现实意义：中国从全球化的参与者，到全球化的融入者，再到全球化的引领者、贡献者。中国在全球化中的角色发生重大变化：从被动参与到主动融合再到积极引领。中国参与全球化的主要经验就是主动拥抱全球化，在全球化中解决全球化带来的问题和挑战，尽量消除全球化的负面影响，获取全球化带来的机遇和收益。正如习近平总书记指出的，"中国的发展是世界的机遇，中国是经济全球化的受益者，更是贡献者"。②进入21世纪，当中国置身于全球化的浪潮之中时，当中国日益成为一个世界

---

① 〔德〕于尔根·奥斯特哈默：《全球史讲稿》，陈浩译，北京：商务印书馆2021年版，第39—40页。

② 转引自《人民日报》2019年9月20日，第5版。

大国之时，从世界历史来理解中国的发展，从中国的视角来理解世界的变迁，已经变得极为必要和非常重要。从这个角度而言，全球化与全球史是可以相互理解、相互融合、互动有为的。

习近平总书记强调："经济全球化是时代潮流。大江奔腾向海，总会遇到逆流，但任何逆流都阻挡不了大江东去。动力助其前行，阻力促其强大。尽管出现了很多逆流、险滩，但经济全球化方向从未改变、也不会改变。"[①] 中国共产党第二十次全国代表大会明确提出，要坚持经济全球化正确方向，就是要求我们要客观认识全球化的发展历程和运行逻辑，要认识到全球化是人类经济活动的自然过程，是人类历史发展的客观进程，是人类普遍交往、普遍联系的经验历程。要正确认识全球化的复杂性和艰巨性，全球化不是一蹴而就的，而是一个艰难的历史渐进过程。正确客观地认知和理解全球化，是研究全球化与全球史学术关系的前提和条件，也是厘清它们各自学术脉络的知识积累。

二、什么是全球史？

德国学者塞巴斯蒂安·康拉德说："全球史当然不是历史学领域内唯一的研究方法，甚至都谈不上是主流的方法，它只是众多方法中的一个，只不过在处理某些特定主题和问题时比其他方法更适用而已。全球史研究的中心问题包括跨境进程、交互关系，以及在全球语境框架内的比较。因此，世界的互联往往是切入口，事物、人群、思想和制度之间的流通和交换是该概念最重要的研究对象。""全球史既是一个研究对象，又是一种审视历史的独特方式。也就是说，它既是过程，又是视角；既是研究主题，又是方法论。它如同历史学中的其他研究领域/研究路径，诸如社会史、性别史一样，都是一体

---

① 习近平：《坚定信心 勇毅前行 共创后疫情时代美好世界——在 2022 年世界经济论坛视频会议的演讲》，中国政府网，https://www.gov.cn/xinwen/2022 - 01/17/content_5668944.htm.［2022 - 01 - 17］。

两面。在研究实践中，这两个方面通常密不可分。"①

德国历史学家于尔根·奥斯特哈默说："全球史是世界性体系内的互动史。"② 历史学家刘新成先生认为："全球史也称新世界史，二十世纪下半叶兴起于美国，起初，只是在历史教育改革中出现的一门从新角度讲述世界史的课程，之后演变为一种编纂世界通史的方法论，近年来已发展成为一个新的史学流派。"③ 刘文明教授在《大地与人——一部全球史》中文版译者序中说："全球史是近年来新兴的一种史学观念和历史学分支学科，它在某种意义上是历史学对全球化浪潮的一种反应，在20世纪下半叶首先兴起于美国，然后扩展到世界各国。在当今中国正处于方兴未艾的发展阶段。"④ 北大历史学系高毅教授认为，全球史的研究风气有人认为是源于麦克卢汉所倡导的"地球村"。西方有关学者于是开始有意识的淡化世界史中政治方面的内容，把全人类的文化社会生活的演进作为史学考察的重点，同时赋予过去长期被忽视的、被认为是"没有历史的"非西方民族以平等的历史地位，突出文化多元共存的合理性，以及人类各区域文明之间交往互动的历史推动意义——所谓"全球史"就这样渐渐发展起来。⑤

全球史兴起的标志，一大批研究成果和图书如雨后春笋爆发出来。代表性作品有斯宾格勒的《西方的没落》、威尔斯的《世界史纲》、汤因比的多卷本的《历史研究》、麦克尼尔的《西方的兴起——人类共同体的历史》和《世界史》，以及斯塔夫里阿诺斯的《全球通史》。一般认为，1963年麦克尼尔出版的《西方的兴起》，是全球史诞生的标志。四十多年来，全球史在西方史学蓬勃发展。"希瑟·斯特里茨-索尔特在2012年统计指出，在美国、加拿

---

① 〔德〕塞巴斯蒂安·康拉德：《全球史是什么》，杜宪兵译，北京：中信出版集团2018年版，第9页。
② 〔德〕塞巴斯蒂安·康拉德：《全球史导论》，陈浩译，北京：商务印书馆2018年版，第3、6页。
③ 刘新成："全球史译丛"总序，北京：中信出版集团2018年版。
④ 刘文明：《大地与人——一部全球史》中文版译者序，北京：商务印书馆2020年版。
⑤ 〔美〕斯塔夫里阿诺斯：《全球通史：从史前史到21世纪》上册，吴象婴等译，北京：北京大学出版社2005年版，第11页。

大和欧洲，有58个分立的机构提供世界史（或与之类似的全球史）研究生培养的硕士或博士学位，这种快速增长本身表明，在所有历史领域似乎都朝着跨国、全球化和比较角度迈进的时期，世界历史越来越被认为是对研究生课程的有益和宝贵的补充。"①

在全球化的影响之下，全球史和全球化研究有融合的趋向和态势，《白银资本》《时间的全球史》《盐的世界史》《土豆的全球史》《棉花帝国》《全球城市史》等一大批研究成果纷至沓来，让人目不暇接。塞巴斯蒂安·康拉德说："任何主题都可以从全球层面进行研究。目前，我们所能看到的全球史例证已不胜枚举：王权的全球史、艺伎的全球史、茶叶与咖啡的全球史、糖与棉花的全球史、玻璃与黄金的全球史、移民与贸易的全球史、自然与宗教的全球史、战争与和平的全球史。"②

综上所述，全球史在全球化迅猛蓬勃发展中汲取了研究的勇气和信心，借势而为，全球史研究出现学术井喷现象，从边缘学科成为学术界的"显学"。其发展态势和特征可以概括如下：1. 全球史是一种整体全景观的研究方法，有学者形象比喻为站在月球上看地球，全景观俯视，从整体上进行鸟瞰。2. 全球史研究直面全球化的历史和问题，它把全球化视为其研究领域的一部分。3. 全球史既是研究的对象又是研究的方法，对象与方法既有统一性又有差异性，这种学术张力构成了全球史研究的永恒魅力。4. 全球史研究着重关照人类的文明和文化，以"文明"为单位，进行价值类型学的分析、分类研究。5. 全球史研究把动态描述性研究和静态量化性研究相结合，学科整合能力和综合跨学科研究特征突出。6. 全球史研究把全球问题进行细致类型化和分层研究，区分了宏观研究、中观研究、微观研究的三个研究维度。从全球化与全球史比较研究的维度上看，全球化擅长宏观的态势研究，全球史学科建构尤为擅长中观研究、微观研究以及错综复杂的研究。7. 全球史的大

---

① 董欣洁：《中国全球史研究的理论与方法》，载《贵州社会科学》2018年第8期。
② 〔德〕塞巴斯蒂安·康拉德：《全球史是什么》，杜宪兵译，北京：中信出版集团2018年版，第6页。

多数研究者把全球化的发展看作其学科建设和发展的机遇，愿意凭借全球化的东风，顺势而为。

三、全球化与全球史的关系、研究方法：比较与借鉴

从比较方法而言，全球化与全球史处在一种复杂而密切的关系之中。20世纪90年代以来，全球化影响巨大，辐射到全球的各个领域和学科，全球史研究者既兴奋又焦虑，兴奋的是全球化光芒和影响力烛照了全球史研究各个维度，带来光明和希望；焦虑的是全球化辐射力太强，足以遮蔽了全球史研究的光芒和影响。在学术争论中，双方比权量力，各擅其锋，此消彼长。全球化与全球史在学术魅力、学术特征、学术分类、学术研究方法论都有同质性和异质性构成因素，全球化研究和全球史研究的关系出现了德国哲学家伽达默尔津津乐道的学术的"视野融合"问题。伽达默尔认为理解是在历史中的理解，历史赋予理解者以"前见"，这种"前见"构成了理解者特殊的视域，而这种视域处于一种不断形成的过程之中。于是，理解就成了过去、现在与未来之间的相互沟通，成为主观与客观的统一。就文本解读来说，视野融合就是理解者的当前视野与文本的历史视野的交融。理解具有动态交互性、自我否定性和整体模糊性。全球化的过去、现在和未来构成全球史研究的轴心和骨干，全球史研究丰富和细化了全球化研究，它们之间的关系可谓互为表里，宛如硬币两个面：一体两面。历史学家刘新成先生认为：全球史的魅力在于其学术取向，即"全球化历史化，把历史学全球化"。所谓把"全球化历史化"，是要追溯全球化的发展历程。所谓把"历史学全球化"，体现了全球史的学术立场。全球史学者将自己的学术任务确定为：在阐述全球史的同时，建立"全球普适性的历史话语系统"，使历史学本身全球化。无论是把"全球化历史化"还是把"历史学全球化"都有一个解释的语境，即把全球化视为我们当下的现实处境，全球化是我们当下有意义的内在和外在的环境，是我们当下的现实关怀，是人类当下最为关注的政治经济和文化现象，是每

个国家和民族都无法置身其外的历史场景。全球化研究与全球史研究，都有强烈的现实关怀，全球化研究是把现实问题学术化，对现实问题进行学理性的分析和反思。全球史研究则是把学术问题进行现实关照，让学术问题在现实的语境中充分有效地展开，实现学术问题的现实意义，或者说是把学术问题进行现实的意义充溢。

（一）全球史和全球化研究分类的差异

塞巴斯蒂安·康拉德说：全球史有三种研究模式或者分类："作为万物历史的全球史；作为联系史的全球史；以整合概念为基础的历史……首先，全球史的一种取径就是将其视为世间万物的历史……第二类全球史的关注点是交换和联系。这是近年来的全球史研究实践中最常见的研究取径。连接此类研究的共同纽带，是这样一种普遍看法，即任何社会、国家或文明都无法孤立地存在……第三类全球史取径则有所不同，它的研究范畴相对有限。这种取径假定存在着某种将全球整合起来的方式，并进行了实质性的研究。"①

全球化现象和问题影响巨大，它辐射到所有社会科学的研究领域。英国政治学家赫尔德认为全球大变革蕴含着全球化时代的政治、经济与文化深刻变迁和重大革命，它涉及政治全球化、文化全球化、经济全球化、环境全球化、全球社会学、军事全球化和治理全球化，它关涉到全球生命攸关的重大问题和挑战：领土国家与全球政治、组织化暴力的扩展、全球贸易与全球市场、全球金融模式的转化、公司权力与全球生产网络、迁移中的人们、全球化文化与国家的命运、全球化与环境。赫尔德说："众所周知，全球化理论不是一种理论，而是一个理论群，其中包含多种理论。从全球化在这些理论中的地位角度看，基本可以分为两类：一类是把全球化本身作为研究的对象；另一类是把全球化作为研究具体问题的重要参照背景，讨论背景与对象之间变革全球互动关系。可以说，前一类是严格意义上的全球化理论，而后类则

---

① 〔德〕塞巴斯蒂安·康拉德：《全球史是什么》，杜宪兵译，北京：中信出版集团2018年版，第5—6页。

是广义上的全球化理论。"①

赫尔德认为,全球化研究从来不是单一领域的,全球化研究是一个复合的问题群,其问题错综复杂,盘根错节。单就当代全球化的独特性可以根据四种时空维度初步地对全球化的历史形态加以描述和比较:它们是全球网络的广度、全球相互联系的强度、全球流动的速度、全球相互联系的影响。这样一个框架为对全球化的历史模式进行定量和定性分析提供了基础。② 罗兰·罗伯森指出了全球化研究在社会学领域时段分析:"阿尔布劳(Albrow,1990:6-8)认为,在从当前对全球化的关注范围内考察社会学史时,我们可以辨别出五个阶段:普遍主义;民族社会学;国际主义;本土化;全球化。尽管我对这一划分方案有某些保留意见,但总的来说,它是联系全球化主题考察社会学史的一种有益的方法。"③ 德国著名历史学家于尔根·奥斯特哈默犀利地指出:"全球化这个词往往要理解成一种复数……复数词尾把一个囊括全人类的广泛世界进程变成了多个相似但不相同的局部进程——它们在地点和时间、深度和广度上有所差异……在多元现代性之外,现在又有了多元全球化,甚至后者的多元程度还要超过前者,因为除了典型的西欧现代性之外,毕竟只有有限的其他现代性模式。"④ "全球化"从来就不是一个单质性与单向度的概念,而是具有多层次、多维度、多向性的发展性的概念,是一个渐进和过程的概念,全球化表面上追求同质性、同化性,但它不排斥他者和多元性。"全球化就是一种核心驱动力,它隐藏在社会、政治和经济的变化背后,这种变化重塑了现代社会和世界秩序"。⑤ 总体来看,如果将社会结构解

---

① 〔英〕戴维·赫尔德:《全球大变革——全球化时代的政治、经济与文化》,杨雪冬等译,北京:社会科学文献出版社2001年版,第3—4页。
② 〔英〕戴维·赫尔德:《全球大变革——全球化时代的政治、经济与文化》,杨雪冬等译,北京:社会科学文献出版社2001年版,第24页。
③ 〔英〕罗兰·罗伯森:《全球化——社会理论和全球化文化》,梁光严译,上海:上海人民出版社2000年版,第23页。
④ 〔德〕于尔根·奥斯特哈默:《全球史讲稿》,陈浩译,北京:商务印书馆2021年版,第9—10页。
⑤ David Held, Anthony McGrew, David Goldblatt and Jonathan Perraton, *Global Transformation Politics, Economics and Culture*, Cambridge, England: Polity Press, 1999, pp. 7–9, p. 6.

析为经济、政治、文化三大领域的话,那么,全球化便可以在经济、政治和文化等不同领域获得自身的展现形式。这意味着,全球化是由"经济全球化""全球治理"和"文化全球化"构成的。全球史的分类也值得关注,它们关注万物的联系性、交换性和整合性,与全球化研究形成"同质异构"和"异质同构"。"同质异构"是指全球化与全球史都关注事物联系性、交换性和整合性,全球化研究的强势是动态过程的学理分析,全球史研究的强势是静态序列的知识描述;所谓"异质同构"是指全球化与全球史分属不同的学术领域和学科关照,但是理论的聚焦点和学术视野却有许多相似和重叠之处,如经济文化的缠结、互动、流动的现代性问题。全球化是跨学科的综合型研究,主要关注全球化视域的政治、经济和文化研究,全球史则是依照历史学的视域去关注某类问题的演变和发展,具有历史学的总结和反思的意味。全球化关注的是全球一体化过程中出现的新问题、新趋势、新发展,关注的是问题群衍生与变化;全球史则主要关注的是过去被人们忽略、遗忘和淡化的某类问题和特殊视域的特别问题;全球化及其研究带给人们的是新鲜感:新事物、新现象、新趋势,而全球史的研究带给人们的是新奇感:新思路、新序列、新关照;一字之差,蕴含意义迥异,给世人带来不同观感与反应,学术的意味和旨趣完全不同。全球化与全球史在研究方法和研究分类上形成双向或多向互动,且互动频率和频次令人瞩目。

(二) 全球史和全球化之间的同质性与异质性

奥斯特哈默认为:"第一,全球史是对过去的一个特殊切入。它并不一定处理长时段的发展……第二,全球史与全球化的历史之间的差异,在于方法论……第三,全球史与全球化的历史之间的差异,表现在处理差异的方式……第四,当人们关注到与全球化概念息息相关的具体诉求时,全球史与全球化的历史之间的另一点差异就很明晰了……总的来说,全球史是一个比全球化的历史更加包容和开放的概念。不是所有的全球史都等同于全球化的历史,但反过来,全球化的历史往往是全球史的一部分。它可以缩略为一部有关市场一体化的量化的和形式化的历史,这种自我约束和狭隘的代价,是一种对历史缺乏多维度的理解，而这种对历史多维度的理解正是全球史所能提供的。"①

全球史和全球化既有联系性又有差异性，塞巴斯蒂安·康拉德认为："很多人的确往往将全球史和全球化的历史混为一谈，但这种做法并不正确。原因有二，其一，我们这里所说的全球史，主要是一种研究方法，而全球化的历史表示一种历史进程。其二，全球层面的整合是全球视角的必要条件。这种整合是一个背景，但他自身并不必然是研究对象。因此，全球史的研究无须阐述全球整合的来龙去脉，但可以关注整合造成的影响。全球化的历史是全球史研究的一个重要分支，但并不等于全球史领域。"②

全球化研究者大多数还是面向世界，胸怀宽广，敞开理论怀抱的。而全球史的有些研究者面对全球化的理论和现实冲击，"心怀戒惧"，担心全球化强大的辐射力对全球史研究领域、研究方法带来巨大的冲力，担心其影响力会冲垮全球史研究的自信。于是，他们借着全球化影响力的巨大光环，把全球化研究界定在全球史研究领域之内，全球化只是全球史研究的短暂一部分，全球化不能代替全球史研究。有个别学者还批评全球化研究的表面性和肤浅性，他们批评全球化只是一个口号、一个流行的俗语。全球史研究者的这些观点有些"片面性"，没有看到全球化的复杂性和多元性，没有看到全球化是同质化与异质化混合交融的过程，更没有看到全球化与全球史研究一样，它们既是研究对象，又是研究方法；全球化有狭义的全球化研究，有广义的全球化研究，狭义的全球化研究是对象性研究，广义的全球化研究是背景和语境研究。全球化还是历史发展趋势和客观的现实运动，每个活在世界中的人和事都置于全球化的影响之中，不能自拔。全球化给每个学科和领域都带来影响和曙光。英国大诗人蒲伯赞扬牛顿的诗句："自然和自然法则隐藏在晦暗之中，上帝说，让牛顿出世吧！于是一切都豁然开朗。"笔者想用上面诗句赞

---

① 〔德〕于尔根·奥斯特哈默：《全球史讲稿》，陈浩译，北京：商务印书馆2021年版，第25—26页。

② 〔德〕塞巴斯蒂安·康拉德：《全球史是什么》，杜宪兵译，北京：中信出版集团2018年版，第76—77页。

扬全球化并认为有同样的可比性，是不为过的。我们认为，全球化在以下三个维度深刻影响了和改变了全球史的领域和方向。1. 全球化的现实运动和理论关怀宛如诗人蒲伯赞扬牛顿的诗句：像一束巨大而强烈的光，烛照一切社会发展的现实和理论领域，使晦暗中的一切事物豁然开朗起来。也就是作为现实运动和理论对象的全球化，为人类社会开启了一个世界，一个复杂多变、盘根错节的有意义的世界。在这个世界中，各个学科都能重新找到自己的位置，都被要求重新界定自己存在的价值和意义。全球化的强大辐射，使得各个学科要在全球化的大变革中像烈火中凤凰浴火重生。2. 全球化为全球史研究赋予了现实意义，使它们的学科建设有了现实存在意义和价值依托。德国哲学家胡塞尔认为"意义给予"是对意识的"立义"、"统摄"功能或意识的"意向活动"进行说明的概念：一堆感觉材料在统摄的过程中被赋予一个意义，从而作为一个意识对象而产生出来，从而构成意识。在这个意义上，胡塞尔认为，"所有实在都是通过意义给予而存在"。[①] 我们认为在全球化之前，全球史研究归属于世界史的研究范围和管辖之地，全球化与全球史研究在20世纪70年代同时生成，但是全球化的世界影响和烛照能力非全球史所能，全球化是我们的生活世界，并成为我们言说和理论建构的语境，在这个意义而言，全球化为全球史研究赋予意义，全球化为"立义"、"统摄"了全球史研究作为学科对象的存在，廓清和整理其学科存在的边界。3. 全球化使全球史研究从边缘走向半边缘以至中心，把世界史研究从书斋式、学究式研究变成大众关注的日常话语的全球史研究，从大众的日常话语成为学术话语，继而成为话语系统，最终成为知识谱系。德国著名历史学家安德烈·贡德·弗兰克的学术著作《白银资本——重视经济全球化中的东方》，本来是一部严格意义的学术著作，在全球化浪潮强烈带动下，不胫而走，成为世界畅销书，其影响在中国更是成为大众热议的话题。在此带领之下，全球史研究中许多过去被视为另类和边缘的话题，如细菌、植物、动物、物质等研究领域，过去是小众的关心问题，在全球化的语境中成为大众关心和人们热议的话题。"全

[①] 倪梁康：《胡塞尔现象学概念通释》，北京：生活·读书·新知三联书店2007年版，第440页。

球史学家认为，在影响世界历史进程的诸多因素中，无论是气候、地形、资源、天灾等自然现象，还是商业往来、宗教传布、物种交流、瘟疫传播等人为现象，都具有跨国别超民族的性质。"全球史研究关注领域和研究维度则更为精细，因此，许多全球史研究著作进入大众视野，走进寻常百姓之家，成为大众关心的热门话题。全球史研究整个学科被全球化激活，在逆全球化的声浪中，全球化研究日渐式微情况之下，全球史研究却依然健硕，并走向标新立异的新生活，让其他学科都称羡不已。有学者认为，全球史研究不再只是一个小众关注的领域或次级学科，而是已经成为显学，扩展到研究与教学的两个领域。从事社会史、文化史、环境史和经济史研究的历史学家都对全球史的脉络怀有兴致。事实上，历史学的每个研究方向都可以采用全球的视角。

在此，我们不是一味地赞美全球化，而是要看到全球化的多维性和复杂性，看到其同质性和异质性，看到其浪起浪落，看到其兴盛和式微，也要看到其负面性和局限性。所以，全球史研究者对全球化的批评也是耐人寻味，发人深省的。塞巴斯蒂安·康拉德认为："全球化的历史已经名副其实的成为全球史书写的一个分支，其主要特色便是探究历史转折点以及全球整体性的起源……全球化史学宛如现代化理论附体，只'孤立'地取代了'传统'，'缠结'取代了'现代性'……全球化这个术语掩盖了如下事实，及各种关联与全球进程有着丰富的形式和多元的维度，它们遵循各不相同、有时甚至是互不相容的发展逻辑。若将这些现象通通贴'全球化'的标签，就会简化这些进程，遮蔽历史的'异质性'。"[1]

全球史研究与全球化同时产生，比邻而居，却有后来居上的发展势头，不能不让人深思。全球史的研究确实有独到之处，全球化研究专家应该学习和深省。相对于全球化具有宏大叙事的趋向，全球史面向中观和微观世界的研究，其研究的丰富性和具体性，描述的精微性和细致性，往往能撩拨起读

---

[1] 〔德〕塞巴斯蒂安·康拉德：《全球史是什么》，杜宪兵译，北京：中信出版集团2018年版，第82—83页。

者的兴趣和雅致,全球史研究在处理文化差异性方面和全球化研究不同,处理方法也迥异,它注重在"异"中看到"同",在"同"中看到"异",勾勒历史细节的精微和细致,确实让人侧目、让人赞叹。我们应该深度概括全球史研究的独特优势,让全球化研究者深入学习吸纳,从而更丰富和完善全球化的理论建构。

全球史的研究范式和常用方法也很鲜明,且令人瞩目。"人们往往用全球史来处理更广泛的社会影响。虽然具有程式性特点的研究文献在迅速增长,但全球史还只是在个别方向上打牢了理论基础……全球史还与一套引人注目的术语捆绑在一起,在这套术语的应用中人们看到了全球化实现的征候……第一,扩张。新兴的全球史在很大程度上是从帝国和经济扩张史中发展而来的,对此没有必要惊讶……第二,流通。这一股分散的推动力,得以汇入和疏浚到"流通"的构想之下。第三,网络化。'流通'一定是以某种'渠道网络'为前提的。于是,在"网络化"的构想中表现出了另一幅景象……在空间上,网络通过三组差异得以精心构建成'流循环',分别是:联系与阻隔、中心与边缘(即具有不同处理能力的节点)、更大波及面的高阶网络与地方网络。第四,稠密化。'扩张'和不少种类'网络化'(在边疆式的外缘上把外部的事物吸纳甚至是吞并进来)的开放性,在全球化的构想中是与'稠密化'相对的……第五,标准化和普世化。标准化和普世化是全球性目的论的基本构想……第六,如果人们认为全球史在兴起之初所提出的批判性倡议是严肃的话,那么全球史就不应简化成一部趋于一体化的当下的'创世记'。"① 于尔根·奥斯特哈默对全球史这个学科建构的六大构想得到学界普遍认同,被认为是全球史研究的基本范式。塞巴斯蒂安·康拉德在《全球史是什么》一书中概括了全球史在当下引人注目的五种研究方式:比较史研究、跨国史研究、世界体系理论研究、后殖民研究、多元现代性的思想。他认为这些研究范式并非全都专属于历史学科,也不全都致力于解释全球进程以及

---

① 〔德〕于尔根·奥斯特哈默:《全球史讲稿》,陈浩译,北京:商务印书馆2021年版,第53—60页。

整个进程的推动力。但是，他认为全球史的研究方式可以为其他学科研究提供可资借鉴的地方。全球史的研究范式和方式虽然很显著，运用范围比较广泛，但是其研究范式不是独一无二的，这些范式和方式在全球化研究中也被广泛采用，其采用范围和活跃程度与全球史的研究有一定差异和不同，在一定学术意义上而言，它们是交融和互通的，以下我们将从全球化与全球史互动角度来理解和阐释这五种研究方法在各自领域的优势和劣势。

1. 比较研究的基本特征

康拉德认为："对于全球史学学者而言，宏观比较仍旧是一个有用的工具。身处一个充满流动和交换的世界之中，有些问题需要具备比较眼光，但过去那种对几个独立个案进行刻板系统比较的做法，或者就将就此罢休。比较研究，逐渐摆脱了二元框架。取而代之的是，他们越发重视更大的外在世界，这个世界涵盖并时常建构了他们的研究对象。在传统的比较研究中，全球视角只是历史学家建构出来的东西，缺乏坚实的关联和互动做支撑，完全停留在观察者的眼中。如今情况开始发生变化。比较史学者逐渐以全球史为起点，在全球的脉络中开展研究。其实全球史领域中一些最精彩的论著也运用了比较的方法，只是比较的方法有所不同。""奥尔斯坦分析了比较方法对于史学发展的独特贡献，认为恰恰是比较史推动了从'密闭单位'的民族国家史向跨越边界的史学研究的转变，或者说，在研究密闭单位的史学与研究跨边界的史学之间，比较史对研究单位的改变是一个过渡阶段。不仅如此，比较研究与互动研究也有着千丝万缕的联系。进入 21 世纪以来，比较研究也日益出现转向全球史的趋势，互动研究与比较研究逐渐有机地结合起来。两者的结合大致可以分为以下四种情况。第一，把被比较的单位放入各自的大背景中，注重它们同各自环境的互动。第二，被比较的对象至少有一定程度的直接联系。第三，比较不同国家和地区对于同样大背景的反应有何异同。第四，比较跨文化传播过程中，同一主体（包括物品和思想文化）传播到不同地区后与当地社会的具体结合及其所产生的影响。从上述四种结合方式来看，前两者体现了互动研究对比较研究的贡献，后两者则是比较研究对互动研究的提升。"①

比较与互动在全球史研究中运用较为常见，通过比较发现事物发展的来龙去脉，把握其跃动的脉搏和趋势。在全球史研究中，比较与互动的方法在国别史的研究中较为普遍，关注"从'密闭单位'的民族国家史向跨越边界的史学研究的转变"，关注其事物的直接联系和间接联系，关注其相互影响和相互传播。比较与互动不仅是全球史研究的基本方法，也是全球化研究的根本方法。狭义的全球化研究，运用比较和互动的方法，把 20 世纪 90 年代至 2019 年新冠疫情暴发之前，称为超级全球化，这时期的全球经济文化社会一体化发展规模和状态达到历史最高水平，世界的普遍联系和普遍交往超过历史任何一个时代。2019 年至今被称为"有限的全球化"，受新冠疫情和保护主义的影响，全球化影响和规模在发生实质性的变化，全球化出现"半全球化"的风险。数字技术在近年快速的崛起，使人们又看到全球化的曙光，数字全球化规模和效应正在井喷式发展。对全球化不同历史阶段：超级全球化、有限的全球化、数字全球化，进行比较研究，令人注目。全球化研究与全球史研究方法在比较研究的维度上深度互动，引起学界的热议。

2. 跨国研究

康拉德认为："跨国研究的探索的内容是，一个国家如何融入世界，以及世界如何转而深刻地渗入个体社会。不过，这类研究集中呈现和'跨国'一词的出现，直到二十世纪九十年代才得以发生。那时，全球化的修辞似乎削弱了民族国家的力量，历史学家开始想方设法地超越社会科学中方法论的民族主义。""跨国的，此术语由社会学家雷蒙·阿隆所开创。跨国的可以首先从它区别于什么来理解（例如'国际的'以及'多国的'）。国际的和多国的着重强调民族（国家）的作用。在这种意义上，它们属于国际关系的现实主义范式。在另一方面，跨国的概念试图从民族国家的作用之外来理解事件、人物和群体，而这只有在民族国家的影响被边缘化或完全消失时才能实

---

① 夏继果：《全球史研究：互动、比较、建构》，载《史学理论研究》2016 年第 3 期。

现……基欧汉和奈则把跨国研究引入更为广义的全球化领域内。"①

跨国研究是全球史研究的主要方法和发展态势，跨国研究力求在全球化的语境之上，超越狭隘的民族主义的立场，"试图从民族国家的作用之外来理解事件、人物和群体，而这只有在民族国家的影响被边缘化或完全消失时才能实现"。全球化把跨国研究视为重要的研究方法，在反思的现代化的视角上重新思考民族主义与国家等关系，重新思考经济、政治、贸易和民族国家的复合关系，它把世界视为一个复合体，而不是国家的简单集合，世界是由许多其他群体、机构和共同体相互依存、相互作用构成的。"因此跨国的概念是全球化研究的核心，尽管它体现于网络、去地域化、杂糅性和嵌入等术语中。应该注意的是，跨国的社会运动是塑造全球面貌的重要力量，因为它们未受国家束缚，并在如联合国等国际和全球场所占据越来越多的空间，发出强烈呼声，并体现于国家层面的政府和法律之中。"② 全球化非常注重其与民族国家的关系研究，有学者认为"全球化加强了国家间联系，改变了国家的经济基础、生存环境和运转方式，削弱了国家的独立性，但没有改变国家的职能和使命，没有销蚀国家的自主性，也没有改变国家之间的不平等。"③

3. 世界体系理论研究

康拉德指出："我们可以从沃勒斯坦已经出版了四卷的《现代世界体系》中获得启示，强调国际层面国家体系和资本主义经济秩序的系统性特质。沃勒斯坦的研究得益于卡尔·波兰尼和费尔南·布罗代尔等学者的成果，成为世界历史分析的一种新范式。"沃勒斯坦认为，20世纪一体化的经济体使人类历史具有了真正的全球性，世界经济体被划分为中心—半边缘—边缘极端

---

① 〔英〕安娜贝拉·穆尼、〔美〕贝琪·埃文斯编：《全球化关键词》，刘德斌等译，北京：北京大学出版社2014年版，第270页。
② 〔英〕安娜贝拉·穆尼、〔美〕贝琪·埃文斯编：《全球化关键词》，刘德斌等译，北京：北京大学出版社2014年版，第271页。
③ 王正毅主编：《反思全球化：理论、历史与趋势》，北京：社会科学文献出版社2023年版，第2页。

不平等的层级，英美等西方发达国家居于体系的"中心"，一些中等发达国家居于体系的"半边缘"，某些东欧国家、大批落后的亚非拉发展中国家处于体系"边缘"，"在全球化话语中，边缘化通常被简化为经济的边缘化。发展的模式、商品流动和权力集中意味着部分行为体（如国家或公司）将会被排挤到生产、影响力和资本积累的边缘。边缘化同样也可以用来指代国家和公司在地理上的边缘化"，①"中心"国家和地区拥有政治和经济体系等多种优势，对"半边缘"和"边缘"地区进行剥削，"半边缘"地区对"边缘"地区实行剥削，"边缘"地区只能接受剥削。德国社会学家贝克认为，"根据沃勒斯坦的理论……自东欧解体以后，欧洲资本主义形成了更广阔的经济区域，即全球市场区域，而人类却按照他们自己对主权和出身的不同认识分裂成各个民族国家和不同的身份。由于这个世界体系在创造巨大财富的同时也创造了巨大的贫困，因此这里各种矛盾、冲突急剧上升并且日益激化……沃勒斯坦认为，资本主义逻辑的普遍化和深化引起了大规模的反抗。他把反对西方国家、反对现代化的重要行动以及环保运动或新自由主义的潮流都计算在内。资本主义世界体系的内在逻辑产生两个后果：世界统一和世界分裂"。②"中心与边缘"这一矛盾结对关系揭示全球化资本主义在全球扩张中带来的强大的矛盾：世界统一和世界分裂，这是全球化百年运动与发展的结果，是现代性的后果，是历史发展的客观现实。沃勒斯坦对世界经济体进行三分法，真实呈现了世界不同地区的经济依附关系。他的知识主张都自觉不自觉地呈现了西方主要发达国家对全球化的精心设计和构建，那就是自己位居经济、政治和文化的中心，强力维持"中心"的疆域和边界，修建围栏和高墙，阻止其他人涌入中心，与中心分享红利，从而更方便剥削不发达和发展中国家。"水晶宫"意向暴露西方主要发达国家施展全球化的真实意图，暴露西方主要发达国家对全球化建构的自私性，也反映西式全球化的局限性和狭隘性，全

---

① 〔英〕安娜贝拉·穆尼、〔美〕贝琪·埃文斯编：《全球化关键词》，刘德斌等译，北京：北京大学出版社2014年版，第182页。

② 〔德〕乌尔里希·贝克：《什么是全球化》，常和芳译，吴志成校，薛晓源主编，上海：华东师范大学出版社2008年版，第38页。

球化的"善意"和"美德"没有真正呈现出来,所以有识之士如美国小约翰·柯布院士呼唤真正意义的全球化。中心与边缘的关系揭示全球化空间意义的标注和指认不是以地理学意义的位置为中心,而是以政治经济体系的建构为中心,它以剥削与反剥削、控制与反控制、统一与分裂为其运行的世界逻辑机制。中心国家与地区强大的政治经济辐射力与边缘国家与地区无奈的接受都成强烈的反差,构成全球化时代权力与反权力、霸权与反霸权的时代底色与主旋律。世界体系理论研究在全球化与全球史研究中都具有举足轻重的作用,全球化把世界体系理论作为语境和理论底色,其"中心与边缘"模式是全球化研究重要的分析工具,也是进行深度和分层研究的理论前提。全球史研究关注世界体系理论强调的"复合经济体的秩序性和系统性",关注不同经济体之间的互动——剥削与被剥削的关系,关注"国际层面国家体系和资本主义经济秩序的系统性特质"。

4. 后殖民研究

康拉德认为:"自萨义德的开创性著作《东方学》于1978年问世以来后,知名学者就尤为关注认知结构与知识体系。他们将'全球'这一修辞解读为帝国主义主宰下的话语,并对之慎之又慎。照此看来,那些被冠于'全球'的东西,实质上是殖民主义和帝国主义入侵地方生活世界的产物。"

"在全球化研究中,'殖民主义'目前存在两种用法。第一种用法与帝国主义同义,无论是在文化、语言或经济上,涉及西方国家或公司的都被视为殖民者。其他术语如美国化(Americanization)、可口可乐化(Coca-colonization)也有这种含义。它的第二种用法见于后殖民主义语境中,与殖民主义一样,后殖民主义本身就是一个研究领域。后殖民主义既指一段时期(殖民霸权撤退后),又是描述这段时期之内及其之后发生的种种变化。这些变化可能包括政治结构,尤其是与独立及民主化相关的政治结构,以及与语言、文化、社会福利相关的政策。"①

---

① 〔英〕安娜贝拉·穆尼、〔美〕贝琪·埃文斯编:《全球化关键词》,刘德斌等译,北京:北京大学出版社2014年版,第33页。

后殖民主义运用葛兰西的霸权理论去审视资本主义的历史,认为资本主义就是一部殖民主义的历史。虽然二战之后,许多民族国家摆脱殖民主义的统治,获得独立和自由。但是后殖民主义理论运用福柯的"权力—话语"理论,认为被殖民的国家仍然没有摆脱强权国家的意识形态的笼罩和宰制。他们把世界的同质化视为一种新的殖民主义,后殖民主义理论反对世界的"麦当劳化"和"沃尔玛化",他们对全球化也心存戒惧。全球化研究者和全球史的研究者都高度关注后殖民主义。全球化研究主要关注后殖民主义理论的未来发展,尤其是在全球化新赛道的曲折和嬗变,关注帝国主义对东方落后国家的宰制和统治,担心和忧虑帝国主义对边缘国家意识形态的笼罩和围剿;全球史的研究主要关注后殖民主义理论与历史的亲缘关系,研究其兴起的来龙去脉和历史运行轨迹,它的研究着重点在其反思性和历史性。

5. 多元现代性的研究方法

康拉德认为:"爱森斯坦德借鉴美国社会学家帕森斯的结构功能主义,提出了一套社会秩序与社会整合模式的跨区域分析方法,而且并未将现代化进程等同于西化。它试图克服传统现代化理论中欧洲中心主义,找出通往现代性的多种道路……多元现代性这个术语最重要一个含义就是,现代化并不完全等同于西化。尽管西方的现代性模式一直是其他地区的重要参照点,但他们并非是唯一的'正宗'的现代性。"①

"多元现代性的核心在于,它假定存在着由不同的文化传统和社会政治状况所塑造的不同文化形式的现代性。这些不同形式的现代性在价值体系、各种制度及其他方面将来也依然会存在着差异……在一些重要的方面,多元现代性迥异于西方社会学的那些经典研究方法,后者尽管有着各种各样的研究方法,但它们全都倾向将现代化等同于世界文化的同质化。多元现代性观念是在近来的一些事件与事态发展的背景上形成的,尤其是全球化进程和苏联

---

① 〔德〕塞巴斯蒂安·康拉德:《全球史是什么》,杜宪兵译,北京:中信出版集团2018年版,第49页。

的解体，这些事件使有关当代和现代世界性质的问题更加尖锐。"①

当代世界的复杂性和多变性，使人们对现代性评价也呈现出复杂性和多义性。从人们试图理解现代性开始，就出现了两种对立的评价，充分证明了现代性的内在矛盾。一种观点是高度评价现代性，把它视为积极意义和进步意义的东西，现代性许诺建构一个更好、更具包容性的世界，具有迷人的乌托邦色彩。这种观点也蕴含在各种现代化理论和趋同论之中。另一种观点则把现代性看作一种具有道德毁灭性的力量，批评现代性对技术和科技的过分信仰和依赖，批评现代主义提倡的自我主义和享乐主义。全球化大多数研究者比较认同多元现代性的理论和观点，认为全球化是"流动现代性"，是现代性的后果；也批评现代性的负面效应，尤其是关注现代性造成的工业污染和生态风险。全球史研究关注现代性造成的同质化，也非常关注现代性的多元发展道路，认为现代化不等同于西方化，力图走出西方狭隘现代性的困境。全球化研究与全球史研究在现代性问题上出现令人着迷的视野互补现象。

塞巴斯蒂安·康拉德在《全球史是什么》第三章"百家争鸣"中对全球史研究方法论进行了一个理性的高度概括，既注重共时性，也关照历时性；既注重普遍性，也关照特殊性；既注重具体性，也关照丰富性，可谓是理论与现实的高度统一，可以说是全球史研究的一项圭臬和标准。在经过40年的努力，在众多全球史研究者推波助澜之下，全球史研究在以下四个方面取得了令人瞩目的突破和进展：第一，否定了"国家本位"，以"社会空间"，而不是"国家"作为审视历史的基本单元，多数学者以"文明"作为研究单元和视角。第二，关注大范围、长时段的整体运动，开拓新的研究领域。第三，重新估价人类活动与社会结构之间的关系。第四，从学理上破除了欧洲中心论。

全球史研究的这些突破和进展，可谓意义重大，尤其是"以'文明'作为研究单元和视角""从学理上破除了欧洲中心论"给全球化研究提供了强烈

---

① 〔德〕多明尼克·萨赫森迈尔等编著：《多元现代性的反思——欧洲、中国及其他的阐释》，郭少棠、王为理译，北京：商务印书馆2017年版，第10页。

的学术参照系，提供了一面可资参照和借鉴的镜子，提供了深度和分层的研究维度。

四、作为他山之石的全球史研究：两部代表性著作研究范式比较

全球化正处在动荡变革期，不管人们是否承认，全球化浪潮正在退潮，全球化研究的势头在衰减，这是客观事实。主要原因有以下几点：一是全球化是不争的事实，全球化成为日常的生活世界，欢呼与咒骂都于事无补，人们关注度在降低；二是全球化进入深度变革期，人们正在尝试认识和理解全球化新的情况和不确定性；三是全球化研究范式和水平还有待提高，大师类研究人物正在衰老和辞世，新的人物和研究经典尚未出现，出现研究真空。全球史则是相反，研究势头喜人，研究大家如雨后春笋般横空出世，经典著作不断面世，一派兴旺发达的气象。全球化研究如何像全球史研究那样止跌回潮，返回自己的兴盛期，因为全球化面临现实问题跟以前相比，不是少了，而是更多了，问题更是严峻复杂了，面临挑战更多了，全球化研究不能沉默，全球南方问题、全球局部冲突问题、核污染排海问题对全球化研究来说更加急迫。全球化研究如何从兴旺发达的全球史研究中汲取灵感和智慧，汲取勇气和信心，这是全球化现在必须面临和亟待解决的问题。回望和审视全球史研究的方法和路径也许是全球化研究重新出发的起点。让我们打量全球史研究中的经典，汲取灵感和智慧，不忘初心，重新开始全球化研究的新航程。

全球史研究中"经典中经典"是美国著名历史学家斯塔夫里阿诺斯所著《全球通史——从史前史到21世纪》（从1975年到1999年，出版第7版，翻译成多种文字，全球发行量达几千万册；中文版2020年1月，北京大学出版社出版）产生了世界性的影响，美国内外诸多著名大学均将其选为教材或参考教材。第二部可谓是"新经典"：《大地与人——一部全球史》，美国历史学家理查德·布利特等著（1997年首版，至今已经出版了第5版，受到普遍欢迎，中文版由商务印书馆2020年6月出版）。有人把斯塔夫里阿诺斯所著

《全球通史——从史前史到21世纪》这本书与弗洛伊德《梦的解析》、爱因斯坦的《广义的相对论》、海明威的《太阳照常升起》、凯恩斯的《就业、利息和货币通论》、萨特的《存在与虚无》等书列为20世纪最有影响的十本书。

斯塔夫里阿诺斯所著《全球通史——从史前史到21世纪》最大特点：就是拥有强烈的现代意识，游走于历史与现实之间。进入新21世纪新千年，斯塔夫里阿诺斯在新版《致读者——为什么需要一部21世纪的全球通史？》中诚恳地说："每个时代都书写它自己的历史，不是因为早先的历史书写的不对，而是因为每个时代都会面对新的问题，产生新的疑问，探索新的答案。只在变化速度成指数级增长的今天是不言自明的。因此我们迫切需要一部提出新的疑问并给出新的答案的新历史……我们渐渐不情愿地认识到，在今天这个世界上，传统的以西方为导向的历史观已不合时宜，且具有误导性。为了理解变化了的情况，我们需要一个新的全球视角。"①

《全球通史》虽然是史书，但却有强烈的现代意识，而且随时把历史上的重大变故与当今世界的现状联系在一起，提醒读者认清所生活的现实世界与历史的内在联系。从而使读者的思想能够跨越时空的限制，在历史与现实的两个时空里驰骋。甚至由此产生自己对历史事件的联想与对比，产生自己的思想火花和创作的冲动。

斯塔夫里阿诺斯所著《全球通史》共分为上下两册，一共是八编。包含古今中外，从史前史到当下的全球化，从欧亚大陆到美洲澳大利亚，跨越全球各大洲，考察各种文明兴亡起衰。视野开阔，气势雄伟。其书由于写成较早，优缺点都比较明显。斯塔夫里阿诺斯的《全球通史》一书优点：1. 通晓流畅，语言直白，思路清晰明澈。2. 编排内容有序简洁。全书分为八编，四十二章。内在构成简洁明快，每章分为概述、内文、图片、地图、推荐读物和注释六个组成部分，结构分配合理，张弛有度。全书122万字，318幅图片，31张地图，用图文并茂的形式展示人类近7000多年文化历史。3. 有强烈现实感，作者游走在历史和现实之间。深重的历史感和强烈的现实关怀溢

---

① 〔美〕斯塔夫里阿诺斯：《全球通史》，吴象婴等译，北京：北京大学出版社2021年版。

于言表。多种研究方法的融合和运用，实现解读世界历史的多维性和解释的张力，使读者阅读有一览无余的快感。斯塔夫里阿诺斯的《全球通史》一书缺点如下：1. 欧洲中心主义的视角和立场仍占主导地位，文化优越性使作者客观性大打折扣。2. 作者在 2004 年溘然离世，使他无法关照 21 世纪近 20 年的飞速发展，尤其是数字技术的日新月异的飞跃，他述说的现实感有些过时和陈旧。3. 由于受当时印刷技术的影响，书中所列图片陈旧、模糊，与最近出版的全球史新书相比，显得落伍和过时。

《大地与人——一部全球史》是美国著名全球史专家布利特等人的著作，2011 年在美国出版，中文版 2020 年由商务印书馆出版。该著的主要特色正如刘新成教授在中文版序言所说，这本书有三个重要的特色，第一个是反对欧洲中心论，第二个是转换视角，第三个就是环境的变迁受到高度的重视。译者刘文明教授说："《大地与人》是美国最畅销的全球史教材之一，在美国大学中受到普遍欢迎。从 1997 年出版以来，至今已出了第五版。与其他同类教材相比，它具有以下几个特点：首先，强调文明演进中环境与人的互动……其次，尊重人类文明进程中文化的多样性……再次，该书的编撰较好地体现了全球史的基本理念，即世界的变迁是从分散走向整体的过程，在这一过程中，不同地区、不同文明之间的交流推动了世界一体化的发展……最后，本书的版式设计颇具特色，受到读者的欢迎，大量页边注提供的段落主题和术语解释，大大便利了读者的阅读和检索。书中的大量地图，对于学习全球史时空观念的形成颇有帮助。丰富的插图也使本书中的一些内容更直观、更生动。"①

《大地与人——一部全球史》一书的优点：1. 视野独特，构思巧妙，以人与环境的互动、不同文明的互动为主题，以两种互动作为运思的动力，精确地把握世界历史进程中全球化的发展趋势。2. 六位不同研究方向的历史学家精诚合作，在广度和深度实现了深层的互动和知识互通互释，实现解释学所说"视野融合"。3. 内文设计独到，每章包含：本章纲要、思考（问题）、

---

① 〔美〕布利特等：《大地与人——一部全球史》中文版译者序，北京：商务印书馆 2020 年版。

内文、图片、地图、页边注释、章节回顾、进一步阅读文献、注释等部分。纲举目张、图文并茂呈现人类历史和文化互动。4. 篇幅浩大，中文版达1400页，接近150万字，几百张彩色图片和地图，尤其中英文对照的索引，长达135页，引人注目，对于深入研究者颇有助力和益处。5. 现代性很强，现实性更强，阐释时间跨度达到从远古到2010年。6. 章节设计合理，装帧设计讲究，彩色图像清晰逼真，开本适度，很好阅读，是一本很实用的教科书。

两部新旧经典对比阅读和研究，很耐人寻味。两部书开阖张力都非常巨大，视野非常开阔，理论性与现实性都非常强，但是两部巨著对理论和现实的关注点和着眼点却不尽相同，所思所想所描绘和畅叙的地方迥异，给研究者带来阅读差异感和惊异感甚多。两部全球史新旧经典尤其是对全球化研究者有很大的启发，这里体现了"全球化的历史"和"历史的全球化"有机地贯通和融合。全球化研究如何从这两部全球史研究的经典著作汲取灵感和智慧，笔者认为有以下路径值得全球化研究者警醒和深度关注：一是全球史研究有纵横捭阖的历史视野，关注全球化研究的"中长时段研究"和"短时段研究"统一和平衡，寻求内在的张力和松弛的平衡关系；二是全球史研究是共时性与历时性有机的结合，对趋势与事件进行有机的深度统一的研究；三是全球史研究较为系统地把握历史的总体性和现实的具体性，把握研究细节的生动性、具体性和细致性；四是全球史研究关注历史线索的脉络化研究，注意研究的系统性和习惯性；五是全球史研究关注研究事件和事物的路径依赖，注重"权力—话语"的压迫性和相互关联。

全球化研究与全球史研究关系错综复杂，你中有我，我中有你，完全撇清它们之间内在互动关系，在理论和现实维度上是做不到的。全球化与全球史研究又非常相似，像一对孪生兄弟，既相似又有差异。鉴别它们的相似之处，保有它们的差异之处，实现它们之间的学术互动是本文运思的最高目标和归宿。本文通过对全球化研究与全球史研究学术关系进行梳理和审视，发现它们之间的历史辩证关系如下：它们既是研究对象，又是研究方法；既是流动的过程，又是历史的结果，在认知、理解过程中，全球化与全球史研究可以相互学习、相互借鉴、相互融合、相互贯通，可以解除学科的边界和壁垒，实现德国哲学家伽达默尔所说的"视野融合"，实现学科间真正的理解，实现真正的学科互动，从而促进两个学科的共同发展和共同繁荣。

Globalization and Global History: Symbiosis and Integration
—An Examination of the Academic Relationship Between Globalization and Global History

Xue Xiaoyuan

Abstract: This paper provides a detailed examination of the intrinsic academic relationship between globalization and global history. It thoroughly analyzes the fundamental attributes, research boundaries, and methodological differences between the two fields, describing their complex and intertwined development dynamics. Furthermore, it argues that the relationship between globalization and global history research constitutes a dynamic and symbiotic academic interaction, characterized by mutual influence, interdependence, and critical engagement, which has attracted significant attention.

Keywords: globalization, global history, symbiosis, integration of perspectives

全球史和全球化史之间的相互成就

——以全球史为方法构筑全球化史

庞中英*

摘要：全球化的历史是全球化研究的重要议题之一。全球化史是全球化从起源到现在的历史，也是从概念到理论的思想史。流行的全球史不等于全球化史。以全球史为方法有助于我们写作全球化史。全球史的标准是什么？是否为真正的全球史取决于是否超越或者克服某种"区域（如欧洲或者西方）中心主义"，不是仅从"全球"而是从"全球化"的角度看待以往的人类历史。世界上存在着很多"欧洲或者西方中心"的全球化史，然而以非西方为出发点的全球化史还不多。我们可以一方面建设关于全球化的全球史，弥补全球史（学）对全球化专门研究的不足，而另一方面可以以全球史的标准改造目前的全球化史。这两条历史写作路径殊途同归。全球化史的写作应该厚今薄古。1983年以来为期40多年的全球化史是名副其实的全球化史，包括这一时期的"全球化写作史"。

关键词：全球化史　全球史　全球化写作

---

* 庞中英，四川大学经济学院文科讲席教授。

引　言

全球化概念在20世纪80年代正式诞生后，历史学尤其是其全球史学（global history），以及多学科的全球化研究（globalization studies）或者全球化写作（globalization writings），在探索全球化史上做出了巨大的贡献。

从某些学科（包括历史维度的经济学和政治学）的角度反思自全球化概念正式诞生以来为期40年的全球化研究（1983—2023）具有重要价值，但对已有的（部分）代表性全球化写作或者全球化研究进行一种学术史或者思想史研究是一项在有限时间内几乎不可能完成的任务。因此，本文转而聚焦全球化史的研究。

全球史往往被误认为是全球化史，必须首先搞清楚全球化史和全球史的差别。基于对全球化的不同定义或者不同理解，不少作者已经贡献了他们的全球化史。学术上，我们已经有了多样的全球化史。这些全球化史，有的把全球化追溯到远古、甚至"史前"，有人则只重视公元1000年或者公元1800年以来的全球化史。当然，也有人干脆厚今薄古，只重视20世纪后期，尤其是冷战结束以来（20世纪90年代初）到现在的全球化史。面对日益冗长且看似难以驾驭的全球化史，"长话短说"的全球化史确实有一定意义。

本文把全球史和全球化史当作两个学术过程或者学术门类予以考察。在全球史方面，20世纪60年代末诞生后，由于当时并没有流行的全球化概念，创始性的全球史鲜有提到全球化；20世纪90年代以后，该学科却纷纷提到全球化。但是，在世界上如此众多的全球史著述中，居然不存在（找不到）把全球化当作一种全球史（globalization as a global history）的著述；而全球化史（与全球史只有一字之差），全面漠视全球史视角，甚至大多数全球化史著述根本不提全球史。结果就形成了缺少全球史根基的全球化史。

各种全球史研究似乎大都重视全球化，积极将全球化纳入全球史研究，却没有为全球化修立一部或者几部全球史。而各种全球化史，由于近乎是专门史，尤其是经济史，难觅全球史的特征。在区分和比较全球史和全球化史的基础上，本文尝试将二者融合，建构一种基于全球史的全球化史，或者一种基于全球化史的全球史。

什么是全球史？

纵观现有的全球史学或者"全球史写作"，作者众多，作品多样。在几个权威的全球性学术搜索上，会发现大量作为总史（一般史）的"全球史"以及关于各种主题（themes）的"专题的全球史"（specific global history）的著述（包括期刊论文），例如关于辣椒或者棉花的全球史。

"全球的"是一个关键词。不同的作者有不同的"全球观"。那些声称是全球史的著作真的是"全球的"吗？哪些所谓的全球史其实是改头换面的世界史？基于不同的全球观，对现有全球史可以分成多少类或者多少派？

因此，有必要呼吁对现存的全球史做（一种或者各种）评估，聚焦"全球史是否是全球的"这一问题，旨在识别出哪些是徒有"全球的"之名的"全球史"。进一步来讲，我们须认识到"全球化"（作为动词）的重要性：全球史是否是全球化的世界史？换句话说，全球史是不是"全球化的全球史"？

创建期（20世纪60年代至70年代）的全球史（学）没有全球化的概念，更谈不上全球化了的全球史。仲伟民认为："对于影响当今世界的重大历史事件，尤其是大航海以来的重大历史事件，同样需要从全球化的视角去理解，比如工业革命这样重大的历史事件。此前各种各样的解释之所以引起争议，大约就是对全球化的重要性认识不足，普遍缺乏全球史的视野。"[①] 20世纪60年代末和70年代，美国历史学界开始了"用全球观或者包括全球内容重新进行世界史写作的尝试"。这一尝试产生了一些代表性成果，如勒芬·斯塔夫里阿诺斯（Leften S. Stavrianos）、约翰·麦克尼尔（John R. McNeill）和

---

① 仲伟民：《棉花改变世界——〈棉花帝国〉中文版序》，新浪网，2020年8月20日，http://k.sina.com.cn/article_1691933232_64d8da3001900no48.html。

威廉·麦克尼尔（William H. McNeill）父子的著作，其作品后来被誉为全球史的经典。① 如果以在中国持续热销的《全球通史》（*A Global History*：*From Prehistory to the 21st Century*）为标志，全球史这个学科的历史尚不足60年。《全球通史》的初版中当然没有全球化的概念。

麦克尼尔父子的《人的网络——鸟瞰世界历史》（*The Human Web*：*A Bird's-Eye View of World History*）于21世纪初的2003年首次出版。此时，"全球化热潮"已经持续了十多年（从1991年算起），"全球的"这一观念在历史学中已经稍显陈旧，而"全球化"成为历史学竞相追捧的焦点。2011年北京大学出版社出版了该书的中文版本，中文版最初名为《人类之网：鸟瞰世界历史》，译者是王晋新。然而在2017年的再版中，书名被更改为《麦克尼尔全球史：从史前到21世纪的人类网络》。这一改名也许意味深长，可能主要是为了突出"全球史"，迎合在中国兴起的"全球史热"。

全球史来自世界史，是"全球的"世界史，但世界史诞生于欧洲。正如本文下面的叙述，如果强调全球史的超越欧洲中心标准，即如果不是超越某种区域中心的世界史，算不上是全球史，如何看待全球史的母学科世界史的"区域中心"？这几乎是一个学科的悖论。

于尔根·奥斯特哈默（Jürgen Osterhammel）重申了（作为学科的）世界史是欧洲学者对世界的贡献，世界史学科最先诞生于欧洲。此人是德国康斯坦茨大学历史学与社会学系现代史教授，② 2010年和2017年分别获莱布尼茨奖和汤因比奖（Toynbee Prize）。他曾于2005年与尼尔斯·彼得森（Niels P. Petersson）合作，在美国普林斯顿大学出版社出版过《全球化简史》（*Globalization*：*A Short History*）。③

2009年普林斯顿大学出版社出版了奥斯特哈默的另一巨著《世界的转型：

---

① 王晋新：《麦克尼尔全球史：从史前到21世纪的人类网络》，北京：北京大学出版社2017年版，第1页。
② 见 https：//www.geschichte.uni-konstanz.de/forschung-geschichte/osterhammel/zur-person/。
③ Jürgen Osterhammel and Niels P. Petersson, *Globalization*：*A Short History*, Princeton：Princeton University Press, 2009.

19世纪的全球史》(*The Transformation of the World: A Global History of the Nineteenth Century*)。该书中文版依据其德文原版翻译为《世界的演变：19世纪史》，译者是强朝晖和刘风。注意，在这里中文版的"演变"与英文版的"transformation"略有差异。奥斯特哈默在"中文版序"中告诉中国读者：世界史（学科）诞生于18世纪末和19世纪初的欧洲，但是，"在'全球化'成为妇孺皆知的流行词之前，世界历史学已经（从欧洲出发）在全球得到了普及"。尽管奥斯特哈默在2017年获得汤因比奖，但他在这篇序言中提出，汤因比的作品对近几十年（在西方世界的）世界史研究革新影响甚微，汤因比的历史理论无法被其他学者借鉴和继承，而且汤因比的理论与最新的历史学研究存在某种程度的矛盾。

与世界史一样，全球史也诞生在西方（以欧美或者美欧为主）。全球史的西方出身或者西方特性，似乎与"全球的"存在着内在冲突，这也是全球史的批评者抓住不放的一点。随着全球史为全世界上越来越多的人关注或者研读，"到底什么是全球史"的问题不断被提出。德国历史学家塞巴斯蒂安·康拉德（Sebastian Conrad）①围绕这个问题写了一本书。② 同奥斯特哈默一样，康拉德也认为，欧洲等地方的历史学家一直用"19世纪的工具"（tools of the nineteenth century）写作全世界的历史。但是他认为，"全球的"和"全球化"的思维首先改变了（在欧洲的）历史学家的思维和工作方式，在西方的历史作者是第一批走出欧洲和西方为中心的历史研究。但这是否意味着仍然主要由欧洲人和美国人书写的全球史不再具有"欧洲或者西方中心"特性？

康拉德的全球化定义等同于"世界的连通性或者互联性"（connectedness of the world）或者世界的一体性（integratedness of the world）。他认为所谓"全球史"就是从世界的连通性或者世界的一体性出发的世界史。这一点表明，康拉德明确地把全球化与全球史联系在一起，这也标志着他的全球史研

---

① 见https://www.geschkult.fu-berlin.de/e/fmi/institut/mitglieder/Professorinnen_und_Professoren/conrad.html。

② [德]塞巴斯蒂安·康拉德：《全球史是什么》，杜宪兵译，北京：中信出版集团2018年版。

究完全是全球化的，显著区别于那些根本没有全球化概念或者仅以全球化概念作为点缀的全球史。而且，康拉德认为，全球史的根本标准是在去除任何"区域中心"的前提下写作世界史。他呼吁要避免从原来的"欧洲中心"挣脱出来后又落入了新的其他中心——"（某种国家的或者地区的）中心主义陷阱"。为此，他不得不提出了"比较历史"的重要性，[1] 即在具有兼容性（compatibility）的情况下比较地球（空间）上不同的社会、经济等。在某种意义上说，全球史的兴起和增长使"比较历史"学科在中断了多年后开始复兴。这是一个重要的学术进展。

尽管中心主义思维在学术研究中较为常见，从事全球史研究的历史学家正努力避免这一陷阱。例如，葛兆光试图从全球史角度研究中国史，这是中国史学的一大突破，但葛兆光同时主张"不把全球史看成全球化的历史"，显示出他仍坚持缺少全球化概念的旧全球史思维，即"全球史本来就是瓦解'中心'的"。他强调"'从中国出发'和'以中国为中心'是完全不同的"，但他又解释道"每个全球史学者，都难免有'自身所处的位置和立场'"。[2]"从中国出发"和"以中国为中心"很容易被误解成一回事。但如果这两者是一回事，那么全球史视野下的国别史（如中国史）研究努力就缺少了超越和克服"中心主义"的意义。

人们完全意识到世界进入全球化时代是在 20 世纪末期，全球化的概念也是 20 世纪后期的一个理论创新。全球化概念诞生前的世界当然早已是全球的，但当人们意识到世界史是全球史时，却实在是太晚了。新的全球史，如果用上述康拉德标准，已经从"全球的"进化到"全球化的"。但是，全球化了的全球史并不是全球化史。本文的中心是全球化史。全球史，无论

---

[1] 与政治学的"比较政治"相比，历史学的"比较历史"似乎是一个曾被抛弃的学科，"在 20 世纪 50 年代对汤因比的敌视兴起之后，历史学家不再重视多个世纪以来主导世界史学界的比较研究"，William H. McNeill, *Arnold J. Toynbee: A Life*, Oxford: Oxford University Press, 1989, https://zh.wikipedia.org/wiki/%E6%AF%94%E8%BE%83%E5%8F%B2%E5%AD%A6。

[2]《专访葛兆光：从中国出发，抵达全球史》，澎湃新闻网，2019 年 9 月 5 日，https://www.thepaper.cn/newsDetail_forward_4335697；《葛兆光谈从中国出发的全球史》，澎湃新闻网，2024 年 3 月 17 日，https://www.thepaper.cn/newsDetail_forward_26630644。

旧的（尚未是全球化的全球史）还是新的（全球化的全球史），都对探索全球化的起源和演化做出了重大的学术贡献。本文接下来将举例说明这一点。

从"全球史"到"全球化史"

以全球化概念的诞生和流行为分水岭，全球史写作（全球史学）分为两个阶段：20 世纪 60 年代到 20 世纪 80 年代以前，不到 20 年的时间，只有"全球的"的全球史；而 20 世纪 90 年代至今，全球史则是各种（局部甚至全部）全球化了的全球史。

麦氏父子的《人的网络》抓住了全球化概念诞生的历史时机，对其全球史（本来属于旧的）进行了更新。这是时间跨度最长的一部全球化史，"从史前到 21 世纪"。在该书中，"全球化"一词至少在六处出现。① 该书提出的"人的网络"（human web）概念，应该受到全球化学者的高度评价，因为它提供了一个极简又极好的全球化定义的角度。以"网络"为视角，麦氏父子提供了洞察全球史的路径。

如果用全球化史来衡量全球史，我们可以看到全球史在向全球化史转变。耶鲁大学历史学教授芮乐伟·韩森（Valerie Hansen）的中国史研究是一种全球史（学）。关于全球化史，韩森认为"全球化元年"是公元 1000 年。② 韩森的"公元 1000 年"最大的贡献倒不是这个年份，也不是她把全球化历史学开端从 1492 年提前了至少 500 年，而是她的全球化概念。如果说麦氏父子用"人的网络"定义了全球化，韩森也从人的角度提出一个全球化定义：人在地球各地"相遇"后的"互动"。她认为，全球化是（各种）"全球路径"的组

---

① J. R. McNeill and William H. McNeill, *The Human Web: A Bird's-Eye View of World History*, London: W. W. Norton & Company, 2003, Index.

② Valerie Hansen, *The Year 1000: When Explorers Connected the World—and Globalization Began*, New York: Scribner, 2020.

成的新体系（a new system of global pathways），出现在大约公元1000年。韩森指出"欧洲人并没有发明全球化"，公元1000年后，他们沿着维京人的足迹，抵达今天的加拿大东北部，并改变了那里，"如果全球化并没有在美洲、亚洲和非洲开始，欧洲人不可能在1492年后如此快如此多地入住那里的市场"。①韩森强调，欧洲人并没有发明全球化。这一观点具有创新性，符合康拉德提出的全球史标准。她提出，全球化就是在世界各地的人与人（以及相关的物质）之间密切接触后的产物。人的相互联系或者相互接触固然重要，但更重要的是这种联系背后的（复杂、曲折、长期）过程、后果或者产物。韩森认为：

> ……研究经济史的专家都会认为工业革命是一个非常重要的阶段。历史学者通常也赞同全球化的第二个阶段是从1980年代开始的，在当时，人和货物都能轻易地在世界范围内流动。而全球化的第一个阶段，很多历史学者会定位在1492年或1500年，这个时期也被称为大发现时代，我写这本书的时候，常常会对比公元1000年和1500年。欧洲人在1500年左右到达美洲，很多美洲土著居民因为外来的疾病而死亡，有人认为死亡人数达到几千万甚至一亿。认为1500年是全球化开端的这种观点，主要的考虑因素是欧洲人，因为欧洲人是在当时到达美洲的，这一观点多少带有欧洲中心主义的色彩，如果我们跳脱欧洲中心的视角，就会看到美洲印第安人在公元1000年时已经和很多不同的地区有产品交换了。维京人也是在公元1000年时到达美洲的。
>
> 我在书中想要论证的是在公元1000年，有很多地区是第一次跟别的地区产生联系，一个新的全球路径系统形成，全球化由此开启。我们熟悉的丝绸之路早在公元1000年以前就连接着欧洲和亚洲；但美洲和非洲的国家，在公元1000年以前并没有太多的互动和联系。直到公元1000年，全球路径系统才得以形成，世界各大洲开始了互联互动。当然，澳

---

① 见 https://history.yale.edu/people/valerie-hansen。

大利亚是个例外。①

另一位突出人在地球的"互动"的学者是查尔斯·帕克（Charles Parker）。② 帕克在《近代早期的全球互动 1400—1800》（*Global Interactions in the Early Modern Age, 1400 – 1800*）③ 中提出了（不同人类之间的）"互动"（包括"相遇"），是重要的全球化史。"（人）在地球的空间一体化"是帕克对全球化的定义。该书涉及的议题包括全球的空间一体化、欧洲国家和跨海帝国、亚洲国家和领土帝国、国际市场和交换网络、人的移动和文化扩散、新的人口和生态结构、宗教和文化传输、人类大融合的宿命。

研究"近代（早期）全球化"尤其是欧洲人和亚洲人之间交易的荷兰历史学家皮姆·德茨瓦特（Pim de Zwart）和扬·卢滕·范赞登（Jan Luiten van Zanden）则从世界贸易（这里是世界贸易，不是"国际贸易"）和全球经济的角度，以 1600—1800 年期间尼德兰和亚洲的贸易为例讨论了"全球化的起源"。④

至于斯文·贝克特（Sven Beckert）的《棉花帝国：一部资本主义全球史》，全球化是该书的三个关键词之一。⑤ 这反映了主题（专题）类全球史作者正逐渐成为某个角度的全球化史作者。

对全球史研究者写作了诸多全球化史，但没有一个人将其笔下的全球化史称为作为全球史的全球化史，即没有一部按照流行的全球史模式编写的全

---

① 《陈志武与韩森的对话：公元 1000 年是全球化的开端吗?》，澎湃新闻网，2021 年 11 月 5 日，https://www.thepaper.cn/newsDetail_forward_15204934。

② 见 https://www.slu.edu/arts-and-sciences/history/faculty/charles-parker.php。

③ Charles Parker, *Global Interactions in the Early Modern Age, 1400 – 1800*, Cambridge: Cambridge University Press, 2010.

④ Pim de Zwart and Jan Luiten van Zanden, *The Origins of Globalization: World Trade in the Making of the Global Economy, 1500 – 1800*, Cambridge: Cambridge University Press, 2018.

⑤ 〔美〕斯文·贝克特：《棉花帝国：一部资本主义全球史》，北京：民主与建设出版社 2019 年版。王希：《〈棉花帝国〉是一部全球史的佳作》，澎湃新闻网，2019 年 4 月 30 日，https://m.thepaper.cn/newsDetail_forward_3336768。

球化史著作。

经济学家和经济史家的全球化史

从史学理论以及篇幅规模的角度来看，全球化史可以分为两类：一类是长历史，甚至是超长历史，把全球化的历史追溯得很久远，似乎越久远越能显示全球化的历史厚重感；另一类限定了全球化的时间，聚焦于较短的历史时段。上述韩森的全球化史算是比较长的。

经济史（学）曾一度从历史（学）中独立出来。但是，经济史学总归是总体历史研究的一部分。书写历史的经济部分，除了历史学家，经济学家责无旁贷。经济史实际上既独立于历史学，又独立于经济学。虽然经济学家和经济史家的全球化史也有长短之分，但大多数专注于较短历史时段。

几乎与麦氏父子的《人的网络》一书类似，美国哥伦比亚大学的世界经济学家杰弗里·萨克斯（Jeffrey D. Sachs）的《全球化时代：地理、技术与制度》（*The Ages of Globalization: Geography, Technology, and Institutions*）为我们提供了一个长历史的全球化史视角。作者认为"全球化"经历了七个大时代（ages）：新石器时代的革命；马匹在帝国崛起中的作用；大型帝国在古典时代的扩张；从欧洲通往亚洲和美洲的海路被发现后，全球帝国的崛起和工业时代的开启；基于数字技术的全球化。①

瑞士经济学家理查德·鲍德温（Richard Baldwin）的全球化史，可以说既是长历史又是短历史。他采取了流行的"简史"（short history or brief history）方式，"长话短说"全球化史（long history of globalization in short）。在由系列讲座（为芬兰政府做的）集合成的《大合流：信息技术和新全球化》一书中，鲍德温承认"人类在全球的扩散"（包括人类在全球的经济活动）的历史确实很长，"人化地球"或者"地球的人化"（humanisation of the globe）即

---

① Jeffrey D. Sachs, *The Ages of Globalization: Geography, Technology, and Institutions*, Columbia: Columbia University Press, 2020, p. 280.

全球化。① 这是一个极其重要的观点，与上述麦克尼尔、韩森等以人为中心、以人为本的历史学家精神是一样的。立足于这样的全球化观点，鲍德温提出一个"理解全球化的各种大变化"（globalization's changes）的理论。

鲍德温的全球化史在篇幅上做到了精简，他将全球化进程划分为"第一次松绑"和"第二次松绑"两个阶段："第一次全球化"即"第一次松绑"（first unbundling）始于1820年，1990年左右之后结束；"第二次全球化"即"第二次松绑"（second unbundling）则从20世纪90年代开始持续到现在。在"第二次松绑"期间，世界经济发生了"大合流"（大融合）（great convergence），造就了现在的"新全球化"（new globalization）。鲍德温预测，从现在（21世纪第三个十年）到可以预见的未来则是"第三次全球化"即"第三次松绑"。②

在经济史学，全球化史的研究时段越来越短。1820年被视为全球化前进的一个重要时间节点。如宏观计量经济史家安格斯·麦迪森（Angus Maddison）研究"人类长期经济增长（经济发展）"的"趋势及其演变"，其探索世界长期经济增长规律的"千年世界经济增长画卷"——"麦迪森1820年转折"就证明了这一点。③ 菲利浦·康淦（Philip Coggan）的《更多：从铁器时代到信息时代的世界经济史》中第八章的题目就是"第一个全球化时代：1820—1914"（The First Era of Globalisation：1820–1914）。④

为什么经济学家或者经济史家的全球化史是短历史？主要原因是工业革命。格里高利·克拉克（Gregory Clark）⑤ 没有精确到1820年，而是从1800

---

① Richard Baldwin, "The humanisation of the globe", November 27, 2018, https：//cepr. org/voxeu/blogs-and-reviews/long-view-globalisation-short-humanisation-globe-part-2–5.

② 〔瑞士〕理查德·鲍德温：《大合流：信息技术和新全球化》，李志远、刘晓捷、罗长远译，上海：格致出版社2020年版。

③ 《伍晓鹰：从麦迪森〈世界经济千年史〉探索长期增长的密码》，澎湃新闻网，2023年1月29日，https：//www. thepaper. cn/newsDetail_forward_22166257? commTag = true。

④ Philip Coggan, *More: A History of the World Economy from the Iron Age to the Information Age*, New York：Public Affairs, 2020, p. 496.

⑤ 见https：//cepr. org/about/people/gregory-clark。

年算起。他认为："人类史上其实只发生了一件事，即 1800 年前开始的工业革命。只有工业革命之前的世界和工业革命之后的世界之分，所以，人类历史只有工业革命这一件事值得研究，其他都是不太重要的细节"。克拉克的这句话在中国传播甚广，引用者一般不标明该句的出处。早在 2003 年，克拉克发表了《大逃离：理论和历史上的工业革命》(The Great Escape: The Industrial Revolution in Theory and in History)一文，他的那句被中国人多次引用却不标明出处的观点就来自这篇论文。① 几年之后，克拉克又出版了《告别施舍：世界经济简史》(Farewell to Alms: A Brief Economic History of the World)。

布拉德福德·德隆 (J. Bradford Delong)② 等则认为 1820 年这个时点还是过早，他认为近代全球化真正的起点是 1870 年，因为"现代经济增长"始于 1870 年。德隆在《走向乌托邦的拉伸运动：长的 20 世纪经济史》一书的引言部分"我的大叙事"(My Grand Narrative) 中，认为这个"长的 20 世纪"始自 1870 年左右的三个重大变革或者"元创新"——全球化的兴起、工业研究实验室和现代企业的出现。这些变革使世界开始走出自农业发展以来长达一万年的贫困状态。而且这个"长的 20 世纪"一直延续到 2010 年，彼时北大西洋国家由于 2008 年的大衰退而经济增长步伐迟缓。此后的年份还出现了大量的政治和文化愤怒浪潮，民众对 20 世纪体系未能达到预期而感到失望。在这 140 年中，世界经历了辉煌和可怕的事情，但相比人类历史上所有其他时期，更多的是辉煌而不是恐怖。作者强调，"长的 20 世纪"是人类历史上最具影响力的时期，其历史主线是经济增长。③

此外，德隆还指出现在已知的大增长和大繁荣其实是前所未有的乌托邦，即奇迹。乌托邦和奇迹两个词差不多。④ 德隆也持有"全球化终结"论，认

---

① Gregory Clark, "The Great Escape: The Industrial Revolution in Theory and in History", September, 2003, https://faculty.econ.ucdavis.edu/faculty/gclark/papers/IR2003.pdf.

② 见 https://eml.berkeley.edu/econ/faculty/delong_j.shtml。

③ J. Bradford DeLong, "Slouching Towards Utopia", April 21, 2023, https://www.milkenreview.org/articles/slouching-towards-utopia.

④ J. Bradford DeLong, *Slouching Towards Utopia: An Economic History of the Twentieth Century*, New York: Basic Books, 2022.

为 140 年的全球化之乌托邦已经结束。[①]

综上所述，全球化史之所以越来越短，一个重要原因是重视数据的经济学家和经济史学无力触及数据不足、更远更长的历史，于是聚焦 18 世纪末和 19 世纪初以来的全球化史。但是，这些看上去是典型的全球化史却未必是全球史，因为由经济学家和经济史学家写的全球化史，完全是欧洲中心的或者是从欧洲开始的，几乎不符合上述康拉德的全球史标准。

如何构筑作为全球化史的全球史和具有新全球史意义的全球化史？

构筑全球化史，可以采取全球史方法，即从全球史中寻求全球化史，但全球史应符合一定标准，而不是号称全球史实际上却陷于"中心主义"。丰富多样的关于或涉及全球化的全球史和为全球化建立的历史（尤其是经济史）叙述，是建立全球化史的主要学术资源。

除了这一历史研究路径，笔者认为还可采取折中路径，例如对特定时期（如冷战结束后）"全球化写作"进行学术史研究，其中全球化作者（全球化学者）参与"全球化辩论"的情况及其代表作、论著是研究对象。透过作者及其作品发现的全球化史，是全球化思想史（知识史）。这是全球化史的一个方面或者内容。

笔者一直在构筑 1983—2022 年的全球化史。选择 1983 年作为起点，是因为这一年哈佛商学院的西奥多·莱维特（Theodore Levitt）发表了《市场的全球化》（The Globalization of Markets）一文。这篇文章一般被全球化作者视为"全球化"一词的诞生标志，标志着冷战结束前的全球化开端。

为了写一部符合全球史标准的当代全球化史（1983—2023），我们需要去

[①] Annie Lowrey, "The Economist Who Knows the Miracle Is Over: An Era of Remarkable Prosperity Has Ended", September 3, 2022, https://www.theatlantic.com/ideas/archive/2022/09/brad-delong-economist-slouching-towards-utopia-book/671337/.

除那些以欧洲中心或其他中心为主的叙述方式。特别是1991年后的全球化史，是全球化进程中最为重要的影响深远的阶段。

1983年至2022年期间的全球化理论包括"全球化周期"理论。根据"全球化周期"理论，过去40年是全球化的一个周期，这个全球化周期可以分为以下四个阶段：1983—1992年，这是全球化的酝酿或者奠基阶段，市场经济如同春笋般在整个地球范围内挣脱各种束缚和壁垒，此时中国步入经济改革的"初级阶段"，英国的"撒切尔主义"和美国的"里根经济学"推动了英美长期经济增长，信息技术革命即将全面登场，全球化的势头越来越明显；1993—2002年，是全球化的"加速"更是"迭代"阶段；2003—2012年，是全球化的繁荣与危机交织阶段；2013年以来则是全球化的衰退、萧条甚至"终结"阶段，也是"新全球化"或者"具有未来的全球化"的出现时期。

上述我们提到的全球化史学者，不是试图找寻全球化的起源或者历史起点，就是对全球化史进行宏观的具体研究。对比之下，研究40年以来的全球化史需要更加重视具体全过程、具体议题和关键点。

1983年的历史是冠以全球化之名的"全球化时代"。1983年以前的全球化史，不管是不是从"史前"始，不管是从1000年还是1492年起，不管是从1800年还是1820年或者1870年始，仅是现在的历史学家将过去的历史形容为全球化史，属于"用现在解释过去"。①

这40年来，每个10年都有代表性的全球化思想和著述。为了更深入地理解这一全球化史，笔者分别调查并整理了每个阶段的全球化研究：

1. 1983—1992年

这是全球化概念诞生并被更多的人所知、所用的时期。关于全球化概念（术语）的起源，人们做了大量研究。第二次世界大战结束前确实就有全球化

---

① 〔法〕费尔南·布罗代尔：《论历史》（上），刘北成、周立红译，北京：北京大学出版社2021年版，第203—219页。

的概念。① 但是，那只是个别作者的偶尔之作，其影响几乎为零。1983年，莱维特发表论文《市场的全球化》，认为"地球是平的"。② 现在，莱维特被公认为全球化（globalization）概念的"铸币者"。③ 莱维特之后，全球化概念走遍全球。全球化成为世界范围广为传播的最重要概念或者理论之一。一些全球化的实践者或者当事人（practitioners or stakeholders of globalization）的回忆录具体反映了这10年的全球化史，是研究当代的全球化史的重要资料。两个代表人物值得关注。一个是1987年被里根总统提名和任命为美联储主席的艾伦·格林斯潘（Alan Greenspan）。格林斯潘担任美联储主席近20年，是美国历史上任职最长的"央行行长"，也与"全球经济"有密切关联。在这20年，格林斯潘在美国内外，包括欧洲的达沃斯世界经济论坛，就全球化发表了大量论述。另一个是世界经济论坛创始主席克劳斯·施瓦布（Klaus Schwab）。世界经济论坛一般被贴上"亲近全球化"的标签。世界经济论坛推出了一系列关注全球化历史发展的文章。④ 施瓦布在1971年成立欧洲管理论坛，随着影响力的不断扩大，1987年把该论坛改为世界经济论坛。这两位学者是仍在世的当代全球化史的重要相关者。

2. 1993—2002年

这是一个"凯歌行进"时期——全球化被描述为"大势所趋"，"不可避免"。在国际政治上，这被称为"冷战（结束）后"时期。在这一时期，1993年欧洲共同体正式升级为欧洲联盟，俄罗斯联邦也"回归欧洲"，参加了七国集团。关于全球化的大量著作在"跨世纪"前后完成并出版，但是这

---

① 根据邓正来的观点，全球化最早出现在1944年，20世纪60年代已经收入韦伯斯特词典。1984年在世界55个国家出版的1600种期刊中，仅有3篇在标题或者摘要中使用了"全球化"一词。
② Theodore Levitt, "The Globalization of Markets," https：//hbr.org/1983/05/the-globalization-of-markets．
③ Adam Volle, "Globalization," February 16, 2024, https：//www.britannica.com/money/globalization．
④ Peter Vanham：《一篇文章带你了解全球化简史》，世界经济论坛网，2019年1月24日，https：//cn.weforum.org/agenda/2019/01/1021491b-a318-41b6-8cfb-5887201700bb/．

些著作大多数是急就章，应景应时的，能反映这 10 年全球化史的代表不多。这一时期的研究比较有代表性的全球化研究者是政治学家詹姆斯·罗西瑙（James N. Rosenau）。除了关于全球化和全球治理的著述，如《没有政府的治理：世界政治中的秩序与变革》（Governance without Government: Order and Change in World Politics），① 他的另一个贡献是促进了全球化研究的全球化，在英国华威大学建立了一个"全球化研究网络"（GSN）。② 在这一时期，世界政治人物也与全球化有所关联。2000 年，即将结束为期八年的美国总统比尔·克林顿（Bill Clinton）应英国首相托尼·布莱尔（Tony Blair）邀请进行他的告别之旅，在华威大学进行访问。③ 一些欧美全球化研究者参加了克林顿的访问活动。克林顿总结了他执政期间对全球化的认识——"全球化现象"（phenomenon of globalization）、全球信息时代、"全球化的不可避免性""全球化带来的前所未有的繁荣"、作为挑战的全球化、全球发展和全球贫困以及他与布莱尔等世界领导人一道应对全球化的"全球第三条道路"（global third way）。之所以选择英国华威大学，是因为华威大学在 1997 年建立了当时鹤立鸡群的全球化研究机构——全球化与区域化中心（CSGR），相当于英国的社会科学基金会。"经济和社会研究理事会"（Economic and Social Research Council）资助这个中心 430 万英镑。④

3. 2003—2012 年

这是全球化的高潮。人们在全球化的定义和意义上激烈辩论。有人认为人们一直在用原产在西方的旧概念来定义全球化。⑤ 这个发现是重要的，用旧

---

① 〔美〕詹姆斯·N. 罗西瑙主编：《没有政府的治理：世界政治中的秩序与变革》，张胜军、刘小林等译，南昌：江西人民出版社 2001 年版。

② 见 https://warwick.ac.uk/fac/soc/pais/research/csgr/csgr-events/conferences/gsnconfpr.pdf。

③ 见 https://warwick.ac.uk/services/communications/archive/clinton/。

④ 见 https://warwick.ac.uk/fac/soc/pais/research/csgr/。

⑤ Jan Aart Scholte 专门研究了"全球化的定义问题"。笔者首次认识 Jan Aart Scholte 是 2002 年在英国 Warwick 大学全球化与区域化研究中心（CSGR）。他引用安东尼·吉登斯（Anthony Giddens）的观点指出，很少有术语像全球化这样，被用的很多却很少被定义。Jan Aart Scholte 对"全球化的定义问题"的观点参见 Jan Aart Scholte, "What Is Globalization? The Definitional Issue-Again", December 2002, https://warwick.ac.uk/fac/soc/pais/research/csgr/papers/workingpapers/2002/wp10902.pdf。

的概念（如欧洲人熟悉的一体化和世界人熟悉的国际化）定义新的概念反映了全球化是一个"在新旧之间"的概念。全球化的主张者和支持者仍然很多，例如对全球化过分乐观主义者托马斯·弗里德曼（Thomas L. Friedman），他提出"世界是平的"。① 但是，人们对全球化的看法显然已经不同于20世纪最后一个10年。全球化的概念遭到了更多的批评。甚至有历史学者回顾历史上的"全球化终结"。② 这期间最大的思想史事件是发生了著名的"全球化辩论"。众多学者以各种方式介入"全球化辩论"。马丁·沃尔夫（Martin H. Wolf）在《全球化为什么可行》一书中用了"全球化辩论"一词。③ 这个词被不计其数地使用着。2001年，约瑟夫·斯蒂格利茨（Joseph E. Stiglitz）因为研究"不对称信息经济学"而被授予诺贝尔经济学奖。获奖前，斯蒂格利茨就在美国克林顿政府和世界银行工作，不再是"经院"经济学家。获奖后，斯蒂格利茨研究和主张的重心不是别的，就是全球化。他也因此成为经济学领域全球化研究的代表之一，深入地参与了"全球化辩论"。他观察到，尽管世界许多国家把全球化作为公共政策，但是这些作为公共政策（尤其是经济政策和外交政策）的全球化却"不工作"。他因此提出通过各国干预支付"让全球化工作起来"。④ 不过，在这场辩论中，有人不同意斯蒂格利茨的看法，认为全球化实际上已经发挥了重大作用。但是，人们之所以对全球化不满意，是因为冷战结束后的全球化，不是太多了而是"太少了"。⑤ 2008年"全球金融危机"后，"全球化辩论"发生了很大变化。一些学者，如丹尼·罗德里克（Dani Rodrik）⑥

---

① 〔美〕托马斯·弗里德曼：《世界是平的》，何帆、肖莹莹、郝正非译，湖南：湖南科学技术出版社2006年版。

② Harold James, *The End of Globalization: Lessons from the Great Depression*, Cambridge: Harvard University Press, 2001.

③ 〔英〕马丁·沃尔夫：《全球化为什么可行》，余江译，北京：中信出版社2008年版。

④ 〔美〕约瑟夫·E. 斯蒂格利茨：《让全球化造福全球》，雷达、朱丹、李有根译，北京：中国人民大学出版社2013年版。

⑤ 〔英〕马丁·沃尔夫：《全球化为什么可行》，余江译，北京：中信出版社2008年版。

⑥ 见 https://drodrik.scholar.harvard.edu/.

认为"全球化的悖论"① 等于将作为政策（国家和国际组织）的全球化宣判了死刑——"全球化失败了"。②

4. 2013 年至今

这是反思已有全球化研究、探索全球化和全球化研究未来的时期。在这个时期，全球化写作呈现出多样性。笔者主要注意到以下三类"全球化写作"。第一类是关于"全球化的终结""全球化失败"或"全球化崩溃"的写作。这类写作属于全球化议题上的悲观主义一派，但在这 10 年的全球化写作中占了很大部分。在这些作者那里，全球化真的死了很多回。第二类写作关注全球化的未来或者未来的全球化。如果把这些关于全球化的未来的论述总括起来，就可以书写关于全球化的未来的学术史。关于未来的全球化这个议题，如同全球化的概念，更多地是由智库等机构进行讨论的，例如麦肯锡研究院（McKinsey Global Institute, MGI）。未来全球化趋势是这些智库的研究重心之一。如世界经济论坛在关于全球化的未来问题上一直"领风气之先"。在新冠疫情之后，尤其是在"战争回到欧洲"的背景下，关于全球化未来更受智库关注。第三类是关于"新全球化"（new globalization）的写作。一些智库（如麦肯锡研究院）致力于研究"新全球化"，③ 而一些作者在研究了全球化

---

① 有人从速度快慢的角度理解超级全球化，认为全球化是快速全球化，目前快速全球化变成了"慢全球化"（slow globalization）。诸如国际货币基金组织等在讨论"慢全球化"。笔者认为仅从速度快慢的角度理解超级全球化是片面的。哈佛大学罗德里克认为"超级全球化"导致了极其严重的问题，即"全球化悖论"，见 Dani Rodrik, *The Globalization Paradox: Democracy and the Future of the World Economy*, New York and London: W. W. Norton, 2011, p. 368; 以及，罗德里克对此更加专门的讨论，见 https://drodrik.scholar.harvard.edu/links/globalization-hyper-globalization-and-back。不过，笔者认为，就在美国等深感全球化成为"超级全球化"时，世界上各个经济体和社会其实有相当多的人口并没有真正卷入全球化。

② Dani Rodrik, "He Predicted Globalization's Failure, Now He's Planning What's Next", June 30, 2022, https://www.hks.harvard.edu/faculty-research/policycast/he-predicted-globalisms-failure-now-hes-planning-whats-next.

③ Laura Tyson and Susan Lund, "Adapting to the New Globalization", February 8, 2017, https://www.mckinsey.com/mgi/overview/in-the-news/adapting-to-the-new-globalization.

史后，实际上把以往的全球化都归结为旧全球化（尽管不一定出现"旧全球化"这个提法）。本文上面提到的鲍德温就是强调"新全球化"的作者之一。① 有意思的是，本文提到的研究历史上"全球化终结"的普林斯顿大学历史（经济史）和国际关系教授詹姆·哈罗德（Jame Harald）认为，"全球化的危机"也许是坏事变成的好事，正如"全球化是由（历史上）一次次的危机塑造出来的"。②

结　语

区分全球史与全球化史是有学术价值的。全球史和全球化史是相互成就的。本文肯定了全球史的贡献或作用，主张构建关于全球化的全球史——全球化史，换句话说，我们可以按照全球史路径写作全球化史。

全球化研究史是全球化史的核心。1983年至今发生的广义"全球化辩论"又是全球化研究史的核心。本文主张以全球史为目标——关于全球化的全球史和以全球史为方法，概括、叙述和评估"全球化辩论"，从而构筑一部独特的全球化史（全球化知识史）。

关于全球史和全球化的关系还有很多需要进一步开展的研究工作。一方面，研究者还需要把握博大精深的世界史。在笔者看来，世界史和全球史的区别一度是有必要的，但是在很多世界史作者不仅拥抱"全球的"概念而且"全球化"（globalizing）现有世界史的情况下，如果再区分世界史和全球史，除了加剧学科之间的隔离外，还将生出很多极端的、没有必要的、生搬硬套的出于商业考虑的"全球史"——与世界史对立起来的全球史。另一方面，研究者还需开展对人类思想史、知识史前所未有的跨学科（多学科，不限于

---

① Richard Baldwin, *The Great Convergence: Information Technology and the New Globalization*, Cambridge: The Belknap Press of Harvard University Press, 2016.

② Harold James, *Seven Crashes: The Economic Crises That Shaped Globalization*, New Haven: Yale University Press, 2023.

哲学、社会学、文学)的"全球化写作",以跨学科视野构筑作为全球史的全球化史和作为全球化史的知识史。

The Mutual Enrichment of Global History and Globalization History

—Using Global History as an Approach to
Compose the Globalization History

Pang Zhongying

Abstract: The globalization history is one of the important topics in globalization studies. The globalization history is the history of globalization from its origin to the present, as well as the intellectual history from concepts to theories. The popular global history does not equal the globalization history. Using global history as an approach contributes to globalization history writing. What are the standards of global history? Whether it is true global history depends on whether it transcends or overcomes a certain "regional (such as Europe or the West) centrism". It should not just take the perspective of "global", but should adopt the perspective of "globalization" to view past human history. There are many globalization histories centered around Europe or the West in the world, but there are not many globalization histories starting from non-western views. On the one hand, we can compose a global history of globalization to compensate for the lack of specialized research on globalization in global history. On the other hand, we can transform the current globalization history according to the standards of global history. These two paths of historical writing reach the same goal by different means. The writing of the globalization history should esteem the present over the past. The history of globalization over 40 years since 1983 is a veritable globalization history, including the history of "globalization writing" during this period.

Keywords: globalization history, global history, globalization writing

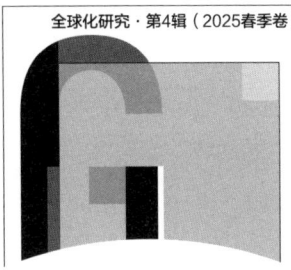

全球化研究·第4辑（2025春季卷）

| 全球化与中国

全球化面临的挑战与中国推动全球化的主要路径*

孙吉胜**

摘要：全球化在人类历史上经历了不同的发展阶段。纵观全球化历史，全球化有力促进了各国商业贸易发展，整体提升了社会生产力，改善了人类的整体面貌，增进了不同国家和文化间的相互理解，积淀了促进人类发展进步的价值观念，推动了新技术新知识的国际传播，也使人类更好地共同应对全球性问题。整体而言，全球化推动了人类的进步与发展。全球化近年来面临诸多挑战，全球化衍生出系列问题，诸如新冠疫情这样的事件给全球化带来沉重打击，全球化日益受到地缘政治竞争的影响，新的全球问题和热点难点问题也对全球化带来了挑战。面对反全球化、逆全球化思潮，中国一直推动建设开放型世界经济，努力推动普惠包容的经济全球化和平等有序的多极化，维护国际秩序稳定。中国通过制度型开放继续扩大高水平对外开放，积极推动"一带一路"倡议等新制度建设为全球化提供制度保障，与各国分享中国发展机遇，携手各国努力应对全球性问题，不断为全球化注入新

---

* 本文系作者主持的2022—2023国家社科基金研究阐释党的二十大精神重大项目"人类命运共同体理念的实践、理论创新与国际传播研究"（项目批准号：23ZDA126）的阶段性成果。

** 孙吉胜，外交学院副院长、教授，北京市对外交流与外事管理基地首席专家。

动力。

关键词： 全球化　普惠包容　中国外交　"一带一路"

全球化主要强调商品、资源、信息、技术和人员在全球范围内的自由流动和配置，以及由此带来的世界经济、文化和社会等方面的融合和发展，全球作为一个整体运作。纵观世界历史，全球化经历了多个不同时期，其根源各异，产生的结果也不尽相同。总体而言，全球化在诸多方面极大推动了人类的进步与发展。然而，近年来，随着国际秩序和国际体系的深刻复杂变化，一些国家对全球化的态度和认知发生变化，保护主义、孤立主义、反全球化、逆全球化等思潮不时出现，在具体实践中也出现了针对全球化的质疑甚至抵制，全球化面临严峻挑战。尽管如此，当前各国之间相互依存和联系日益紧密，人类已成为一个利益共同体、责任共同体和命运共同体，全球化仍将是大势所趋，不应被蓄意阻止或扭转。世界各国应继续凝聚共识，共同采取措施推动全球化向前发展。全球化需要更好地关照和吸收不同国家的国情、发展阶段以及对全球化所持的理念和举措，使全球化向更加包容、公平、普惠和可持续的方向发展。作为具有全球影响力的第二大经济体和第一货物贸易大国，中国一直坚定支持全球化，倡导推动普惠包容的经济全球化，并通过自己的方式和努力推动全球化。中国的努力也将对全球化的未来产生重要影响。

一、全球化推动了人类的进步与发展

纵观全球化的历史，全球化经历了不同时期的发展，在不同时期也体现出不同的特点和突破。整体而言，全球化为推动人类进步和发展发挥了重要作用。

人类在历史上很早就有各国间和地区之间的交流和联系，如古丝绸之路连接了欧亚大陆，不仅促进了贸易往来，也加深了相关国家和地区之间的相互学习和理解。与此类似，印度洋贸易网络，连接了东南亚、南亚、中东和非洲东部地区，也促进了不同文明之间的物资交换和文化传播。早期的全球化发展可追溯至15世纪的大航海时代，当时欧洲人开始探索新大陆，开辟新航线，西班牙、葡萄牙和英国等国家通过在美洲、亚洲和非洲开辟新的贸易路线和市场，获得了快速发展，也积累了众多优势。这一过程不仅刺激了这些国家的经济增长，还促成了早期全球贸易与商业的兴起，推动了西方文化理念和实践的传播。18到19世纪末工业革命期间，随着技术进步和生产力的提升，全球化继续扩展。蒸汽机和动力织布机等机器的发明与应用使大规模生产成为可能，不仅提高了商品产量，也降低了成本，提高了商品竞争力，使相关商品能够更好地进入全球市场。铁路和轮船等交通设施的改善也极大提升了货物和人员运输的速度与运力。这一轮全球化见证了帝国主义和殖民主义的兴起，英国等欧洲列强实现了对世界很多地区的主导，获得了非常突出的发展优势。到了20世纪，随着第二次世界大战的爆发以及之后美苏之间爆发冷战，全球化发生了重大转变。全球政治和经济在很大程度上由两个超级大国的竞争所主导，很多国家被迫选边，世界划分为两个主要阵营，全球化被人为分裂。20世纪90年代初冷战的结束改变了政治格局，也为全球化带来了更为有利的国际环境，全球化进入了真正意义上的全球化新时代。意识形态对抗不断缓和，经济合作与交流不断加强。此前，因冷战格局而孤立或受限的国家开始开放并融入全球经济。各类企业开始进入其他国家，全球品牌和商业模式在全球传播。各国间的交往重心也从军事竞争转向经济合作与外交接触和往来。国际组织和机构的地位更加突出，在促进全球经济一体化方面发挥了更大作用。1995年1月1日，世界贸易组织（WTO）成立，之后成员国不断增加，对推动全球经济一体化和贸易自由化发挥了至关重要的作用。90年代，互联网的普及和应用使世界联通发生了重大飞跃，实现了无缝跨境交易和信息交流。与此同时，美国成为世界超级大国，也是全球化的关键参与者和重要推动者。随着中国的对外开放，特别是2001年加入世贸组织，中国经济快速发展，与世界各国的经济联系日益紧密，印度等其他新兴经济体也迅速发展，美国高盛公司首席经济学家吉姆·奥尼尔2001年把巴西、俄罗斯、印度、中国称为"金砖四国"，并预测到2050

年,这四个新兴经济体的国民生产总值(GDP)之和,将超过美国、日本、英国、德国、法国和意大利这六个经济体的GDP之和。① 从全球来看,对外投资、生产和全球市场显著扩大。当前,世界进入以智能化为引领的第四次工业革命,万物互联,世界已成为一个真正的地球村,全球化成为新的历史大势。

纵观全球化历史,可以清晰地看到,全球化在以下方面极大地推动了人类的发展、进步与繁荣。

第一,全球化有力促进了各国商业贸易发展,整体提升了社会生产力。多年来,全球化打破了国家和地区之间的界限,商品、资本、信息、资源和人员得以在全球范围内流动。国际货币基金组织特别强调,全球化通过贸易、资金流动、技术创新、信息网络和文化交流,使各国经济在世界范围高度融合,各国经济基于各类商品和劳务的广泛输送以及国际资金的流动和技术广泛快捷的传播,相互依存、相互关联程度不断加深。各国根据自身在产业链、供应链和价值链中的位置,既合作又分工。在这个过程中,生产向劳动力成本更低的地区转移成为全球化的一个显著特征。各国基于技术、劳动力、资源等比较优势,开始专注于特定商品的生产,一些国家专注于制造业,另一些则专注于原材料开采或农业生产,极大提高了效率和生产力,也加强了全球经济联系,全球围绕不同产品、不同领域形成了不同的产业链、供应链、价值链。例如,一部苹果手机从设计到最终在国际市场上销售,需要在多个国家完成,在美国完成设计,在日本和韩国生产零部件,在中国、越南等地组装,然后销往全球。这样的全球生产过程也为不同国家和国际企业创造了更多机会。麦肯锡全球研究所的一项研究表明,与全球贸易、金融、人员和数据流动更紧密的国家,其增长速度比联系较弱的国家高出40%,而跨国企业能够获取全球资源、劳动力和市场,从而降低成本,提高生产力。

第二,全球化改善了人类的整体面貌。全球化不仅影响各国与世界其他

---

① 胡文利:《"金砖国家"概念提出者:中印两国若合作,世界经济将巨变》,中国青年网,https://news.youth.cn/jsxw/202212/t20221214_14195860.htm.[2025-03-12]。

国家和地区的联系，也影响个人，推动了人类的整体进步。例如，全球化推动了城市化进程。大量人口从农村迁移到城市，形成了集中的劳动力市场和消费群体。人们为了提高生活水平，可以迁移到本国的其他地区或是直接移民其他国家。此外，随着信息、规范和理念的传播，世界能够为各国制定共同遵循的通用标准，使人类向共同的目标努力。例如，进入21世纪后，国际社会一直在实施联合国提出的千年发展目标和《2030年可持续发展议程》，已经帮助11亿人摆脱了贫困，19亿人获得安全饮用水，35亿人能够使用互联网，预期到2030年全球将彻底消除贫困。同时，全球出现了更多中产阶级。中国和印度作为人口最多的两个国家，因全球化实现了经济快速发展，数百万人能够更好地接受教育、享受医疗保健和基本生活设施。中国完成了艰巨的脱贫任务，使8亿多人摆脱贫困，并建立了世界上最大的社会保障体系。就全球而言，由于20世纪90年代的全球化，贫困现象显著减少，出现了自工业革命以来贫富国家之间的差距首次开始缩小。互联网和通信技术的发展实现了实时通信和研究成果的共享，在医学、能源和交通等领域人类不断取得突破，交通更快更便捷，能源更加可持续，这些新发展使人类整体福祉不断改观。

第三，全球化促进人员流动，增进了不同国家和文化间的相互理解，也积淀了促进人类发展进步的价值观念。随着交通的改善和互联网等信息技术的发展，全球化使人们更容易跨国、跨区域流动，不同文化背景的人可以在现实或虚拟空间中交流活动，大力促进了跨文化理解与交流。无论身处何地，人们都有更多机会相互接触，与不同国家和文化的人进行沟通和互动，接触到不同的文化、语言和理念。全球化也促进了艺术、音乐和文学在全球范围内共享，不断丰富世界各地人们的文化体验。例如，在各地举办的国际音乐节和电影节等活动在展示各国作品的同时，也增进了不同文化、传统和观念之间的相互认知与理解。更重要的是，各国通过交往互动形成了很多促进人类发展进步的共同价值理念，如对和平发展的渴望，对公平、正义、民主、自由的追求，促进了一个更加相互关联、包容的全球社会的形成。

第四，全球化助力国际传播，使新技术新知识能够快速影响全球。技术在人类进步中一直发挥重要作用。实际上，全球化是科技进步的自然结果，反过来全球化也进一步推动技术的传播与发展，促进知识与技术创新的共享与传播。不同国家的科研人员可以在异地开展合作。冷战结束后，地缘政治紧张局势的缓和使各类技术和知识能够在全球范围内更广泛地共享和传播，推动了信息技术的快速发展，也彻底改变了全球通信和商业运营模式。纵观人类历史，无论是蒸汽机、计算机、互联网还是人工智能的发明，其传播很快遍及全球，并产生全球影响力。没有全球化，这些技术的全球传播是不可能实现的。

第五，全球化助力应对全球问题，改善全球治理。全球化的一个重要方面是鼓励国际分工和国际合作。20世纪90年代以来，人类面临的各类全球性问题日益突出，如气候变化、恐怖主义、流行病等，不时威胁人类的安全甚至生存，全球治理任务艰巨。无论应对哪类全球性问题，都需要全球合作和协作，而各类国际组织和机构在治理过程中一直发挥重要作用。通过国际合作，各国共同寻找造福全世界的解决方案。例如，《巴黎气候变化协定》就是全球合作应对环境问题的典型例子。借助全球规范、规则、各类公约条约等制度性安排，国际社会在威胁人类安全和生存的不同领域开展合作，而这些努力的一个前提是需要把全球视为一个整体，以整体思维促进问题的解决。

二、全球化面临严峻挑战

近年来，全球化面临严峻挑战，其原因复杂，需要进一步反思，以便更好地推动未来的全球化发展。

第一，全球化在推进人类进步的同时衍生出系列问题。此前的各轮全球化和当前这一轮的全球化主要由西方发达国家主导。本轮全球化主要是基于二战后形成的国际秩序，遵循的是经济自由主义，本质上以西方为中心。近年来，随着全球化的发展，一些问题日益凸显，最突出的是不够平等、普惠、包容。例如，在全球资源配置方面，新冠疫情期间，七国集团从国际货币基金组织获得总计相当于2800亿美元的资金，而人口远超七国集团的一些最不发达国家获得的资助只有约 80 亿美元。① 类似的全球资源配置不公导致国家间和国家内部出现更多发展失衡。例如，在一些国家内部，全球化导致利益分配不均，部分个人和地区繁荣发展，而另一些则无法参与到全球化的大潮中。在许多国家，随着制造业向低成本国家和地区转移，传统产业工人面临失业、工资停滞等境地，加剧了精英与普通民众之间的分化。美国锈带的出现就是一个典型例子。在许多地方出现的类似情况也引发了社会动荡和政治不稳定，导致一些国家民粹主义兴起。在国际层面，全球化并未使所有国家受益，一些国家被边缘化。还有一些发展中国家在国际大市场中，承担的生产分工和产业分工相对单一，增加了脆弱性和敏感性。同时，资本逐利影响巨大，许多个人和企业将追求资本在全球范围内的最大利益作为最重要目标，这也是 2008 年国际金融危机爆发的原因之一。此外，人类面临日益增多的各类全球性问题，如气候变化、恐怖主义、战争、致命疾病传播、瘟疫、流行病等，人们认为全球化导致和加重了以上问题，此类观点也影响了人们对全球化的态度和认知。

第二，诸如新冠疫情这样的事件给全球化带来沉重打击。近年来，世界不时受到病毒、传染性疾病的困扰，如非典、甲型 H1N1 流感、H7N9 禽流感、埃博拉病毒、寨卡病毒等。人员的跨境流动使疾病传播得更快、更广，新冠疫情就是典型例证。新冠疫情暴发后，其影响迅速波及全球，不仅威胁人类健康和生命，还产生了很多外溢效应。许多行业突然停滞，企业经营困难，消费者支出下降，贸易和投资下滑，全球产业链、供应链受到严重影响，许多行业受到重创。疫情暴发后，国际旅行受到严格限制，对许多国家至关重要的旅游业几乎陷入停滞，严重影响了依赖国际游客的国家。劳动力尤其是技术工人的流动受限，也严重影响了依赖外国劳动力的行业。商务旅行和国际合作也受到不同程度影响。由于以上种种冲击，世界各国经济出现了不同程度的收缩和调整。更重要的是，疫情暴露了全球合作和公共卫生治理的薄弱环节。不同国家在新冠疫情期间面临的困难，迫使各国和企业在相互关联的世界中调

---

① 《中国始终是国际秩序的坚定维护者》，载《人民日报》2025 年 1 月 27 日，第 9 版。

整和重新评估战略及产业布局。许多国家开始重新思考本国产业，经济安全成为人们考量经济的新角度。这些变化给全球化带来了不同程度的冲击。

第三，全球化受到地缘政治竞争的影响，日益政治化。近年来，随着中国、印度、巴西等新兴经济体的快速发展，世界整体权力分布发生显著变化，发达国家与发展中国家之间的差距日益缩小。各国间权力分布的变化也影响了不同国家之间的自我认识、相互认知以及彼此间的态度。发展中国家希望国际秩序能够更加公平、公正，希望提升自身在国际事务中的代表性和发言权，发达国家对新兴国家不断表现出焦虑甚至担忧，努力维护自己的霸权和传统优势，有时甚至人为设置障碍，制造分裂。特朗普2017年就任美国总统后，就开始挑战美国两党支持市场自由化和全球一体化的共识，2025年第二任期伊始就开始对墨西哥、加拿大、中国等国增加关税，给全球贸易体系带来了前所未有的挑战。[1] 各国间互信受损，合作意愿下降，全球面临应对合作赤字的难题。在贸易领域，一些国家采取诸如设置贸易壁垒、提高关税等措施，以遏制像中国这样的发展中国家的发展，尤其是在一些关键领域。各类保护主义政策甚至贸易战不断出现，使全球产业链、供应链等不断受到干扰，国际经济循环受阻，也影响了全球市场预期和投资信心。2024年5月14日，美国宣布对中国的电动汽车关税率从25%提高至100%，锂电池关税率从7.5%提高至25%。中美之间持续的贸易紧张局势不仅对两国本身产生了负面影响，也波及很多相关国家。瑞典前首相卡尔·比尔特（Carl Bildt）指出，贸易壁垒、关税及其他保护主义手段在全球范围内愈发突出，一些国家常以经济安全之名使用，实际上却阻碍了更廉价且往往更优质的绿色技术惠及消费者。[2] 与此同时，在各国博弈过程中，全球化不时被政治化，甚至沦为大国竞争的工具，被蓄意改变甚至有意逆转。比尔特还警告称，保护主义措施正

---

[1] Ian Bremmer, "Trump's Tariffs Are Not a Negotiating Tactic", Project Syndicate, March 10, 2025, https://www.project-syndicate.org/onpoint/trump-s-trade-war-1, accessed on March 16, 2025.

[2] Carl Bildt, "The Dangerous Retreat into Protectionism", Project Syndicate, https://www.project-syndicate.org/commentary/protectionism-global-economic-fragmentation-bad-for-everyone-by-carl-bildt-2024-05, accessed March 16, 2025.

呈现出一种令人不安且危险的趋势,过去全球化促进了贸易一体化,也给很多国家和企业带来了巨大利益,但是这样一种国际经济秩序正在面临被瓦解的风险。诸如经济安全、去风险以及为支持国内产业而实施的各类补贴等一系列举措,正影响着全球化的运行。① 根据国际货币基金组织和世界银行的研究,经济分裂的加剧将使全球国内生产总值降低5%至7%,不发达国家受到的影响会更大。② 国际货币基金组织(IMF)总裁格奥尔基耶娃(Kristalina Georgieva)警告称,全球经济碎片化可能导致全球国内生产总值(GDP)损失7%。③

第四,新兴全球问题和热点难点问题对全球化构成挑战。技术一直是全球化的驱动力,当前技术发展已经使世界进入数字时代。然而,并非所有人都能获取数字资源和利益。能够获取先进技术与无法获取的人之间的差距进一步拉大了经济和社会不平等。数字鸿沟直接影响教育、就业和社会包容性。环境问题是另一重大威胁,与全球化相关的商品和人员流动增加,导致碳排放上升,环境退化,气候变化等问题急需全球合作。但事实证明,当前在所有国家之间达成共识并采取有效行动十分困难。政治不稳定、地区冲突和政治动荡导致能源供应中断或人口流离失所,影响全球经济活动。乌克兰危机和加沙危机不仅威胁地区和全球安全,还影响了能源供应、粮食供给、投资和人员流动。胡塞武装在红海水域频繁袭击与以色列相关的船只,以声援巴勒斯坦。一些航运公司不得不改变航线以避开该区域,导致海运成本大幅上

---

① Carl Bildt, "The Dangerous Retreat into Protectionism", Project Syndicate, 2024, May 21, https://www.project-syndicate.org/commentary/protectionism-global-economic-fragmentation-bad-for-everyone-by-carl-bildt-2024 – 05, accessed March 16, 2025.

② Kristalina Georgieva, "Confronting Fragmentation Where It Matters Most: Trade, Debt, and Climate Action", IMF, January 16, 2023, https://www.imf.org/en/Blogs/Articles/2023/01/16/Confronting-fragmentation-where-it-matters-most-trade-debt-and-climate-action, accessed March 16, 2025; "The High Cost of Global Economic Fragmentation", IMF, August, 28, 2023, https://www.imf.org/en/Blogs/Articles/2023/08/28/the-high-cost-of-global-economic-fragmentation, accessed March 16, 2025.

③ 《IMF总裁警告全球经济碎片化代价巨大》,光明网,https://baijiahao.baidu.com/s?id=1787050408558458926&wfr=spider&for=pc.[2025 – 03 – 13]。

升，延误时间长达数周。这种情况导致一些全球最大的航运和石油公司暂停通过红海的运输。此外，欧美、亚洲和中东之间的大量贸易运输都要经过红海水域，其受阻可能影响全球供应链，再次推高通货膨胀，影响全球经济复苏前景。

三、中国推动全球化的主要路径

尽管人们对全球化的态度和认知正在改变，全球化也面临挑战，但中国多次表示将继续推动普惠包容的经济全球化，并在实践中以自身方式为推动全球化做出贡献。

第一，树立正确的全球化理念和态度。对于全球化，需要明确的是，全球化过程中出现的一些问题并非源于全球化本身，而经常是由全球化过程中各国所采取的具体措施所致。全球化是当今世界发展潮流和大势。各国需要继续支持全球化，为全球化注入新活力，并采取积极措施应对全球化所面临的问题。中国多次强调支持全球化，并不断提出新理念、新政策和新倡议来推动全球化进程。2023年，中央外事工作会议强调，针对当前世界面临的一系列重大问题和挑战，中国倡导平等有序的多极化和普惠包容的经济全球化，坚决反对反全球化和泛安全化，反对一切形式的单边主义和保护主义，坚定推动贸易和投资自由化便利化，解决阻碍世界经济健康发展的结构性问题，推动经济全球化朝着更加开放、包容、普惠、均衡的方向发展。[1] 针对以往全球化遇到的问题，重点需要解决全球范围内各个国家之间和各国家内部发展失衡的问题，共同做大并做好全球化经济发展的"蛋糕"，让不同国家、不同阶层、不同人群都能享有全球经济社会发展的成果，实现共同繁荣、互利共赢。[2] 在这个过程中尤其重要的是各国要走独立自主、符合本国国情的发展道路，不能简单照搬其他国家的发展模式，各国要摒弃各种形式的保护主义和

---

[1] 《中央外事工作会议在北京举行 习近平发表重要讲话》，光明网，https://politics.gmw.cn/2023-12/28/content_37059251.htm.［2023-03-12］。

[2] 《中国始终是国际秩序的坚定维护者》，载《人民日报》2025年1月27日，第9版。

单边主义，确保贸易和投资的便利化，使全球产业链供应链稳定畅通，确保全球经济增长活力和动力。

第二，建立新制度推动全球化。除了正确的理念，推动全球化的一个重要方面是建立各类制度，为推动商品、投资、技术和人员在全球范围内流动提供制度保障和便利，将理念转化为现实。自 1978 年中国实行对外开放政策以来，中国的开放首先是体现在商品和物质要素层面，近年来中国持续推动高水平对外开放。2018 年，中央经济工作会议强调向制度型开放转变，即扩大规则、规制、管理、标准等制度型开放，推动贸易和投资自由化便利化，降低国际市场与国内市场对接的制度性障碍，促进国内外制度的对接与融合，建设统一大市场。党的二十大报告进一步强调稳步扩大规则、规制、管理、标准等制度型开放。① 制度型开放首次写入党代会报告，彰显了党和政府的决心与意志，也标志着中国对外开放进入新阶段。2024 年 7 月召开的中共二十届三中全会再次强调制度型开放，提出要完善高水平对外开放的体制机制。会议强调，开放是中国式现代化的显著特征，对外开放是基本国策。要增强对外开放能力，构建更高水平开放型经济新体制。2025 年政府工作报告针对 2025 年政府工作任务再次强调无论外部环境如何变化，中国始终坚持对外开放不动摇，稳步扩大制度型开放，有序扩大自主开放和单边开放，以开放促改革发展。② 这些举措也向世界发出了明确信号。

在实践中，中国创建了一系列新机制和新平台，加强与世界互动。在做好国内发展的同时，中国积极维护多边自由贸易体制，全面放开制造业准入，给予所有建交的最不发达国家 100% 税目产品零关税待遇，主动搭建贸易平台，分享中国机遇，便利贸易往来。2018 年，中国举办首届进博会，以扩大从其他国家的进口，更好地与各国分享中国市场。2019 年"中国（北京）国际服务贸易交易会"更名为"中国国际服务贸易交易会"。2021 年，中国举

---

① 《高举中国特色社会主义伟大旗帜 为全面建设社会主义现代化国家而团结奋斗》，北京：人民出版社 2022 年版。

② 李强：《政府工作报告——2025 年 3 月 5 日在第十四届全国人民代表大会第是三次会议上》，载《人民日报》2025 年 9 月，第 1—3 版。

办中国国际消费品博览会。至此，这三大展会与广交会共同成为中国举办的四大展会。中国国际贸易促进委员会发布的《2023年中国会展经济发展报告》显示，2023年中国共举办3923场经贸展览，为全球企业"投资中国"搭建了重要平台。此外，中国始终是开放贸易的主要倡导者，反对把经济问题政治化、人为割裂全球市场。中国一直积极参与并推动区域和全球贸易协定，采取措施开放本国经济，降低贸易壁垒，扩大外国企业市场准入，中国加快自由贸易区建设，已经与30个国家和地区签署了23个自贸协定。这些都向世界展示了中国推动经济全球化的制度性努力。

第三，中国以"一带一路"倡议为重要平台和框架，推动开放、包容、公平的全球化。"一带一路"倡议提出十余年来，其理念、政策和实践不断发展演变，彰显了和平合作、开放包容、互学互鉴、互利共赢的"丝路精神"，为推动全球化发挥了重要作用。除体现全球化的传统特点外，"一带一路"倡议在平等、开放、包容和发展等方面为全球化增添了新内容，也有力促进了新一轮全球化。"一带一路"倡议一是强调平等性。所有国家无论贫富强弱，需求如何，都可以平等参与"一带一路"。各国都能平等地为该平台做贡献并从中受益。"一带一路"已经发展成为各国秉持共商、共建、共享原则开展务实合作的重要公共产品和平台。在平等的前提下，各共建国家展开战略对接，各自发挥优势，实现共同发展与繁荣。二是强调开放性。"一带一路"倡议是一个开放机制，既为中国巩固原有合作关系，也为开拓新合作提供了广阔空间。虽然"一带一路"倡议刚提出时常提及"沿线国家……"，并提出了五条大致路线，但"沿线国家"并不意味着"一带一路"对具体路线和参与伙伴有固定限制。实际上，中国欢迎任何有意愿加入的国家共同参与"一带一路"建设，在"一带一路"框架下探讨和开展务实合作。三是强调包容性。包容一直是中华文化的一个突出特征。中华文化一直强调和而不同，认为差异是一种自然状态。不同事物也可以相互转化、相互交融，形成一个和谐整体。回顾全球化的发展过程，20世纪90年代以来的全球化由于主要是西方理念主导，在某种程度上说也是西方价值观和标准的全球化，也形成了"我们"与"他们"这样一种排他性秩序，西方标准、西方价值被赋予了普遍意义。在这方面,"一带一路"倡议则不同,不同社会政治制度、不同宗教信仰和不同文明的国家都可以加入;不同区域和国际组织也能参与其中。在合作方式上,同样没有固定僵化的标准,合作方式可以多种多样、兼顾各方利益。四是聚焦发展。中国自改革开放以来,把发展视为第一要务,并取得了突出的发展成就。中国在国际层面也一直在推动把发展置于国际议程的核心位置。2016年二十国集团(G20)领导人杭州峰会首次把发展纳入全球治理议程,充分体现了中国在国际层面对全球发展问题的重要性。"一带一路"倡议同样聚焦发展,中国希望通过"一带一路"合作与各国共享发展机遇,让其他国家和地区通过互利合作从中国的发展中受益,促进共同发展。据世界银行统计,"一带一路"沿线约有19个中低收入国家,总人口达24亿,占全球中低收入国家总人口的82%。如果"一带一路"倡议能助力这些国家的发展,使其迈入中等收入国家行列,世界的整体发展格局将会改变。① 这将是本轮全球化无法实现的成就。

第四,努力维护国际秩序的稳定,为经济全球化创造和平稳定的环境。国际秩序稳定与经济全球化的推进紧密相连,相互影响。只有国际秩序稳定,经济全球化才能够健康发展,各国才有条件开展贸易往来,互利合作。同时,经济全球化也是国际秩序稳定的"压舱石",经贸往来可以使各国获得更多发展与繁荣机遇,凝聚各国共同维护国际秩序的合力。近年来,国际秩序日益受到大国博弈、单边主义、地区冲突等冲击,日益呈现不稳定性不确定性。一些国家对国际组织、国际规则、国际规范表现出更多功利主义,对其"合则用,不合则弃",联合国等国际组织不时被削弱,国际秩序面临"失序""崩塌""瓦解"风险。中国一直努力做国际秩序的维护者,努力维护联合国的权威和在国际事务中的核心地位,恪守以联合国宪章宗旨和原则为基础的国际关系基本准则,维护以国际法为基础的国际秩序,使其更具包容性、合法性,也更加有效。联合国第七十八届联合国大会主席弗朗西斯指出,中国

---

① 钟飞腾:《"一带一路"、新型全球化与大国关系"》,载《外交评论》2017年第3期,第6页。

在维护多边秩序、促进可持续发展等方面充分发挥了领导作用和重要影响力。① 中国已成为众多国际组织的重要贡献者，是联合国、联合国教科文组织、世界贸易组织等的第二大出资国，也是联合国安理会常任理事国中派出维和人员最多的国家。中国已加入几乎所有普遍性政府间国际组织和600多项国际公约及修正案，带头践行真正的多边主义，推动建立平等有序的多极化。

第五，中国努力为应对各类全球性问题贡献中国力量。面对全球治理失灵失效的现状，中国秉持共商共建共享理念，强调国际事务不应由少数国家垄断，而是要基于主权平等、公平正义、团结协作和行动导向来构建更加公正合理的全球治理体系。为此，中国提出全球发展倡议、全球安全倡议、全球文明倡议，坚持把发展置于国际议程的核心位置，推动更加包容、更加普惠、更有韧性的全球发展；坚持共同、综合、合作、可持续的全球安全观，为乌克兰危机和加沙危机探索和平解决之道；坚持平等、互鉴、对话、包容的文明观，推动各国走摒弃文明冲突的交流互鉴之路。近年来，在人类命运共同体理念的指引下，无论是应对恐怖主义、气候变化等传统全球性问题，还是网络、人工智能、生物科技等治理新疆域，中国都身体力行，体现大国担当。中国积极推进碳达峰碳中和目标，推动新发展理念，成为全球最大的太阳能和风能生产国，为全球应对气候变化、能源转型以及可持续发展目标的实现做出了巨大贡献。中国发布并认真落实《全球人工智能治理倡议》，倡导人工智能治理要以人为本、智能向善、相互尊重、平等互利，推动人工智能治理向健康、安全、公平有序、共享共治的方向发展。

结　论

全球化对人类的进步与发展发挥了重要作用。它促进了经济增长、文明交流互鉴和相互理解，也使各类技术和知识在全球传播。然而，全球化正处于关键节点，面临着反全球化、逆全球化的各种挑战。尽管这些挑战并不一

---

① 《中国始终是国际秩序的坚定维护者》，载《人民日报》2025年1月27日，第9版。

定意味着全球化会消失或倒退,但是推动全球化需要新动力、新理念、新举措,以使全球化进程继续充满生机与活力。中国从提出开放、包容、普惠、均衡的理念,到加强制度型开放,从提出"一带一路"倡议和搭建进博会等贸易平台,到积极参与全球治理等,努力从不同方面推动全球化进程。中国倡导要推动普惠包容的经济全球化和平等有序的多极化,体现了中国对推动全球化的主张和努力。不同国家有不同的传统、文化、理念和实践,中国的理念、政策、倡议和实践也体现了中国风格和中国方式。其他国家,如印度、巴西等,也同样如此,它们对全球化也有自己的判断和政策。在全球化遭遇逆流的国际大环境下,全球化更需要体现开放性和包容性。只有这样,全球化才会更加多元包容,更加平衡,更可持续,才能真正惠及全球,使全人类从全球化中受益。

The Challenges of Globalization and China's Major Ways to Promote Globalization

Sun Jisheng

Abstract: Globalization has gone through different stages of development in human history. Throughout the history of globalization, it can be seen clearly that globalization has significantly promoted the development of commercial trade between nations, greatly improved social productivity, enhanced the overall human condition, increased mutual understanding among different countries and cultures, accumulated values that promote human progress, facilitated the international spread of new technologies and knowledge, and promoted humanity to collectively address global challenges. Overall, globalization has driven human progress and development. In recent years, globalization has faced numerous challenges, including a series of issues it has itself created. Events such as the COVID-19 pandemic have dealt a heavy blow to globalization. Globalization has also increasingly been influenced by geopolitical competition. New global issues and problems have further posed challenges to globalization. In response to anti-globalization and de-globalization trends, China has consistently promoted the building of an open world economy, striving to advance inclusive economic globalization and an equal and orderly multipolar world, thereby maintaining international order and stability. China has expanded high-level opening-up through institutional opening, actively promoting new initiatives such as the "Belt and Road Initiative" (BRI), and building new platforms systems for global governance, providing institutional support for globalization. China shares its development opportunities with other countries and works together with other countries to tackle global problems, continuously injecting new momentum into globalization.

Keywords: globalization, inclusive and beneficial globalization, Chinese diplomacy, the Belt and Road Initiative

中国式现代化的理论资源与全球本土化实践

王 宁*

摘要：建设"中国式现代化"就是要在一个人口规模巨大的发展中国家实现前所未有的现代化，也即实现中国人民一直渴望实现的"中国梦"。因此作为一项史无前例的浩大工程，中国式现代化显然不能等同于西方的现代化，而更应该是全体中国人民共同富裕的现代化。与欧美发达国家的现代化相比，中国式现代化自有其独特之处。它的理论资源除了西方现代性理论和中国传统文化资源外，马克思主义应该是其指导思想和理论基础。但是马克思主义必须与中国的本土实践和具体国情相结合，也即马克思主义必须首先中国化才能有效地指导中国式现代化建设。国外的经验也要与本土的实践相结合才能取得显著的效果。作为在高校工作的人文学者，我们认为我们的任务应该是在做好自己本职工作的同时，积极献言献策，使得中国式现代化沿着正确的道路不断前行。在本文作者看来，这三个方面的工作尤为重要：国际一流的教育，一流的科技成果和一流的人才。这三个因素是确保中国式现代化得以实现的重要保证。

关键词：中国式现代化　马克思主义中国化　共同富裕　理论资源

---

* 王宁，上海交通大学人文社会科学资深教授，欧洲科学院外籍院士。

全面建设"中国式现代化"最近已成为中国语境中人们谈论得最多的话题之一，由于这个话题所涉及的范围甚广，它同时也吸引了国内外媒体的广泛关注。但是究竟如何实现这一理想则需要全体中国人民为之奋斗。作为在高校工作的人文学者，笔者认为我们的任务应该是在做好自己的本职工作的同时，从理论上对之加以阐释，以便提出我们对其可行性的论证。毋庸置疑，提出中国式现代化建设就是要在一个人口规模巨大的发展中国家实现前所未有的现代化，因此作为一项史无前例的浩大工程，它显然不能等同于西方的现代化，而更应该是全体中国人民共同富裕的现代化。而要实现这一宏伟的目标，我们没有任何现成的模式可以依循，因此我们既要借鉴发达国家的现代化建设经验，同时也要吸取其教训，进而彰显中国式现代化的优越性。这种优越性具体体现在，它应是物质文明和精神文明相协调的现代化，是人与自然和谐共生的现代化，是走和平发展道路的现代化。这应该是中国式现代化不同于欧美发达国家的现代化的几个重要特征。本文从中国式现代化的理论资源之角度着重阐释其中的三个方面。

走全民族共同富裕的道路

毋庸置疑，中国在全球化的进程中是受益最大的国家之一，这其中就有中国式现代化建设在过去20年里的长足发展。尽管实现现代化是世界各国人民的共同心愿，但是走什么样的现代化道路，各国则由于各自的国情不同而存在着很大的差异。中国式现代化虽然没有任何现成的模式可以依循，但是它却有着一定的国内国际的理论依据和理论资源。众所周知，中国作为一个有着从未间断的五千年文明史的大国，同时也是一个有着几千年农耕文明的农业大国，中国人长期以来已经习惯于春季辛勤劳作、秋季收获结果这样一种生活节奏，而对于工业生产却没有任何经验，更不用说引领世界性的工业革命了。尽管在中国历史上，曾有过丝绸之路的对外贸易，而且唐朝时我国也曾经是世界上最富有的国家之一，但是依然没有着手建设和发展工业文明。这样一来，造成的一个直接后果就是世界上前几次工业革命都是发生在欧美国家的：第一次工业革命发生在 18 世纪的英国，所取得的成果是蒸汽机的发明和应用，这一结果直接帮助人类实现了从手工劳作到机械化生产的转变，进而人类从此进入了蒸汽时代。第二次工业革命也同样发生在 19 世纪末至 20 世纪初的欧美国家，结果促成了电力、内燃机的广泛应用和流水线的生产方式，极大地提高了生产效率，使人类进入了电气时代。第三次工业革命依然发生在 20 世纪中后期的欧美国家，出现了计算机、互联网的普及和应用，有力地推动了社会的信息化进程，同时也极大地改变了人们的生活和工作方式，人类从此进入了信息时代。可以说，这三次工业革命很快就使得原先并不十分发达的欧美国家，尤其是刚刚诞生不久的美国，迅速实现了跨越式发展，把包括中国在内的世界上诸多古老文明国家一下子甩到了后面。

但是中国毕竟是一个有着悠久历史和从未间断过的古老文明大国，有着深厚的哲学思想和文化底蕴，中国人谦虚好学，善于从别国借鉴先进的经验，也长于从率先发达的国家那里拿来一切可以为我所用的先进科学思想和技术。早在 19 世纪末 20 世纪初，中国的一些具有开放意识和全球视野的知识分子就认识到自己国家所处于的落后状况：落后就势必要挨打。在与日本海战的失败以及遭受八国联军侵略和火烧圆明园等一系列耻辱的前后，他们终于认识到要向当时的发达国家学习并看齐，才能达到以夷制夷之目的。这样，他们便把目光转向发达的西方世界，率先发起了大规模的西学东渐和文化翻译运动。将所有适合中国发展的国外文明成果，尤其是西方和日本的科学和文化思想及理论统统拿来为我所用。马克思主义的进入中国更是催生了中国共产党的诞生，进而领导中国人民赶走了帝国主义，推翻了国民党的反动统治，建立了新中国。可以说，中国式现代化的正式启动就是在新中国成立之后在中国共产党的领导下开始的。但由于中国领导人的急于求成和经验不足开始时走了一段弯路，后来又经历了"大跃进"的挫折和"文革"的重创，直到改革开放的实施，中国人民才真正开始专心致志地谋发展，继续我们的中国式现代化建设。21 世纪初，中国加入了世贸组织，从而进入了全球化的机制，中国的国有企业经过重组和优化很快适应了世贸组织的运作规律，紧接着便带来中国经济的飞速发展和综合国力的极大提升。连一开始试图唱衰中国的美国右翼思想家福山也不得不承认，中国是全球化的最大受益者之一，[①] 在全球化的机制下，中国终于成了世界第二大经济体，中国与西方发达国家的差距大大地缩小了。进入21世纪以来，全球范围内又出现了第四次工业革命，其特征是以物联网、大数据、人工智能等技术为代表，极大地推动了社会生产方式的深刻变革，使得人类进入了人工智能的时代。如果说，前两次工业革命的出现，作为一个发展中国家的中国都全然忽视了，并且只能是后来才开始跟在别人后面亦步亦趋地学习，而且即使这样也还是离发达国家有较大的差距。但是尽管如此，新中国的成立出现了新的转机，党和政府及时地发现了这一短板，在确保国内稳定的基础上，果断地制定了实现四个现代化的宏伟大计，并且在一个较短的时间内缩短了与发达国家的差距。这样，在第三次工业革命中，中国的科技人员经过努力奋斗很快就赶上了发达国家，在计算机的更新方面取得了很大的进展，而在互联网的普及和应用方面甚至超过了许多发达国家。在第四次工业革命中，中国的大数据和物联网以及人工智能已经完全和西方发达国家处于同步发展的水平，而且在某些方面甚至超过了大多数发达国家。因此西方媒体在认为中国是全球化的最大赢家的同时，也经常质疑中国的第三世界或发展中国家的身份，这当然是不难理解的。

我们说，中国式现代化不同于欧美国家的现代化，首先表现在它所要实现的目标并非只是如一开始那样，仅仅满足于少数人的利益，而是要在使一部分人先富起来的基础上使全民族走上共同富裕的道路。在这方面，我们对比一下欧美发达国家的现代化带来的结果就可以看出中国式现代化与这些国家的差异。

首先，我们来看看美国的现代化。我们都知道，作为世界上最大的发达国家和唯一的超级大国，美国人十分欣赏一种致力于彰显美国民族精神的"美国梦"（the Dream of America）。根据这种"美国梦"的含义，在美利坚合众国的土地上，所有的人，不管来自何方，不管出身如何，都可以经过自己

---

① 参阅《俞可平、福山对话：中国发展模式目前面临的最大挑战》，载《北京日报》2011年3月28日。

的努力奋斗而获得成功。因此,"美国梦"的实施主要依赖个人奋斗,带来的结果就是贫富等级的差距巨大:少数人暴富或成为业界精英,而大多数人则依然未能摆脱贫困状态。当然,不可否认,由于美国综合国力的强大和个人自身的努力,他们中的相当一部分人的生活早已达到了中等小康的水平。也即今天的不少美国中产阶级所引以为傲的那种生活:有房有车,忙时工作,闲时旅游,并以独特的方式审美地享受丰富的精神文化生活。但美国的现代化本身也存在着许多问题:贫富等级的巨大差距致使一些人连基本的温饱也未达到,更不用说医疗设施的保障了。这样便造成社会治安的不稳定,在蔓延全球的新冠病毒的侵袭下,数以百万计的美国下层人民由于得不到及时的治疗而死于病毒或留下各种后遗症。此外,暴力和枪击事件频频发生,甚至连曾担任过总统的特朗普参选美国总统时都遭受两次未遂的暗杀事件,更遑论普通老百姓了。人们不禁要问,在一个没有安全感的国家生活,即使物质生活再富裕,又能有什么样的幸福指数呢?再者,作为一个超级大国的美国,经常扮演"世界警察"的角色,鼓动俄乌冲突的加剧,并插手干预中国的统一大业,如此等等。显然,这样的现代化并不是中国所需要的。

其次,再来看看欧洲国家的现代化,当然这里主要指包括英国在内的西欧和南北欧的发达国家,而大部分东欧国家并未实现国家的现代化。我们都知道,今天的北欧国家早已进入了发达国家的行列,并且物质生活丰裕,人民普遍享受小康的生活。但是,在这些高福利国家,尽管人民的社会福利很好,但是纳税也很高。特别是薪酬达到一定程度的人几乎要缴纳其收入总数一半的税金。因此科技人员和学者们的创新意识和竞争意识便逐渐淡薄,甚至到了退休年龄就不想再工作了,因为他们完全可以坐享福利国家的待遇安度晚年。西欧国家的情况也大致如此,虽然纳税的数额没有北欧那么高,但是没有对学者和科技人员的激励机制。在高等学校里,理工科的教授可以直接将自己的科研成果运用于企业,进而获得丰厚的经济效益,而人文学科的学者的职级和薪酬则相对被压低。一旦遇到经济萧条或危机,这些学科甚至首先被裁撤。虽然这些国家早已实现了现代化,但是由于近几年来的非法移民和其他国家流入的难民，使得社会治安受到破坏，因此人们的生活质量大打折扣。显然，这样的现代化也不是中国所需要的。

那么中国究竟需要什么样的现代化呢？作为人文学者，我们尤为关注中国的社会主义文化建设。确实，除了注重生产力的提高和GDP指数外，中国领导人也十分重视文化和文明建设。正如习近平总书记在党的二十大报告中所概括的："全面建设社会主义现代化国家，必须坚持中国特色社会主义文化发展道路，增强文化自信，围绕举旗帜、聚民心、育新人、兴文化、展形象建设社会主义文化强国，发展面向现代化、面向世界、面向未来的，民族的科学的大众的社会主义文化，激发全民族文化创新创造活力，增强实现中华民族伟大复兴的精神力量。"也就是说，中国式的现代化与西方发达国家的现代化有着本质上的不同，它具体体现为这样一种"中国梦"："共同建设持久和平、普遍安全、共同繁荣、开放包容、清洁美丽的世界"。① 也即中国式的现代化的特征就是实现中华民族的伟大复兴，使全民族实现共同富裕。它是一种物质文明与精神文明相协调发展的新模式，它在强调发展生产和经济的同时，也注重科技和生态文明以及文化的建设与发展。因此，这样一种现代化就是可持续的，并且可以为其他国家所效法和学习。

全球本土化理论资源：中国化的马克思主义

关于中国式现代化的理论资源和发展路径，笔者已经分别在其他文章中有所论述，此处不再赘述。② 笔者在本文中仅想阐述中国式现代化的全球本土化实践以及可借鉴的国内外理论资源，正是有了这些理论资源我们才可以借

---

① 中共中央党史和文献研究院编：《习近平关于中国式现代化论述摘编》，北京：中央文献出版社2023年版，第290页。
② 这方面可分别参阅笔者近期发表的两篇文章：《文学现代性与中国式现代化理论建构》，载《南方文坛》2023年第4期，在这篇文章中，笔者主要讨论了西方的现代性为中国文化的现代化建设提供的资源；《中国式现代化文化建设的理论路径》，载《江海学刊》2023年第5期，在这篇文章中，笔者着重讨论了中国传统文化，尤其是儒学和新儒学为中国式现代化提供的资源。

鉴别国的现代化建设经验，吸取其教训，在中国式现代化建设中开辟一条"全球本土化"的新路径。

我们都知道，中国是一个社会主义国家，马克思主义是指导我们思想的理论基础。在过去的数十年里，中国共产党花了大量的时间和精力来翻译马克思、恩格斯、列宁和斯大林的著作，最终将马克思主义创始人的全部著作完整地翻译介绍到了中国。但是，我们仍不能忽视早期的一些先驱者在这方面所起的作用：早在中国共产党尚未诞生之日马克思主义就已经作为一种西方的理论思潮被译介到了中国。据张允侯的考证，马克思的中译名字最早见于梁启超的文章中。1902年，梁启超在《进化论革命者颉德之学说》中就提到了"麦喀士"（即马克思）。而马克思恩格斯的文章最早的中译文则见于1906年同盟会的机关刊物《民报》第二号发表的《共产党宣言》的几个片断。[①] 我们不难看出，早期在中国译介马克思学说的人并不一定后来都成了马克思主义者，更谈不上对其有着执着的信仰了。

由于当时的历史条件所限，马恩的著作的早期译介并非从德文原文译成中文，而是通过日文或俄文的中介，其中的不妥之处肯定不少。熊得山（1891—1939）作为马克思著作的最早中译者之一，早年留学日本，后来将马克思的一些著作从日文译成中文。他于1922年2月15日创办了《今日》杂志，由北京新知书社发行。他本人先后发表了《公妻说的辟谬》《社会主义未来国》《社会主义与人口论》《无产阶级对于政治应有的态度》《名、实的讨论》等文章，对资产阶级所诬蔑的共产主义"公妻"予以了驳正。通过批判马尔萨斯的人口论，他阐述了无产阶级对社会主义的目的和手段。此时他翻译的马克思著作包括《哥达纲领批判》《马克思的社会学说》《国际劳动同盟的历史》等，并且刊登了若飞、邝摩汉等人的译著以及大量宣传科学社会主义的文章。同年，他加入了中国共产党，但随后不久便脱党。[②] 另一位译者朱

---

① 参见张允侯：《马克思恩格斯著作在中国的出版和传播》，载《历史教学》1963年第7期。
② 参阅胡为雄：《马克思主义著作在中国的百年翻译与传播》，载《中国延安干部学院学报》2013年第2期，第75—82页。

执信(1885—1920)也是最早把马克思主义介绍到中国的一位资产阶级革命家。早在1906年,他就从日文翻译了《共产党宣言》《资本论》等经典著述。对马克思主义的阶级斗争、社会革命和政治革命、人民群众的历史地位等理论,有着独特的理解。与此同时,他基于自己的能动理解和阐释,将马克思主义的基本原理介绍给了中国读者。[①] 但是他的英年早逝却使他未能沿着这条道路继续走下去。从他们早期译介的例子来看,马克思主义一开始仅仅被当作众多西方哲学和思想中的一种译介过来,但是这些译介者并没有真正将马克思主义当作一种科学的理论体系或革命的真理介绍给国人,而是仅仅译介到中国并作一些简单的解释就完事了,并没有将其付诸实施。倒是另一些关心天下劳苦大众之命运并试图从西方寻找革命真理的知识分子对马克思主义格外关注,他们不遗余力地将其译介到中国并加以阐释。李大钊就是这方面的一个成就卓著者。如果单从语言的翻译来看,李大钊的翻译并非从德文原文译出,而是通过其他语言的中介,但是他对马克思主义有着自己独特的理解,并作了能动性的阐释,因而他译介到中国的马克思的学说已经发生了一些"全球本土化"变异。

李大钊早年留学日本,进入早稻田大学政治科后,便开始接触社会主义思想和马克思的著作。他不仅积极参与了《新青年》的编辑工作,而且也以极大的热情在中国推广和传播马克思主义。早在1918年至1921年建党前,他就发表了数十篇(部)关于马克思主义的文章或著述,对马克思主义作了较为全面的介绍。[②] 尤其应该指出的是,他还在繁忙的工作之余,于1919年为该杂志编辑了一个专门讨论马克思主义的专辑(1919年9月第6卷第5期)。在这本专辑中,李大钊发表了长篇论文《我的马克思主义观》,这篇文章较为全面地介绍了马克思主义的基本内容和社会主义的经济学思想,在广

---

① 参阅胡为雄:《马克思主义著作在中国的百年翻译与传播》,载《中国延安干部学院学报》2013年第2期,第75—82页。

② 参阅陶亚非:《共产国际代表与中国非基督教运动》,载《近代史研究》2003年第5期,第114—136页。

大读者中产生了强烈的反响。①

李大钊在文章中首先指出：

> 我平素对于马氏的学说没有什么研究，今天硬想谈"马克思主义"已经是僭越得很。但自俄国革命以来，"马克思主义"几有风靡世界的势子，德奥匈诸国的社会革命相继而起，也都是奉"马克思主义"为正宗。"马克思主义"既然随着这世界的大变动，若动了世人的注意，自然也招了很多误解。我们对于"马克思主义"的研究，虽然极其贫弱，而自一九一八年马克思诞生百年纪念以来，各国学者研究他的兴味复活，批评介绍他的很多。我们把这些零碎的资料，稍加整理，乘本志出"马克思研究号"的机会，把他转介绍于读者，使这为世界改造原动的学说，在我们的思辨中，有点正确的解释，吾信这也不是绝无裨益的事。②

确实，当时的国内学者对马克思主义虽有兴趣但了解和研究并不多，因此李大钊的介绍是非常及时的。这一方面是因为李大钊精通日语，英语也懂一些，但德语不行，他只能借助于翻译成日文和英文的马克思的著作再次转译。而且他的翻译并非那种逐字逐句的直译，而是带有更多自己的理解。李大钊认为，十月革命以来，马克思主义在世界上的影响力大大增强，各国学者对之研究的积极性也大为提升。为了扩大马克思主义在中国的传播并发挥它在推动中国社会发展进步中的重要作用，有必要撰写这样一篇译介兼阐释的文章。应该承认，李大钊的这篇文章"全面地阐发了马克思主义在经济思想史上的重要地位，并全面深入地介绍了马克思主义的三个组成部分"，③ 因此起到了马克思主义"中国化"的奠基作用，对后来毛泽东创造性地发展马

---

① 参阅张国：《李大钊〈我的马克思主义观〉的基本内容、显著特点及其启示》，载《唐山学院学报》2018 年第 1 期，第 6—16 页。

② 李大钊：《我的马克思主义观》，载《新青年》1919 年第 5 期。

③ 张国：《李大钊〈我的马克思主义观〉的基本内容、显著特点及其启示》，载《唐山学院学报》2018 年第 1 期，第 7 页。

克思主义并将其与中国革命的具体实践相结合起到了某种先声的作用。

李大钊在文章中还将马克思的经济学思想与资本主义的经济学作了一番比较，他在简单地揭示了资本主义经济学的弊端后指出，"马克思是社会主义经济学的鼻祖，现在正是社会主义经济学改造世界的新纪元"，因此马克思主义"在经济思想史上的地位如何重要，也就可以知道了"。显然，李大钊是接受马克思的这个经济学观点的，对其主张也是十分赞同的。他的这篇文章除了介绍马克思主义的经济学思想外，还对支撑其世界观和方法论的历史唯物主义作了简略的概括。据李大钊的理解：

> 马克思的唯物史观有二要点：其一是关于人类文化的经验的说明；其二即社会组织进化论。其一是说人类社会生产关系的总和，构成社会经济的构造。这是社会的基础构造。一切社会上政治的、法制的、伦理的、哲学的，简单说，凡是精神上的构造，都是随着经济的构造变化而变化。我们可以称这些精神的构造为表面构造。表面构造常视基础构造为转移，而基础构造的变动，乃以其内部促他自己进化的最高动因，就是生产力，为主动；属于人类意识的东西，丝毫不能加他以影响；他却可以决定人类的精神、意识、主义、思想，使他们必须适应他的行程。其二是说生产力与社会组织有密切的关系。生产力一有变动，社会组织必须随着他变动；社会组织即生产关系，也是与布帛菽粟一样，是人类依生产力产出的产物。①

我们从李大钊对马克思主义基本原理的介绍来看，他并非简单地译介，而是带有自己的主观理解和能动性阐释，因而也表现出他本人鲜明的倾向性。可以说，李大钊的译介和阐释对毛泽东等后来的中国共产党人所理解的马克思主义有着直接的启迪。

另一位早期的介绍者和实践者就是中国共产党最早的领导人陈独秀。他

---

① 李大钊：《我的马克思主义观》，载《新青年》1919 年第 5 期。

也是新文化运动的倡导者和先驱者,《新青年》杂志的主编。他于 1920 年 2 月抵达上海,6 月,陈独秀与李汉俊、俞秀松、施存统、陈公培开会商议,决定成立党的组织;8 月,上海共产党早期组织正式成立,经征询李大钊意见,定名为"中国共产党",陈独秀任书记。上海共产党的早期组织诞生后,对于传播先进思想尤为重视,并且得到苏联共产党的支持和帮助,这些早期的共产党人在新闻出版方面也积极耕耘,谋求发展。上海共产党早期组织筹建期间,就在来华的共产国际代表维京斯基帮助下,创办了中俄通讯社。尽管陈独秀后来在领导中国共产党的过程中犯有右倾机会主义的错误,导致大革命失败,大批共产党人惨遭国民党反动派的屠杀,但是他早期对译介马克思主义依然有着不可磨灭的贡献。

如果说,李大钊、陈独秀等早期的中国共产党人对于马克思主义的传入中国做出了不可磨灭的贡献,那么马克思主义一旦进入中国就势必与中国的思想文化接受土壤相作用并形成马克思主义的中国版本。在这方面,毛泽东等人做出了重要的贡献。由于李大钊在当时新文化运动中的领军角色和影响力,他所作的这些早期的启蒙式努力自然也影响了在北京大学图书馆工作的青年毛泽东,使他以及他的那些不能阅读外文原文的青年伙伴们得以通过李大钊的介绍和阐释接触到马克思和列宁的著作,并且对马克思主义的精神实质有所把握。毛泽东出身农民家庭,从小就读了大量的中国传统文化的书籍,在他的头脑中根深蒂固的应该是中国传统的文化和哲学思想。这些思想不可能不与他从李大钊那里接受的西方新学——马克思主义发生某种互动作用。因此我们应当说毛泽东所接受的马克思主义是一种"翻译过来的"马克思主义或通过翻译的中介而"中国化"的马克思主义,其特征就在于将正统的马克思主义教义与儒学的一些教义在某种程度上加以结合,形成了一种"中国化"的马克思主义。毛泽东本人始终反对那些对马克思的著作抱一种教条主义的态度,他从中国革命的多次失败和挫折教训中得出结论,必须创造性地理解马克思主义的基本原理,并将其与中国革命的具体实践相结合,才能取得中国革命的胜利。因此,毛泽东根据中国的国情和他本人的理解创造性地发展了马克思主义,将其发展为一种"中国化"的马克思主义,即毛泽东思想。毛泽东思想在西方以"毛主义"（Maoism）著称，实际上指的就是毛泽东本人以及他的战友们创立的"中国化"的马克思主义——毛泽东思想，但这其中却带有更多的西方理论家主观理解和阐释的成分，不能与我们所说的毛泽东思想同日而语。

其实，我们今天在当下所热烈讨论的马克思主义的"中国化"问题并非是改革开放的年代出现的一个现象，而是有其历史的渊源。早在毛泽东发表《在延安文艺座谈会上的讲话》后，当时的中央总学委就发出通知，要求各级党组织认真学习该《讲话》的精神，认为该《讲话》"是中国共产党在思想建设理论建设的事业上最重要的文献之一，是毛泽东同志用通俗语言所写成的马列主义中国化的教科书。此文件绝不是单纯的文艺理论问题，而是马列主义普遍真理的具体化，是每个共产党员对待任何事物应具有的阶级立场，与解决任何问题应具有的辩证唯物主义历史唯物主义思想的典型示范"。[①] 这一通知实际上揭示了中国的马克思主义的两个重要的特点，其一是将马克思主义与列宁主义并称为马列主义，其二是强调了中国化的马克思主义在某种程度上就是中国化的马克思列宁主义。这从一开始就说明了它与西方马克思主义的区别。我们都知道，西方马克思主义者一般都试图返回马克思主义的源头，也即返回到《共产党宣言》发表以前的青年黑格尔时代的马克思，他们认为列宁对经典马克思主义作了很大的修正和背离，因而他们单独将列宁的思想作为"列宁主义"来讨论。而马克思主义的传入则在很大程度上是通过苏联的中介，因而带有鲜明的列宁主义的特征。毛泽东早就毫不隐讳地表示，十月革命一声炮响给我们送来了马克思列宁主义。由此看来，毛泽东所接受的马克思主义在很大程度上就是经过列宁阐释和发展的马克思主义。因此，在中国的语境下，我们经常把马克思主义—列宁主义—毛泽东思想并列称为马克思主义的三个阶段。这也应该是中国化的马克思主义的一个鲜明的特色。

---

① 参阅中央总学委：《中央总学委关于学习毛泽东〈在延安文艺座谈会上的讲话〉的通知》，载《解放日报》1943年10月22日。

诚然，马克思主义的一个终极目标就是要消灭一切剥削阶级，从而实现按需分配的共产主义大同境界。而在实现这一伟大理想的过程中，首先完成中国式现代化的大业是通向共产主义的必经之路或过渡阶段。但这段过渡时期并非很短，我们所面临的任务依然是十分艰巨的。

中国式现代化建设：任重而道远

如前所述，中国式现代化建设既需要马克思主义的理论作为指导方针，同时也应结合中国传统文化的实践，创造性地运用中国传统文化，尤其是儒学中的理论资源，有了这两方面的理论支撑，我们就可以大胆地去实践，朝着既定的目标不断地前行。

但是中国式现代化建设并非一蹴而就的，而是一项艰巨的任务并且有着漫长的道路要走。作为人文学者，"教育、科技、人才是中国式现代化的基础性、战略性支撑"，[1] 在这方面，我们要积极向有关部门领导建言献策，为这一宏伟计划的早日实现贡献自己的智慧和力量。

首先，在教育方面，中国的教育现在虽然已经做到了相当大的规模，但是还没有达到做强的水平，也即仍然需要高质量地发展，并且要全方位地对标世界一流大学。现在国内相当一部分高校仍然仅仅满足于服务所在地方的经济和文化需求，并未能有效地服务于中国式现代化建设的战略需求。还有相当一部分高校的领导仅注意发展能够直接产生经济效益的学科，而忽视有着"大用"的人文学科，因此一旦经济上出现困难就首先压缩或裁撤人文学科，这是很危险的。

其次，科技的发达是确保中国式现代化顺利实现的必要保证。如前所述，在第四次工业革命中，中国的科技发挥了极大的作用，产生出许多世界一流的成果，而且在许多领域达到了世界一流，在某些领域甚至超过了大多数发

---

[1] 参阅《国家安全是中国式现代化行稳致远的重要基础》，人民网，http://views.ce.cn/view/ent/202408/12/t20240812_39101223.shtml。

达国家。但是在关键性的一些"卡脖子"工程和学科领域依然受制于欧美发达国家。因此优先发展这些学科领域是完全必要的,只有在科技上达到世界一流,才能不受制于人。

再者,要实现上述战略目标,人才是重中之重。笔者曾就人文学科的人才培养发表过自己的见解,在此毋庸赘言。[①] 我只想强调指出,真正出自中国的大学且完全由我们自己培养出来的科学和人文学术大师确实很少,更谈不上问鼎诺贝尔奖了。随着当今科学技术的飞速发展,单靠某一个人的苦思冥想创造出新成果的时代已经一去不复返了,当代高科技成果的取得在很大程度上靠的是研发经费充足、团队实力雄厚、技术设备精良的研究群体,但是缺乏像钱学森那样的杰出科学大师和领军人才。在当今时代,人们的生活节奏十分快捷,碎片式的信息来源和快速更新使得人心浮躁,难以潜心阅读和思考。科技的飞速发展使我们的青年学生面临多种选择,获取知识和信息的来源也很多,因此他们无须终日沉溺在图书馆里阅读纸质的书刊,而更多的时候则是依靠电脑甚至智能手机来获取各种信息和数据。这样看来,像王国维、陈寅恪和钱锺书这样的博学多才并在多学科和跨学科领域内取得巨大成就和广泛影响的人文学术大师确实难以在当今时代出现。而新文科理念的提出,则使人文学科的跨学科研究得以真正走出封闭的小圈子,使自己习得的知识用于中国式现代化建设中。

总之,中国式现代化建设任重而道远,作为人文学者和高校教师,我们有不可推卸的责任和义务。既然中国在全球化的进程中是最大的受益者之一,那么中国的人文学者也应该借此机会努力在国际学界发声并贡献中国的智慧。

---

① 参阅王宁:《新文科视野下人文学科人才培养向度及学术评价》,载《学术论坛》2024年第2期。

The Theoretical Resources of Chinese-style Modernization and the Practice of Glocalization

Wang Ning

Abstract: Constructing the "Chinese-style modernization" is to realize an unprecedented modernization in a developing country with a large population, which is also to realize the "China Dream" that the Chinese people have been longing for. Therefore, as an unprecedented grand project, Chinese-style modernization is obviously not the same as the modernization of the West, but should be the modernization with common prosperity of all the Chinese people. Compared with the modernization of developed countries in Euro-American countries, the Chinese-style modernization has its uniqueness. In addition to the Western modernity theory and the traditional Chinese cultural resources, Marxism should be its guiding ideology and theoretical foundation. Marxism, however, must be combined with the Chinese practice and specific Chinese conditions, that is, Marxism must be Sinicized first in order to effectively guide the Chinese-style modernization. The experience of foreign countries should also be combined with the local practice in order to achieve significant results. As humanities scholars working in universities, we believe that our task should be to actively make suggestions and contribute wisdom while doing our own jobs well, so that the Chinese-style modernization can move forward the right path. In the author's opinion, there are three aspects of work that are particularly important: world-class education, world-class scientific and technological achievements, and world-class talents. These three factors are an important guarantee to ensure the realization of the Chinese-style modernization.

Keywords: Chinese-style modernization, sinicization of Marxism, common prosperity, theoretical resources

美国"印太战略"对中国周边安全态势的影响[*]

刘霏[**]

摘要：随着美国"印太战略"的持续推进，中美战略博弈日益加剧。在"印太战略"中，美国对华的基本策略是：谈打结合，说一套做一套对华遏压；拉拢盟友，推进遏华"价值观外交"；借助伪多边主义，对冲中国影响力的上升。美国的"印太战略"通过构建美国印太秩序，布局遏制中国关键节点；打造盟友圈，引发中国周边安全新态势；凸显美国存在，弱化中国区域安全机制；重塑印太经贸规则，制约中国经济发展，使得中国周边安全环境出现重大改变。对此，中国应坚持有理有利有节斗争，妥善应对美国挑战；加强睦邻友好合作关系，维持稳定周边环境；军事和非军事手段并用，抵御美国军事风险；深化现有合作框架，推动更高水平对外开放。

关键词："印太战略" 美国 对华政策 中国周边安全态势

进入 21 世纪，美国的全球战略经历了两次重大调整。第一次是在 2001 年美国将战略重心部署到中东地区，第二次是在 2010 年美国将战略重心部署到亚太地区，先后提出"重返亚太""亚太再平衡"战略。特朗普上任后，

---

[*] 本文为国家社科基金一般项目"特朗普政府印太战略对中国周边安全局势的影响研究"（项目编号：18BGJ074）的阶段性成果。

[**] 刘霏，法学博士，海军工程大学政治理论系教授，主要从事大国关系与中国外交方面研究。

推进了美国政府"亚太战略"的发展，提出"印太战略"。拜登政府在特朗普政府"印太战略"的基础上，持续深化"印太战略"。美国政府提出并不断深化"印太战略"有其深刻的必然因素，即维护美国在全球的绝对优势，凸显美国实力，杜绝任何国家或势力颠覆美国的霸权。其中，最核心也是最本质的动因，就是迟滞和阻遏中国的发展和崛起。正如拜登政府《印太战略报告》描述的，美国正在为我们在国内的实力基础进行投资，使我们的方法与我们在国外的盟友和伙伴的方法保持一致，并与中国竞争，以捍卫我们与其他国家共同的利益和对未来的愿景。①

一、"印太战略"下美国对华的基本政策

拜登上任后，进一步拓展、充实特朗普政府的"印太政策"，将中国认定为美国"最严峻的竞争对手"，②指责中国日益增长的经济、政治、军事、科技等实力对世界秩序形成挑战。③ 2022年2月，白宫发布《美国印太战略》报告，宣称"未来印太地区的影响力只会越来越大，对美国的重要性也会越来越大"。④ 10月发布的《国家安全战略》宣称，"（印太）将成为21世纪地缘政治的中心"，中国是"最严峻的地缘政治挑战"。为确保美国赢得21世纪的竞争，美国的长期手段是"建设"美国及其同盟体系的经济竞争力、政治影响力和安全主导力，而短期手段则是"破坏"中国的海外经济活动和外交关系，寻求走全面、长期的对华竞争路线。美国认为，在与中国的竞争中，

---

① "The White House. Indo-Pacific Strategy of the United States", https://www.whitehouse.gov/wp-content/uploads/2022/02/U.S.-Indo-Pacific-Strategy.pdf.

② "The White House. Remarks by President Biden on America's Place in the World", https://www.whitehouse.gov/briefing-room/speeches-remarks/2021/02/04/remarks-by-president-biden-on-americas-place-in-the-world/.

③ "Antony J. Blinken. A Foreign Policy for the American People", https://www.state.gov/a-foreign-policy-for-the-american-people/.

④ "The White House. Indo-Pacific Strategy of the United States", https://www.whitehouse.gov/wp-content/uploads/2022/02/U.S.-Indo-Pacific-Strategy.pdf.

未来 10 年将是决定性的时期。美国今天所做的选择和追求的优先事项将使中美走上一条长期竞争的道路,① 对华竞争已然成为贯穿美国政府"印太战略"的一条主线。在"印太战略"中,美国对华的基本政策具体表现在:

(一)谈打结合,说一套做一套对华遏压

拜登政府发布的《临时国家安全战略方针》将中国定义为"唯一能综合运用经济、外交、军事和技术实力对国际体系发起持续挑战的潜在竞争对手",② 提出美国将基于"实力地位"对华展开战略竞争。国务卿布林肯在其上任后的首次外交政策讲话中也将中国视为"21 世纪最大的地缘政治挑战",强调要从"实力地位出发"对华采取"三分法",即"该竞争时竞争,能合作时合作,须对抗时对抗"。③ 美国国家情报总监办公室发布的《2021 年年度威胁评估》,把中国扩大影响力的努力视为美国面临的最大威胁之一。④ 随后,中央情报局宣布进行组织改革,成立一个专注于中国的任务中心。

在"印太战略"不断推进的同时,美国继续与中国开展元首通话、气候团队互动、经贸团队通话、外交和国家安全团队会谈等双边互动,进行对话磋商。拜登先后派出气候特使克里、副国务卿舍曼等官员访问中国,并与中国国家主席习近平通电话,表示愿通过加强对话避免战略误判,与中国共同管控风险。在双边元首通话后,美国又在联合国大会等多个场合强调中美合作,提出"再挂钩"(Recoupling)、"持久共存"(Durable Coexistence)

---

① "The White House. National Security Strategy",https://nssarchive.us/wp-content/uploads/2022/10/Biden-Harris-Administrations-National-Security-Strategy-10.2022.pdf.

② "The White House. Interim National Security Strategic Guidance",https://www.whitehouse.gov/briefing-room/statements-releases/2021/03/03/interim-national-security-strategic-guidance.

③ "Antony J. Blinken. A Foreign Policy for the American People",https://www.state.gov/a-foreign-policy-for-the-american-people/.

④ "2021 Annual Threat Assessment of the US Intelligence Community",https://www.dni.gov/index.php/newsroom/reports-publications/reports-publications-2021/item/2204-2021.

等概念。① 但在美方表面承诺的同时，拜登政府又不断推行对华威慑和遏制政策。一是持续挑战中国底线和重大利益。在涉台问题上，拜登政府不断向岛内"台独"势力传递错误信号，与台湾当局配合炒作大陆"军事威胁论"，公然以各种形式帮助台湾扩大所谓"国际空间"，承认在岛内有"军事存在"，挑动其他国家和地区插手台湾问题，人为加剧台海局势紧张，频频突破中美两国关系的政治基础。在涉疆、涉港问题上，继承前任基调和所谓"认定"，罔顾事实，大肆污蔑抹黑中国。在涉藏问题上，持续炒作达赖转世等议题，加大对达赖集团的支持。在南海问题上，拜登与前任一样否认中方合法主权主张，加强抵近侦察，持续展示军力，试图挑动该议题再度升温。二是推动关键产业链的"去中国化"。首先，加强对印太地区关键产业的管控。高精尖制造业是美国对华竞争的核心，其重要性甚至高于地缘布局。② 虽然美国声称不寻求对华"脱钩"，但拜登政府在多个"关键领域"继续构建排华供应链，事实上延续了特朗普时期的对华"脱钩"战略。美国、韩国、日本和中国台湾地区成立"芯片四方联盟"，旨在限制中国大陆，以实现对半导体价值链更大的控制权。其次，扩大对华投资禁令范围。拜登签署《芯片与科学法案》，③ 在对美国及其盟友的半导体企业提供补贴、鼓励它们赴美国建厂的同时，禁止它们向中国、俄罗斯提供先进制程（28nm以下）芯片或在中国、俄罗斯投资。美国持续对中国企业进行针对性制裁，不断扩大美国商务部所谓未核实清单，禁止美西方企业向中国半导体企业出售芯片。最后，多方阻挠中国企业在美国的合法运营。美国国会通过《安全设备法》，全面禁止使用中国造通信设备。

---

① "Center for Strategicand International Studies. A Conversation with Ambassador Katherine Tai, U. S. Trade Representative", https：//www.csis.org/analysis/conversation-ambassador-katherine-tai-us-trade-epresentative.

② 朱峰、倪桂桦：《拜登政府对华战略竞争的态势与困境》，载《亚太安全与海洋研究》2022年第1期。

③ "The White House. Statement of Dr. Alondra Nelson as the CHIPS and Science Act is Signed Into Law", https：//www.whitehouse.gov/ostp/news-updates/2022/08/09/statement-of-dr-alondra-nelson-as-the-chips-and-science-act-is-signed-into-law/.

"两手对华"既是美国同中国打交道的一贯招数,也是拜登政府谋求"从实力地位出发"对中国遏压的举措,反映出美国既缺乏与中国"谈"的诚意,也缺乏对中国"打"的底气。

(二) 拉拢盟友,推进遏华"价值观外交"

随着拜登亚洲行的结束,以美国国务卿布林肯演讲为标志,拜登政府对华政策宣示落地。尽管布林肯在演讲中强调"我们不希望看到(中美)冲突或者一场新冷战,与之相反,我们决心不让他们发生",[①] 然而毫无疑问,美国朝野上下已经形成战略共识,"中国是美国全球霸权的最大威胁"。即使在俄罗斯对乌克兰采取"特别军事行动"的情况下,美国仍然将中国作为"最主要对手",突出"共同利益""共同威胁",强调"集体行动",加强与盟友之间的磋商,深入推进以"印太战略"为核心的对华遏制战略。

一方面,美国高度重视整合盟友和伙伴关系网络。在外交领域,为实现"塑造中国战略环境"的目标,美国不断与盟国和伙伴国展开战略协调,推动其追随美国对华竞争战略。美方为此渲染各种"中国威胁论",尤其利用乌克兰危机产生的心理冲击,通过双边和多边峰会、联合声明、各领域和各层级对话等多种形式,与日本、澳大利亚、英国、欧盟和北约盟国及伙伴国协调从大战略到具体问题上的对华立场,持续利用涉台、涉港、涉疆等问题插手和干涉中国内政。美国还联手盟友抵制北京冬奥会,围绕太平洋岛国与中国展开外交争夺,利用美国 – 东盟峰会、美洲峰会等拉拢和施压相关国家对华强硬,甚至利用自然灾害和有关国家政局动荡之机,干扰和破坏一些向来与中国友好国家的对华政策。经济和科技领域,这也是美国对华重点竞争的领域。经济上,拜登政府启动并扩大以排华为目的的"印太经济框架",试图掌控在区域经济合作、关键技术和商品供应链、数字贸易和规则制定、清洁能源和技术等领域的主导权,继而获得对华竞争优势。同时,美国利用乌克兰

---

① "Biden's Grand China Strategy: Eloquent but Inadequate", https://www.cfr.org/in-brief/biden-china-blinken-speech-policy-grand-strategy.

危机，以意识形态包装地缘经济，强化与欧、亚盟友及伙伴的地缘经济联盟。美英启动"关于印太地区的高级别磋商"，美欧建立关于"中国问题"的双边对话机制。在数字和新技术领域上，美国落实"小院高墙"和泛化国家安全的策略，利用强化出口管制、单边制裁、制定相关国内法，构建科技排华小圈子，施压盟友配合其对华出口管制等方式，建立跨大西洋和亚太两大"技术民主同盟"，围绕数字经济和人工智能领域的规则与标准制定、5G部署、数字基础设施建设、半导体等关键部件和材料供应链等开展"去中国化"合作。重点在半导体领域对华出重手，打造"技术十二国"联盟，① 剑指中国高科技和军队的现代化，意图在高科技领域对华"脱钩断链"，维持美国科技和军事霸权。在军事安全领域，扩大美日印澳"四国机制"的覆盖领域，借口对华竞争和台海局势，加快相关军事部署和调整节奏，提升与亚太域内盟伴的安全军事关系。同时，加大国防预算投入，与盟友在核武器和超高速武器等领域展开联合研发，试图借此构建对华军事优势。② 美国借乌克兰危机，打通北约和亚太两个同盟板块，既促使北约对接遏华使命，又升级原本相对松散的亚太同盟关系，使之"北约化"。

另一方面，美国大打"民主牌"和"人权牌"。拜登政府不断高调推行"价值观外交"，对内提振民众对于美国民主的信心，对外恢复盟友和伙伴对美国的信任。白宫发布的《临时国家安全战略方针》指出，"我们坚信民主是自由、繁荣、和平和尊严的关键。我们现在必须清楚地表明民主仍然能够为我们的人民和全世界的人民带来益处"。③ 拜登表示，"我们将重建更好的经济基础；恢复我们在国际机构中的地位；在国内提升我们的价值观，在世界

---

① "Center for Strategic and International Studies. Toward a T12: Putting Allied Technology Cooperation into Practice", https://www.csis.org/analysis/toward-t12-putting-allied-technology-cooperation-practice.

② 中国现代国际关系研究院：《国家战略与安全形势评估（2022/2023）》，北京：时事出版社2022年版，第72—74页。

③ "The White House. Interim National Security Strategic Guidance", https://www.whitehouse.gov/briefing-room/statements-releases/2021/03/03/interim-national-security-strategic-guidance.

各地大声疾呼捍卫这些价值观"。① 正是国内政治的压力和加强盟友伙伴凝聚力的需要，拜登政府高唱民主、自由和人权之调，联合盟友对中国进行制裁，以所谓新疆、香港"人权问题"引发中欧对抗，将"人权问题"与贸易、技术挂钩制约中国发展，对华政策带有强烈的意识形态色彩。同时，美国还通过联合军事行动、政治外交等将盟友的外交政策与美国对华战略绑定。联合欧洲国家举行所谓"南海自由航行"，强化在中国周边国家的军事存在，在国际组织中联合盟友对中国发难。意识形态已然成为美国拉拢盟友一致对华的"集合号"。

（三）借助伪多边主义，对冲中国影响力

"重返多边"是拜登政府执政首年对外政策调整的重要内容。美国不仅高调重返《巴黎协定》和世界卫生组织，政府高官更借各种场合宣扬其多边主义主张。拜登政府之所以这样有选择地回归多边体系，既为修复特朗普时期受损的国际形象，重振美国影响力，更为筹谋美国主导的国际规则，重新抢占在多边领域的话语权和领导权，阻止中国在国际事务特别是全球治理领域里替代美国"填补真空"。美国国务卿布林肯表示，西方将捍卫"以国际规则为基础的秩序"，"要确保中国遵守这种秩序"。

拜登政府所推行的多边主义外交理念，其实质是拉帮结派，维护美国及其追随者的小集团利益，却反而屡屡批评中国"破坏规则"。这是一种"伪多边主义"，具体表现为：一是"小圈子的多边主义"。重弹冷战时期价值观之争的老调，通过打造各式"小圈子"搞意识形态对抗。拜登上台后，有意在国际关系中搞"民主对威权"的阵营划分，举办所谓"全球民主峰会"，召集所谓"志同道合的伙伴国家"组建"民主同盟"，与中俄等"权威国家"竞争。二是"有选择性的多边主义"。打着"规则"旗号破坏多边体系，制造对抗和分裂。拜登政府推动世界贸易组织改革，且重新向世贸组织仲裁机

---

① "Joseph R Biden, JI. Interim Nationnl Strategy Strategic Guidance", https://www.whitehouse.gov/wp-content/uploads/2021/03/NSC-lv2.pdf.

构派遣法官，目的就在于强化美国的规则主导权。三是"本国优先的多边主义"。漠视国际责任担当，仍然固守"美国优先""双重标准"的霸权逻辑。拜登上台后，美国迅速重返特朗普退出的有关国际机构，以展示所谓"全球领导力"，但未有任何建树。

更为重要的是，拜登政府上台后，强化"四国机制"作为"印太战略"重要支柱、关键抓手的定位，并驱动美日印澳四国围绕合作机制升级、合作对象扩容和战略议题拓展而积极互动，使得"QUAD+"模式逐渐丰富。同时，还新建或强化与"四国机制"相互交叉衔接的相关多边同盟架构，[①]如"美英澳三国联盟""五眼联盟"等，以此作为促进"四国机制"作用发挥的补充和配合手段。相较于特朗普时期，拜登政府更注重发挥"四国机制"在印太空间形成制度制衡，以及重视对华的结构性权力的争夺。

二、美国"印太战略"对中国周边安全态势的影响

美国"印太战略"是影响中国周边安全局势的最重要因素。拜登政府对华战略延续了特朗普政府的取向，将中国定性为"最严峻的竞争者"，主张从"实力地位"出发，构建美国印太秩序，与中国展开全面持久的竞争。为达目的，美国一方面，调兵遣将，强化军事存在；另一方面，打造盟友圈，重塑印太经贸规则，孤立、制衡中国，这一系列组合拳使得中美关系的竞争性、对抗性被持续放大，对中国周边安全态势产生了深远的影响。

（一）构建美国印太秩序，布局遏制中国关键节点

拜登政府上台后，处处追求"美国优先"，努力构建以美国为主导的印太秩序。美国"印太战略"的目标就是在印太地区构建一个以意识形态为旗帜、

---

① 冯传禄：《美日印澳四国机制发展现状与趋势》，见《印度洋地区发展报告（2022）》，北京：社会科学文献出版社2023年版，第104—107页。

以军事力量为后盾、以遏制围困中国为目标的政治、安全、经济和技术的地区网络体系。这一网络体系分为四个层次：第一层是美英澳"三国联盟"，这是一个由盎格鲁-撒克逊国家组建的军事联盟机制；第二层是美国正在推动的美日韩三边军事机制，目标是把美日和美韩两个双边军事同盟机制融为一体，形成针对中国的三边联合军事机制；第三层是美日印澳"四国机制"，这是一个以政治安全和经济技术为核心的机制，由印太地区的四大国组成，目标是协调统一这些国家的政治安全和经济技术政策，以此主导印太地区秩序的构建；第四层是美国－东盟机制，以价值观和南海安全为借口，企图在安全、经贸、技术方面阻隔中国。[1] 不难看出，美国正在积极塑造以自身为核心的印太秩序，在布局遏制中国的关键节点上下功夫。

第一，南海问题显著升温，成为地区热点问题。冷战结束后，南海局势总体稳定。但在美国政府宣布推行"印太战略"后，中国与越南、菲律宾等周边国家的岛屿主权与海洋权益争端日益成为美国纠集地区国家对抗中国的一个重要抓手。在南海问题上，拜登政府奉行以中国为目标的全面对抗政策。美国加快"盟友和伙伴关系"的布局步伐，以"四国机制""三国联盟"、美日同盟机制、美菲越三方协调"四轮驱动"的方式对中国进行战略围堵，大力推进南海问题军事化，在南海及周边地区强化军力部署，大搞各类军事演习和抵近侦察，蓄意加剧南海紧张局势。近年来，美军在南海"航行自由行动"的频率大大增加，方式也更具有对抗性，增大了中美两国在南海地区直接发生海空摩擦的风险。同时，拜登政府还积极炒作中国在南海地区的所谓"军事化"行动和中国在南海的"灰色地带"战略，认为中国通过在南海岛礁上部署攻防武器系统，使这些岛礁具有军事用途。攻击中国利用渔船、海警和海上民兵等民间和准军事组织的活动，"侵蚀"相关国家的主权和海洋权益，试图造成中国实际控制相关海域的既成事实。伴随美国在南海与台海问题上的联动炒作，南海北部的军事安全风险在急剧升高，美军在海南岛、西

---

[1] 邹治波、肖河：《大国博弈和地缘冲突中的全球政治安全》，见《全球政治与安全报告（2023）》，北京：社会科学文献出版社2023年版，第2—3页。

沙群岛和巴士海峡间的三角区域形成了常态化存在，给地区局势带来了更多的不确定性。①

第二，台海出现新一轮紧张局势，未来走向不容乐观。拜登政府在台湾问题上动作频频，不断歪曲、虚化、掏空一个中国原则。一是大幅放宽与台官方交往约束。"佩洛西窜访台湾事件"影响恶劣，严重侵犯中国主权，破坏台海和平稳定。② 二是持续扩大对台军售。拜登上台以来已发起多次对台军售，军备数量和效能均大幅提高，同时致力于在台海地区和第一岛链强化对华军事威慑。三是炮制各种涉台法案，挑战中美建交基础。美国炮制的"2022年台湾政策法案"危害极大，谋求从根本上改变台湾地区的法律地位，制造事实上的"一中一台"。③ 四是持续推动台湾问题的"国际化"。利用联盟体系干预台湾问题，支持台湾拓展所谓的"国际空间"、散布"台湾地位未定论"。五是大打"经济牌"。怂恿台湾在经济上与大陆"脱钩断链"，减少两岸经济合作，特别是对科技领域合作进行限制。

第三，中国与周边有关国家关系进入深度调整阶段，形势复杂。拜登政府对华政策虽然表面上强调"竞争 合作 共处"三分法，提出"四不一无意"，④ 但在实际行动上，美国对华是不断强化战略遏制和打击，谋求"拉帮结派"围堵、制衡中国，企图迫使中国周边国家"选边站"，"亲美远中""联美制华"，使中国与周边国家矛盾升级，合作减退。对日本，美国积极支持其发展军事力量，突破和平宪法，充当制衡中国的"东亚之锚"。尽管美国对日本政府的历史修正主义史观保持一定程度的警觉，但在面对中国崛起和"挑战"面前，美国政府还是选择积极支持日本修宪努力，支持其解禁集体自

---

① 《前所未有！美军机对华抵近侦察，刷新三项纪录》，https://mr.mbd.baidu.com/r/18o6jTTXEoo? f = cp&u = c7f0ea1a111fddba。

② 《国际社会严厉批评佩洛西窜访用心险恶 坚定支持中方反制措施》，载《人民日报》2022年8月8日。

③ "Wesley Rahn. How does the US Support Taiwan Militarily?"，https://www.dw.com/en/how-does-the-us-support-taiwan-militarily/a-62711617.

④ 王雷：《中国周边安全形势评估（2021—2022）》，《全球政治与安全报告（2023）》，北京：社会科学文献出版社2023年版，第29页。

卫权以便为美国提供军事支持。同时，美日通过升级同盟军事关系进一步加强两国军事安全合作，增加日本向包括美国在内的第三方提供军事支持的条款。① 美日军事同盟关系的升级，为日本向"遭受武力攻击的"美国及与日本关系密切的周边国家提供军事支持（包括武力的使用）打开了绿灯。拜登执政后，继续大力支持日本提升防务能力，让日本为美国在印太的防务与安全分担责任，应对"中国挑战"。对印度，美国鼓励印度"向东看"和"向东干"，通过印度制衡中国。美国鼓励印度"关注"南海问题，将触角伸向东南亚和东亚，以借印度牵制中国；通过加强美印安全防务关系，提升印度海空军事能力，以借印度海上力量对中国的海上交通线、商业与能源生命线构成侧翼安全威胁；通过提升印度大国地位、鼓励印度大国抱负，以激起亚洲两个发展中大国"同室操戈"，达到"以印制华"。虽然印度素有"不结盟"外交传统，也注意避免与美国在反华问题上走得太近，但不可否认的是，近年来中印关系因领土纠纷、海洋问题乃至地区经济与安全倡议博弈而出现了某种裂痕，若处理不慎，极易被外部加以利用，对中国的周边安全环境产生不利影响。对韩国，美国部署"萨德"系统，加剧朝鲜半岛紧张局势升级。"萨德"系统具有强大的搜索、监视和探测能力，该系统部署在韩国，无疑对中国广阔地区构成战略威胁，损害中国的战略安全利益。同时，拜登上台后，不仅对朝鲜进行新一轮的制裁，而且加大对朝鲜的遏制力度，加剧朝鲜半岛紧张局势。基于朝鲜是中国的近邻，一旦朝鲜半岛生乱、生战，中国首当其冲，经济与安全利益将会受到严重损害。

（二）打造盟友圈，引发中国周边安全新态势

拜登政府执政后，不仅继承前任政府的"战略重心东移"，而且将"印太战略"升级为美国对外顶层战略。近年来，美国不断"拉帮结派"推进印太军事化，围堵、遏制中国，使得中美战略竞争进一步加剧，地区热点争端持续发酵。美国政府在其公布的《美国印太战略框架》部分解密内容中明确指

---

① 韦宗友:《美国印太安全布局研究》，上海：复旦大学出版社 2021 年版，第 288—292 页。

出，保持美国在印太地区的战略主导地位，阻止中国在该地区拓展影响力及势力范围是美国当前面临的主要安全挑战之一。美国必须在安全问题上拉拢印度，对抗中国在南亚、东南亚的影响力。① 对此，美国在经营同盟体系上有三个重点：一是促进同盟体系升级转型，强化美国领导力；二是以价值观为黏合剂，整合盟友和伙伴力量；三是构建"民主科技联盟"，抢占对华长期战略竞争高地。② 不难看出，美国纠集所谓"印太同盟"，打造、扩充盟友圈，在中国周边多个方向持续发力，多处点火，极大地影响着中国周边地区的安全与稳定，引发中国周边安全出现紧张新态势，成为地区最突出的风险隐患。

在东北亚方向，美国通过与日韩举行"2+2"会谈、G7峰会等，重塑美日韩三边关系，试图把美日与美韩两个分散的同盟拼凑成"东北亚铁三角"，从而构建一个专门针对中国的美日韩同盟。伴随美国大力拼凑"反华同盟"，日本政府对华关系开始释放"求稳"与"强硬"双重信号，一边希望对华关系能够大体"维持现状"，另一边积极配合美国对华展示强硬政策。受此影响，中日两国围绕涉华内政、钓鱼岛争端、经济科技合作、印太地区秩序、国际规制构建等问题的矛盾再次凸显。③ 中韩关系本来发展顺利，两国高层互动频繁，双方就加强经济、人文等领域交流合作达成多项共识。但随着美国加快推进"印太战略"，诱逼韩国"选边站队"，中韩在"萨德三不政策""芯片四方联盟""美日韩安全合作"问题上的矛盾开始显现。④ 虽然韩国强调，要加强对华沟通、注重发展对华互惠关系，但中韩关系能否顺利发展，取决于双方能否妥善解决分歧，以及韩国能否在中美间保持平衡。

在东南亚方向，美国正运用多种手段拉拢东盟国家。拜登政府高官频繁访问东盟国家，其政策发力点主要体现在三个方面：在安全领域，美国大力

---

① "U. S. Strategic Framework for the Indo-Pacific", https：//trump white house. archives. gov/wp-content/uploads/2021/Ol/IPS-Final-Declass. pdf.

② 中国国际问题研究院：《国际形势和中国外交蓝皮书（2021/2022）》，北京：世界知识出版社2022年版，第10—12页。

③ 卢昊：《日美首脑会谈：日美战略互动与中日关系走向》，载《世界知识》2021年第9期。

④ "Kang Seung woo. Chip4, '3 Nos' Complicate Korea-China Ties", The Korea Times, https：//www. korestimes. co. kr/www/nation/2022/08/120_333789. html.

渲染"中国威胁论",意图将南海问题当成美国加强与东南亚国家安全合作的重要"抓手"。同时,通过"QUAD+"模式将新加坡、越南等国纳入印太机制,意图打造地区安全合作新架构。且通过发展美国-湄公河伙伴关系,对冲澜湄合作机制。① 在经济领域,希望把新加坡打造成投资东南亚的"桥头堡",旨在通过与新加坡的经济、科技合作带动与其他东南亚国家的关系进一步提升。在教育、环保领域,注重综合发力,意在重新收复民心、重塑地区影响力。② 美国频繁派遣高官访问,举办美国-东盟峰会,强化地区存在感,拉近与东盟国家的关系。然而,随着各方势力激烈角逐,东盟国家的外交政策也在发生微妙变化,增强战略自主性、追求务实合作仍是核心诉求,但面临"选边站队"的压力加大。

在南亚方向,随着中印矛盾的增加,美日印澳"四国机制"正在越走越近、越走越实。拜登上台后,很快推动了"四国机制"的升级。这是美国力图以价值观为导向,构建应对中国的印太"朋友圈",打造基于安全战略为中心的新战略联盟,与中国进行战略竞争。虽然美国总统国家安全事务助理沙利文在白宫记者会上表示,"四国机制"既不是军事同盟,也不是"印太版北约",但事实上,它通过"QUAD+"等模式推进与中国近邻的合作,以增强在中国周边的政治、军事、经济影响力,对中国的负面影响将持续存在。未来"四国机制"也可能吸纳更多的伙伴参与,就不同的议题形成不同的组合。美国前副国务卿斯蒂芬·比根曾表示,"四国机制"并不排外,希望吸引更多"印太"地区甚至全球的伙伴,为共同的事业而努力,最终形成一个更结构化的模式结合在一起。③ 美国打造"四国机制"的根本目的就在于遏制中国。

---

① 王雷:《中国周边安全形势评估(2021—2022)》,见《全球政治与安全报告(2023)》,北京:社会科学文献出版社2023年版,第21页。

② "Ichard Javad Heydarian. After Dragging its Heels, the Biden Administration Finally Embarks on Southeast Asia Charm Offensive", The Japan Times, https://www.japantimes.co.jp/opinion/2021/09/01/commentary/world-commentary/biden-southeast-asia-diplomacy-2/9.

③ "Ralph A. Cossa and Brad Glosserman. Regional Overview: An "Alliance of Democracies": Is There Any There There?", http://cc.pacforum.org/wp-content/uploads/2020/09/OI-Regional-Overview.pdf.

目前，印度和美国在南亚和印度洋联手制衡中国的倾向日趋明显。随着美国"印太战略"的持续深入，南亚小国为了"规避风险"，对外政策机会主义偏好也明显增多。

在中亚方向，一些国家的不稳定因素开始增多。随着地区安全形势呈现紧张、冲突、动荡增多的新特征，① 美国对中亚事务的介入力度也在加大。尤其是自阿富汗撤军后，美国再次向中亚五国提出驻军请求。②

不仅如此，在台海问题上，美国不断拉拢日本，与英澳组成"三国联盟"，鼓动英国、法国、加拿大派军舰穿航台湾海峡，要求德国派军舰在台湾附近参加美国主导的联合军演。美国还鼓励它的欧洲盟国围绕台湾问题不断进行政治操弄，推动这些盟国把自己的军事、政治资源调配到台海一线，集中力量共同对抗中国。③ 目前，美国正在持续加大台海的军事施压力度，美国军舰频繁穿航台湾海峡，美国军机经常进入台湾北部或西南部空域，还数次派遣运输机等降落台湾岛，不断试探中国政府"可接受的界限"。

"重新激活"盟友关系和实现盟友体系"现代化"是拜登政府对外政策的重要目标。拜登政府希望借此与盟友建立共同制华阵线，形成共同愿景，而盟友的支持也是美国称霸全球的战略工具。美西方多国在军力投射、地缘政治以及规则制定等方面密切协调，以加强合作与配合。拜登表示，应对中国挑战最有效的方法就是建立盟国和伙伴的统一战线。④ 拜登政府的竞争性对华政策不会改变，美国将持续强化与盟友和伙伴的合作，联合盟友制衡和打压中国。

---

① 张宁：《中亚五国元首峰会与区域一体化新动向》，载《世界知识》2022 年第 16 期。

② "Ateet Sharma. Russia Wants Central Asian Countries not to Hold Joint Military Exercises with US", India Narrative, https://www.indiannarrative.com/world-news/Russia-wants-central-asian-countries-not-to-hold-joint-military-exercises-with-us-41451.html.

③ 《回望 2021：中美博弈下的台海危局与变数（两岸观察）》，国际在线，2021 年 12 月 28 日，http://news.en.cn/20211228/95fbe485-7ab3-d475-35dc-d5c6df715546.html.

④ "Joseph R Biden, Jr. Why America Must Lead Again: Rescuing U.S. Foreign Policy after Trump", Foreign Affairs, https://www.foreignaffairs.com/articles/united-states/2020-01-23/why-america-must-lead-again.

（三）凸显美国存在，弱化中国区域安全机制

印太是全球最具活力的地区，维护区域和平、促进共同发展是地区各国的普遍呼声。在当前的印太格局中，美国是首要行为者，中国是关键行为者。但伴随美国"印太战略"的持续推进，美国不断突出存在感、影响力，挑拨地区对抗，制造阵营对立，正在成为区域和平稳定的最大破坏因素，[①] 必定会对中国已经参与并构建的区域安全合作机制带来诸多负面冲击。

在政治安全方面，美国一直试图把多边安全机制与同盟体系结合起来，最大限度地发挥主导作用，威慑中国的区域安全机制。同时，还通过在亚太经合组织、东盟地区论坛、东北亚安全合作对话等多边对话机制中扮演积极角色，谋求实现双边与多边相结合的预防危机型合作联盟，将防范矛头直指中国。而中国参与和推动的区域安全合作机制，主要是由围绕中国周边的东南亚和东北亚两个次区域合作体系构成的，其基础是共同利益、新安全观和亚洲安全观等。在东南亚，中国在同东盟发展"10+1"合作的基础上，积极推动"10+3"合作。在东北亚，由于存在明显的地区安全困境，如朝核问题，故中国力主把多边主义和建立多边安全机制应用于朝鲜半岛的冲突解决中。[②] 然而，随着美国"印太战略"的深入发展，其所主导的"四国机制"正在不断升级，特别是在政治安全方面，势必会对中国区域安全机制带来消极影响。

在经济安全方面，为了在印太地区安全机制构建中抢占先机，美国积极提出多边制度倡议，以凸显美国优势以及主导地位。美国现已形成相对清晰的印太多边制度设想。美国的设想是：在巩固美国与亚太盟友关系的同时，激活 APEC 这一"老制度"，参与东亚峰会（EAS）这个"新制度"，倡设

[①] 《王毅谈2021年中国外交：推动周边国家共建美好家园，共护地区安宁》，环球网，2021年12月20日，https://world.huanqiu.com/article/4641Mc7bblF。

[②] 祁怀高：《新中国70年周边多边外交的历程、特点与挑战》，载《世界经济与政治》2019年第6期。

"湄公河下游行动计划"等多种"小制度"。原本 EAS 是"第一个在东亚地区没有美国参与的合作机制"。但经过不懈地努力，虽然在地理上并非东亚国家，美国最终还是如愿以偿地以成员国的身份参加了 EAS，并成为 EAS 的正式成员国。虽然当前中国已经参与了亚太经合组织、东亚峰会、东盟"10+3"等印太地区经济安全合作机制，且推动构建了中国-东盟自贸区（CAFTA，简称"10+1"）以及签署了《区域全面经济伙伴关系协定》等，但伴随美国"印太战略"的不断推进，特别是"印太经济框架"的正式启动，势必会对中国已经参与且构建的区域经济安全机制产生消极影响，并对中国"一带一路"倡议构成新挑战。

虽然美国"印太战略"的安全布局也会面临一系列挑战，但美国业已推进的安全布局，连同这一布局背后的整体战略部署，已然对中国的周边安全态势产生了较大影响。同时，如果未来中美关系进一步恶化，必然加大周边国家选择的困境。在美国"印太战略"的影响下，周边国家会积极谋求利益的最大化，在中美之间"左右逢源"，不断调整内外政策、对外战略，这将不利于中国周边安全环境的稳定。中国周边安全态势正在呈现出新的变化、新的张力和新的势能。其特征主要表现为：一是中美战略竞争导致中国周边安全态势更趋复杂、变数加大；二是周边大国关系进入深度调整期，竞争、合作、对抗相互叠加，走向错综复杂；三是周边中小国家谋求增强战略自主性，致力于在大国竞争中保持平衡，以灵活多变的政策适应变局；四是随着中国周边形势的更趋复杂，中国塑造周边安全环境的能力明显受到限制。

（四）重塑印太经贸规则，制约中国经济发展

美国认为，长期贸易赤字是美国经济走下坡路的罪魁祸首，印太国家特别是中国利用美国市场发展了自己，而美国却成为贸易失败者。美国处理经贸问题重心应是正面阻击不公平贸易，美国需要保护自己的市场。拜登政府强调，有规则的国际秩序是重要且必要的，只有深度参与并牢牢掌握规则制定权才能维护并拓展美国利益。因此，在"印太战略"中，美国积极重塑印太区域经贸规则，新的高标准规则把中国排除在外，或者中国后面加入就必

然提高中国经济发展的成本,即在所谓的同一标准下进行竞争,这势必对中国经济的发展构成挑战。

在经贸和科技领域,相对于特朗普时期动辄以"脱钩"相威胁,拜登政府奉行的政策实际上是以中美脱钩为目标。美国作为既有的国际分工的最大受益者,必须遏制住中国快速发展的势头,才能维护其原有的优势地位,继续保障自身利益的最大化,这是维护美国霸权的经济基础。① 美国参众两院开展协商并通过的"两党创新法案",对华"竞争"指向明确,涉及领域广,计划拨款多,为近年来形形色色的各类涉华消极法案之首,试图把对华"战略竞争"框架化和制度化。不仅如此,拜登政府还十分关注产业链和价值链的安全化问题,推出以贸易、供应链、清洁能源和税收为基本支柱的"印太经济框架"。其中贸易议题由美国贸易谈判代表办公室负责,首要任务是确定排斥中国的数字经济规则;弹性供应链议题则由美国商务部负责。美国计划提高关键领域产品的"可溯源性"(Traceability),并实现"多元化"(Diversification)。② 所谓可溯源性是旨在确保中间产品在生产环节中符合美国标准,所谓多元化实际上是要摆脱对中国产品的依赖。两者目标是要从价值链和供应链中实现"去中国化"。作为美国试图建立的机制性安排,"印太经济框架"本质上是美国"印太战略"的经济内容,是美国与中国在印太展开地缘经济竞争的工具,其核心是打造排挤中国的"供应链同盟"。特别是在关键技术和产品领域建立排斥中国的供应链和产业链;打造阻隔中国的"技术同盟",实行技术管制以防止高新技术向中国转移;制定贸易、数字、能源与环保等关键领域的规则和标准。它的目的是服务于建立排斥、孤立中国的印太经济秩序这一根本战略。③

---

① 陈子烨、李滨:《中国摆脱依附式发展与中美贸易冲突根源》,载《世界经济与政治》2020 年第 3 期。

② 叶海林:《美国"印太战略"的逻辑缺陷与中国的应对》,载《印度洋经济体研究》2022 年第 5 期。

③ 中国国际问题研究院:《国际形势和中国外交蓝皮书(2022/2023)》,北京:世界知识出版社 2023 年版,第 322 页。

当前，在美国"印太战略"影响下，国际经贸呈现的特点是：美国不断推进"印太经济框架"，积极与主要贸易伙伴谈判签署双边贸易协定，使得国际贸易正在从基于WTO的多边贸易协议，向基于自由贸易协定（FTA）的双边协定转型。以FTA为底色的自贸协议，对原产地的诸多要求越发苛刻，而且FTA对合约各方的责权利都具有强约束力，这导致传统多边贸易协定下的转口贸易等很难走通，势必阻碍中国经济的发展。

三、中国的应对之策

美国政府积极推行"印太战略"既定部署，制华遏华政策正在稳步推进。而大多中国周边国家，或为谋求自身利益顺势加入美方阵营，或犹豫观望，随事态发展变化而行。中国周边安全态势充满诸多不确定性，面临着严重挑战，且这种挑战具有长期性。归根到底，美国才是中国承受周边安全压力的真正来源。因此，鉴于中美关系的复杂性，中国应审时度势，抓住机遇，立足于和平与发展的根本战略目标，积极进行全方位的有效应对。

（一）坚持有理有利有节斗争，妥善应对美国挑战

中美关系是世界上最重要的双边关系，不仅关乎中美两国，也关乎整个世界的未来。拜登政府自执政以来，延续并升级特朗普政府的"印太战略"，推行全方位遏制中国的政策，致使中美关系继续陷于困难境地。因此，面对美国"印太战略"不断深化，中国应坚持有理有利有节地斗争，争取在复杂、变动的环境中更好地维护和发展中国的国家利益，妥善应对美国战略的挑战。

第一，努力维护中美关系总体稳定，避免中美关系滑向"新冷战"。中美关系的发展虽然有过波折，甚至几度陷入危局，但总体维持了较为健康、稳定的局面，这为中国改革开放争取了极为有利的外部环境。一旦中美关系出现严重恶化或倒退，甚至进入"新冷战"，无疑会对中国的改革开放进程产生深远影响，也将对中国经济发展造成严重冲击。因此，中国始终秉持"协调、

合作、稳定"的基调，努力构建"不冲突、不对抗，相互尊重，合作共赢"的中美新型大国关系，积极塑造中美两国关系发展的正确方向，彰显了中国特色大国外交的新内涵。

第二，努力塑造"窗口期"的美国对华态度与政策。当前，美国对华疑虑和焦虑主要包括两个方面，即因为中美实力的接近而出现的崛起国和霸权国的权力转移困境以及对中国挑战美国意图的怀疑和忧虑。对此，中国可以通过言与行，缓解美国对华战略疑虑。一是继续向美方申明，中国无意与美国争夺霸权，无意取代美国领导地位，中国欢迎美国继续在印太地区发挥建设性作用。二是在国内政策方面，继续大力推进改革开放，让市场在资源配置中发挥主导作用，以事实消除美西方对中国改革开放的误解或曲解。三是在"一带一路"推进过程中，要注意风险和效果，稳步发展。同时，寻求与美国、日本等国企业在具体项目上的合作，化阻力为动力。四是在南海等海洋争端问题上，在坚持原则的前提下，展示策略的灵活性。

第三，妥善应对美国对华"攻势"，切实维护自身利益。在美国政府加紧"印太战略"布局的背景下，中国一是既要坚持"底线思维"，又要具有"战略视野"。① "底线思维"就是在涉及国家领土主权、根本政治制度及国家重大安全方面，坚定捍卫，绝不含糊。"战略视野"则是要将当前的挑战与美国对华"攻势"放在中华民族伟大复兴的目标下全面审视。二是对美方的无理要求和试探，要做出坚定回应，展示中国捍卫自身利益的坚强决心。中国应坚持在联合国框架内，依托现有的国际规则和国际机制，保持在特定议题上的一贯性，以可置信的大国姿态和美国打交道。② 三是坚持有理有利有节的斗争。在维护我国的合法利益时，无论是"底线思维"下对原则的捍卫，还是策略性地回击对方的试探与无理要求，都应该坚持有理有利有节的斗争。

---

① 韦宗友：《美国印太安全布局研究》，上海：复旦大学出版社2021年版，第313—317页。
② 叶海林：《美国"印太战略"的逻辑缺陷与中国的应对》，载《印度洋经济体研究》2022年第5期。

应对美国"印太战略",中国还应不局限于周边,中国战略视野需要着眼于全球范围。中国在注重周边的同时,需要进一步加强与区域外的国家广泛发展政治经济关系,通过迂回战略破解区域内的不利环境,对冲周边压力。

(二) 加强睦邻友好合作关系,维持稳定周边环境

中国要始终坚持亲诚惠容和与邻为善、以邻为伴的周边外交方针,深化同周边国家友好互信和利益融合,与周边国家共同维护地区发展与稳定,为周边地区和平发展注入新的动力。

在东北亚地区,中国要与朝鲜、韩国、蒙古等邻国继续保持良好的双边关系发展势头,使其成为地区稳定的积极因素。同时,要积极改善中日关系。一是加强两国高层互动,推动中日关系向前发展。二是拓展两国经济合作,深化中日经贸关系。三是推进两国科技和人文交流,夯实两国关系的民间基础。[①] 四是加强两国防务部门的对话和交流,建立危机管控机制。

在南亚地区,虽然中印关系因为印度对华强硬政策出现波折,但中国与印度要继续保持对话,有效管控边境地区局部摩擦,共同改善和发展两国关系。一是加强两国的经贸合作。面对美国的"印太经济框架"计划,中国更需要开拓包括印度在内的第三方市场,而中印两国经济发展水平的相似性为两国进一步加强经贸合作提供了广阔空间。二是管控边界分歧,防止发生擦枪走火事件。要建立边防部门和两国防务部门的定期军事沟通机制,对出现的问题和矛盾进行及时沟通和交流,防止误判和事态升级。三是探寻两国在印太基础设施建设方面进行合作的可能性。在美国政府抹黑、围堵中国"一带一路"倡议的背景下,中国可以考虑加强与印度的接触,通过中国在东盟基础设施方面取得的进展向印度展示两国合作的可能性。不仅如此,中国还要与其他南亚国家加强沟通与合作,稳步推进双边关系。

---

① "Overseas Residents'Visit to Japan by Country, 2019", https://www.tourism.jp/en/tourism-database/stats/inbound/.

在东南亚地区，中国要与东南亚国家保持密切交往，不断加强发展战略对接，保持战略定力，区分战略利益和经济利益，推动外交手段多元化，促进政治合作机制不断升级。特别是要进一步加强中国与东盟的密切关系。实际上，对于美国的"印太战略"，东盟颇感担忧和疑虑。对此，中国应该进一步加强与东盟的政治、经济乃至安全关系。政治上，中国要与东盟国家领导人进行更为频繁的多边和双边互动，增进政治友谊与政治互信。经济上，要与东盟进一步拓展合作，发挥好《区域全面经济伙伴关系协定》对域内经济发展的引领作用。安全上，中国要尽快与东盟国家就南海行为准则达成协议，为中国与东盟关系的全面发展扫清障碍。同时，与越南、菲律宾等南海争端的当事方探究建立海上危机管控机制，启动双边或三边油气勘探及渔业合作磋商机制，为南海问题降温。中国与东盟三十多年的合作历程表明，相互尊重、合作共赢、守望相助、包容互鉴的宝贵经验，为中国与东盟构建更加紧密的命运共同体提供了基本遵循，① 为共建和平、安全、繁荣和可持续发展的地区持续贡献力量。

在中亚地区，中国要继续与中亚五国在平等信任、相互尊重的战略伙伴关系基础上，保持高水平的政治互信，积极开展多层级政治外交互动。同时，要通过提升上海合作组织的作用，不断发展和巩固相互信任的合作机制，推进落实"一带一路"建设，探索内陆地区发展的新路径，开发内陆资源，借助欧亚大陆的陆上合作，统筹国内国外两种资源，将西部内陆开发与中亚合作相结合，让内陆成为带动中国发展的新引擎，让新疆成为西部合作的"核心区"，共同维护西北边疆的长久和平与安宁。中国与中亚五国建交以来，双方始终秉持着"相互尊重、平等协商、互谅互让"的原则，② 在涉及独立、主权、领土完整等重大国家利益问题上相互坚定支持，维护彼此的正当权益

---

① 《习近平出席并主持中国－东盟建立对话关系30周年纪念峰会 正式宣布建立中国东盟全面战略伙伴关系》，中国政府网，2021年11月22日，http：//www.gov.cn/xinwen/2021-ll/22/content_5652491.htm。

② 王超、王苑：《中国与中亚经贸合作持续深化》，光明网，2023年5月12日，https：//news.gmw.cn/2023－05/12/content_36555670.htm。

和战略利益，通过和平谈判彻底解决历史遗留的边界难题，将中国同中亚邻国 3000 多公里的共同边界打造成友好与合作的边界，为国家间和平解决领土问题树立了榜样。

在西亚地区，中国要遵循和突出"五位一体"的外交定位，与西亚国家不断巩固和深化政治关系，加快共建中阿命运共同体，进一步深化"全面合作、共同发展"的中阿战略合作关系，使之成为南南合作的样板。要在推进包括"一带一路"建设在内的中国与西亚国家之间诸多发展战略对接议题的过程中，把握好每一个环节，处理好每一处分寸，充分体现和落实"共商、共建、共享"的原则要求。要以积极的建设性姿态推动地区和平进程，以政治途径化解纷争，以外交手段弥合分歧，妥善处理地区热点事件，加强地区和平机制建设。要深化与西亚国家智库间的长效交流和合作机制，充分发挥智库的专业研究能力及民间外交的影响力。

在与太平洋岛国的关系上，中国要加强与太平洋岛国的高层政治交往，推进全面战略伙伴关系不断走向深入。要与太平洋岛国深化经贸务实合作，以菌草技术为中心，不断拓展对太平洋岛国的援助；以渔业合作为重点，加强与太平洋岛国的产业对接；以"一带一路"为契机，强化与太平洋岛国的经济技术合作；以岛国发展为己任，携手共建太平洋岛国基础设施；启动应急物资储备库项目，共同应对气候变化。要与太平洋岛国在人文交流上再上新台阶，助力太平洋岛国的可持续发展。太平洋岛国具有"小岛屿、大海洋"的特点，[1] 作为海上交通要道和枢纽，地缘重要性越发凸显。中国一定要注重与太平洋岛国在经济上的共同发展、和平发展、合作共赢，在政治、教育、文化等领域强化合作与交流，增强中国与太平洋岛国的友谊，助力太平洋岛国经济发展，共同构建中国-太平洋蓝色伙伴关系。[2]

中俄关系不断发展，稳步提升。中俄两国关系树立了当今世界大国关系

---

[1] 陈晓晨：《南太平洋地区主义：历史变迁的逻辑》，北京：社会科学文献出版社 2020 年版，第 17 页。

[2] 肖河：《中国特色大国外交（2021—2022）》，见《全球政治与安全报告（2023）》，北京：社会科学文献出版社 2023 年版，第 43 页。

的典范。① 同时，美国遏制中国和俄罗斯的政策，又为中俄加强战略协作提供了更多的可能。面对美国的"印太战略"，中国一是要继续将增进政治互信置于中俄两国关系首位。以政治互信为基石，坚持中俄睦邻友好与战略协作方针，相互支持对方的核心利益。二是坚持合作共赢推进务实合作。从长远考量，中俄经贸合作应由注重项目合作转为项目建设与规则对接双轮驱动，同时加大对新产业、新兴领域的投入，进一步深化农业、数字经济、电子商务、金融等新领域的发展，高质量推进共建"一带一路"与欧亚经济联盟对接，实现中俄之间更紧密的利益融通。② 三是以民心相通提升中俄友好的民意基础。四是深化战略协作共御风险挑战。中俄两国在相互关系方面始终保持独立，国家间关系非意识形态化；不结盟、不对抗、不针对第三国；平等互尊，睦邻友好；互利合作，利益均衡等。

周边是中国安身立命之所，发展繁荣之基。在有效应对美国"印太战略"、维护周边地区安全与稳定方面，中国必须要进一步提升外交能力，特别是要加强睦邻友好合作关系，发挥地区"稳定器"作用。但需要注意的是，经略中国周边，中美关系是关键。中国应该认识到，不论是澳大利亚、日本等美国铁杆盟友，还是印度等待机而动的实用主义、机会主义国家，抑或处于观望状态的东南亚国家，他们在中美两国之间游移的决定性因素都不是中国能给他们多少好处，而是中美双方谁在本地区的博弈当中占据上风。因此，在应对美国的印太联盟体系时，我们更应立足于实力运用的原则，首先发展好自己。

(三) 军事和非军事手段并用，抵御美国军事风险

美国正在形成并推行新作战样态的军事指导思想，即所谓"创新的美式战争模式"。美国新军事学说强调，"要采取军事和非军事手段并用的方式，

---

① 中国国际问题研究院：《国际形势和中国外交蓝皮书（2021/2022）》，北京：世界知识出版社2022年版，第234—235页。

② 《推动中俄经贸合作量质并进》，载《经济日报》2023年4月3日。

利用天电网空间配合传统的海陆空空间，超越前方和后方的边界，在敌方内部分裂势力的配合下，实现瓦解敌方政权的意图"。① 对于美国新的军事战略，我们必须未雨绸缪，因应而为。

  一方面，必须继续加强国防力量建设，打造一支能力卓越、作风过硬、装备精良高效的人民军队，坚决捍卫国家核心利益和祖国统一。"没有实力的国家在外交上是没有发言权的。"因此，我们"必须贯彻新时代党的强军思想，贯彻新时代军事战略方针，坚持党对人民军队的绝对领导",② 建设世界一流军队。一是突出重点方向，注重综合平衡，提高陆军综合作战能力。我国陆上武装力量的建设，要适应新的地缘安全形势，提高在边境地区反恐维稳、自卫反击作战及非战争军事行动的能力，提高配合海空军完成登岛作战能力及重点战略方向的应急作战能力，提高全域快速机动、快速突击、特种作战和随行保障能力，提高信息化条件下陆军作战的能力。二是立足军事斗争需要，着眼于国家利益的外延拓展，建设一支深蓝海军，提升海军各种条件下的作战能力。防范来自海上威胁是我国军事斗争的重点，海军及相关力量是军事斗争的主要力量。三是着眼于保卫国家领空安全，适应国家利益拓展需求，全面提升空军攻防能力。空中力量建设重点包括：空中进攻能力；防空作战能力；信息对抗能力；预警侦察能力和战略机动能力等方面。四是继续发展利用外层空间的能力。中国将秉持平等互利、和平利用、包容发展的理念，积极加强国际空间交流与合作，共同推进全人类和平探索利用太空。

  另一方面，坚持共同、综合、合作、可持续的安全观，通过对话、交流，持续推进和深化与周边国家的安全合作，维护地区和平稳定。一是加强多边安全合作，共建地区合作安全。同时，面对美国"印太战略"在中国周边地区制造分裂与对立，中国也要坚定表明维护地区安全稳定的态度，即"我们决不能允许任何域外国家在这一地区另起炉灶，破坏既有的区域合作架构和

---

① 叶海林：《美国"印太战略"的逻辑缺陷与中国的应对》，载《印度洋经济体研究》2022年第5期。
② 《党的二十大报告》，人民网，2022年10月26日，http://cpc.people.com.cn/GB/64162/448633/index.html。

一体化进程;我们决不能允许任何域外国家在这一地区挑起军备竞赛甚至核武器扩散,威胁印太的安全与稳定"。① 二是深化安全协作网络,共建地区综合安全。伴随美国"印太战略"的推进,当面对非传统安全挑战时,中国要与周边国家不断深化安全协作能力,共筑地区安全屏障。中国应与上海合作组织成员国不断加强合作;与西亚国家继续开展反恐和去极端化合作;不断加快与东盟的军事与安全交流步伐,积极参与东盟地区军事论坛等。三是坚持平等协商,共建地区共同安全。在美国"印太战略"的影响下,中国周边安全态势面临着复杂的情形,周边地区热点问题呈现零星爆发的特点。在周边热点问题上,中国不仅要与周边地区国家始终保持密切协调,而且要始终秉持解决热点问题的三原则。同时,中国每年还会定期出席亚洲安全大会(香格里拉对话会),推进双边甚至多边安全合作,为动荡变革的世界,特别是区域安全注入稳定性和正能量。

毋庸置疑,面对美国"印太战略"带来的安全威胁,我们必须综合运用国内一切资源,着力建设有效反击和应对的军事、非军事能力和机制。

(四)深化现有合作框架,推动更高水平对外开放

美国推出"印太经济框架",其意图就是希望通过拉拢盟友,塑造美国所需要的经济贸易秩序,试图"割裂"印太,确保其在印太地区中的领导权,分享印太地区经济发展的利益。② 因此,中国不仅应与周边国家坚持开放包容、合作共赢的发展之路,而且要在反对、抵制"印太经济框架"制华消极内容的同时,对其中某些积极因素秉持包容理念。积极参与地区贸易和投资自由化、便利化进程,深化既有的开放性地区合作框架,推动经贸领域良性竞争,加快进一步对外开放步伐,促进区域经济一体化,实现地区融合式

---

① 谢伏瞻:《中国与周边国家关系发展报告(2022)》,北京:社会科学文献出版社2022年版,第8—11页。
② 苏格:《世界大变局与新时代中国特色大国外交》,北京:世界知识出版社2020年版,第518页。

发展。

第一，共推发展对接，巩固地区多边经贸合作架构。目前，东亚已经形成了东亚峰会、亚太经合组织、东盟"10＋1"、"10＋3"等多种机制并行发展的良好局面。中国要应对美国"印太战略"，就需要加强和巩固已经建立的自由贸易区。中国可以致力于保持东亚峰会以及亚太经合组织的务虚性质，将其作为进行广泛的战略性对话的平台。同时，坚持东盟"10＋1"和"10＋3"机制的务实性质，积极、稳妥、扎实地推进各项合作。在主要的地区合作机制中，东盟"10＋1"、"10＋3"机制和东亚峰会、亚太经合组织之间可以形成"内核"与"保护带"的关系，使两者间的竞争关系更多地转化为互补关系。①

第二，共倡开放包容，推进高水平区域经济一体化。面对美国的"印太战略"，中国要做好与美国高科技合作脱钩的准备。美国对华战略的核心目标是防止中国进一步崛起，对华技术封锁是关键手段。在这方面，中美没有达成共识的可能性，美国未来必将继续加强对中国高科技的封锁，其实施手段将越来越不受现有国际机制的限制，也会越来越不受美国国内少数和中国利益关系密切的企业及集团的牵制。中国需要依托国内市场，构建"去美国化"的中国高技术产业链和价值链，同时争取与更多的国家和地区探索建立独立于美国的新的区域自由贸易合作网络。尽快启动中国东盟自贸区3.0建设等，从而争取更多的主动权，共同消除区域经济一体化障碍，为区域经济一体化注入新的活力。

第三，共享繁荣增长，高质量共建"一带一路"。"一带一路"是和平文明之路、开放繁荣之路、绿色创新之路，"一带一路"源于中国惠及世界，成为新时代推动全球发展合作特别是中国与周边国家和地区合作的机制化平台。因此，高质量共建"一带一路"，以构建新发展格局推动多边国际和地区合作，既可以有效应对美国的"印太战略"，又有助于中国与周边国家深化合

---

① 石源华等：《新中国周边外交史研究（1949—2019）》，北京：世界知识出版社2019年版，第490—491页。

作,打造地区利益共同体,共同维护地区和平与稳定。

无论从应对美国"印太战略"还是从中国自身经济发展来看,中国都需要进一步提升对外开放水平,需要更加积极主动地参与印太的经贸多边合作机制。中国加强、深化与周边国家的经济合作,有助于建立相互之间的信任,打造地区利益共同体,化解或减轻周边一些国家对中国的焦虑感,从而有效维护中国周边安全环境的和平与稳定。同时,经贸多边合作机制对于应对美国"印太战略"、化解地区紧张局势,消减美国联合制华效果,亦能起到积极作用。中国要坚持对外开放的基本国策,坚定奉行互利共赢的开放战略,不断以中国新发展为世界提供新机遇,推动建设开放型世界经济,更好惠及各国人民。①

面对美国"印太战略"的不断推进,我们一定要在保证自身经济发展、实力增长的基础上,以经济、文化为纽带加强睦邻友好,同时提升外交和军事实力,有理有利有节斗争,争取在复杂、动荡的周边环境中更好地维护和发展中国的国家利益。中美作为两个大国,应该对历史、对人民、对世界负责,成为世界和平的稳定源和共同发展的推进器。②

The Impact of the US "Indo-Pacific Strategy" on the Security Situation in China's Periphery

Liu Fei

Abstract:As the US "Indo-Pacific Strategy" continues to advance, the strategic competition between China and the United States is intensifying. In this strategy, the basic approach the United States takes towards China is to combine negotiation

---

① 《党的二十大报告》,人民网,2022年10月26日,http://cpc.people.com.cn/GB/64162/448633/index.html。

② 《习近平会见美国总统国家安全事务助理沙利文》,载《人民日报》2024年8月29日。

and confrontation, saying one thing while doing another in terms of suppressing China; rallying allies and promoting "values diplomacy" to contain China; and employing pseudo-multilateralism to counterbalance the rise of China's influence. The "Indo-Pacific Strategy" of the United States aims to construct an American order in the Indo-Pacific region, establish strategic footholds to contain China; to build an alliance circle, that triggers new security dynamics around China's periphery; to highlight the presence of the United States and weaken China's regional security mechanism; and to reshape the economic and trade rules in the Indo-Pacific region to restrict China's economic development. These efforts have led to significant changes in the security environment surrounding China. In response, China should adhere to a principled, advantageous and measured struggle, and properly deal with the challenges from the United States; strengthen friendly and cooperative relations with neighboring countries to maintain a stable surrounding environment; use both military and non-military means to resist the military risks from the United States; and deepen existing cooperation frameworks to promote higher-level opening up to the outside world.

Keywords: Indo-Pacific Strategy, United States, policy towards China, security situation in China's periphery

全球视野下的中国式现代化及其战略意涵

曹德军* 毛雅欣**

摘要：中国现代化进程经历百年奋斗，不仅实现综合国力的质变飞跃，更拓展了世界现代化版图，为人类文明进步提供了新路径。中国式现代化包括内向性的国力发展与外向性的国际发展两大部分。在内外现代化联动过程中，凝聚民族伟大复兴的感召力与影响力，需要理解中国式现代化五大全球意涵：其一，中国式现代化是实现"两个一百年"战略目标的必由之路；其二，中国式现代化是促进全球普惠发展的新型路径；其三，中国式现代化是全球治理的新型中国方案；其四，全球发展倡议与全球安全倡议是中国发展理念的延伸；其五，构建人类命运共同体是中国式现代化的国际责任。在"百年未有之大变局"的时代背景下，中国自主发展能力不断增强。以2035年为里程碑，中国式现代化将在国内与国际联动点上，促进中华民族伟大复兴的中国梦与人类命运共同体愿景深度交融。置身人类现代化进程的大坐标中观察中国式现代化进程，才能更全面理解富强中国对全球普惠的历史意义。

关键词：中国式现代化 两个一百年 中国方案 全球发展倡议 全球安全倡议

---

* 曹德军，中国人民大学国际关系学院副教授、硕士生导师。
** 毛雅欣，中国人民大学国际关系学院硕士研究生。

党的二十大会议开启了中国式现代化的新征程，进一步拓展了世界现代化的发展版图，为构建人类命运共同体提供了新路径。① 作为推动全球经济增长的重要引擎，中国发展为世界上其他国家发展繁荣提供重要借鉴。② 当今世界面临前所未有的巨大挑战，世界向何处去，人类怎么办，成为世界各国现代化的新时代之问。经过四十多年的改革开放，中国走出了一条独具特色的后发赶超之路；通过坚守内嵌式发展的"增量改进"，成长为全球治理体系的最大改革引领者。党的二十大报告提出，"中国式现代化为人类实现现代化提供了新的选择，中国共产党和中国人民为解决人类面临的共同问题提供更多更好的中国智慧、中国方案、中国力量"。实际上，中国式现代化不仅是内向性的国力发展，也是外向性的国际发展，在内外现代化联动过程中，凝聚起民族伟大复兴的感召力与影响力。

历经百年艰辛探索，中国式现代化道路是超大人口规模社会的第一次现代化，是共同富裕与物质精神协调发展的现代化，是人与自然和谐共生、国家与国家和平发展的现代化，为人类历史文明提供了新选择。中国式现代化包括内向性的国力发展与外向性的国际发展两大部分。将中国式现代化置于人类现代化进程的大坐标中，方可发现其独特的国际发展与全球治理意义。③ 从全球视野审视中国式现代化，不仅要看到这是惠及14亿国人的重大发展方案，也是推动全球治理体制变革的关键动力。因此深刻理解中国式现代化的全球意涵，将能更好为全人类提供国际发展与全球治理的中国方案。

一、中国式现代化是实现"两个一百年"战略目标的必由之路

中国式现代化是开启"第二个百年奋斗目标"的新征程的坚实思想支撑。

---

① 洪向华：《中国式现代化全面印证了中国道路的成功》，载《光明日报》2022年10月28日。
② 《中国式现代化为他国发展提供借鉴——访越南社会科学院中国研究所所长阮春强》，载《新华每日电讯》2022年10月28日。
③ 习近平：《习近平谈治国理政》（第二卷），北京：外文出版社2017年版，第448—449页。

在"百年未有之大变局"背景下，全球治理的中国时刻已然到来。拉长时间视野，中国式现代化的发展道路并非坦途，受到时代背景、国内政治与意识形态斗争等诸多因素影响，中国式现代化的发展速度不是匀质的，而是呈现波浪式交错发展的战略节奏。从历史进程上看，中国式现代化历经曲折却不断探索。正如二十大报告指出的那样，百年奋斗之路是自主探索开辟出来的新模式，是战胜困难和挑战开创的发展新天地。

在历史趋势方面，国际社会普遍看好2030年中国实现现代化的前景。前世界银行首席经济学家林毅夫认为，中国经济规模2030年将居世界之首。2030年以后中国相对于其他发达国家差距极大缩小，基本迈入发达国家行列，世界经济的主要中心转移到中国。① 著名咨询机构普华永道则预测，中国占世界GDP比重预计到2030年将成为世界最大经济体，所占全球经济份额上升到21%左右的峰值。② 与之类似，美国国家情报委员会曾经根据国内生产总值、人口规模、军费开支与科技实力这四个指标计算出一种全球权力指数（globalpowerindex）来刻画大国实力消长，该指标体系测算结果显示未来20—30年里中国将一枝独秀，成为世界权力增长最快的国家，到2030年中国将超越美国成为世界最有权力的国家。后来，美国国家情报委员会对权力指数进行了调整，新加入了健康、教育与治理能力三个指标，体系更加综合全面，而预测结果依然显示2040年将是中国成为全球第一大国的时间节点。③ 中国式现代化进程立足这些重要时间节点，形成一幅有层次的渐进发展路线图。

21世纪的世界正处于国际体系权力转型的十字路口，国际社会普遍预期全球格局将在2040—2050年被根本重塑。特别是新冠疫情危机下，中国崛起的速度正在加快。上述预测均认为，中国式现代化模式的成功实践，将在

---

① 林毅夫：《到2030年左右，中国会成为世界第一大经济体》，载《瞭望》2021年第15期。

② "TheWorldin2050"，https://www.pwc.com/gx/en/world-2050/assets/pwc-the-world-in-2050-full-report-feb-2017.pdf.［2017－02］.

③ US National Intelligence Council, *Global Trends* 2030: *Alternative Worlds*, 2012, p.16.

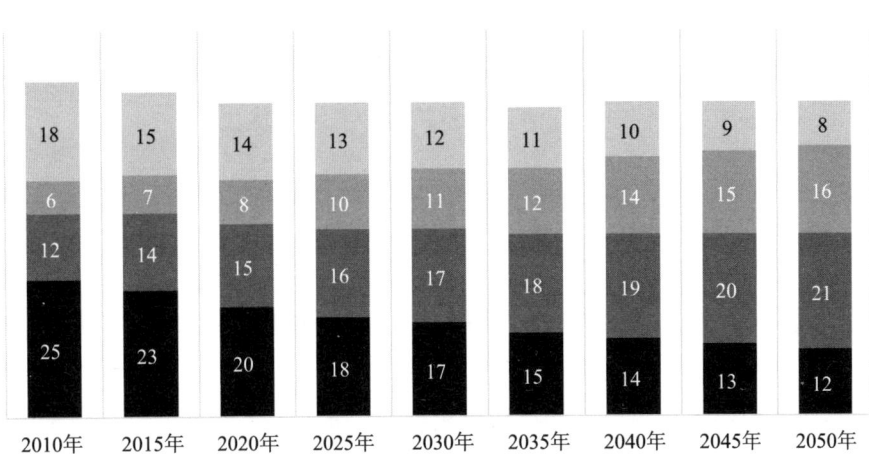

图 1　主要大国的全球权力指数变化节点

资料来源：US National Intelligence Council, *Global Trends 2030: Alternative Worlds*, 2012, p.16。

2030年与2040年前后推进国际格局发生根本性转变。正是在历史变革的关键时刻，习近平总书记郑重地指出，"我们比历史上任何时期都更接近中华民族伟大复兴的目标，比历史上任何时期都更有信心、有能力实现这个目标"。[①]基于此，中国式现代化是中国实现民族复兴，达成"两个一百年"战略目标的必由之路。

二、中国式现代化是促进全球普惠发展的新型路径

全球化一方面极大增强了国家间的彼此的联系，相互依赖和相互影响不断深化；另一方面层出不穷的跨国问题与日益突出的全球问题引发国际社会对集体行动的强烈需求。为全球治理提出"中国特色"的应对方案，需要关注中国自身需求与全球需求的对接机制，对中国特色成功实践、中国倡议进

---

① 《实现中华民族伟大复兴中国梦的关键一步》，载《人民日报》2021年7月3日。

行学理、哲理和道理呈现。中国式现代化是促进全球普惠发展的重要路径。自2008年全球金融危机以来，西方国家的孤立主义情绪与反全球化思潮高涨，新兴国家的治理意愿与能力则显著提升。着眼中长期规划，中国外交应坚持增量改进原则，促进全球治理体系扩容、升级与优化。

第一，中国式现代化促成超大型社会的跨越发展。鸦片战争以来，中国的仁人志士不断探索强国救国的现代化道路，曾先后经历了从学习日本到学习苏联再到学习美国的波折历程。回望这段历史，愈发凸显独立自主走中国特色现代化道路的战略意义。一个拥有五千年文明的14亿人口大国是不可能也不必要复制任何其他国家现代化模式的，一个具有强大自力更生精神与勤劳奋斗传统的伟大民族也必然会探索出新的人类现代化道路。实践证明，中国式现代化是真正符合中国国情、满足民众需求的道路。在波澜壮阔的73年现代化进程中，中国从一个积弱积贫的国家一跃成为世界第二大经济体，经济累计实际增长约189倍。[①] 过去一个世纪的中国现代化史，是一场前无古人、艰苦卓绝的伟大革命和建设事业。改革开放的加速现代化更是在短短的40年时间完成了欧美国家两百多年才完成的经济化与工业化进程，创造人类发展奇迹。目前中国是全球第二大经济体，第一大贸易国，众多初级产品的最大买家，成为世界120多个国家的最大贸易伙伴国，对世界经济增长的贡献率高达33.2%，位居世界首位。[②] 这些是中国式现代化的成果，是超大型国家的发展效应。

第二，中国式现代化为完善全球治理供给新方案。全球公共产品供给对于整合失序的世界，促进人类整体的永续发展有着极其重大的战略意义，其正外部性也将惠及包括供给者在内的所有国家。在全球治理格局中，大国依然是国际公共产品的最有力供给者，中国式现代化也肩负着更多的全球治理责任。中国式现代化的成果外溢自然地转化为向世界做贡献。2014年8月，习近平主席出访蒙古时明确表示，"独行快，众行远"，"欢迎大家搭乘中国发

[①] 《新中国成立以来经济累计实际增长约189倍》，载《经济日报》2021年6月29日。
[②] 《数据显示：近四年中国对世界经济贡献率超欧美日总和》，载《经济日报》2017年9月2日。

展的列车,搭快车也好,搭便车也好,我们都欢迎"。① 在随后举办的亚太经合组织(APEC)北京峰会上,习近平主席多次阐明"中国愿意通过互联互通为亚洲邻国提供更多公共产品,欢迎大家搭乘中国发展的列车"。② 作为新兴国家的代表,全球治理创新离不开中国的最佳贡献,当前国际社会对中国方案的期待不断上升。积极供给国际公共产品成为中国的全球承诺,中国由国际体系的参与者转变为国际公共产品的积极提供者。

第三,中国式现代化为人类普惠发展提供新选项。新时期全球挑战加剧、全球治理赤字加剧,中国顺应时代潮流,不失时机地供给新型国际公共产品,修复和升级不公平不合理的全球体系。中国式现代化有意识地嵌入在全球普惠发展机制之内,通过内嵌式发展进行"增量改进"。2021年11月16日通过的《中共中央关于党的百年奋斗重大成就和历史经验的决议》指出:"积极参与全球治理体系改革和建设,维护以联合国为核心的国际体系、以国际法为基础的国际秩序、以联合国宪章宗旨和原则为基础的国际关系基本准则,维护和践行真正的多边主义,坚决反对单边主义、保护主义、霸权主义、强权政治,积极推动经济全球化朝着更加开放、包容、普惠、平衡、共赢的方向发展。"③ 新时期为推进现有全球治理体系的改革升级,中国创造性发起了一系列治理倡议,例如通过构建亚投行、丝路基金、"一带一路"倡议等促进世界互联互通的基础设施建设,带动周边国家搭乘中国发展的快车;通过金砖国家新开发银行、上海合作组织升级扩容,打造周边安全共同体,增强在发展中国家的投资、融资与第三方合作,凝聚新兴经济体的力量;提出"全球发展倡议""全球安全倡议"与"人类命运共同体"为全球治理做出重要贡献。

21世纪的中国焕发出蓬勃生机,中国式现代化为人类实现现代化提供了

---

① 《习近平:欢迎搭乘中国发展的列车》,http://www.xinhuanet.com/world/2014-08/22/c_126905369.htm.[2014-08-22]。
② 《习近平:中国愿为国际社会提供更多公共产品》,http://politics.people.com.cn/n1/2016/0903/c1001-28689064.html.[2016-09-03]。
③ 《中共中央关于党的百年奋斗重大成就和历史经验的决议》,https://www.gov.cn/zhengce/2021-11/16/content_5651269.htm?preview=1.[2021-11-16]。

新的选择，为解决人类面临的共同问题提供更多更好的中国智慧、中国方案、中国理念。① 党的二十大对全面建设社会主义现代化国家进行了战略谋划，致力于到2035年基本实现社会主义现代化；并进一步到本世纪中叶建成社会主义现代化强国。中国成为国际秩序的维护者和经济全球化的积极支持者，都根植于中国过硬的整体实力。世界在中国发展的纵向视野里丈量着中国式现代化的速度、广度、深度，也在各国现代化建设的横向视野中思索着中国式现代化的全球意义和时代价值。②

三、中国式现代化是全球治理的新型中国方案

立足中国式现代化的发展特色和优势，中国正在形成多层次、有步骤、显特色的全球公共产品供给路线图。中国传统文化倡导"达则兼济天下"的责任意识，人类命运共同体倡议已经被写入联合国决议，上升为全人类的价值诉求，这是中国式现代化的国际化最新成果，其最大的魅力就在于把"你"和"我"，变成了"我们"，让中国的发展带动和惠及全球。③ 二十大报告指出，"中国共产党是为中国人民谋幸福、为中华民族谋复兴的党，也是为人类谋进步、为世界谋大同的党。我们要拓展世界眼光，深刻洞察人类发展进步潮流，积极回应各国人民普遍关切，为解决人类面临的共同问题作出贡献"。④ 因此，中国式现代化所彰显的胸怀天下品质，是中国现代化成功与成熟的重要标志。

---

① 和音：《为人类进步事业作出新的更大贡献》，载《人民日报》2022年10月24日。
② 《为解决人类面临的共同问题作出贡献——国际社会眼中的中共二十大》，https://www.gov.cn/xinwen/2022-10/27/content_5722206.htm.［2022-10-27］。
③ 《命运共同体——习近平"和"的境界》，http://news.xinhuanet.com/politics/2016-08/17/c_1119401010.htm.［2016-08-18］。
④ 韩雪晴：《自由、正义与秩序——全球公域治理的伦理之思》，载《世界经济与政治》2017年第1期，第46—73页。

(一) 亚投行模式创新与全球治理升级扩容

嵌入国际体系的发展潮流，中国式现代化以和平渐进的方式重新赋予全球治理体系新的发展之道，促进全球治理的升级扩容。在全球治理领域方面，聚焦基础设施建设的亚洲基础设施投资银行（AIIB），以高度开放与高效的方式，展示出新型国际金融机制的新气派。通过倡议创设亚投行，中国式现代化理念与经验不断嵌入全球治理体系，展现中国方案的比较优势。亚投行模式的全球治理创新体现在两方面：

一方面，专注基础设施比较优势孵化新型公共产品。新型国际发展机构高度重视治理的平等性。在亚投行成立之初，习近平主席就曾指出"亚投行应该结合国际发展融资领域新趋势和发展中成员国多样化需求，创新业务模式和融资工具"。[①] 时任中国财政部部长、亚投行中国理事肖捷也强调，"中国希望亚投行能够打造自身优势和特色，为现有多边开发银行体系增添新活力，展示其作为 21 世纪新型多边开发银行的独特性与创新性"。[②] "一带一路"倡议辐射区域大部分是发展中国家，面临基础设施陈旧老化，道路交通不完善、电力供给不足、通信设施匮乏等问题。区域基础设施互联互通能够帮助弱小的经济体更有效参与一体化，补足网络中的薄弱一环。[③] 亚投行对"一带一路"倡议的支持和基础设施建设推进，正为应对此类问题供给解决方案与跨区域公共产品。[④]

另一方面，以包容性发展模式升级全球治理体系。基础设施作为一项公共产品，其溢出效应对整个区域经济的辐射带动，潜力巨大。中国期待以此

---

① 《习近平在亚洲基础设施投资银行开业仪式上的致辞》，新华社，2016 年 1 月 16 日。
② 《财政部部长在亚投行第二届理事会年会上的书面发言》，http://www.gov.cn/xinwen/2017-06/18/content_5203535.htm.[2017-06-18]。
③ 〔美〕保尔·科利尔等：《中低收入国家道路基础设施建设成本探讨》，见〔美〕埃里克·埃德蒙兹、〔美〕尼娜·帕维克里克主编：《世界银行经济评论（2016 No.3）》，徐广彤等译，北京：社会科学文献出版社 2017 年版，第 134—169 页。
④ 郑永年：《"一带一路"是可持续的公共产品》，载《人民日报》2017 年 4 月 16 日。

为抓手，为全球树立新典范。中国反复表示，亚投行并非仅仅服务中国国家利益的工具，而是为所有成员国利益服务；并非为了转移中国国内过剩产能或促进"一带一路"实施，而是具有公益性目标和欧亚一体化发展的广阔目标。世界银行和亚洲开发银行的援助或贷款重点方向是，社会平等、消除贫困、健康改善与绿色发展等，大多偏向"软性"发展因素。而亚投行的重点则聚焦于亚太基础设施、绿色可持续发展模式等，相对关注"硬性"发展因素。但是亚投行致力于成为高标准、高治理、高起点的新型多边发展银行，为全球治理未来探索新模式。① 中国无意彻底改变全球秩序，甚至没有能力这样做，它旨在提供一条可行的发展道路，让全球南方超越西方叙事限制，多一种发展选择。② 中国模式是嵌入在全球自由主义体系下的自我探索成果，既有中国国家特色，也包含全球自由秩序的基本原则，因此是升级创新。

概言之，新兴崛起国需要创建和设计新的政府间组织，满足国际秩序改革的需求，但是也面临旧制度的惯性。新制度设计与旧制度逻辑相互融合，是应对日益分裂与多元世界难题的渐进式方式。③ 新型国际制度设计需要回应权力分配的变化，在新型国际制度安排中，中国将现代化经验引入全球治理体系，提供新的治理方案。

（二）新兴数字治理的中国优势与方案

数字全球化为普惠包容发展带来机遇，有助于塑造全球基建新格局并破解南北"数字鸿沟"。中国式现代化致力于推动建设更加包容开放的全球性数字经济规则，既兼顾数字经济利益，也要尽量减少数字"发展壁垒"。2022年国务院印发"十四五"数字经济发展规划，提出加快建设信息网络基础设

---

① 何兴强：《龙之印迹：中国与二十国集团框架下的全球经济治理》，北京：中国社会科学出版社2016年版，第218—219页。
② HongLiu, "China engages the Global South: From Bandung to the Beltand Road Initiative", *Global Policy*, Vol. 13, No. 1, 2022, pp. 11–22.
③ 参见Steve Chan, et al., *Contesting Revisionism: China, the United States, and the Transformation of International Order*, NewYork: Oxford University Press, 2021。

施。建设高速泛在、天地一体、云网融合、智能敏捷、绿色低碳、安全可控的智能化综合性数字信息基础设施。① 在"数字丝绸之路"框架内，中国正致力于构建更加公正、合理和包容的数字化发展格局。

第一，积极引领全球数字规则制定。当前，世界大国争夺数字经济制高点的治理竞争，数字技术将决定未来10年至30年的国际公共产品基本形态，使"物联网"（IoT）基础设施成为可能。在标准制定方面，中国的国际贡献越来越突出。立足比较优势，中国可以尝试在有优势但缺乏国际标准的领域提出新标准倡议。"中国标准2035战略"指出，要通过"一带一路"和"数字丝绸之路"等海外投资进行标准化实践，同时在国际标准组织中更积极参与和不断提升影响力。通过建设数字"一带一路"，中国在战略性数字产业链中积累了丰富经验，涵盖了互联网、电信、金融支付、大数据中心、海底电缆和云计算等领域。② 习近平主席高度重视标准化工作，多次强调要推动政策、规则、标准的"软联通"。2015年第一个国家标准计划《国家标准化体系建设发展规划（2016—2020年）》，提出到2020年建立一个支持现代化国家治理体系的国家标准化体系，推进中国标准"走出去"、提升标准化基础能力、实现关键领域的标准化工作突破，让中国发展成为世界"标准大国"。③

第二，搭建新型数字贸易全球治理系统。数字平台除了全球数字基础设施建设，也包括跨国陆地和海底电缆网络、光纤电缆、卫星导航网络（北斗）、数据中心和相关云服务。其中数字平台可以让国际社会从数字基础设施网络中获益，共享全球数据信息和低成本全球交流。例如，阿里巴巴推进的"世界电子贸易平台"（Electronic World Trade Platform，简称eWTP）寻求扩大全球贸易、旅游、培训和技术方面的数字网络，有助于降低全球贸易成本为中小型发展赋能，获得世界贸易组织（WTO）、世界经济论坛（WEF）与联

---

① 《"十四五"数字经济发展规划：加快建设信息网络基础设施》，载《人民日报》2022年1月13日。
② 《中国成为近五年在国际标准化领域全球贡献最大国家》，载《人民日报》2020年8月12日。
③ 国务院办公厅：《国家标准化体系建设发展规划（2016—2020年）》，https://www.gov.cn/zhengce/zhengceku/2015-12/30/content_10523.htm.［2015-12-17］。

合国工业发展组织（UNIDO）认可。2017年第一个"海外电子枢纽"在马来西亚吉隆坡数字自由贸易区建成。除马来西亚外，迄今已在泰国曼谷（2018年4月）、卢旺达基加利（2018年10月）、比利时列日（2018年12月）和埃塞俄比亚的斯亚贝巴（2019年11月）建立了电子枢纽。2018年2月，首届全球跨境电商大会通过了《北京宣言》，确认"eWTP"是电子商务的重要国际机制，旨在塑造全球数字贸易的实践，为供给新型国际公共产品奠定基础。

第三，提出多边舞台的数字规范与倡议。全球数字经济治理的主要平台以G20为核心。G20早在2008年华盛顿峰会上就对数字经济的机遇与挑战进行了关注。而2016年G20杭州峰会则率先制定数字经济政策，发出全球首个多边数字政策文件《G20数字经济发展与合作倡议》，标志着世界数字经济发展正式走上全球性治理议程。2020年中国推动将"数据安全"纳入G20声明。① 2021年8月，中国网络空间局在数字创新论坛上提出了中非互联网合作倡议，提出与非洲建立信息技术和数字经济连通性的各项举措，比如为塞内加尔建造国家数据中心提供资金；为非洲联盟发展一个区域性数字经济框架提供支持。此外，中国以东南亚为境外建设跨国数字平台的关键节点，重点建设中国—东盟数字中心与"数字命运共同体"。② 中国政府推出的"东数西算"工程是与西气东输、西电东送、南水北调并列的超级工程。作为超大型国家，中国14亿人口与全球领先的数据市场运作能力，使得中国国内的大数据治理探索，在未来很有潜力成为全球治理的参考路径与方案。

概言之，中国日益增长的数字影响力，为全球普惠发展提供机遇。中国在云计算、物联网、区块链、先进通信网络等方面的新基础设施建设，成为推动国内现代化与国际现代化的关键技术。中国积极与不同的国家和地区合作伙伴进行技术标准合作，在2017年中国就已与21个共建"一带一路"国

---

① Samm Sacks, "Beijing Wants to Rewrite the Rules of the Internet", https://www.theatlantic.com/international/archive/2018/06/zte-huawei-china-trump-trade-cyber/563033/. [2024 - 10 - 19].

② Karen M. Sutter, "'Madein China 2025' Industrial Policies: Issues for Congress", *Congressional Research Service*, August 11, 2020.

家标准化机构签署合作协议,在共建"一带一路"国家中占比 32%。① 中国现代化的数字化建设致力于打破数字鸿沟,建设一个更加平等、自由和包容的全球数字治理架构。

四、全球发展倡议与全球安全倡议是中国发展理念的延伸

中国式现代化吸收借鉴人类文明成果,将东方大国的特色创新展示给世界,从不依赖、照搬、跟随他国模式,也不输出中国的发展模式。而是在尊重现代化的生成规律基础上,实现"和而不同、各美其美、美美与共"的和谐境界。站在人类安危福祉的高度,中国提出全球安全倡议,强调以共同、综合、合作、可持续的新安全观构建世界和平。在国际发展层面,中国式现代化捍卫真正的多边主义,改革、升级和创新不合理的全球治理体系,统筹国内与国际两大格局,为世界繁荣与全球普惠提供新路径。

在全球安全议题层面,中国以叠加嵌入方式参与国际公共产品供给。中国式现代化是走和平发展道路的现代化。中国不走以战争、殖民、掠夺等方式实现现代化的老路。二战后,美国建立的庞大联盟安全网络,是一个排他性的俱乐部产品。② 全球安全类公共产品具有显著的排他性与敏感性特征,也容易被霸权国工具化与私物化。随着霸权国的合法性衰落,崛起国将开始谨慎探索全球安全新机制。在 2022 年博鳌亚洲论坛开幕式上,习近平主席首次提出"全球安全倡议",倡议以"六个坚持"为核心以解决全球和平赤字、发展赤字、治理赤字与信任赤字。③ 全球安全倡议追求的是共同安全,强调的是和平、安全与综合的安全观,有助于建立相互尊重、平等互信的国际秩序,

---

① 《中国与 21 个"一带一路"沿线国家签署标准化协议》,载《中国青年报》2017 年 5 月 13 日。
② Daniel W. Drezner, "Counter-Hegemonic Strategiesin the Global Economy", *Security Studies*, Vol. 28, No. 3, 2019, pp. 505–531.
③ 《习近平提出全球安全倡议》,载《人民日报》2022 年 4 月 21 日。

对人类实现持久和平与长远发展有重大意义。

一方面，推进以联合国为中心的全球安全体系建设。在当前国际关系体系中，联合国发挥着核心作用。中国旨在通过向联合国系统的各种基金投资和派遣人员大力支持国际公共产品的供给。2018年12月批准的2019—2021年联合国预算会费规模显示，中国的份额从7.92%增加到12.01%（3.679亿美元），由此成为联合国经费的第二大捐助国（仅次于美国）。近年来，随着中国成为安理会常任理事国中最大的维和行动部队派遣国，中国在联合国系统内的地位急剧提高。近4万名中国维和人员参加了30多个联合国特派团。2015年，在习近平主席的倡议下创设为期10年、总额10亿美元的中国-联合国和平发展基金，支持联合国的多边安全与和平事业。中国对维和行动的财政捐助份额也不断增加（从2016年的6.6%增至2019年的15.21%），成为继美国之后的第二大财政捐助国。中国实践表明，致力于和平发展的新兴崛起国愿意成为全球安全与和平的维护者。2020年9月发布了第一份关于中国驻联合国维和部队的白皮书《中国军队参加联合国维和行动30年》，系统介绍了中国在全球和平建设中的特色与经验。通过监督停火、稳定局势、保护平民、安全护卫、支援保障与能力建设六大方面，彰显中国参与联合国维和的职责使命。①

另一方面，完善区域和跨区域安全机制平台建设。冷战后全球安全呈现多层次、碎片化和网络化特征，需要在功能分化基础上促进全球依赖与合作。在战略竞争大背景下，中国外交致力于打造互利共赢的"人类命运共同体"。为孵化共享的安全共同体，构建亚洲与全球战略信任，中国通过上海合作组织升级扩容，促进综合安全观落地扎根。同时完善亚太经济合作组织（APEC）、亚洲相互协作与信任措施会议与金砖国际组织，提出应对全球治理的发展与安全关联方案。例如在金砖倡议框架、APEC北京峰会、G20杭州峰会、上海合作组织峰会、中国与中东欧国家峰会、联合国安理会平台，展示

---

① 国务院新闻办公室：《中国军队参加联合国维和行动30年》白皮书，http://www.scio.gov.cn/zfbps/ndhf/2020n/202207/t20220704_130657.html.[2020-09-18]。

中国的全球安全治理方案，传递合作多赢的理念。2017年，上海合作组织接纳印度和巴基斯坦为新成员，此后印度与中国和俄罗斯一道，立足上合组织平台呼吁建立新的安全与发展体系，共同反对霸权主义。

在全球发展方面，新型发展合作模式是超越国界的公共产品。中国式现代化是全体人民共同富裕的现代化。共同富裕是中国特色社会主义的本质要求，也是一个长期的历史过程。全球发展倡议有助于实现联合国2030年可持续发展议程，为各国制定可持续发展政策提供了思路和启示，是中国提供的又一重要国际公共产品，不仅对解决当前国际难题具有现实针对性，而且更从长远的战略角度为促进世界和平与发展事业指明了前进方向。"全球发展倡议"是继"一带一路"和亚洲基础设施投资银行以来，又一面向全世界的重大国际公共产品，致力于探索全球普惠发展新路径。

一方面，在全球治理的国际发展领域，中国丰富的发展合作实践经验，为全球南方国家发展提供重要参考。与传统援助模式不同，新兴国家推进的新南南合作模式，关注自我增长与发展赋能。基于"自力更生"实践哲学与"授人以渔"内源发展理念，中国的国际发展合作更注重知识积累与经验传递，以自主发展为最终目标。2015年9月，中国宣布设立"南南合作援助基金"，首期提供20亿美元，支持发展中国家落实2015年后发展议程。此外结合共建"一带一路"和联合国2030年可持续发展议程。2017年5月，中国向"一带一路"发展中国家提供20亿元人民币紧急粮食援助，向南南合作援助基金增资10亿美元，在共建国家实施100个"幸福家园"、100个"爱心助困"、100个"康复助医"等项目。[1] 以全球普惠发展为目的，中国发起了众多重大国际公共产品倡议。中国式现代化促成了中国实现崛起，很好诠释了自力更生与合作发展的关系，为南方国家树立了典范。[2]

另一方面，促进"新南南合作模式"，将贸易、援助和投资结合起来促进

---

[1] 国务院新闻办公室：《新时代的中国能源发展》白皮书，https：//www.gov.cn/xinwen/2020-12/21/content_5571916.htm.[2020-12-21]。

[2] 《中国设立第三期中国-FAO南南合作信托基金》，https：//www.moa.gov.cn/xw/bmdt/202009/t20200925_6353306.htm.[2020-09-25]。

南方国家共同发展。进入21世纪,南方国家迅速崛起,根本上改变了全球的经济社会结构。南方国家已经积累了丰富的发展经验,与南北垂直差异的发展经验形成鲜明对比;同时南方国家已经充分认识到了发展制度的重要性,发起了新南南合作模式。① 作为全球南方最大的国家,中国努力扮演全球南方国家与全球北方国家之间的"桥梁",扩大和深化全球技术与知识转让。以脱贫攻坚引领世界脱贫进程,中国改革开放四十年的经验积累是全球发展的宝贵知识,引发了后殖民国家和发展中国家的广泛共鸣。在改革开放前期阶段,经济特区的主要任务是经济发展,成为吸引外国投资和技术转移的"桥头堡";而在全面小康实现后,经济特区的主要任务则是改革试验,更多肩负国内治理与全球治理的地方探索使命。中国要解决的不仅仅是14亿人口的善治问题,更需要将全球问题引入地方试验区,探索未来人类发展的新模式。

五、构建人类命运共同体是中国式现代化的国际责任

万物并育而不相害,道并行而不相悖。构建人类命运共同体是世界各国人民前途所在。然而新冠肺炎疫情放大了全球治理体系中不适应、不匹配的问题,世界大变局加速变化。② 在全球治理的动态过程中,新兴大国供给的全球公共产品可从器物基础、制度建设和理念逻辑上,为人类命运共同体建设奠定坚实基础。2021年11月16日通过的《中共中央关于党的百年奋斗重大成就和历史经验的决议》强调:"积极参与全球治理体系改革和建设,维护以联合国为核心的国际体系、以国际法为基础的国际秩序、以联合国宪章宗旨和原则为基础的国际关系基本准则,维护和践行真正的多边主义,坚决反对单边主义、保护主义、霸权主义、强权政治,积极推动经济全球化朝着更加

---

① 南南合作金融中心:《迈向2030:南南合作在全球发展体系中的角色变化》,北京:社会科学文献出版社2017年版,第30—31页。
② 《习近平外交思想学习纲要》,北京:人民出版社2021年版,第163页。

开放、包容、普惠、平衡、共赢的方向发展。"①

首先,以大国情怀担当促进人类全面均衡发展。二十大报告中指出,"全面推进中国特色大国外交,推动构建人类命运共同体,坚定维护国际公平正义,倡导践行真正的多边主义"。② 走共同发展道路,中国把自己的事情办好就是对世界的贡献。世界上没有放之四海而皆准的发展模式,各方应该尊重世界文明多样性和发展模式多样化。一副药方不可能包治百病,一种模式也不可能解决所有国家的问题,生搬硬套或强加于人都会引起水土不服。③ 到 2035 年我国基本实现社会主义现代化目标,中国积极从世界汲取发展动力,也让中国发展更好惠及世界。大道不孤,天下一家。人类命运共同体是风雨同舟、荣辱与共,建设和睦的地球大家庭,致力于建设持久和平、普遍安全、共同繁荣、开放包容、清洁美丽的世界。④ 从七十多年前联合国宪章明确的四大宗旨和七项原则,到六十多年前万隆会议倡导的和平共处五项基本原则,再到今天的全球发展倡议与全球安全倡议,中国式现代化丰富了全球共享价值。

其次,以习近平外交思想引领中国发展与全球发展同频共振。全球普惠发展不仅基于物质力量变化,还包括秩序规范竞争。人类命运共同体反映出全人类共享期待的政治和社会价值观偏好。习近平外交思想是党和人民实践经验和集体智慧的结晶。当今世界正在经历百年未有之大变局,如何在变局中抓住机遇,在乱局中保持定力,是中国外交面临的历史课题。习近平外交思想回答了中国应该推动建设什么样的世界、建构什么样的国际关系,新形势下中国需要什么样的外交、怎样办好外交等一系列重大理论和实践问题。习近平外交思想的核心要义包括:加强党对对外工作的集中统一领导、推进

---

① 《中共中央关于党的百年奋斗重大成就和历史经验的决议》,http://www.gov.cn/zhengce/2021-11/16/content_5651269.htm.[2022-10-19]。
② 《高举中国特色社会主义伟大旗帜 为全面建设社会主义现代化国家而团结奋斗——在中国共产党第二十次全国代表大会上的报告》,载《人民日报》2022年10月26日。
③ 《习近平外交思想学习纲要》,北京:人民出版社2021年版,第189—190页。
④ 《习近平外交思想学习纲要》,北京:人民出版社2021年版,第52页。

中国特色大国外交、推动构建人类命运共同体、以中国特色社会主义为根本增强战略自信、共商共建共享推动"一带一路"建设、坚持走和平发展道路、深化外交布局打造全球伙伴关系、坚持公平正义理念引领全球治理体系改革、坚持国家利益底线、塑造中国外交独特风范。

再次，发掘、构建与传播中国式现代化的全球性叙事体系。战略叙事不是单纯的宣传或空洞的口号，相反它们是支撑领导合法性的规范、价值观与软实力基石。2013年8月，习近平强调，"宣传思想文化战线要掌握话语权"，讲好中国故事，传播好中国声音"。① 2013年9月，党的十八届三中全会强调中国要加强国际传播能力，在全世界范围内宣传中国文化，构建"对外话语体系"。中国外交正面临着一个非常重要的任务，就是要建立一个有说服力的、有因果关系的、内部一致的话语体系，让外界明白为何中国式现代化可以解决中国问题，并对世界其他国家具有重要借鉴意义。中国外交能力的重要挑战在于战略叙事的塑造上，如何讲好中国发展的全球故事，建立有强烈的归属感的中国倡议。② 近年来，中国在重塑话语体系方面进行了前瞻性的努力，但中国的话语形象也分布不均，同时面临西方话语的竞争与排挤。对此，中国应做一个学习大国，坚守自己特色，积极构建新时代中国特色社会主义事业和人类命运共同体的多层次叙事。③

最后，构建自主性知识体系，做人类新知识的提供者。中国式现代化是物质文明和精神文明相协调的现代化。在国际层面共同知识是一套集体共享的信念，它构成了行动者的利益和偏好的基础。中国式现代化的丰富实践有助于提炼新的发展知识体系。中国国内发展与援助实践需要突破碎片化表达，形成系统性的原创知识和"叙事"架构，为国际发展合作与人类命运共同体建设提供理论支撑。例如，进一步提炼升华"要致富多修路"的基础设施实

---

① 《构建中国特色话语体系增强国际影响力话语权——深入学习习近平总书记系列重要讲话精神笔谈》，载《光明日报》2015年11月14日。

② Nadège Rolland, *China's Vision for A New World Order*, Seattle, Washington: The National Bureau of Asian Research, 2020, pp. 1–15.

③ 《习近平外交思想学习纲要》，北京：人民出版社2021年版，第36页。

践；总结自由贸易区、工业园区和出口加工区等经济特区发展模式；提炼"摸着石头过河"的政策试验逻辑。继续供给优质全球农业公共产品，突出特色，发挥倡议与报告"起草人"角色。作为新兴经济体，发挥"南北桥梁"的作用，切实推进全球发展援助理念与体制改革。改革开放以来，中国基于"增量改进"原则，维护以联合国为核心的多边国际机制，并主动构建新型治理平台。这些全球治理行动是物质结构与观念结构双重约束的产物。人类命运共同体作为一种创新性价值理念，有助于增强国际社会对"中国方案"的认可度。①

六、结语

以 2035 年为里程碑，中国式现代化将在国内发展与国际发展的联动点上，促进中华民族伟大复兴的中国梦与人类命运共同体愿景深度交融。当前国际力量对比深刻变化，新兴市场国家和发展中国家自身实力、自主发展能力、国际影响力不断增强。而作为世界唯一超级大国，美国却在新冠疫情危机之际退出世界卫生组织、联合国教科文组织等多边机制，在全球危机中放下了全球责任。国际社会对中国方案、中国智慧与中国经验的期待不断上升。在内外现代化联动过程中，凝聚民族伟大复兴的感召力与影响力，需要理解中国式现代化五大全球意涵：中国式现代化是实现"两个一百年"战略目标的必由之路；中国式现代化是促进全球普惠发展的新型路径；中国式现代化是全球治理的新型中国方案；全球发展倡议与全球安全倡议是中国发展理念的延伸；构建人类命运共同体是中国式现代化的国际责任。

中国式现代化的新征程是充满光荣和梦想的远征。展现中国式现代化的全球意涵，就是要创造性供给全球治理方案，就是让中国式现代化模式成为全球发展的典范。面向 2035 年，平衡机遇与挑战并存需重点把握两个关键：

---

① Robert C. Tucker, *Politicsas Leadership*, Columbia and London: University of Missouri Press, 1981, p. 18.

一方面,促进"一带一路"与全球发展倡议对接。"一带一路"是目前中国最具规模的公共产品供给行动,是一个初步的全球公共产品雏形。落实习近平主席提出的"全球发展倡议",将中国特色现代化建设经验与联合国2030年可持续发展议程对接,以超越传统不平等的全球发展体系;立足新南南合作平台,建构全球发展伙伴网络。另一方面,放眼全球,维持现代化的战略节奏与定力。着眼于长远,中国恪守战略耐心,在现代化发展进程中不断调整与优化路线图,让富强的中国惠及全球,充分彰显中国式现代化的全球意涵。

The Global Implications of Chinese-style Modernization: Understanding China's Contribution to International Development and Global Governance

Cao Dejun　Mao Yaxin

Abstract: After a century of struggle, China's modernization has not only achieved a qualitative leap in comprehensive national power, but has also expanded the modernization map of the world and provided a new path for the progress of human civilization. Chinese modernization includes two major components: inward national development and outward international development. In the process of linking internal and external modernization, it is necessary to understand the five global implications of Chinese-style modernization in order to consolidate the appeal and influence of the nation's great rejuvenation: firstly, Chinese-style modernization is a necessary path to achieve the "two centuries strategic goal"; secondly, Chinese-style modernization is a new path to promote global and inclusive development; thirdly, Chinese-style modernization is a new type of China for global governance. Fourth, global development and global security initiatives are an extension of China's development philosophy; Fifth, building a community of human destiny is the international responsibility of Chinese modernization. Against the backdrop of the "unprecedented changes of the century" China's capacity for autonomous development is constantly increasing. With 2035 as a milestone, China's modernization will promote the deep convergence of the Chinese dream of national rejuvenation and the vision of a community of human destiny at the point of domestic and international linkage. It is by observing the process of Chinese-style modernization within the broad coordinates of the human modernization process that we can more fully understand the historical significance of a rich and strong China for the global good.

Keywords: Chinese-style modernization, two hundred-year strategic goal, China's initiative, Global Development Initiative, Global Security Initiative

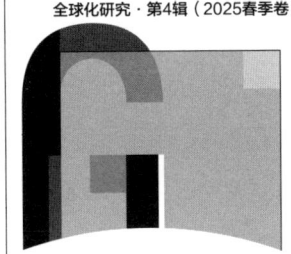

全球化研究·第4辑（2025春季卷）

| 全球化趋势研究

全球化的结构性原则及其转型
——以美国为中心的论述

郭忠华*

摘要：自20世纪中后期以来，全球化逐渐成为热门话题，并经历了根本性的转型。从经济、技术、政治和文化等维度分析，全球化的结构性原则及其内在关系可以概括为"现代技术—资本主义—民族国家—现代社会价值"。其中，现代技术是推动全球化的直接动力，而资本主义和民族国家则在经济和政治上提供支持。美国在这一全球化过程中扮演了重要角色，其国内和国际政策的变化直接影响了全球化的发展。随着中国等新兴力量的崛起，全球化正从单极向多中心演变，呈现出多层级、多功能的特征。当前，全球化正处于震荡调整期，需要应对新的挑战和机遇。中国在推动全球化转型升级中将发挥重要作用。

关键词：结构性原则　特朗普主义　转型　多中心化

自20世纪中后期以来，全球化越来越成为学术讨论的热门话题。同时，面对晚近十年左右世界发生的天翻地覆的变化，大部分学者也意识到，全球

---

* 郭忠华，南京大学政府管理学院教授、博士生导师。本文为笔者在2024年12月14—15日北京师范大学珠海校区召开的"全球化研究前沿"学术研讨会上的发言基础上修改而成，感谢吴志成、薛晓源、刘贞晔、孙振海、米健等教授在讨论过程中提出的宝贵观点和建议。

化已发生根本转型。结构性原则是承载全球化的基本原则，可以从结构性原则角度理解全球化的转型。全球化的结构性原则主要有哪些？美国在形成全球化结构性原则方面扮演了何种角色？当前全球化的结构性原则正在发生何种调整？本文旨在回答这些问题，以廓清对当前全球化发展现状的认识。

一、全球化的结构性原则

当下，学术界普遍意识到全球化已发生转型，但到底出现了何种转型？学术界对此却存在争论。大致以下两种观点较为典型：一是逆全球化时代的来临。鉴于英国脱欧、美国单边主义的狂飙突进以及近年来此起彼伏的地区战争，在不少学者看来，全球化已从20世纪末以来的超级全球化转型为当今的逆全球化，全球化正处于退潮期。[1] 二是多面全球化时代的到来。此类观点更不侧重个别国家或特定事件，而是试图从更加宽广的视野来理解全球化。比如，着眼于当今迅猛发展的数字技术和人工智能，郭忠华等人认为，全球化不但没有退潮，而且比以往更加彻底。以往的全球化主要着眼于空间范围的扩展和全球时空一体化，数字时代的来临则使全球化从时空范围扩展转变成时空透明。[2] 郑宇则把全球化看作是一个充满矛盾的多面体。它一方面使国家之间的联系变得更加紧密，另一方面也使国家之间的矛盾更加尖锐，认为全球化不是使国家趋同，而是进入一个多模态的发展阶段。[3] 显然，对于当今全球化现状的判断存在差异，但无可否认，全球化已进入一个与此前迥异的转型期，这是学术界普遍接受的观点。本文不在于从特定维度出发来讨论全

---

[1] 比如，丁春福、陈佳贺：《新时期逆全球化的成因、危害及对策》，载《经济研究导刊》2024年第22期；郑志强、马永健、欧家瑜：《逆全球化的驱动因素、发展趋势及中国应对》，载《国际金融》2024年第12期。

[2] 郭忠华、张玉昆：《数字全球化：转型、动力与后果》，载《世界社会科学》2023年第2期；郭忠华、张玉昆：《重新认识数字全球化》，见《全球化研究（2023）》，北京：中央编译出版社2023年版。

[3] 郑宇：《多面全球化：国际发展的新格局》，北京：中国社会科学出版社2023年版。

球化的面相，而是以全球化的复合结构性原则为基础，以美国作为主要讨论对象，理解全球化的结构转型，希望能为理解全球化的最新发展态势提供启示。

在具体理解全球化的结构性原则之前，有必要就"结构性原则"（structural principles）的基本含义进行界定。结构性原则是首先出现于社会学领域的一个专业概念，意指"社会总体组织过程的原则"。① 通过结构性原则，特定形态的社会得以建立和有效运转。但是，很少有哪种社会仅仅建立在单一原则的基础上，而是通常表现为复合性原则的有机组合。比如，资本主义社会被认为建立在个人主义、私有财产、市场经济、自由劳动力、剩余价值追求等原则的基础上；与之相反，传统社会主义则把集体主义、生产资料公有制、计划经济体制、按劳分配、社会正义等作为主要组织原则。作为一种组织模式和运作过程，全球化同样建立在复合性结构原则的基础上，反映在经济、技术、政治和文化等维度上。

在经济方面，资本主义、市场经济、利润追求充当了早期全球化发展的原始动力，此前有关全球化的讨论也主要围绕这一原则而展开，全球化因此被称作"经济全球化"。同时，鉴于以华尔街为中心的金融机构在推动全球化方面所提供的核心动力，全球化也被称为"金融全球化"。比如，在有些学者看来："过去30年，全球化过程最突出的结构性变化，就是金融全球化的爆炸性成长与虚拟金融活动全面凌驾于实体经济活动之上。"②

在技术方面，可以说，随着技术的每一次更新升级，全球化也呈现出不同的面貌。随着现代航海技术的发展和新大陆的发现，全球化开始显露其雏形，世界不同大陆第一次真正关联在一起。随着电话、电报等现代通信技术的出现，全球远距离时空首次可以实现即时性交流，全球化开始进入"通信全球化"阶段。但由于这些技术的社会普及程度较为有限，这种全球化对普

---

① 安东尼·吉登斯：《社会的构成：结构化理论大纲》，李康、李猛译，北京：生活·读书·新知三联书店1998年版，第290页。

② 朱云汉：《全球化的裂解与再融合》，北京：中信出版社2021年版，第53页。

通社会个体的卷入程度也相对有限。20世纪中后期网络技术的普及推动全球化进入"网络全球化"阶段，它更加彻底地带来了全球时空的一体化，普通社会个体首次变成不仅是全球化的承受者，而且是全球化的推动者。与晚近数字技术和人工智能技术的发展相伴随，全球化也进入"数字全球化"的发展阶段。如果说此前的全球化所针对的主要是实现全球化时空的一体化，数字全球化凭借其数字技术开始使时空变得透明。①

在政治动力方面，民族国家对于国界的固守看似与全球化背道而驰，但民族国家同样也推动着全球化的兴起和转型。在作为全球化基本特征的时空伸延和时空透明后面，无时不透露着民族国家的身影。民族国家出于国家安全、权力行使、发展规划等目的，不仅追求最大限度地掌握自身领土边界范围内的各种信息，而且追求最大限度地掌握边界范围以外的信息。② 这正是吉登斯所论述的民族国家所拥有的高度发达的"反思性监督能力"。③ 信息收集和分析技术的每一个进步，都推动国家形态进入新的发展阶段。如果说现代技术是全球化得以展开的结构性原则之一，那么这一原则直接与民族国家的政治特性和资本主义的经济特性紧密关联，它们是推动技术不断进步的深层动力。

在文化方面，它是隐含在资本主义、民族国家背后的更深层动力。资本主义迥异于传统的封建制或者奴隶制生产模式。后面这些生产模式很大程度上并不是主要以利润为目标追求，宗教等其他价值追求扮演更加重要的角色。比如，韦伯把资本主义兴起的动力归结为"新教伦理"：资本主义是表面呈现出来的经济模式，它尽管有利于资本积累和利润增加，但后面的根本动力却在于新教徒所怀有的"被选"和"天职"观念："尘世中基督徒的社会活动

---

① 有关上述全球化四重镜像的论述，参阅郭忠华：《比较视野下的全球化镜像》，见《全球化研究（2024）》，北京：中央编译出版社2024年版，第103—108页。

② 郭忠华：《全球化与民族国家：关系的再审视》，见薛晓源、沈湘平主编：《全球化研究（2022）》，北京：中央编译出版社2022年版，第136页。

③ 参阅安东尼·吉登斯：《民族—国家与暴力》，胡宗泽、赵力涛译，北京：生活·读书·新知三联书店1998年版，第7章。

完全是为'增加上帝的荣耀'"。① 在阿伦特有关古希腊人生活的论述中，在公共领域中追求卓越和不朽的"政治生活"的价值也被看作远高于经济等其他生活。② 只有伴随着资本主义时代的到来，利润才真正成为社会运转的核心原则。政治方面也同样如此，现代个人主义、自由民主等观念的兴起在型构民族国家的政治面貌方面充当了最深层的动力。

基于以上论述，我们可以把全球化的结构性原则及其内在关系概括如下：现代技术—资本主义—民族国家—现代社会价值。其中，技术是推动全球化兴起和转型的直接动力，资本主义和民族国家从经济和政治两个维度推动技术升级，现代价值追求则又是推动资本主义和民族国家发展的更深层动力。

二、以美国为主导的全球化结构性原则

之所以要以美国为中心来论述全球化结构性原则的转型，主要基于大国在塑造全球化方面所具有的能力。从根本上说，只有大国才具有推动全球化发展和转型的能力，小国尽管也会被卷入全球化进程，但由于自身综合国力的限制而很难具有塑造全球化面貌的力量。20世纪末以来，随着苏联和东欧社会主义阵营的瓦解，美国扮演了塑造全球化发展的最根本力量；当今所谓的逆全球化浪潮也主要肇始于美国。可以这么说，离开了美国，就不可能对全球化的历史和当前现实形成真正的理解。而要做到这一点，又必须从美国的历史谈起。

本文不是要详细讨论美国的历史，而是要从美国历史视角讨论全球化。这可以从国内和国际两个视角来达到这一目的。从国内来看，美国从建国至今才二百余年的历史，从种族间关系的角度来看，这一历史大致可划分成以下几个阶段：一是独立战争后到南北战争前的美国，此时的美国已真正成为

---

① 马克斯·韦伯：《新教伦理与资本主义精神》，于晓、陈维纲等译，西安：陕西师范大学出版社2006年版，第55页。

② 汉娜·阿伦特：《人的境况》，王寅丽译，上海：上海人民出版社2021年版，第18—21页。

一个独立主权国家，在族间关系上则完全以白人为中心，黑人以及其他族裔处于奴隶地位。这是美国的文化基因。二是从南北战争到民权运动前。通过黑人奴隶解放运动，黑人获得了与白人平等的权利，此时的美国可以被视为"白+黑"的种族结构。文化基因开始发生一定程度转变。三是民权运动之后到特朗普主义兴起前。在种族平等、文化多元主义等原则的推动下，黑人等少数族裔的地位得到明显提升，甚至史无前例地出现了黑人总统。随着国际移民大量涌入，美国的种族结构变得复杂化，通过自由、平等、多元、正义等价值加持，少数族裔的权利和要求也更加容易得到满足和合法化。相反，原来处于支配地位的普通白人阶层却在不断后退和忍让，美国文化基因似乎发生倒转。《故土的陌生人》《乡下人的悲歌》等著作反映了这种变化轨迹以及白人阶层内在愤懑的心理。四是特朗普主义以来。可以把它看作是试图对前两个阶段进行倒转。它在理想上追求回到以白人为主导的美国，至少回到第二阶段黑白共主的状态。这一点可以从特朗普大规模驱逐非法移民和提振传统产业等做法中略窥一斑。

在国际方面，美国的角色同样经历过几次重大调整。独立战争后《门罗宣言》的发表，意味着美国作为独立主权国家崛起的同时，美国试图建立起在南北美洲的主导地位。第一次世界大战使美国的综合国力得到极大提升，国际影响力极大增强。第二次世界大战后，世界划分成以美国为首的西方资本主义阵营和以苏联为首的东方社会主义阵营，此时的美国已成为西方阵营之首，并在美国的主导下建立起战后全球秩序。20世纪80年代末90年代初，伴随着苏东社会主义阵营瓦解，美国成为世界上唯一超级大国。正如福山的《历史的终结》所表明的，此时的美国进入一个最为自信和荣耀的时刻，似乎世界上的所有其他国家最终都将走向以美国为蓝本的自由民主国家。[①] 然而，好景不长，2001年的"9·11事件"打破了美国自信满满的梦想，使其意识到威胁不仅可以来自某些国家，还可以来自恐怖主义等阴暗势力。此后，美

---

① 克莱·G. 瑞恩：《道德自负的美国：民主的危机与霸权的图谋》，程农译，上海：上海人民出版社2008年版，第128页。

国开始不遗余力地发动反恐战争。但事与愿违，反恐没有取得完全胜利，却再次遭受全球金融危机的打击，繁荣强大背后难掩美国存在的致命弱点。此后，族间矛盾加剧、贫富分化加剧、民众失落感提升等事实，使美国迅速撕裂，全球收缩和美国至上成为新的走向，特朗普主义则是这种政策走向的写照。

美国的国内和国际政治变化与全球化存在紧密的联系。美国真正成为全球性政治力量是在两次世界大战之后。但两次世界大战所塑造出来的并不是一个真正全球化的秩序，而是一个以民族国家为基础的"国际关系"秩序，民族国家构成了国际关系网络中的节点。民族国家之间的接触频率尽管史无前例地得到了提升，但世界却呈现为以民族国家为单元的"政治马赛克结构"。① 全球化作为一种席卷世界的浪潮真正出现于20世纪末期，尤其是两极格局瓦解之后。美国在这一过程中扮演了至关重要的角色。20世纪末里根主义和撒切尔主义的兴起，为全球化的发展奠定了基调，此后盛行的新自由主义思潮则为全球化的发展提供了思路和方向。具体而言，早期全球化主要建立在如下结构性原则的基础上，它们都与美国存在不可分离的关系。

在经济方面，全球化主要建立在自由主义经济模式的基础上，体现为以金融资本主义为主体所推动的全球经济一体化，具体体现在私有化、自由化、市场化、开放化等原则上。它们不仅是美国等西方国家赖以改变传统社会主义国家的武器，也是此后承载全球化运行机制的基本原则。在这些原则的推动下，全球化首先表现为经济全球化，民族国家经济从其领土和政治结构中脱域出来，与更广泛的世界经济融合在一起。但必须认识到，这种全球化经济绝非没有中心、大家平等的一种经济模式，华尔街在某种意义上扮演了全球化的中心。这种全球化本质上是西方金融资本在全球范围内的整合和掠夺。在技术层面，20世纪中后期兴起的卫星通信技术、互联网技术、大储存和运

---

① 郭忠华：《全球化与民族国家：开放条件下政府能力的重构》，载《理论与改革》2002年第5期。亦可参阅于尔根·哈贝马斯：《超越民族国家？——论经济全球化的后果问题》，见乌·贝克、哈贝马斯等：《全球化与政治》，王学东、柴方国译，北京：中央编译出版社2000年版，第78—80页。

算技术等为全球化的发展提供了技术平台，美国则是这些技术的最主要供给者。在政治方面，不可否认，苏东社会主义阵营的瓦解和中国的改革开放为全球化提供了契机：前者使美式全球化不必再面对意识形态和政治上的壁垒，中国的改革开放则为美国等西方国家的过剩资本和夕阳产业提供了巨大市场。最后，在文化方面，全球化与美国当时盛行的多元文化主义携手同行，多元文化主义展现了美国的自信，它凭借其政治正确性而成为摧毁各种文化障碍的一尊重炮。

完全可以断言，20世纪末以来的全球化发展与美国存在着内在的关联，是美国经济、技术、政治、文化维度在世界舞台上的扩展。但正如下文将要表明的，全球化给美国所带来的影响是双面的，它在推高美国的世界影响的同时，也使其遭到反噬。

三、当前全球化结构性原则的调整

无可否认，20世纪晚期以来的全球化给美国和整个西方世界带来了巨大的超额利润，大量来自第三世界国家的利润源源不断地流入西方。如果说早期资本主义以肉眼可见的方式在世界范围内进行奴隶贩卖和殖民掠夺，在全球化时代，资本则以一种更加隐蔽的方式进行经济剥削。但必须认识到，以美国为首的西方国家并不只是享受到全球化所带来的好处，由于国内经济调节、分配制度等的限制，全球化也给它们带来巨大的反噬作用。

同样以美国为例，华尔街尽管表面上为美国创造了经济繁荣，但其带来的问题也是全面的。由于经济调控制度上的缺陷，20世纪末和21世纪初以来的全球化主要表现为以金融产品为基础的金融经济，它与实体经济之间存在着巨大的差距。随着金融杠杆被不断推高，制造出来的经济泡沫也就越大，国民经济也就越处于危险的境地。同时，由于分配制度方面存在的重大缺陷，全球化所带来的巨额利润主要落入了富人之手，工人、农民以及其他普通阶层更少享受到全球化的红利，甚至还必须承受其后果，如由于产业转移或升级而带来的失业、相对或绝对贫困等。全球化的红利为富人所垄断，代价则为普通百姓所承担,这正是全球化带来的重要后果之一。① 2008—2013 年的全球金融危机表明金融泡沫的破产,危机所催生的各种调整措施开始使全球化发生逆转。如特朗普反复使用的关税和贸易战政策,使产业链重新回归美国的政策,以及针对某些产品所制造的技术壁垒等。全球化所催生的经济分化与多元文化主义所伴生的种族问题结合在一起,使美国社会变得更加撕裂,特朗普主义的移民驱逐政策、公民身份调整政策等都必须置于这一背景下来加以理解。

美国逆全球化思潮的兴起还跟中国存在紧密的关联。在初度拥抱全球化的改革开放初,中美关系似乎较为互补。美国向中国输出国内行将淘汰的低端产业,实现国内产业更新升级。中国则因为长期封闭而大大落后于世界发展脚步,其时,即使西方低端产业进入中国依然能焕发出勃勃生机。西方资本与中国巨大的廉价劳动力形成有机结合,真正产生了双赢的效果。同时,改革开放初以生产力发展为中心、不争论、韬光养晦等政策,也使美国较少感受到政治和意识形态方面的挑战。问题的关键在于,中国不仅通过积极拥抱全球化实现了经济快速发展,而且在这一过程中还实现了产业和技术的更新升级。20 世纪末的国企改革和产业调整政策尽管带来苦痛,但却为经济发展模式转型和内涵式增长提供了新的动力。更有甚者,经济发展还带来中国国际地位的巨大提升,时至今日,中国已成为国际舞台上的中坚力量。中国没有如福山曾经幻想的那样最终拥抱西方的政治制度和意识形态,反而强调坚持道路自信、理论自信、制度自信和文化自信。中国的崛起和强大导致中美摩擦相应升级。美国尽管在经济、技术诸方面仍然拥有决定性优势,但也感受到了来自中国的竞争性压力,包括全球产业链中的龙头地位之争,国际格局和话语的主导权之争,以及政治体制和意识形态之争等。由于这些原因,也就不难理解为何晚近数届美国总统都无一例外地对中国实施打压和遏制政策,特朗普则堪称其中之最。

---

① 齐格蒙特·鲍曼:《全球化——人类的后果》,郭国良、徐建华译,北京:商务印书馆 2004 年版,第 8—11 页。

面对国内国际形势的沧桑巨变,特朗普主义应运而生。特朗普主义可以概括为以下要点:一是坚持美国至上(MAGA)。它从原来对于欧洲等西方盟友的保护义务中不断抽身,实行一切以美国利益为转移的政策。这一政策的伴生现象尤其表现在美国"退群"上,如退出气候变化《巴黎协定》、世界卫生组织等。与这一总体战略相伴随,二是不断挑起国家之间的贸易战,制造贸易壁垒。时至今日,贸易战已从特朗普第一任期时主要针对中国扩展到针对世界几乎所有国家。三是推行政治民粹主义,以反对多元文化主义作为基调,驱逐国际移民、取消针对 LGBTQ 群体的有利政策,重新发掘盎格鲁-撒克逊文化基因等。这些变化总体上可以概括为"回归""收缩""对抗"三大政策取向。"回归"即反对多元文化主义,回归白人至上的盎格鲁-撒克逊文化传统;"收缩"即在与盟友的关系中尽可能减少义务、卸掉包袱,从"全球美国"和"西方美国"收缩为作为单一民族国家的美国;"对抗"即通过贸易战、军事威慑等方式,尽可能打乱包括中国在内的潜在竞争对手的发展步伐,防止对等竞争对手的出现。①

但是,我们不能因为特朗普主义的强势兴起就认为全球化已经走到了尽头,由于中国及诸多其他力量的推动,毋宁说全球化正在发生深层的结构性调整。可以把它概括为以下方面:第一,从以美国为主导的单极全球化向多中心的全球化演变。美国是全球化发展第一个阶段的核心推动力,全球化很大程度上也表现为美国经济、政治、文化模式的全球扩展——尽管在这一过程中也激荡起众多冲突。但当今的全球化正朝着多中心的方向发展,在美国不断推卸全球责任的同时,中国对于全球化的推动作用正不断提升。同时,还出现众多抱团取暖的国家集团,它们在区域和局部范围加强了全球化。比如,美国尽管不断从"全球"层面退却,但也不断重建其与其他西方国家的内部关系,力图在西方国家内部实现一体化;发展中国家也不断加强内部团

---

① 有关特朗普主义的崛起原因和主要内涵,可参阅大卫·G.恩比克等:《资本主义、种族主义与特朗普主义》,载《国外理论动态》2020 年第 6 期;韩召颖、黄钊龙:《"特朗普主义":内涵、缘起与评价》,载《国际论坛》2020 年第 4 期。

结以共同应对外部冲击,这一点尤其体现在金砖国家组织的崛起上。第二,从超级全球化向多层级全球化的演变。全球化发展的第一个阶段主要体现在"全球"层面,以民族国家经济的一体化为主轴,夹杂着政治、文化等其他变量。与第一种变化相关联,当前的全球化正朝着多层级和多功能的方向发展。在全球层面,为应对人类面临的共同问题(如全球气候变化、恐怖主义、经济危机)而促进了全球治理的发展;在地区层面,基于经济、资源互补而促进了地区内部的经贸合作和自由贸易区的建立;在地方层面,全球化带动了地方化的发展,地方化则使地方自治意识得到明显加强。第三,从以经济为主轴的全球化转变为经济、政治、文化、人口等复合变量的全球化。全球化的第一阶段主要表现为经济全球化,但在今天,推动全球化发展的动力已变得更加多元。比如,由于地区战争所带来的人口流动,由于疫情、经济危机等催生全球合作,以及由中国所倡议的"一带一路"发展框架等。经济因素尽管仍然重要,但与经济不存在直接关联的其他因素的作用也不可忽视。第四,从以西方价值为中心的全球化向多元文化的全球化转变。如前所述,美国是推动全球化出现的核心力量,全球化后面隐含的是美国的价值追求。但在今天,伴随着全球化主体的多元化,全球化的价值色彩也变得更加多元和斑斓。

总而言之,当前全球化正处于震荡调整期,集中反映在全球化结构性原则的调整和重建上。基于上述有关结构性原则转变的论述,可以预期,全球化将展现出崭新的图景,体现在多元主体共同推动的全球化,民族国家更能有效调节的全球化,以 AI 技术为基础的更加智能的全球化,以更加多元和平等文化为基础的全球化等发展趋势的进一步加强上。在特朗普主义对整个世界造成深刻影响的当下,全球化的发展正经受考验,但这也是全球化转型的契机。时下,中国正日益取代美国而成为全球化的主要推动者。在这一过程中,通过直面特朗普主义所带来的问题,坚持弘扬国际正义,批判单边主义的思维和政策,参与和推动全球合作和全球治理的发展,推动以平等、对话、合作为基础的新型国际秩序的建立,中国必将为全球化的转型升级做出更大的贡献。

The Structural Principles of Globalization and Their Transformation:

A U. S. -Centric Discourse

Guo Zhonghua

Abstract: Since the mid-to-late 20th century, globalization has gradually become as a heated topic and undergone fundamental transformations. Analyzed through the lenses of economy, technology, politics, and culture, the structural principles of globalization and their relationships can be summarized as "modern technology-capitalism-nationstate-modern social values". Among these, modern technology serves as the primary driving force behind globalization, while capitalism and nation-states both provide economic and political support. The United States has played a pivotal role in this globalization process, with its domestic and international policy changes directly impacting the development of globalization. With the rise of emerging powers such as China, globalization is evolving from a unipolar to a multi-centric structure, exhibiting multi-layered and multifunctional characteristics. Currently, globalization is in a period of fluctuating adjustment, requiring responses to new challenges and opportunities. China will play a significant role in promoting the transformation and upgrading of globalization.

Keywords: structural principle, Trumpism, transformation, multicenterization

全球化大势下的全球文明

——亨廷顿文明范式的批判与思考

米 健*

摘要： 文明多元必然导致文明冲突，全球化必然带来全球文明，文明冲突和全球化都是人类社会发展进程中的必然产物，全球文明则是化解文明冲突、推动全球化建设的路径与支撑。全球文明不是统一文明，而是共识文明，核心是全人类共同价值。全人类共同价值是所有文明的最高价值形态，体现着人类文明共识，获得这种共识是化解文明冲突，促进全球文明的唯一出路，而其前提是接受多元、尊重包容、和而不同及美美与共。构建人类命运共同体，首先要寻求一个人类精神共同体。亨廷顿的文明冲突理论虽然提出了当代国际关系和政治的一个重要视点，但却有鲜明的西方文化中心论思想。历史经验证明：文化傲慢和文明优越的意识形态，任何以自身文明主导整个人类文明的尝试，不仅会落空，还会成为文明冲突的根源。中华文明之所以绵延五千多年还兴盛不衰，恰恰是因为她本身就是多元文明的构成，从一开始就有海纳百川的开放性和包容性。

---

* 米健，北京师范大学特聘教授，中国政法大学退休教授，德国弗赖堡大学名誉法学博士。本文是在2024年9月28日北京师范大学"全球化与全球治理论坛"学术研讨会上的发言基础上整理而成。写作过程中曾与曹欣、李洋进行过讨论，并在资料核查方面得到他们的帮助，李钟文在日文资料方面提供了帮助。文稿完成后曾与夏勇、李频先生进行过交流，得到他们的宝贵指点。在此一并致谢！

关键词： 全球化　文化与文明　文明冲突　文明范式　共识文明

在本世纪初，中央电视台播放了一部引起很大轰动的历史纪录片《大国崛起》。这部影片的制作和播放其实是缘起2003年11月中国领导层以世界近现代史上九个大国的兴盛与衰落为重点的第九次集体学习。这次学习主题表明，当时的中国领导层已经开始对21世纪中国发展的策略与路径做理论与思想的准备。现今中华民族伟大复兴和人类命运共同体构建，或多或少可由此初见端倪。历史证明，任何一个大国的崛起必然有其文化的诠释或注脚，没有文化支撑的崛起只能是昙花一现，不可能长久。[①] 所以，我们今天谈论全球化时，必须要认识文化的深层作用及其在人类存在中的个别标识意义。与此同时，更要理解文明的上层作用及其对人类存在的普遍标识意义。可以断言，全球化必然催生全球文明，而后者反过来又会促进前者。在此进程中，民族国家之间的文明冲突不可避免。换句话说，全球化和全球文明必定是伴随着文明冲突一步步展开，这是一个人类历史运动逻辑。美国政治学者亨廷顿（Huntindon）有关文明冲突及以此为核心内容的文明范式理论，有其独到的洞见和广阔的视野，亦有严谨的逻辑性和说服力。它不仅对美国的中国政策制定产生了深刻影响，而且还对几乎所有东西方国家的政治理论、国际关系乃至全球战略的政策制定都产生了很大影响和启示。因此，认识和理解当今国际政治、国际关系乃至整个21世纪人类文明及其冲突，亨廷顿文明范式理论是一个绕不开、不能忽视的话题。但迄今为止，在中国乃至国际社会，对该理论尚欠缺东方视角的分析和批判。而事实上，该理论的一些观点立场显然存在一些非常有必要思考和论辩的空间。[②]

[①] 参见米健：《什么样的文化伴随中国崛起？》，载《法学家茶座》2007年第17辑，第4—7页。

[②] 〔美〕亨廷顿：《文明的冲突与世界秩序的重建》，周琪等译，北京：新华出版社2010年版，第20页及以下。

一、问题的提出及其讨论前提

1. 文化与文明

亨廷顿对当代国际关系特点的判断是文明冲突,从而引出其理论核心——文明范式。所以,讨论这个命题必须首先谈文明,而谈文明必然要谈文化。于是,对文化和文明的基本认识就成为我们讨论问题的前提。

许多情况下,文化与文明经常相提并论,视为同一。西方学者对于文明多有阐述,但内容、范围和实质都不尽相同。例如,英国史学家汤恩比在其皇皇巨著《历史研究》中并没有明确区分文化与文明,而是以文明为主线展开其宏大的历史叙事,尽管他在一些场合也用了文化的概念。在他那里,文化基本上是被文明取代或覆盖了的,他对文明类型的认识也是不断变化,从15个到21、25、27直至37个文明类型,最后又集中到6个文明。[①] 与他相似,奥地利精神现象学家弗洛伊德虽然事实上对两者有所区分,但在其《一个幻想的未来》中却主要以"文化"(Kultur)为主题词展开了相关的讨论。他说:"人类文化——我的意思是指所有使人类超越了动物状态,而且还使人类生活与动物区别开来的所有东西,至于文化与文明的区别,我却并不在意。对于观察者来说,文化显然展示了两个方面。一个方面是人类能够获得的所有知识和能力,以期能够把握自然的力量并从中获得人类生活需要的财富;另一方面则是人类社会生活必要的制度设置,以期对人们之间的关系,特别是对于所获财产的分配进行规制。"[②] 显然,在弗洛伊德这里,文明基本上是被文化吸收了的。

[①] 参见汤恩比:《历史研究》上卷,陈晓林译,台湾:远流出版社1991年版,第10、146—149、497页。

[②] Sigmund Freud, *Die Zukunft einer Illusion*, 2. Auflage 1928, internationaler Psychoanalytischer Verlag, 1928, S. 6–7. 又可参见中译本〔奥〕弗洛伊德:《一种幻想的未来》,严志军、张沫译,上海:上海人民出版社2007年版,第22页。

当然,与此相对,有些学者还是明确区分了文化与文明。如,德国哲学家康德认为文化涉及艺术和科学,而文明则是所有种类的行为举止和社会礼仪等。特别值得提及的是,德国史学家斯宾格勒与大多数历史文化学者不同,他不仅对文化与文明做了明确区分,而且还将文明的位阶置于文化之次,并以文化为主线展开其历史和观念的叙事。① 在他之后,德国学者埃利亚斯更进一步地以"文明"为专题展开了研究,并且非常明确地将"文明"与"文化"作为一对对立的概念来说明。②

亨廷顿在其20世纪90年代初发表的《文明冲突》和本世纪初发表的《文明冲突与世界秩序的重建》中,没有太多地纠缠这个问题,而是直接聚焦于文明。日本学者福泽谕吉在其《文明论概略》中同样没有对文化与文明做出特别区分,他认为文明是经历了野蛮、半开化时期之后的产物。他甚至有意无意地从始至终不提文化,在他那里文化与文明显然是合一的。③

但无论如何,只要稍加深入,就会发现文化与文明有时候虽然可以并论,但描述的内容和范围的确不完全同一。在许多场合,文化与文明的确要有选择性地表达才行。两者的不同随着各种不同文化之间,尤其是不同民族、不同国家之间日益广泛、频繁和深入的交往而越来越清晰地表现出来。尤其是我们现在要展开的讨论,更需要对两者的不同及其关系有一个基本认识,以使我们在随后的讨论中能对文明冲突、文明范式以及全球文明有更准确深刻的理解。

---

① 〔德〕奥斯瓦尔德·斯宾格勒:《西方的没落》上册,齐世荣、田农等译,北京:商务印书馆1993年版,第14页及以下。

② Norbert Elias, *Über den Prozeß der Zivilisation, Soziogenetische und psychogenetische Untersuchungen*, Verlag Suhrkamp, 1977, Erster Band, SS. 95-98. 又见中译本诺贝特·埃利亚斯:《文明的进程——文明的社会发生和心理发生的研究》,王佩莉、袁志英译,上海:上海译文出版社2018年版,第5页及以下。

③ 参见〔日〕福泽谕吉:《文明论概略》,北京编译社译,北京:商务印书馆1959年版,第30—41页。

2. 文化与文明的基本认识

首先，文化是什么？有关文化的认识和定义多种多样，不可胜数，但终归是有一个能够达成共识的核心认识，即它是人类存在与发展过程中潜移默化逐步形成的习惯、传统、认知和观念，这些文化元素反过来又作用于人类存在和发展。也就是说，它"是影响和支配人的行为方式和生活方式的认识方法和知识构成，是一种生活态度和世界观，是一种有推动力和制动力的知识体系和思想传统"。[①] 任何一个社会、民族和国家，必然要有一种能够说明其生活态度和精神世界的知识体系和思想传统，这就是文化。人类的所有生产生活方式及物质产品，背后都有文化的作用。对于一个民族而言，文化是其精神的载体和标识。

其次，文明是什么？我们现在讲的，也是众多学者所讨论的文明，是直接关联于西方语言中的"civilization"，并在西方语境下展开的，它最初在古希腊神话中是相对于野蛮的一种表达。不过，按照美国史学家布鲁斯·马兹利什在其著作《文明及其内涵》中的看法，"civilization"这个词第一次具有较明确思想内涵的出现并且被后人广泛接受，是在法国大革命前法国政治经济学家老米拉波（Mirabeau）于1756年发表的著作《人类之友》（*l'Ami de homoes*）中。[②] 他在这部著作中设计了一个以公民法（civil law）取代军事法的社会，人们作为这个社会中的社会存在，是有礼貌、有良好教养、言谈举止得体，而且具有文明美德的社会群体。[③]

[①] 有关这方面的进一步阐释，可参见米健：《中国文化与人类命运共同体》，载《比较法研究》2022年第6期；又见米健：《法以载道》，北京：商务印书馆2023年版，第3—22页。

[②] Bruce Mazlish, *Civilization and Its Contents*, Stanford University Press, Stanford, California 2004, pp. 1–6. 米拉波侯爵（又称老米拉波，Mirabeau, Victor Riqueti, marquis de, 1715—1789），法兰西革命之父米拉波的父亲。又可参见中译本〔美〕布鲁斯·马兹利什：《文明及其内涵》，汪辉译，北京：商务印书馆2017年版，相应部分。

[③] Bruce Mazlish, *Civilization and Its Contents*, Stanford University Press, Stanford, California 2004, pp. 7–8.

对此问题，汤恩比认为"从那个时期之后，'文明'在所有现代语言中流行的意义是：文化在一个特定的时代，所经历的一种特定种类或阶段"。在目前的知识里，"文明时代似乎是在约五千年前开始的"。① 在此，汤恩比对什么是文明显然语焉不详，只是说它是文化在一定阶段上的表现，不经意地表明他并没有严格区分文化与文明。但在谈到怀特海时，他却尝试了以"精神事像"来界定文明："文明即是努力创造一种社会状态，是整个人类能够和谐地生活在一起，如同天下一家的家族中的成员一样。"② 不过，德国史学家斯宾格勒对于文明的理解却与此大为不同。在他看来，文明似乎不及文化高级，是一种意图扩张的手段和口号。他直截了当地说："帝国主义就是没有掺假的文明"。"……'扩张的一切'乃是每一完全成熟了的文明——罗马文明、阿拉伯文明或中国文明——的内部倾向的拿破仑式的重申。"③ 当然，持他这种看法的西方学者究竟还是极少数。

启蒙运动时期，"文明"一语成为非常时髦的常用词，当时启蒙运动思想家的初衷是推广欧洲中心主义的价值观，但是后来却逐步潜移默化地形成一种欧洲自身"文明"的优越感。正因如此，19世纪时期它曾一度被称为种族主义和殖民主义的思想工具。第一次世界大战后，西方一些学者开始对以欧洲为中心的文明观念进行了反思和修正，如前述斯宾格勒、弗洛伊德和埃利亚斯等。

3. 西文"civilization"与中文"文明"的结合

从历史上看，我们今天所讲的"文明"观念，最早是上古轴心时期东西方文化中同时产生的。只不过在自罗马共和国走向帝国，春秋战国走向秦一统后，它们各自有了自己的存续和发展方式。

在此首先要阐明的是，"文明"概念在中国源流久远，并非一个外来语。

---

① 汤恩比：《历史研究》上卷，陈晓林译，台湾：远流出版社1991年版，第61页。
② 汤恩比：《历史研究》上卷，陈晓林译，台湾：远流出版社1991年版，第62页。
③ 斯宾格勒：《西方的没落》上册，北京：商务印书馆1993年版，第61页。

总的来说，上古中国文化中讲的"文明"与近代西方最初所讲的"civitis"是大义相通的。不过某种程度上，中国上古"文明"的思想内涵更丰富。因为中国上古文明从一开始就着眼于一种社会状态或气象，而西方的文明在开始时则多重于个人和社会阶层的行为方式。这种狭窄的文明观，直到19世纪末才逐步拓宽。在此过程中，东西方文化的接触碰撞不断深入，东方文化中的"文明"与西方的"civilization"渐渐连接起来。时至今日，中文"文明"一语所表达的思想内容已经与"civilization"融合为一，可以说没有什么本质区别了。讨论人类文明，研究全球文明，这是一个最基本的认识起点。

"文明"一语在中国文化中源远流长，在约三千多年前的中国典籍里已经出现。如《易经》中就有"见龙在田，天下文明"之语，《尚书》有"濬哲文明，温恭允塞"，《周易正义》卷二《大有》中有"其德刚健而文明"，《周易正义》卷三《贲》中有"文明以止，人文也"，《文心雕龙》卷一《原道》中有"心生而言立，言立而文明"，① 等等。之后直至清朝，中国历史典籍里都有"文明"一语。当然，中国古代典籍中所说的"文明"与我们今天要谈的"文明"在内容、思想内涵上已有非常大的发展变化。

早在15世纪中期，日本官方就开始正式使用汉语"文明"这个词语，当时是用在天皇的年号上（文明年间，1469—1487）。在日本文史典籍中，现今所知最早使用文明一词的是日本临济宗僧人景徐周麟1518年的《翰林葫芦集》，"天下文明一统春、日重光又月重轮"。显然，这里的"天下文明"是出自《易经》中"见龙在田，天下文明"。但真正将"文明"与西文的"civilization"结合起来且产生影响的工作是日本学者福泽谕吉完成的。在其著作《西洋事情》（1867）中，他首先使用了"文明开化"的表述，用以说明"civilization"。不久后，福泽谕吉又发表了在东亚国家影响颇广的《文明论概略》，它大大地促进了文明概念在中国及其他东方国家传播，成为东方国家认

---

① 当然，《文心雕龙》中的"文明"与《周易》《尚书》中的"文明"所指各有不同。

识和了解欧洲文化与文明的一个重要概念。① 不过应该特别强调的是，日本学者将"civilization"用汉语"文明"传达，实际是通过对东西方文化思想内涵精华萃取而做出的选择，几乎没有产生什么文化间隙。日本学者之所以能够做到这点，根本上是因为日本人早已在汉语的原意上使用了这个词语或概念，而早期东方文化中赋予文明的思想内涵与后来西方civilization所表达的内涵基本大义是相通的。过去和现在都有不少学者认为"文明"概念进入中国是日本学者福泽谕吉翻译而来，这其实是一个误解。据前所述，对中国读者来说，从"civilization"到"文明"实际上不存在翻译问题，而是中西文概念的结合。这个文化史上的融合范例，至少说明了三点：第一，日本文化与中国文化的渊源；第二，日本学者对中国文化中"文明"概念的正确理解；第三，东西方文化的文明观在最初是大义相通的，至少在起点时是如此，它说明人类文明因人性使然而具有天下同一的必然。

4. 文化与文明的讨论

就文化与文明的讨论和理论而言，有关文明的讨论或论争相对晚近，甚至直到亨廷顿的文明冲突理论出现后才刺激了人们对这个问题的更多关注与讨论。与此不同，对文化的论述源远流长，近现代以来从来没有停止过。从

---

① 日本人使用"文明"传达"civilization"并非偶然。从现今可考的日本历史文献看，"文明"一词第一次出现是用于天皇年号上。公元1469年6月8日，即日本天皇应仁三年四月二十八日，日本因战乱改其年号为"文明"，直至1487年8月9日，即文明十九年七月二十日又改元为长享。文明年号出于中国典籍《周易》中的"文明以健，中正而应，君子正也"，又"见龙在田，天下文明"。此后约半个多世纪，日本临济宗僧人景徐周麟1518年发表的《翰林葫芦集》中有诗句："天下文明一统春，日重光有月重轮"，这应该是现知日本文化史籍中最早使用文明一词的痕迹。特别要指出的是，日本采用中国古代典籍中的汉语词汇作为年号是一个至今有一千六百年的传统。早在公元645年日本第一个年号"大化"，也是典出中国《易经》："大化流衍，生生不息，阴阳相动，万物资生。"后来的"明治"（1868—1912）年号，亦同样出自中国古籍《易经·说卦传》"圣人南面听天下，向明而治"。对日本近现代历史发展影响深远，完全改变日本国运的"明治维新"，其"明治""维新"均出自中国古籍《诗·大雅·文王》："周虽旧邦，其命维新"。又可参见〔日〕福泽谕吉：《文明论概略》，北京编译社译，北京：商务印书馆1959年版，第30—41页。

英国人类文化学奠基人爱德华·伯内特·泰勒的《原始文化》（1871）算起，① 已经有一个半世纪，文化早已经成为人类学、社会学、政治学等领域的重要思想元素，而文明长期以来却未有一个被普遍接受或认同的定义。

亨廷顿从五个方面对文明的特征作出阐释：1. 文明是多元的；2. 文明是一个文化实体；3. 文明是包容最广泛的文化实体且没有明确边界；4. 文明有终结；5. 文明只是文化实体而不是政治实体，本身并不建立、维持和保护特定秩序。在此基础上，他将文明本质概括为："文明是人的最高的文化聚集，是人区别于其他物种的、最广泛层面的文化认同。"② 就上述而言，亨廷顿对于文明的理解和定义是较为清晰明确的，然而他在随后对文明的阐发和立论过程中，并没有一以贯之，这种前后自相矛盾在其整个论述中多次出现。

5. 文化与文明的区别

文化与文明两者之间的异同大致可尝试从以下几个方面来理解：

第一，起源和层面不同。

文化是随着人类社会诞生而逐步产生，它受种族、地理、气候、语言、宗教、时代、生产和生活方式乃至特定环境影响，潜移默化、不动声色、不知不觉、自然而然之间形成，是一定文化主体内部之间相互认同的客观根据，并且成为一种自我标识而与其他文化区别开来。

文明是文化发展到一定阶段的产物，它是文化中所蕴含的积极的、正面的思想和价值观念，是人类彼此认同的主观判断，它很大程度上体现为明确的典章制度，故高于不确定的文化。当然，我们已知早已泯灭的一些古老文明，其文化与文明之间的区别并不十分清晰，故不能以此处标准去判断，我们宁愿视其为合一的。

---

① 爱德华·泰勒（Edward Burnett Tylor, 1832—1917），英国人类学家，被该领域尊为"人类学之父"。代表作有《人类早期史与文明发展研究》（*Researches into the Early History of Mankind and the Development of Civilization*，1865）、《原始文化》（*Primitive Culture: Research into the Development of Mythology, Philosophy, Religion, Art and Custom*，1871）等。

② 〔美〕亨廷顿：《文明的冲突与世界秩序的重建》，周琪等译，北京：新华出版社2010年版，第20页。

广义上讲，文化与文明是相同的，因为产生于文化基础上并被一定文化所孕育或成长的文明，一定与文化有内在和一致的思想与价值取向。但从狭义上讲，文化与文明又是不同的，因为文化的认同是一个族群、民族或国家之内的事情，而文明的认同与接受则是超越了族群、民族或国家的事情，二者不在一个层面上。

第二，描述对象与范围不同。

文化通常指特定族群、民族、国家以及或大或小社会生活圈内自生的习惯、观念、伦理、道德、宗教和法律等对自然和社会的认识与知识系统，具有独立性、个别性、标识性和归属性。它要强调的是自身的存在及其价值。所以，文化通常是民族国家相互区别的一个界标。

文明则是在文化基础上形成、发展和确认的，是后者在一定阶段和程度上的确定化，而且是开放的，没有边界。它不仅具有自身的内容，还包括接受和认同的观念、道德、法律和宗教等文化，它包括自生和他生的内容，具有普遍性，是一种超越族群、民族和国家的认识对象。进一步说，文明一方面与文化不可分割，另一方面却又超越文化，它不仅具有更高、更广的标识度，而且还具有更大、更普遍的结合力和感召力，从而使文明的交流互鉴成为可能和必然。就此而言，文明是一定人类群体、集团和国家彼此有别却又能够结合的标尺，是超越民族和国家的。

当代德国社会学家埃利亚斯以英、法两国与德国为例，对文明和文化的差别作了这样的阐释："'文明'在中世纪西方国家各民族中的含义并不同。首先，这个词在英、法与在德国的用法区别很大。在英、法，这一概念集中表达了它们对于中世纪国家乃至人类进步所起作用的一种骄傲；而在德国语言习惯中，'文明'则指那些安全有用的东西，但却是第二位阶的价值，亦即那些人的外在和人类实在的表象。在德语中，人们用'文化'而不是'文明'来阐释自我，人们用它首先要表达的是对自身特点及成就的骄傲。"[①] 显

---

① Norbert Elias, *Über den Prozeß der Zivilisation, Soziogenetische und psychogenetische Untersuchungen*, Verlag Suhrkamp, 1977, Erster Band, S. 90. 又见中译本诺贝特·埃利亚斯：《文明的进程——文明的社会发生和心理发生的研究》，王佩莉、袁志英译，上海：上海译文出版社2018年版，第2页及以下。

而易见,埃利亚斯这里的阐发一定程度上反映了人们对于文化与文明及其关系的认知差异。

第三,表现形式不同。

文化表现在所有下意识的不自觉和有意识的自觉活动之中,包括语言、文字、行为、社会生产和生活方式、人与人关系的处理中。它主要是潜移默化的习惯、观念和意识存在。当然,一定程度上也是文字、典章和制度的存在。

文明是确认和放大了的文化,它包括"价值观念、社会和个人行为准则、宗教信仰、政治模式、行为方式、法律和制度体制等,在一个特定社会中,历代人赋予了头等重要的思维模式"。[1] 文明的核心是典章、制度和价值观念,这与文化形成很明显的对比。文明需要制度明确和维系,所以制度必定是文明的一个基本元素,尤其是法律制度。一个好的法律制度必定是文明的,而文明的法律制度才会支撑一个现代意义的法治国家。在此意义上讲,文明与法治或善治差不多是同义词。

需要说明的是,文化概念下的法制和文明概念下的法治有本质上的区别。前者是只讲规则,但按规则办事不一定是最高的价值,如恶法亦法也是法制的一个突出特征。后者不仅讲规则,而且还讲价值,它的最高目标不单单是规则的实现,而且更是价值的实现,即要实现一个预先设定的最高的、最普遍的价值,这个价值通常被理解为人类普遍价值和人类道德。

第四,评价意义不同。

文化有好坏之分,可以评价,不一定都是积极评价性,其最根本的意义是标识性,如中国和西方的酒文化、祭祀文化和饮食文化,人们经常说的农村文化和城市文化,等等,各有其特点,但的确又有良俗和恶俗之分。文明则只是正面的,是已确定的价值,文明是从文化中萃取的具有共识性和积极评价性的内容,因此没有坏的文明。一般来说,文化的相对面是愚昧;文明

---

[1] 参见 Samuel P. Huntington, "The Clash of Civilizations?" *Foreign Affairs*, 1993, pp. 23-24。

的相对面是野蛮。所以，文明其实是一个标准，是一个无论情愿不情愿都必须看到和接受的标准。一切国际条约或国家之间的协定，都必须建立在文明基础上，文化在此不起决定性作用。这也就是说，国家之间的关系实际上是基于文明产生的，是文明关系。就此而言，中国崛起走向世界去构建人类命运共同体，必须以能够获得普遍共识的自身文明为力量和感召，这是未来中国最需要聚焦关注、努力去做的事情。

第五，认识论意义不同。

文化是一种存在认同的标识，包括自我标识和异类标识，具有客观性。文明则是确认、固定和符号化了的文化，是一种评价标准，具有主观性。当然，这并非说文明就是僵化、停滞的。文明也是不断发展丰富的，而且很大程度上受文化基础的影响和制约，但归根到底还是主观性的认识。至于文化的存在与表现，美国学者柯布有一段意味深长，但却有很大讨论空间，很可能会有争议的表述："如果文化被保留下来是为了吸引游客，那就根本不是真正保留下来的文化。活的文化会随着条件的变化而变化。有些文化面对变化的情境不能调整自身，而许多文化则是能够调整的。这种调整是丰富文化传统，而不是破坏文化传统。它是将要'全球化的'，但是这种全球化是要以自身的方式，根据自身的不同传统来实现。全球化的美国文化将会不同于全球化的中国文化。但两者都不得不保护自身文化免受外部的影响。"[①] 与之不同，文明是一种相对确定、稳定的交往标准。民族国家之间的关系，只能通过彼此文明的相互尊重和认同建立。文化是内向的，其主要意义是对自身或他人的表现和说明；而文明是外向的，其主要意义是寻找自身并与他人的认同与共同。恰如德国历史学家斯宾格勒说的："文化人类的精力是向内的，文明人类的精力是向外的"[②]。

[①] 〔美〕小约翰·柯布（John B. Cobb, Jr.）：《世界需要真正的全球化》，杨富斌译，见薛晓源、沈湘平主编：《全球化研究（2022）》，北京：中央编译出版社2022年版，第17—19页。

[②] 斯宾格勒：《西方的没落》上册，北京：商务印书馆1993年版，第61页。

二、文明范式

1. 文明范式的一般解读及其意义

"范式"（paradigm）是一个经常被采用的术语。关于究竟什么是"范式"，托马斯·库恩在其《科学革命的结构》中有较为系统全面地阐述，从而如同哈金所说的，使得这个词此后得以流行。但库恩自己最初使用这个词的本义是指"共有的范例"，而且是其著作中"最有新意而最不为人所理解的那些方面中的核心内容"。可是后来理论界对于"范式"的理解与运用多种多样，以至于托马斯·库恩本人也觉得失控了。所以他建议人们或者可用"examlar"取而代之，到了晚年，他索性放弃了这个说法。① 我们在此之所以对此展开讨论，是因为亨廷顿又运用了这个术语以表达其理论观点。

对于本文语境下的"范式"，有中国学者认为它是"具有竞争性的、相对有效的范式必须具有以下功能：理顺和总结现实；理解现象之间的因果关系；预期，如果我们幸运的话，预测未来的发展；从不重要的东西中区分出重要的东西；弄清楚我们应当选择哪条道路来实现我们的目标"。② 此处看法有其合理性，但并没有抓住核心和实质，显然是在某种程度上因循了亨廷顿的思路。在亨廷顿看来，明确事物发展的范式，可以更准确地预测事物发展的未来，因而建立范式可以帮助我们为了应对未来大概率将发生的事情去做准备。事实上，范式并没有那么复杂，它就是一种阐明事物发展规律的思想方法，是对某一事物发展的实质、内容、特性及其发展规律的概括和确认一般方法，是"共有的范例"。据此，我们可以更透彻、准确地认识事物，并对其未来走

---

① Thomas S. Kuhn, *The Structure of Scientific Revolutions*, 2012 by The University of Chicago, with in introductory essay by Ian Hacking. 参见中译本〔美〕托马斯·库恩：《科学革命的结构》，金吾伦、胡新和译，北京：北京大学出版社2012年版，哈金"导读"第11页，正文第11—19页。

② 杨光斌：《作为世界政治思维框架的文明范式——历史政治学视野的〈文明的冲突与世界秩序的重建〉》，载《学海》2020年第4期，第35—45页。

向和结果作出判断和准备，这也就是亨廷顿所说的对国际政治走向的预测。

亨廷顿在其1993年发表的《文明的冲突?》一文中，开篇就提出他要讨论的话题是"下一个冲突范式"（the next pattern of conflict）。[1] 他认为，在这个新的世界里冲突的最根本的缘由不是主要的意识形态和经济模式，……虽然民族国家仍然是国际事务中最重要的角色，但全球政治的主要冲突根源发生在不同文明的民族和人群之间。基于这个认识，他提出了"文明冲突"的命题以及围绕文明展开的冲突范式。在他看来，"简化的范式或地图对于人类思想和行动是必不可少的"，因为"它既描绘了现实，又把现实简化到能够更好地服务于我们的目的"。[2] 他认为，第二次世界大战后的冷战范式结束后，世界又先后经历了"一个世界、二个世界（我们和你们）、国家主义（民族国家）和完全混乱等范式"。[3] 而文明范式则是我们正在面对和经历的新范式。他在总结当代国际关系和民族国家冲突等历史经验的基础上，对当代以文明为实质内容、核心和特征的国际关系和国际政治概括出了文明范式这个命题。应该说，他这个范式命题是准确、深刻、客观、广泛适用并令人信服的，而且已为历史和现实所佐证。就此而言，可以说亨廷顿将国际政治和国际关系学推向了一个新的阶段。在世界范围内，人们开始将解释和处置国际关系和冲突的注意力聚焦到了一个新的核心问题——文明，它成了理解和把握当今与未来世界大局发展的关键。这个命题的提出，促使人类社会或整个世界进一步意识到，当今时代的民族国家冲突是直击人类根本的冲突，直接关系到人类未来的，或许是最后的冲突。文明冲突不解决，人类将永无宁日、没有未来。人类历史的终结已经被预见过不止一次了，但即使是这些预见果

---

[1] 应该说亨廷顿在其著作中频繁采用"pattern"一词，而且还直接采用了"pattern of civilization"说法，多少也带有一点前述所说的模糊不清的痕迹，很容易与他书中采用的"paradigm"混淆，所以在此莫如像库恩本人所提出的，将其理解为替代词"examlar"。参见 Samuel P. Huntington, "The Clash of Civilizations?" *Foreign Affairs*, New York, 1993, p. 22; 又见 Samuel P. Huntington, "The Clash of Civilizations and The Remaking of World Order", *SIMON & SCHUSTER*, 1996, p. 301。

[2] 〔美〕亨廷顿：《文明的冲突与世界秩序的重建》，周琪等译，北京：新华出版社2010年版，第20、8、9页。

[3] 关于亨廷顿的各种范式说，学界的理解并不一致，本文只是采用其中内涵较为明确的一种。

真有什么意义，那也都是阶段性、局部性的历史终结。① 而文明冲突能否有效、真正地解决，才是影响和决定人类"历史的终结"的关键。不过，这个判断当然会与亨廷顿的判断相左。因为他虽然认为"文明范式为理解20世纪结束之际世界正在发生什么，提出了一个相对简单但又不过于简单的地图"，但同时却又确定地指出，"任何范式都不可能永远有效"，在将来某一时刻，文明的范式将遭受类似（即他所述的其他范式）的命运。他的这个论断直观上虽然符合事物发展规律，但与此同时却也否定了有些西方学者的论点，如他的学生福山的"历史的终结论"。②

2. 亨廷顿文明范式的批判

亨廷顿固然是一个政治学者，但对人类文明的发展史不会陌生。然而令人费解的是，他对文明系统或类型的划分，却忽略了历史事实，非常明显地有以当代西方为中心，尤其是以美国为重心的倾向。不仅如此，他一方面指出文明的傲慢是文明冲突的重要原因，但另一方面却又在诸多方面潜意识地表现出对西方文明独领风骚的自信。这主要表现在以下三个方面：

---

① 关于黑格尔提出的"历史的终结"命题，有许多不同的理解。一说是指德意志国家统一这个目标实现；一说是黑格尔所说的哲学的终结；还有一个说法是"普遍的同质国家"到来；等等。无论怎样，显然都有具体所指，并非字面意义上的"历史的终结"。围绕这个命题有过许多研究，如法国的乔治·巴塔耶：《黑格尔、人和历史》（Hegel, l'homme et l'histoire），第三部分"历史的终结"（la fin de l'histoire）。但巴塔耶借用黑格尔这个命题所展开的，不涉及历史和国家政治，完全是哲学上的不可知论。目前在国际政治学、历史学界比较多谈及的是日裔美国学者福山所说的"历史终结论"。他的这个命题意指西方国家的民主制度和国家政体是这个世界上最好的制度，20世纪80年代末后，它已经逐步成为世界各国的关于社会治理模式的选择，因此当今世界人类社会在探求国家形态和政体方面已经达到了共识和终点，即舍此无他。在这个意义上，福山声称"历史的终结"。但显而易见，他的这个观点无论在现实还是理论上，都是不能成立的。事实上，早有学者对福山的观点立论做出过尖锐的批评。如张盾说："福山将'历史终结论'引申为一个政治意识形态观点：西方自由民主制度的胜利标志着人类历史发展的终点，并喻示着马克思主义理论与实践的终结。这是对黑格尔的误读。"见张盾：《"历史的终结"与历史唯物主义的命运》，载《中国社会科学》2009年第1期，第17—30页。

② 〔美〕亨廷顿：《文明的冲突与世界秩序的重建》，周琪等译，北京：新华出版社2010年版，第15页。

第一，他以"西方"为分野，非常主观地以西方和非西方文明取代了既有的、一般常说的文明划分理论，虽然他在具体论述中也承认东方文明自成一体。① 其中，西方文明又以美国文明为领导或核心，实际上为其西方文明中心论做了铺垫。他用这种文明范式的划分有意无意、不露声色地将中华文明与伊斯兰文明、印度文明等一并置于"非西方"文明系统内，实际降低了这三种文明在人类文明中的地位，从而无形中更突出了以美国为领导的西方文明的文明地位。不仅如此，他还直言不讳地宣称："在所有文明之中，唯独西方文明对其他文明产生过重大的、有时是压倒一切的影响。因此，西方的力量和文化与所有其他文明的力量和文化之间的关系就成为文明世界最为普遍的特征。"② 对于他的这个背离历史事实的论断，稍微熟悉世界历史的人一眼就会看穿。毫无疑问，他的这种西方文明中心论所表现出的文明优越感，一定条件下必然成为西方文明与其他文明冲突的根源。至少，已经激起所谓非西方文明的反感和对抗。尽管亨廷顿自己也说了："未来的危险冲突可能会在西方的傲慢、伊斯兰国家的不宽容和中国的武断的作用下发生"，但他还是把西方文明置于所有其他文明之上。

需要指出的是，亨廷顿虽然在文明类型划分上提出了西方与非西方文明两大体系，但在他的著述中，却不止一次地提到"世界上的七八个主要文明"，为此还以基辛格的论点为佐证，认同后者说的"21世纪的国际体系……将至少包括六个主要的强大力量——美国、欧洲、中国、日本、俄罗斯，也许还有印度——以及大量的中等国家和小国"。③ 他将基辛格所说的"强大力量"进一步归属为五个相当不同的文明。而这些国家或文明，有一半属于东方。所以，亨廷顿对于两大文明体系的划分与其著作中具体论述明显

---

① 〔美〕亨廷顿：《文明的冲突与世界秩序的重建》，周琪等译，北京：新华出版社2010年版，第23—24页。

② 〔美〕亨廷顿：《文明的冲突与世界秩序的重建》，周琪等译，北京：新华出版社2010年版，第161页。

③ 〔美〕亨廷顿：《文明的冲突与世界秩序的重建》，周琪等译，北京：新华出版社2010年版，第6页。

存在着不自洽。

第二，他认为"西方文明的出现通常被追溯到大约公元700到800年"①，这个立论一方面与历史真相大相径庭，另一方面也暴露了他刻意以盎格鲁-撒克逊民族的兴起作为西方文明起源的目的。事实上，凡对西方文明史有些基本了解的人都会看到这个偏颇。因为如此一来，实际上就切断了西方文明的历史连续性，使得西方文明似乎成为突然发生，没有源头的文明类型，既不客观，也不科学。诸多历史研究的著作都已经非常明确地做过结论，西方文明最早可以追溯到希腊罗马时期，没有希腊罗马文明，就没有后来的所谓西方文明。英国史学家汤恩比在其《历史研究》中，将西方文明的起点说得很清楚："西方文明子属于希腊文明，而以宗教来看，它又子属于叙利亚文明，因为基督教的根底，是深植于一个我们可称为希腊—叙利亚的'文化复合体'（cultural compost）。"② 即使是东方学者，如日本学者福泽谕吉也同样认为："现代西方文明是从罗马灭亡到现在大约一千多年（原译如此——引者注）之间形成起来的。它的历史可以说是相当悠久了"。③ 作为一位享有世界声誉的政治学者，亨廷顿不可能对此完全不了解。所以，只能说亨廷顿有意无意、闪烁其词地避开了他自己也承认的西方文明与希腊文明的文化渊源关系。所以他说："希腊不是西方文明的一部分，但它是古典文明的家园，这是西方文明的重要来源。"④ 显而易见，亨廷顿依据希腊的宗教属性，否认其属于西方文明，但却忽略了所谓西方文明正是从希腊罗马发展而来的。其实，史学上早有定论，现今西方文明中的基本思想观念，包括世界观和价值观等，基本发端于希腊罗马。在此情况下，若以中世纪早期和基督教形成时期的公元700—800年作为西方文明的开端，错误是不言自明的。所以，即使亨廷顿的这种西方文明中心论勉强成立，那么也必定会与其声称的以美国文明为核心

---

① 〔美〕亨廷顿：《文明的冲突与世界秩序的重建》，周琪等译，北京：新华出版社2010年版，第24页及以下。
② 〔英〕汤恩比：《历史研究》上卷，陈晓林译，台湾：远流出版社1991年版，第140页。
③ 〔日〕福泽谕吉：《文明论概略》，北京编译社译，北京：商务印书馆1959年版，第1页。
④ 〔美〕亨廷顿：《文明的冲突与世界秩序的重建》，周琪等译，北京：新华出版社2010年版，第141页。

的西方文明中心论相矛盾。显而易见，为了强调美国在西方文明中的领导地位，他刻意地把西方文明的起源放到了盎格鲁-撒克逊民族和基督教的兴起。但这样一来，他就缺失了立论的历史依据和思维逻辑。实际上，至今五千多年的人类文明史里，不止一次产生过强大的，影响了整个人类进程的文明类型。西方文明只是近现代后，才在世界舞台上占据风头。

第三，他把事实上仅有不到250年建国史的美国文化作为西方文明的代表和核心，显然更没有说服力，多少有点数典忘祖之嫌，虽然他的确也说道："一旦美国走上世界舞台，它同欧洲的更广泛的认同感就得到了加强。"① 可是必须指出，无论美国认同不认同欧洲，美国的文化或者文明来源就在欧洲。美国文明的发端，是欧洲一批受到宗教迫害的清教徒乘坐"五月花号"来到北美，在开拓北美十三州的基础上逐步孕育和发展出一个源于欧洲的文明形态。因此，一定程度上完全可以说美国文明是从欧洲走出来另辟天地，最后落足在北美的欧洲文明，亦即他笔下的西方文明。美国今天在世界上的地位及其在人类文明中的贡献，主要体现为较为成熟的西方精神文明和自身以科学技术为支撑的物质文明。

在大多数人来看，西方文明的起源、发展和形成的脉络早已经很清楚并且具有广泛共识。所以，亨廷顿做出这样的文明类型划分，并对西方文明做出这样的阐释，不能说没有"唯我独尊"的大国文化傲慢。他甚至直言不讳地称："西方是而且在未来的若干年里仍将是最强大的文明。"② 当然，他同时也不能不承认当代世界的大格局，即"权力（力量）正在从长期以来占支配地位的西方向非西方的各文明转移。全球政治已变成多极的和多文明的"。③

---

① 〔美〕亨廷顿：《文明的冲突与世界秩序的重建》，周琪等译，北京：新华出版社2010年版，第25页。

② 〔美〕亨廷顿：《文明的冲突与世界秩序的重建》，周琪等译，北京：新华出版社2010年版，第7页。

③ 〔美〕亨廷顿：《文明的冲突与世界秩序的重建》，周琪等译，北京：新华出版社2010年版，第7页。又：作者认为此句话中的"权力"（power）严格意义上讲是指"力量"或"主导力量"。虽然英文"power"的确有"权力"的内涵，但在此处却并非是指"权力"，因为一般地讲，"权力"的来源是国家机器，而这里所说的与国家机器没有关系。

尽管如此，他在这里的错误和矛盾还是非常明显的，首先，西方文明最强大只是从某个角度或某个方面讲；其次，全球政治从来是多极的多文明的，不是今天才开始。或许与亨廷顿的影响不无关联，他的弟子，日裔美国学者福山的文化傲慢表达得更为直接。他引起颇大争论的命题"历史的终结"，实际就是将西方文明中的"自由民主"制度视为人类社会迄今为止最佳的，无法超越的，因而也是最终的制度模型。他非常直接地说："美国人倾向于认为他们的制度和民主、个人权利、法治与基于经济自由的繁荣等价值代表了全世界的共同愿望，一旦给以机会，将最终为全世界的人民所共享。他们也倾向于认为美国社会对各种文化的人民都具有巨大吸引力。来自世界各国的数以万计的移民涌向美国和其他发达国家，这些人用他们的行动表明了自身的态度，而这也似乎验证了上面的观点。"① 福山还充满自信地说："在所有这些方面……西方制度有取胜的把握。因此，西方制度最终会遍布全球的每一个角落。"② 显而易见，福山所表述的判断或结论，即对西方文明的信心及其未来在世界上的地位，和他的老师亨廷顿几乎同出一辙。

不过，与这种观点不同，美国学者萨义德曾委婉地说："不要去企图统治他人，不要去把人分类，分高下，特别是不要去不停地强调'我们'的文化和国家天下（或者在这方面，不是天下第一）对于知识分子来说，放弃了这点，还是有极具价值的工作可做的。"③

第四，"中国威胁论"。在亨廷顿著述中，对于来自中国或中华文明的威胁论调贯彻始终。虽然亨廷顿将伊斯兰和中华文明归入对西方文明最严重的挑战者，指出"西方与属于挑战者文明的伊斯兰国家和中国的关系可能会持续紧张，并经常出现严重的对抗"。④ 而且，第一波文明冲突是在西方文明与

---

① 〔美〕福山：《危机与未来——福山中国演讲录》，陈家刚编，北京：中央编译出版社 2012 年版，第 125 页。

② 〔美〕亨廷顿：《文明的冲突与世界秩序的重建》，周琪等译，北京：新华出版社 2010 年版，第 136 页。

③ 〔美〕爱德华·W. 萨义德：《文化与帝国主义》，李琨译，北京：生活·读书·新知三联书店 2003 年版，478 页。

④ 〔美〕亨廷顿：《文明的冲突与世界秩序的重建》，周琪等译，北京：新华出版社 2010 年版，第 162 页及以下。

伊斯兰文明之间，但他同时又已经非常确定地认为中国文明才是美国和西方文明的最终劲敌，而且不止一次地强调中国对于美国和西方的"威胁"。他甚至非常坦率地指出："一个文化、政治和经济上与美国紧密联系在一起的松散的西欧联盟，不会对美国的安全构成威胁，但一个统一的、强大的和自我伸张的中国可能构成这种威胁。"① 对此，他不无担忧，因为中国近些年来的发展实在太快了。"大中华不仅仅是一个抽象的概念，它是一个迅速发展的文化和经济的现实，并开始成为一个政治的现实。"② 因此，他甚至还直接提出以战争阻止中国在东亚扩大影响的可能："在必要时进行战争以阻止中国在东亚的霸权，是否符合美国的利益？如果中国经济继续发展，这可能是21世纪初美国政策制定者面临的唯一最严峻的安全问题。"③ 如果看到并理解了亨廷顿整个文明冲突理论内容及冲突可能发生的文明主体，就会发现他的文明划分方法其实有意地避实就虚、抑东扬西。与此同时，我们也能更好地理解为什么进入本世纪后，美国的国策制定总把中国问题放在首位。半个多世纪以来历届美国总统选举，无不把消除"中国威胁"、遏制中国扩张作为吸引选票获得政治资本的首要策略。

事实上，如果稍微回顾一下世界史发展，"中国威胁论"在西方是有长久的思想和文化基础的。无论是拿破仑曾说的"中国一旦觉醒，世界就会震动"，还是19世纪以来流行于西方的"睡狮""醒狮"论，都表明了西方对中国的警惕和戒备。也正是在这种潜意识或思想支配下，西方社会在20世纪初后又津津乐道起所谓的"黄祸论"。④ 所有这些，都是"中国威胁论"的思想观念根源。亨廷顿虽然没有直接表明他受到了这些观念的影响，但他们之间无疑有着千丝万缕的联系和一脉相承的衣钵。

第五，当今世界的文明构成。关于当今世界的文明结构众说纷纭，各有

---

① 〔美〕亨廷顿：《文明的冲突与世界秩序的重建》，周琪等译，北京：新华出版社2010年版，第205页。

② 〔美〕亨廷顿：《文明的冲突与世界秩序的重建》，周琪等译，北京：新华出版社2010年版，第148页。

③ 〔美〕亨廷顿：《文明的冲突与世界秩序的重建》，周琪等译，北京：新华出版社2010年版，第208页。

④ 忻剑飞：《世界的中国观》，上海：学林出版社1991年版，第325页及以下。

千秋,但的确一定程度上反映着话语者的立场和倾向。为了能够更清晰地看到亨廷顿两分法,即西方与非西方文明的偏颇,除了本文开始时所介绍阐述的文明类型划分方法外,我们有必要在此对文明划分做一个更加一般性的说明。本文认为,现今人类文明一般可以划分为四大系统:1. 以美国、欧洲为轴心的西方文明系统。2. 以中国、印度为轴心的东方文明系统。3. 以俄罗斯为核心的斯拉夫国家文明系统。4. 伊斯兰文明系统,即以伊朗、土耳其及阿拉伯国家为代表的伊斯兰国家文明系统。① 文明系统划分虽然多种多样,但至少这四个大的文明系统是要看到的。了解了世界文明系统的基本划分,我们就会自然而然地对亨廷顿的文明系统划分感到困惑。

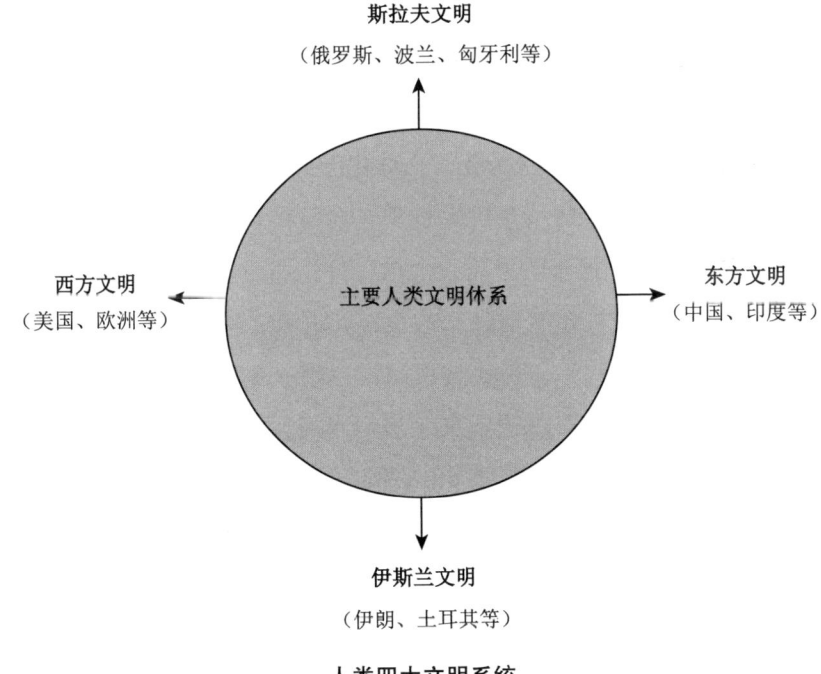

人类四大文明系统

---

① 英国学者麦克法兰将文明分为东方、西方两个系统,四个文明圈:汉语文明圈、日本文明圈、欧洲文明圈、英语文明圈。他将文明分作东西方两大系统与本文接近,但很明显,他是站在西方的角度来对文明及其四个分支做划分,例如将日本文明圈作为一个独立的文明系统来看待。参见 Alan Macfarlane, *China, Japan, Europe and the Anglo-Sphere—Comparative Analysis*, Cam Rivers Publishing, 2018, pp. 23 – 117, 参见中译本〔英〕艾伦·麦克法兰:《文明的比较——中国、日本、欧洲以及英语文化圈》,荀晓雅译,北京:中国科学技术出版社2022年版,"四种文明"部分,第2—91页。

三、全球文明

1. 全球化必然带出全球文明问题

全球化是人类社会发展的必然,无可逆转。讨论全球化和全球文明,必须看到全球化的不可避免,尽管它表现的形式、发展的路径、形成的过程会跌宕起伏、曲折多样,但它是人类社会发展的必然规律,是青山遮不住、毕竟东流去的历史大势,是由人的类存在本质所决定的必然结果。只不过,只是到了人类社会进入20世纪,特别是进入21世纪之后,这种现实发生并形成具象的全球化才越来越明确、真实地呈现在我们面前。对于全球化问题,美国学者柯布甚至认为:"迄今为止,全球化已持续了若干个世纪。欧洲人对西半球的发现是人类社会的一个巨大进步,在某种意义上可以说,这是真正全球化的开端。"① 按照柯布的思路,全球化分作四个阶段性类型和一个设想类型:第一是欧洲人发现西半球带来的全球化开端;第二是二战之后国联和联合国所体现的全球化;第三是通过美国作为唯一全球强国表现的经济全球化;第四是正在发生的、对抗美国主导的相向同行的全球化倾向;第五,他所设想的本地或地方为基础的全球化。然而,必须指出的是,柯布对全球化的理解显然也是站在西方国家角度,是以西方国家为主角的全球化。他说的全球化类型划分,明显是将扩张和全球化混为一谈。② 就此来说,他的论点和亨廷顿很相似。不同的是,他道出了全球化最初的一个含义,即白人至上主义思想支配下的控制世界的倾向。而我们现在讨论的全球化,是指20世纪下半叶以来,现实和生动地呈现在我们眼前的,世界各国相向同行的全球化。

---

① 〔美〕柯布:《全球化的嬗变及其未来走向》,杨富斌译,见薛晓源、沈湘平主编:《全球化研究(2023)》,北京:中央编译出版社2023年版,第3页。

② 〔美〕柯布:《全球化的嬗变及其未来走向》,杨富斌译,见薛晓源、沈湘平主编:《全球化研究(2023)》,北京:中央编译出版社2023年版,第4页及以下。

在全球化的讨论中，必须要明确每个参与这个人类历史进程的国家都是平等的，没有主导和附庸之分。与柯布的类型划分方法不同，有中国学者以全球化所表现出的内容作为根据对全球化做出的概括似乎更加中肯、客观些。①

全球化成为一个必须面对的世界性或人类社会话题，是因为我们如今面对着这样一些历史事实：人类生存已经不复是单一民族国家自身个别的事情，而是所有民族国家和人群生存彼此息息相关、无法割裂的事情，人类生存及其国际贸易和交往业已清晰呈现出一个全球网络，尤其是科学技术的加速度发展，包括互联网、人工智能、大数据运用、交通工具、生物工程以及外太空探索等，同时整个地球生态环境的变化、自然资源的消耗、外星球生命存在及其可能侵入的风险等等，使得今天的人类社会生活和生产关系与关联极度扩大和强化，事实上，人类存在今天是谁也离不开谁，这种大势只能愈演愈烈。虽然在此过程中，由于某些大国的国际经济、军事实力、话语霸权或文化傲慢会引起其他国家警觉、反感甚至对抗，以至于出现了全球化与全球本土化的平衡性思考和讨论。事实上，无论在东方还是西方，对于全球化始终存在不同的声音甚至质疑。如英国学者赫斯特就认为，只要民族国家仍然在市场和社会治理方面占有不可改变的重要地位，那么全球化进程就必然受到限制和阻碍。因此，他甚至认为，"假如情况果真这样，我们就应当抛弃'全球化'这个过分时髦的概念，寻找政治上并不软弱无力的模式"。②

然而不得不说，赫斯特想寻找一个"政治话语"取代本是经济话语的全球化，必然会走入文明冲突乃至否定全球化的死局。因为，我们说的全球化，只是整个人类社会在社会经济发展到一定阶段上不可避免的，越来越紧密地联系和盛衰相关，这种生死相依并不以否定或消灭民族国家为前提。如果这样，"全球化"就不仅是一个时髦的话语，而且还是一个在可预见历史时期内

---

① 王宁：《新一波全球化的兴起及中国文化的海外传播》，见薛晓源、沈湘平主编：《全球化研究（2022）》，北京：中央编译出版社2022年版，第307页。

② Paul Hirst, *Glaobalization in Question*, Grahame Thompson and Simon Bromley, Polity Press, 2009, third edition, pp. 304 etc. 参见中译本〔英〕保罗·赫斯特、格雷厄姆·汤普森：《质疑全球化》，张文成等译，北京：社会科学文献出版社2002年版，第344页。

不可能的事情。必须看到，无论怎样，全球化都是一个不可否认的、不可逆转的大趋势。即使发生战争将此进程中断割裂，人类最终还是要走上这条路，人类最终逃脱不了休戚相关、存亡与共的终极宿命。

2. 全球文明的认识与意义

全球化不可逆转，这个趋势又必然带来全球文明的问题。因为，全球化一定要有一个全球文明支撑和诠释。所以，以为不可能存在一个全球文明的看法，实际是对全球化的本质及其必然性没有明确认识的表现，它实际上给全球化判了死刑。如英国学者麦克法兰认为："新的通信技术加之力量天平的摇摆，提醒着我们正生活在一个互联互通的世界上，各种持续和强大的文明将在未来几十年，或许是几百年中会与我们同在。试图让这些文明成为一种文明，即统一的、全球的和世界的文明，注定是徒劳无功的。我们不得不生活在由世界历史潮流所创造的坚不可摧的文化区块中，这就使得文明之间的相互理解绝对的重要。"[①] 麦克法兰的这种认识，首先否定了世界文明形成的可能性，随后又指出文明之间沟通理解的重要、方法和结论，于是乎不免有了一点"死马当作活马医"的味道。他有此悖论的问题在于，他把世界文明或全球文明理解成了一个"统一文明"。而我们要讨论的全球文明，不是统一文明，而是共识文明，是所有文明的公约数。如果用一个公式表述，就是：

$$全球文明 = \frac{所有人类文明}{人类理性 + 人类道德 + 人类价值} = 人类文明最大公约数$$
$$= 共识文明 \neq 统一文明$$

全球文明公式

简单讲，能否认同、构建一个全球文明，直接决定全球化进程的正与偏、成与败，甚至是善与恶，全球文明是化解和减少文明冲突的最佳良方。但是，

[①] Alan Macfarlane, *China, Japan, Europe and the Anglo-Sphere—Comparative Analysis*, Cam Rivers Publishing, 2018, p.16, 参见中译本〔英〕艾伦·麦克法兰：《文明的比较——中国、日本、欧洲以及英语文化圈》，荀晓雅译，北京：中国科学技术出版社2022年版，序言"文明的理解"部分。

这里所说的全球文明不应像亨廷顿所说的由西方文明来主导，而应该在人类社会经历了数千年沉淀形成的既有人类文明基础上，通过人类共识共同构建的共识文明。没有各个文明主体的平等对话、沟通、参与和共识，便不会产生全球文明。必须明白，不能用自身文明去评价其他文明的存在，更不能自以为是地尝试以力量去征服其他文明。人类历史上曾存在过许多强大或伟大的力量，也确实发生过对弱小文明的征服或毁灭，但这些都已经成为历史长河中的过往，今天的世界上不可能以强权的方式征服或毁灭文明。未来人类命运取决于未来全球文明的构建与形成，它只能在既有文明中通过寻求共同价值或普世价值来实现，最终只能是和而不同、兴衰与共、融合共生。主要文明应该且可以尝试做到的，只是在人类社会发展进程中引导其他文明走向更高的文明阶段。幻想以单一文明主导或塑造未来全球文明的想法和努力，只能给人类带来灾难。

总之，全球文明是在人类多元文明前提下，基于文明元素共识形成的，所有民族和国家认同、接受并维护的人类整体文明。这之所以是可能的，是因为每一种文明都有其归属于人类基本文明的部分。对此，中国学者牟宗三说过："每一文化系统皆有其世界性，从其气质之表现方面言，则是其特殊性。特殊性不能泯，其共通性亦必然有。文化就是这样在各尽其诚之自我表现中而向共通以前进。睽而知其通，异而知其类，此之谓也。勿以为有特殊性即停于特殊性，停于特殊性而不进，其文化生命死矣，此真所谓顽固也。"[①]如果按牟宗三的观点展开，可以说全球文明就是由各个文明的世界性、共通性部分构成的。所以，全球文明来自个别文明，不可能否定排斥个别文明，但却代表着人类文明的最高形态。必须指出，全球文明是以多元文明为前提的，这意味着只有接受和尊重多元文明，才可能有全球文明。每个文明都在全球文明中持有份额，大国或主要文明能够在全球文明中占有较大比重，那只是因为它们的文明中或许更多地蕴含和体现着先进的、普遍的人类文明。所以，大国或主要文明没有理由在整个人类面前以傲慢、炫耀和蛮横的姿态

[①] 牟宗三：《道德的理想主义》（修订版），台湾：学生书局2000年版，第250页。

出现。因为如果没有其他小国或文明参与、接受和认同，没有与后者达成的共识，就无所谓全球文明。在全球文明这个终极之秤上，所有文明因其属于人类而具有平等地位，没有高下、强弱和优劣之分。其实，人类文明最鲜明、高尚的，区别于动物的特质之一就是同情、包容、扶助弱小。文明之所以成为文明的根本，就是它与弱肉强食、物竞天择这种野蛮的原初丛林法则脱离并形成对比。

3. 全球文明的特征

综上所述，全球文明的特征可以有如下理解：第一，全球文明是所有人类文明社会认同和认受的，因而具有当然的普遍性；第二，体现人类文明的永恒价值（平等、尊重、和平）；第三，具有普世或人类文明的共同价值，包括自由、正义、尊严、包容、民主、法治、和谐和睦、和而不同；第四，体现人类理性的基本底线（诚信生活、不害他人、各得其所、己所不欲、勿施于人）；第五，占据人类道德制高点，具有人类道德的感召力（推己及人、与人为善、同情、怜悯和博爱）。

4. 全球文明的形成路径

全球文明的形成，无外乎以下路径：

（1）地方性知识向世界性知识或普遍性知识的转变

如前所述，全球文明是所有个别文明通过共识而形成的人类文明最高阶段，也是人类存在的一个理想状态。但是，达到这种状态的首要前提是每一个文明存在都能克服因地域、文化、传统和民族而产生的偏见，接受其他文明的存在及其与自身文明的差异，并且对其他文明持开放态度。具体说，既要强调自身存在，也要承认他人存在；既要认识个别，又要认识世界。在此基础上，逐步形成一种世界观或人类观。这意味着，地方性知识必须向世界性知识转变。必须认识到，个别文明与世界文明具有密不可分的内在联系；没有世界性或普遍性的知识和观念，就不可能有全球文明。世界主义的宣扬和传播，应当成为与全球文明建设并行呼应的思想观念。

（2）各个民族国家或个体文明相互之间的沟通、对话、交流互鉴和认同接受

文化是植根于特定人群、社会和民族生产和生活方式、环境和习俗的观念形态，它逐步滋养孕育出文明，文明基于文化形成，所以，文明产生之后必然带有鲜明的自身文化特征和根性。不同文明的共存共荣和人与人之间的共存共荣一样，只能是通过相互学习、吸纳、包容和交流互鉴相向发展，从而实现整体人类文明的进步发展。人类历史上诸多文明发展和进程都已经证明了这个路径和规律。

例如：希腊罗马哲学对后世整个世界文明的影响；世界对阿拉伯数字和医学的采纳；中国四大发明对整个世界文明史的影响；近现代西方哲学和科学技术对世界的影响；中国对于大陆法系和英美法系法律制度的借鉴与继受；土耳其对《瑞士民法典》的继受；拿破仑法典在欧洲和欧洲以外的地区和国家移植；《法国民法典》《德国民法典》的范式作用及其对其他国家法律与法学发展的影响；日本对法国、德国民法典的学习、继受。

诸如此类，数不胜数，表明东西方文明乃至整个人类文明其实是在相互影响的过程中发展成长的。我们所拥有的形成于民族文化基础上的民族国家文明，我们所看到的其他民族国家的文明，都不外乎如此。总之，全部人类各种文明，虽然都有不可去除的自身文化根性与特点，但同时也都有并非源于自身文化的其他文明元素。未来的民族国家文明一定是由两部分文明构成：其一是源自本民族文化，具有鲜明民族国家文化根性和特征的文明，这部分文明相对稳定，发展较慢，需要一定的时间和过程；其二是从外部文明中主动或被动获取的，具有人类先进文化特征和人类社会共识的文明，这部分文明相对前一部分并不稳定，变化较快，在特定条件下可能突然发生。

当我们今天谈论全球化和全球文明时，还必须要有一个基本点，即认识到人类社会发展到今天，既有几大文明都已经相对稳定成熟，都有其不可否认和忽略的现实性和合理性。在此认识基础上，我们还应该懂得一个攸关人类未来命运的道理，即各个文明之间不存在谁征服谁的问题，只有多大程度

上理解、包容和共生。虽然文明之间的确存在差别和不可完全调和的成分，因而可能发生这样那样的冲突，但这种冲突并不是不可以解决，更不必然要导致战争、杀戮直至毁灭。如果认为文明冲突必然导致战争，并只有通过战争方式解决，那么其结果对人类将是终极性的灾难。正如英国学者麦克法兰所说的："自以为是的文明冲突哲学将毁灭我们所有人。"[1] 人类社会几千年，每个历史阶段都有其特定的战争类型，如生存条件、生活资料、领土空间、军事战争、宗教战争、经济战争、意识形态等等，如果人类再一次发生全面战争并且是以文明的名义，以文明的征服与被征服为目标，那么这样的战争将是人类的终极战争。其结果，或是人类文明同归于尽——至今为止的文明毁灭，或是人类文明涅槃——以另一种形态在另一个阶段上重生。但无论是哪一种结果，都是我们人类的终局。就此而言，文明战争才是"历史的终结"。

（3）尊重和包容

无论哪一个文明，或者可以说大多数文明本身，都必须坚持一个基本价值，那就是对自身文明以外或异己的文明予以尊重和包容，对于承载不同文明的种族和民族，无论是白人、黑人、亚洲人、欧洲人、东方人和西方人，都必须要相互尊重和包容，只有这样才能共处，才能走向全球文明。任何文明，无论其历史多么悠长，积淀多么丰富深厚，背后的国力如何强大，都必须对其他的文明给予等同自我的尊重和包容。无论是十七八世纪的大国沙文主义还是现代的文化傲慢，都是阻碍全球文明形成发展的因素。全球文明必须在尊重、包容和平等的前提下实现，这也是克服文明冲突的重要途径和原则，特别是在未能达成文明共识时更是重要。

（4）人类道德的建设与感召

全球文明的制高点是人类道德建设并因此使之具有感召力。具体说，全

---

[1] Alan Macfarlane, *China, Japan, Europe and the Anglo-Sphere—Comparative Analysis*, Cam Rivers Publishing, 2018, p.248. 参见中译本〔英〕艾伦·麦克法兰：《文明的比较——中国、日本、欧洲以及英语文化圈》，荀晓雅译，北京：中国科学技术出版社2022年版，第211页。

球文明的核心是普世价值或全人类共同价值，而这种价值的精髓则是从所有文明存在中，凝练升华一系列人类普遍认同、奉行和维护的道德观念，并使之成为人类道德体系。因为只有这样一种道德体系，才能使人类感觉到自身是人类，是有理性、有理想、不同于其他生物的类存在，进而能让所有人类产生类认同，从而具有精神上的感召力和行为上的拘束力。在这方面，当代德国政治学家施密特首先深刻地阐明了其理论学说，可以说是超乎众多学者，既触及了事物的核心本质，又将全球文明的讨论上升到一个此前未曾达到的高度。他在《寻求公共道德——面临新世纪的德国》中提出了一个设想，即达成世界公认的最低限度的道德基本准则。① 其中他着重论述了全球化时代社会各界的道德责任，以及不同文化与文明之间的相互交往的必要性，提出了如何重新建立全球化时代新的文化价值体系这一重大问题。他的这个立论很类似德国法学家耶利内克所说的，"法律是道德的最低值"，② 即一个全球文明的最低值同样也是道德，即人类的基本道德，这是不可无视和超越的底线。他认为，在一个全新的世纪中，最重要的任务就是寻求和确立一种道德共识，即各种宗教和文化之间必须互相尊重和宽容。"全球化时代，迫切需要建立一种对其他文明和宗教的有关学说持尊重和宽容的普遍意愿。这种宽容不是漠不关心的宽容，而是出于尊重和重视世界上所存在的，在历史上出现的其他基本信念而产生的宽容"。基于这样的立场观点，他指出"道德危机与道德重建，是全世界面临的难题，也是世界历史性的民族、国家和个人必须直面的紧迫课题"。③ 可以说，这是迄今为止所有关于全球化和全球文明论述中颇具思想高度的论点。

---

① 本文在此没有采用"重建"而是"建立"，概因笔者认为全球文明构建不仅是要重建被破坏了的人类文明史上建立的道德，而且还要发现、凝练和提升仍然存在于不同文明中的既有的可奉之为人类道德的成分。

② 著名德国法学家耶利内克（Jellinek，1851—1911）的一个论断。参见 Arthur Kaumann, Recht- und Sittlichkeit, J. C. B/Mohr（Paul Siebeck），1964，p.28。

③ 以上所引参见张铭编写：《赫尔穆特·施密特：〈全球化与道德重建〉》，见薛晓源、沈湘平主编：《全球化研究（2023）》，北京：中央编译出版社2023年版，第300—307页。又见赫尔穆特·施密特：《全球化与道德重建》，柴方国译，北京：社会科学文献出版社2001年版，第258页。

四、全球文明与文明冲突

全球化没有全球文明的诠释与支持,则它就是全球冲突的代名词。也就是说,全球文明对于避免和化解文明冲突成败攸关。在这个关系人类前程的问题上,必须一方面看到因全球化而必然引出全球文明的问题,另一方面又要思考如何通过全球文明的建设避免文明冲突的发生。那么,如何理解文明冲突?

1. 文明冲突的本质及其深层原因

文明冲突究其根本是文明自在与文明他在的冲突。如同人自身作为社会存在必然与无数他人发生关系、产生冲突一样,文明的存在与生长也必然要在个体文明与整体文明之间的矛盾冲突中实现。因为我们永远不能想象把所有的人生成、培养或改造成一个天性、秉性、教养、智能、道德和知识水平都划一的类存在,因而同样永远不可能想象将所有大大小小、老老少少的文明改造融合为划一的文明。总之,文明冲突是不可避免的、正常的,因为这是文明本质所决定的。

2. 化解文明冲突的唯一出路

文明冲突既然不可避免,那么如何减少和化解冲突,从而求得共赢共生自然就成为必须要思考的问题。对此,我们必须面对现实,必须承认个性、差异,必须正确、坦然地理解可能发生的冲突,必须学会用各种方法求得共存。无论从理论上讲还是从历史经验来看,解决这类冲突无非两种可能:一是一个文明压制或者毁灭另一文明,一个是不同文明通过沟通、对话求得共识,从而避免冲突,求得共存。在我们这个时代,前一种方式是不可能且不可想象的,那么就只剩下后者,即用各种办法,尽一切可能,对话沟通、交流互鉴、共存共荣,从而最终获得一个全球文明。

总之,文明的本质,决定了文明冲突的必然,而化解和消弭这种冲突的唯一出路是建设全球文明。

3. 普世价值的迷惑与陷阱

在当今中国话语中，有许多来自西方但却被我们所接受的概念或观念，如历史唯物主义、马克思主义、社会主义、革命、现代化等等。但与此同时，我们对同是西方话语的一些概念或观念又持排斥态度。例如，我们一方面接受、强调现代化，但另一方面却又忌讳、拒绝普世价值，这本身是自相矛盾的。因为，"现代化"是一个典型的西方语汇和概念，只不过我们早已经将其纳入我们的思想话语系统，在最近召开的党的二十届三中全会上，全面推进现代化发展更进一步被明确为新时代中国特色社会主义建设的中心任务和伟大目标。这种显然矛盾的思想和话语状况不能不让人感到迷惑。因为如此一来，我们就真的会掉入亨廷顿理论有意无意设计的一个形而上学陷阱。

之所以这样说，是因为亨廷顿在其文明冲突理论中，提出了一个不太合乎其论说逻辑，令人有些不解的立论，即强调西方文明应放弃普世价值思想，从而避免西方文明以外文明的对抗。但是，另一方面他又在许多场合强调普世观念的正当性。在此，他甚至犯了一个较为明显的错误，以至于使其自己的论点形成悖论。例如，他说："强大的社会是普世的，弱小的社会是狭隘的"，[①] 这种以强弱论是非的方法显然是错误的，多少有点强权即真理的味道。不仅如此，还有意无意地美化了帝国主义或强权主义的扩张。这是亨廷顿偶然的疏忽，还是内心深处固有的潜意识显现？无论如何，他主张西方放弃普世主义与其贯彻始终的主旨明显矛盾，并且表面上给人们一个与我们话语接近甚至一致的假象。实质上，他的立场观点完全没有改变。或许，他是为了减少西方话语在全球文明建设过程中的阻力和抵触，故欲擒故纵地有意为之。然而，判断一个立论或观点，最重要的是根据其思想内涵，而不是看它是谁说的，不能因为它是西方话语就坚决反对。如果这样，那么中国今天一再宣

[①] [美]亨廷顿：《文明的冲突与世界秩序的重建》，周琪等译，北京：新华出版社2010年版，第89页。

扬的,包括"历史唯物主义""社会主义""现代化"等许许多多话语,都将成为禁忌。进一步说,亨廷顿放不放弃普世主义,都不应该影响我们对普世主义,包括普世价值的正确认识。

事实上,早在20世纪90年代,美国学者萨义德就在他的《文化与帝国主义》一书中对西方大国的全球化的动机有所揭示,他指出:"在我们这个时代,直接的控制已经基本结束,帝国主义像过去一样,在具体的政治、意识形态、经济和社会活动中,也在一般的文化领域中继续存在。""世界历史中从未有过像今天这样,一种文化对另一种文化实行如此大规模力量与思想上的干预,像美国对世界的干预一样"。① 或许,萨义德的这些话可以给亨廷顿放弃普世价值的主张做一个提示性注脚。

4. 普世价值与人类共同价值

"普世价值"是西方语境下,即从西方文化角度展开的话题,这是一个不争的事实。正因如此,它所表述和强调的"普世价值"内容看上去似乎都是西方文化的元素,或者说至少被打上了西方的标签。因此,它多少会引起东方社会的警惕和抵触。它首先来自伊斯兰复兴运动。就此而言,可以说亨廷顿的文明冲突论乃不幸而言中。马来西亚前总理马哈蒂尔1996年就曾经明确表示:"亚洲价值观是普遍的价值观,欧洲价值观是欧洲的价值观。"② 2015年,习近平主席明确提出了"全人类共同价值"观,用以强调中华文明的话语和思想,进而为整个人类明确、宣扬和确立属于全人类的价值观念。事实上,只要我们对所谓普世价值加以分析,并结合全人类共同价值进行简单对比,就会发现它们在基本内容上有很大的一致性。问题仅仅在于,西方语境下的普世价值,显然缺失了东方文明,尤其是中华文明中本来就属于全人类共同价值的元素,而这恰恰是今天崛起的中国应该和能够予以阐明和宣扬的。

---

① 〔美〕爱德华·W. 萨义德:《文化与帝国主义》,北京:生活·读书·新知三联书店2003年版,第454页。

② 〔美〕亨廷顿:《文明的冲突与世界秩序的重建》,周琪等译,北京:新华出版社2010年版,第89页。

可惜迄今为止，有关全人类共同价值的论述尚未能把中华文明中的具有普遍意义的，或应属于全人类共同的价值元素完全阐发出来。也就是说，我们只是在形式上破了"普世价值"，但实质上还没有建立起中国话语的全人类价值体系。更进一步说，我们还没有明确系统地阐发与以往西方话语中普世价值不同的中国元素。因此，我们担负的文化使命并没有完成。在全球化不断展开，在我们积极走向世界构建人类命运共同体的大背景下，我们必须摆脱迷惑，跳出陷阱，自信、勇敢和主动地阐释、吸纳和接受人类文化精粹，同时将我们中华文明的元素纳入全人类共同价值中去，让世界看到和了解中华文明的思想、精神直至道德的制高点。

普世价值问题的关键缺陷在于它不是完整的人类共同价值。完整的人类共同价值，应该是整个人类，包括东西方所有民族和国家都认同的"文明最大公约数"。其实，人类共同价值高于普世价值之处就是它包含了东方文明的价值观念，是"东方文明价值+西方文明价值"的文明合成。其中，中华文明中所蕴含的价值观是不可或缺的重要组成部分。我们提出全人类共同价值，并不必然要否认普世价值，相反，要将其吸纳到我们的话语体系中来。否定普世价值不仅会自相矛盾，而且还会导致东西方价值观对立。现在我们所说的"全人类共同价值"，实际上很大程度上都与普世价值的内容重合。构建"人类命运共同体"，必须以所有这些价值为思想基础。做不到这点，构建人类命运共同体就只能是空谈或新的乌托邦。寻求和实现"文明最大公约数"的共同价值，实质上就是要确立一个人类文明、价值和精神的共同体，因为只有这样才有可能建立一个人类共同生存与发展的共同体。一句话，对于西方文明中的普世主义不应该对抗，而应该同而化之，入我囊中。

五、中华文明在全球文明中的地位与作用

在地球村的芸芸众生中，中国人占五分之一；[①] 在地球村各个文明中，中

[①] 据联合国最新统计，2024 年世界人口已达 81.6 亿，233 个国家和地区，其中国家 197 个，地区 36 个。中国人口有 1409670000。

华文明是历史最悠久、生命力最强大的文明之一。从远古到今天，地球上有许多文明都已经销声匿迹，唯独中华文明历五千余年不衰，而且蓬勃发展到今天。对此，许多西方学者也没有避讳和否认。当代英国学者麦克法兰说："中国拥有人类近1/5的人口，它孕育了地球上持续时间最长的历史文明，至少可追溯到5000年以前。世界上许多重要的技术都发自于中国，而后才传到西方。……其中包括哲学家培根所列举的现代世界的三个基石：指南针、印刷术和火药。……在近3000年的时间里，中国都是这个地球上最强大、最富有也是最具创造力的文明。这种盛况一直持续到大约1820年。"①

那么，为什么中华文明的生命力这么强？在未来全球文明中，中华文明应该或能为人类文明做出什么贡献？回答这个问题，需要首先明确中华文明的固有秉性和独到之处。

1. 中华文明的固有秉性

在西方学者中，除了近代德国百科全书型的学者莱布尼茨对中国文化情有独钟、赞美有加外，近代英国史学家汤恩比对中国文化也颇为赞赏。他曾到过大陆，也到过台湾，所以对中国文化的了解应该是众多西方学者中非常突出的一位。他认为，"中国文化是一个庞大的整合体制，有韧性、有吸引力、有吸收能力"，所以他说"只要这一体制能够承续不绝，即使中国文明中其他要素的连续性遭遇到最强烈的破坏而呈碎裂状态，中国文明仍然可以赓续下去。"② 可以说，汤恩比对中国文化或中华文明的特点已经说得很到位了。

概括来讲，中华文明具有如下几个显然超越其他文明的特点：（1）认识人与自然关系的天人观；（2）海纳百川的开放性和包容性；（3）结构与内容上的吸纳力和整合力；（4）自身丰富多彩的自洽性和自调力；（5）博大精深的吸引力和神秘性；（6）因势利导的灵活性与实用性。

---

① Alan Macfarlane, *China, Japan, Europe and the Anglo-Sphere—Comparative Analysis*, Cam Rivers Publishing, 2018, p.23, 参见中译本〔英〕艾伦·麦克法兰：《文明的比较——中国、日本、欧洲以及英语文化圈》，荀晓雅译，北京：中国科学技术出版社2022年版，第2页。

② 汤恩比：《历史研究》上卷，陈晓林译，台湾：远流出版社1991年版，第108页。

2. 中华文明能为全球文明贡献什么？

事实上，中华文明的存在本身就是对人类文明和未来全球文明的贡献。如前所述，在人类历史进程中，尤其是在上古和中古时期，中国曾经对人类做出卓越的贡献，这是不需在此再行描述和论证的历史定论。在当今全球化进程形势多变、不断演进，从而使我们必须讨论全球文明的话题，特别是中国提出人类命运共同体和全人类共同价值的背景下，认识和阐明中华文明的特有价值及其可对人类文明做出的贡献，乃中国文化人义不容辞的历史和文化责任。

但正如前述，由于长期以来人们对于"普世价值"的认识多是在西方文化语境下展开，偏重强调西方文化的特点及其价值观念，忽略了其中的东方文化元素，故并不是完整的人类共同价值表述。所以，体现人类共同价值的"文明最大公约数"，必须包括以往普世价值未能明确阐释，但是出自中国文化观念或价值的成分，从而使普世价值向人类共同价值转换。例如，中华文明中天人合一的天人观，"天地与我并生，万物与我为一"等类似自然法思想的观念；中华文明的开放包容性，和而不同、海纳百川、有容乃大、多元共生、美美与共等；中华文明的仁恕观，与人为善、己所不欲勿施于人、民胞物与的民本思想等。这些出于中国文化的价值观，无疑都是出于人的本性的类追求，同样属于"文明最大公约数"的内容，属于人类在经历了各种战争、灾难和探索，在文明进化过程中逐步形成，且被人类社会普遍接受的共同价值观念。构建"人类命运共同体"不可能离开这些价值，看不到这点，必然难以践行构建人类命运共同体的时代召唤。反之，做到了这点，那就是中华文明对全球文明，即人类精神共同体的贡献，进而也是对人类生存与发展共同体的贡献。正像英国新黑格尔主义代表人物哲学家鲍桑葵（Bernard Bosanquet）所说："人类精神只有在一个精神的共同体中才能获得完美而高尚的生命。"①

---

① 〔英〕鲍桑葵：《关于国家的哲学理论》，汪淑钧译，北京：商务印书馆1995年版，第47—49页。

结　语

　　人类文明发展到今天，各种文明之间产生冲突是正常的、不可避免的。文明冲突的根源本来就一直存在，只不过由于全球化时代的到来而使之凸显。换言之，今天热议的文明冲突实际是从隐象发展为显象，问题在于如何面对和解决。人类作为有理性的类存在生物，必定能够找到一条出路，这就是通过全球文明化解决文明冲突。所以，文明冲突并不吓人，吓人乃至害人的是文化的傲慢，是老子天下第一（如特朗普"美国第一"）的潜意识和霸权意识，是我自与众不同的特色和优越标签。

　　全球化是人类社会发展到一定阶段时必然发生的现象，此乃规律和大势，无可阻挡。全球化不单纯是政治现象，而是必然影响政治的历史现象。它并不以民族国家的消失为条件，作为人类社会或国际社会的政治单元，民族国家在可预见的历史时期内仍将存在，而且其稳定存在和发展更是全球化的根本动力。全球化的深入，必然带动全球文明形成，而它反过来又直接影响前者。但必须认识到，全球文明不是统一文明，而是从所有文明中萃取而成的共识文明。历史早已证明，任何想以自身文明主导、引领甚至主宰整个人类文明的雄心壮志不仅会落空，而且还是文明冲突的根源。

　　必须指出的是，人类面临的真正危险并非文明冲突，因为这是人类在追求全球文明——共识文明进程中的必经阶段或必然现象。亨廷顿等西方学者强调文明冲突固然有一定的理论和事实依据，但其深层潜意识却是强调文明之间的差异和张力，淡化或忽略不同文明之间寻求共识文明的人类文明基因，从而借以突出某种文明的主导，为所谓"历史的终结"做注脚。此外，我们也不能落入亨氏所谓"放弃普世价值"的陷阱，我们要通过对其文明范式认识与批判，真正地、合乎历史发展规律地确立中国话语的"人类共同价值"。总之，不能因为话语的不同，回避或违反人类究竟是同类，必然具有共同本质这个逻辑。

　　事实上，人类面临的真正危险有两个：文明自毁和星际文明。

首先，文明自毁。它体现为个别文明自毁和整体文明自毁两个方面。个别文明自毁是某一文明因其文化蜕变和文化傲慢而导致自身文化生命力衰竭、传统断裂、制度极端、路径偏差所造成的文明进程缓滞、中断、孤立直至崩溃。历史上的波斯帝国、罗马帝国、拿破仑帝国和希特勒第三帝国的兴起和衰亡，都不同程度、不同侧面地证明了这个历史发展规律。简单说，当一个文明自以为是、固步自封且与其他文明疏离对立时，那么它实际已经将自身文明推向毁灭之途。整体文明自毁首先是人类社会各个文明无限制追求物质发展，从而使自身在追求自身目的时反受其累害，直至失去控制最终导致自我毁灭。现在人们津津乐道的人工智能从哲学上讲，就是人对自身的一个否定。这种否定将把人类引向何方？是否还会产生一个否定之否定？人工智能是否会失去人类自身控制？问题很多，遐想空间很大。其次，瘟疫、地震、气候剧变等自然灾害也都有可能对人类文明造成极大破坏甚至毁灭，而人类自身发动的核战争、生物战争及化学战争等，则同样有可能导致人类整体文明遭受毁灭性的破坏。

其次，星际文明。现今人类文明日益迫近地面临着一个危险，即星际文明的挑战。越来越多的现象与研究表明，人类对自身存在的地球和地球以外的星球乃至整个宇宙的认识还远远不够，在我们飞向宇宙太空的同时，或许宇宙中的其他文明也正在向我们飞来，一个星际文明时期迟早或将到来。果真如此，人类文明和星际文明之间的冲突就很可能是人类面临的最大挑战，这种挑战的严重和危险，远远大于地球村内部的力量纷争。毫无疑问，应对这种挑战只有一个出路，那就是地球上所有文明达成整个人类的共识文明，亦即全球文明，休戚相关、荣辱与共地迎接自然造化与人类宿命的挑战。就此而言，星际文明存在与迫近的可能性，也会成为促进全球文明形成的一个不可抗力。这意味着，人类在寻求解决自身文明冲突、寻求共识文明的同时，还必须未雨绸缪地思考如何应对外来文明的挑战和冲突，这同样是攸关地球村人类未来的生死大计。

Global Civilizationon the Backgroundof Globalization
—Criticism and Reflection on Huntington's Civilization Paradigm

Mi Jian

Abstract: Diversity of civilizations will inevitably lead to clashes of civilizations, and globalization will inevitably bring about global civilization. Both clashes of civilizations and globalization are inevitable products in the development of human society, and global civilization is the basis and support for resolving clash of civilizations and promoting globalization. Global civilization is not a unified civilization, but a consensus civilization, and its key point is the common valuesof all mankind, d. i. the highest value form of all civilizations, and with the consensus of human civilization. This consensus is the only way to resolve conflicts among civilizations and promote global civilization, and its premise is to accept diversity, respect and tolerance, living in harmony with difference, and keeping each own beauty in together. To build a community with a shared future for mankind, we must form a spiritual community of mankind at first. Although Huntington's theory of the clash of civilizations puts forward an important perspective on contemporary international relations and politics, it has a distinct Western culture-centered ideology. Since the beginning, history has already proven that the ideology of cultural arrogance and civilizational superiority, and any attempt to dominate the entire human civilization with its own, will not only get failed, but will also become the source of civilizations conflicts. The reason why Chinese civilization has lasted for more than 5,000 years and continues to thrive, just because it is itself the composition of diverse civilizations with the inclusive bearing of all rivers, and has been open and tolerate from the very beginning.

Keywords: globalization, culture and civilization, civilizations clash, civilization paradigm, consensus civilization

新质生产力纾解全球化"渐冻"的理论解构及路径选择

唐任伍[*]

摘要：在全球化"渐冻"背景下，美国特朗普政府的政策将对全球化进程产生深刻的负面影响。随着"全球南方"国家如中国、俄罗斯、巴西等新兴经济体的崛起，这些国家开始建立平行的经济和政治组织以对抗"全球北方"的技术霸权和金融控制。大数据、人工智能等现代科技在加剧和缓解全球化"渐冻"中具有双重作用。通过发展去中心化、去权威化的新质生产力，如数字货币、新能源体系和人工智能，可以打破现有的技术壁垒和金融封锁，推动全球经济的公平和可持续发展。中美两国在面对共同挑战时，有合作的基础和意愿，通过理性合作和共同发展，可以有效应对全球化"渐冻"带来的挑战，实现全球治理的变革和国际秩序的多极化。

关键词："全球南方" 特朗普 新质生产力 全球化"渐冻"

2025年1月20日，第二次当选的特朗普宣誓就职美国第47任总统，美国进入"特朗普2.0"时代，当日就签署了80多项行政命令，再一次退出《巴黎协定》和"世界卫生组织（WHO）"，进一步加剧了全球化的"渐冻"

---

[*] 唐任伍，北京师范大学教授，博士生导师。

和战后国际体系的解体,彰显了西方中心主义赤裸裸的自私和霸权本性。

人类已经进入一个不确定的时代,"全球南方"与"全球北方"像地质构造力一样发生碰撞,却同样关注着人口老龄化、债务累积、收入不平等、技术进步和气候变化等这些重塑世界经济、影响未来稳定的新的构造力。这就意味着全球化不会终结,只会在一段时期内"渐冻"。[1] 在技术竞争代替自古以来霸权竞争的时代,纾解全球化"渐冻"的最好方式,是通过大力发展去中心化、去权威化的新质生产力,构建起基于统一的人类利益基础、反映人类彼此间日益需要的互联互通和技术依赖的地球合作框架,以激活适应新时代的公平公正为基础的国际秩序,提升全球人类的集体治理能力。

一、全球化"渐冻"趋势仍将延宕

美国作为世界上唯一的超级大国,实行的是总统制,拥有巨大权力的总统施政方式,深刻影响着全球政治、经济和国际关系。特朗普以"让美国再次伟大"为竞选口号重返白宫,在"特朗普1.0"时代的"修墙""退群"和"加税"基础上公然威胁他国领土主权,民粹主义、霸权主义变本加厉。

当今世界,由于发达程度的差距,"全球南方"和"全球北方"的鸿沟泾渭分明,阵营清晰。以美国为首的北美、欧洲、澳洲以及亚洲的日、韩、以色列等发达富裕的"全球北方"国家,它们依托科技革命和第二次世界大战后形成的全球化红利,在经济、科技、文化等方面具有先发优势,在全球化中独享着高品质生活、高度的工业化以及在全球经济和政治中的主导地位;而亚洲、非洲、拉丁美洲等广大的"全球南方"国家,在以美国为首的发达国家制定的扶强抑弱的全球化规则中,长期以来只是"全球北方"国家的原料产地和商品销售地,它们普遍经济发展水平不高,贫困人口多,科技比较落后,被称为发展中国家,世界上的贫困人口主要集中在"全球南方"。因

---

[1] 唐任伍:《论全球化的"渐冻":基于俄乌冲突后的思考》,见薛晓源、沈湘平主编:《全球化研究(2022)》,北京:中央编译出版社2022年版,第52—68页。

此,"全球北方"对"全球南方"充满偏见和歧视。

随着科技革命的发展和"全球南方"国家人民的觉醒,西方殖民体系瓦解,"全球南方"新兴国家群体性崛起,通过建立诸如阿拉伯国家联盟、非洲联盟、东南亚国家联盟、上海合作组织、金砖国家等新兴经济体,"全球南方"国家不再是传统的"沉默大多数",在世界经济中的地位越来越重要,非西方、反干预、求发展成为"全球南方"国家的最大公约数。"全球南方"已经成为影响国际政治经济格局、决定国际秩序变革的关键力量,是百年变局的希望所在。

位于食物链顶端、习惯享受红利的"全球北方",根本不愿意看到曾经任由它们蹂躏的"全球南方"国家的觉醒。为了打压"全球南方"国家的发展,美国为首的"全球北方"国家采用两手策略,一方面在世界各地对不认同其价值观的国家和地区进行"颜色革命",什么玫瑰革命、橙色革命、郁金香革命、广场革命等,且连连得手、屡试不爽;如果没能得逞,美国等"全球北方"国家干脆赤膊上阵,屡屡在全球范围内挑起战争,输出动荡。美国作为"全球北方"的领头羊,建国200多年里,只有16年没有打仗,在全球80多个国家和地区建有800多个海外军事基地。从阿富汗到伊拉克,从叙利亚到利比亚,美国的战争机器碾过哪里,哪里的民众就陷入水深火热。① 美国在中东策动"阿拉伯之春",在东欧、中亚导演"颜色革命",在拉美推行"新门罗主义",在南海"拉偏架""搅浑水",在世界上划分阵营,拉帮结派,推行"印太战略",纠集"五眼联盟"等小团伙,搞"小院高墙"强迫地区国家选边站队,蓄意制造对抗和冲突。美国作为具有全球影响力的大国,本应是全球化的推动者、国际和平的保障者,却打着"基于规则"的旗号和"和平"的幌子,干着瓦解全球化、破坏和平的勾当。事实证明,美国是全球化的瓦解者、世界秩序的最大乱源、国际和平的最大破坏者、全球稳定的最大风险。

中国作为"全球南方"的重要一员,是世界上最大工业国和贸易国,衡

---

① 程安琪:《国防部新闻发言人发表谈话》,载《解放军报》2023年10月26日,第2版。

量工业化程度的标志性指标,发电量是"全球北方"领头羊美国的2倍,钢铁产量是美国的12.7倍,造船是美国的70.5倍,汽车产量是美国的3倍,水泥产量是美国的22倍;新能源汽车产销量占全球比重超过60%;风电技术竞争力全球第一,占世界份额60%以上;全球光伏发电装机容量接近一半在中国。中国等"全球南方"国家不可能永远处于产业链中低端,有需要也有能力更有权利向产业链中上游攀升。为了遏制中国的发展,美国一些反华政客泛化国家安全概念,不仅以脱钩断链、围追堵截的方式,歇斯底里地甩锅中国,甚至赤膊上阵,依靠谎言抹黑中国,直接推动一系列排斥中国的法案,对中国采取最严厉的贸易限制措施,不断打压中国科技企业,限制美国对中国某些高科技产业的投资,阻拦中国获得先进的半导体技术。截至2024年8月止,美国将1300多个中国的实体列入制裁清单,其中包括AI、芯片、量子计算等前沿科技领域,以说一套做一套的惯用伎俩继续实施使中美"脱钩"的贸易和技术措施,阻碍中美关系健康稳定发展。

众所周知,1882年通过了臭名昭著的《排华法案》,尽管1943年在一片反对声中被废除,但其后的美国为了适应政治的需要,陆续出台形形色色的制裁包括中国在内的"全球南方"国家的方案,古巴、伊朗、委内瑞拉、俄罗斯等国家均遭受到近似疯狂的封锁、制裁和排斥。俄乌战争开始后,俄罗斯遭受一万多种制裁,金融、通信、体育、艺术、音乐等,均遭到禁止,甚至连俄罗斯的猫、狗也未幸免。中国成为美国眼中的头号"竞争对手",可以说达到"逢中必反"的地步。2011年美国通过"沃尔夫条款"(The Wolf Amendment),禁止中美两国之间任何与NASA有关或由白宫科技政策办公室协调的联合科研活动,① 禁止美国航天局所有设施接待"中国官方访问者",其目的就是通过阻断中美太空合作,遏制中国太空技术的迅速发展,挡住中国航天事业的崛起之路。美国甚至禁止中国公民购买关键基础设施16公里范围内房产,禁止中国学生进入公立大学实验室。2024年,美国众议长约翰逊公开宣称"中国对全球和平构成最大威胁,美国国会将在本届会期结束前动用

---

① 《美航天局禁中国学者参会被指"歧视"》,载《卫星与网络》2013年第10期。

一切手段对抗中国",并将推进一揽子涉华法案,包括贸易禁运、企业制裁。在美国的政策文本中,"全球化"(globalization)这个词明确地代之以"国际化"(internationalization),而"全球化"与"国际化"具有很大的内涵差异,因为三个国家合作就是国际合作,而全球化则是指与全球大多数国家的合作。美国搞团团伙伙、小院高墙,本质上就是以"国际化"替代"全球化"的现实操作和实践,在科学技术突飞猛进,大数据、人工智能快速发展之际,国际政治却不断倒退,民粹主义、贸易保护主义甚嚣尘上,"逆全球化""半全球化"正处于上升趋势,由美国等西方国家制定并推动的全球化规则正在遭到美国的破坏和瓦解,全球化"渐冻"现象越来越明显。未来五至十年,国际秩序将会更加动荡和不安,全球化"渐冻"的趋势将会维持在一个相对稳定的状态上,此前基本平衡和稳定的全球化局面将很难重回和再现。

经济地位是国际话语权的坚实后盾。长期以来,以美国为首的"全球北方"在世界经济体系中具有绝对支配的地位。"全球北方"国家只有30多个、人口只有区区十亿,在世界上终究只占少数,但它们却控制着全球技术驱动、经济增长的阀门,占据着话语权和支配权;而"全球南方"国家占世界上绝大多数,曾经遭受过西方在实现现代化进程中施加过的深重苦难,今天"全球南方"国家意识开始觉醒,正在获取不可剥夺的实现现代化的权利、独立自主的政治底色、发展振兴的历史使命、公道正义的共同主张成为"全球南方"国家的共同要求,大家基于相似历史境遇、现实发展阶段、共同发展目标、相同政治诉求而形成的身份认同,① 面临着共同的发展难题和任务,对国际秩序和全球治理有着相近的看法和诉求。随着"全球南方"国家的觉醒,"全球南方"正在成为世界经济发展的主要动力来源。按购买力平价计算,2022年"全球南方"在全球经济总量中的占比已提升至58%,金砖五国的GDP总量历史性地超过G7,过去20年新兴市场经济国家和发展中国家对世界经济增长的贡献率高达80%。中国作为世界上最大的发展中国家,与其他

---

① 张锐:《全球能源治理的南北分歧和结构失衡——基于非洲案例的研究》,载《西亚非洲》2024年第5期。

发展中国家有着相同的历史遭遇、奋斗历程，是"全球南方"大家庭的天然成员。

"全球南方"与"全球北方"在全球治理观上无法实现同频共振已经成为大概率事实，以美国为首的"全球北方"奉行所谓的"基于规则的国际秩序"，其实质是美国的霸权和"长臂管辖"，是对多边主义的威胁。作为新兴市场国家和发展中国家集合体的"全球南方"，地理维度位于北纬30度以南的绝大多数亚洲、非洲和拉丁美洲的发展中国家的区位意涵、经济和社会欠发达国家的发展意涵，以及地缘政治上具有相似历史遭遇、共同发展任务的联合自强意涵，结成了意识形态源流上具有鲜明的"非西方"色彩、政治上反对"全球北方"主导的国际秩序、反对新自由主义资本主义的"抵抗情绪"。作为一个代表着既反对"北方"主导的多边秩序，也反对新自由主义资本主义及其他霸权力量的抵抗符号和多元化世界，被视为国际秩序变革的关键力量，百年变局的希望所在。因此，在相当长的一段时期内，变乱交织的国际形势会进行延宕，全球化"渐冻"趋势仍将持续。

二、全球化公共产品系统碎片化加剧全球化"渐冻"

大数据、人工智能等现代科技，可以成为全球化发展赋能的基础设施，但同时也可以成为摧毁全球化、对全球化构成威胁的工具，加剧全球化的"渐冻"。随着以美国为首的"全球北方"与以中国、俄罗斯、巴西等新兴市场经济国家崛起的"全球南方"鸿沟的扩大与对立的加剧，长期以来由美国等按照"全球北方"规则建立起来的全球化公共产品系统，逐渐成为它们遏制、制约"全球南方"国家的工具。美国利用其技术优势，加大力度推动全球供应链中最具创新性、最为复杂的环节回流本土，构建"技术霸权圈"，搞技术殖民主义，形成战略杀手锏，控制支撑世界经济与人们日常生活的各项技术，阻止中国等"全球南方"国家进入和获取；但按购买力平价计算，"全球南方"的领头羊中国在2014年就已超过美国，成为全球最大的经济体，且为全球120多个国家和地区的最大贸易伙伴。为打破美国等"全球北方"国家打造的"小院高墙"的封锁，避免沦为美国技术霸权的牺牲品或技术奴隶，中国等"全球南方"国家必然奋起反抗，不仅创建了一些平行的经济和政治性组织，而且在半导体、人工智能、合成生物、量子计算、区块链、大模型等关键技术领域，被迫采用独特的技术、标准、价值观和供应链，进行相应的设计、开发和生产。这样，全球势将形成两套平行的技术体系，花费数代人努力建设起来的全球化基础设施，随着"逆全球化""反全球化"和全球化"渐冻"的出现，开始四分五裂，进一步加剧全球化"渐冻"的发展。

金融传输系统。金融传输系统又称为国际结算系统，是推动全球化发展最重要的基础设施和公共产品。其中最重要的是SWIFT（环球银行金融电信协会）金融信息传输系统。该系统成立于1973年，总部设在比利时布鲁塞尔，并在荷兰阿姆斯特丹、美国纽约和中国香港设有数据交换中心，覆盖了全球200多个国家和地区的11000多家金融机构，每天处理的金融信息高达4200万条，是国际最重要的金融信息传输系统之一。无论是国际贸易跨境支付、清算、结算、外汇交易还是跨境资金转账，几乎都离不开SWIFT的运作。

但是，SWIFT系统掌握在美国"全球北方"手中，它们利用这个系统作为打压"全球南方"国家的工具，甚至不惜将俄罗斯、伊朗、朝鲜等国家踢出SWIFT跨境交易银行结算系统，通过这个系统没收俄罗斯3000亿美元资产，冻结与美国具有不同立场和价值观的国家的金融资产。再加上美国35万亿美元国债违约风险日增，操纵利息、汇率等金融手段收割别国财富，使得世界上很多国家惶恐不安。为了应对金融风险，于是"全球南方"国家别无选择，不得不另起炉灶，建立起与SWIFT系统分庭抗礼的金融传输系统，其中俄罗斯SPFS（国家金融信息传输系统）已有70家外国银行接入。中国也建立了自己的CIPS和CNAPS系统，构成人民币支付结算系统，还有通用金融信息传输系统（GFIX）。其他一些"全球南方"国家，也在开发自己的金融传输系统，尽管影响不大，无法撼动SWIFT系统在全球金融体系中占据主导地位的影响力和规模，但随着"逆全球化"的发展，这种趋势不可阻挡，对全球化的发展是个巨大的打击和动摇。

芯片架构系统。在科技发展日新月异的今天，芯片作为现代电子设备的心脏，其架构的选择与设计显得尤为重要。由于集成电路、芯片产业牵涉到上下游产业几千个步骤，需要完整的产业链、供应链支撑，很少有单个国家或企业能够从上至下全部打通，理想状态下需要全球协同攻关，才能以最小的资源投入获得最大产出。然而，由于全球化的产业体系遭到人为的破坏，导致世界上存在多种不同芯片系统。

全球市场上主流的芯片架构有四种：X86、ARM、RISC-V 和 MIPS，它们各具特色，广泛应用于各种电子设备中。随着科技的不断发展，这四大主流芯片架构将继续演进和升级，为各种电子设备提供更加高效、稳定的运行支持，并在人工智能、物联网、云计算等新兴领域发挥出更加重要的作用。但是，芯片架构的主流形式主要是由美国、英国等发达"全球北方"国家所把持，它们将此作为一种制裁不符合它们价值观的"全球南方"国家的政治武器，甚至在芯片中设计用以监控"全球南方"国家政要的程序，必要时甚至通过精准定位采用导弹进行暗杀和定点清除，伊朗伊斯兰革命卫队高级将领苏莱曼尼、哈马斯一号领导人哈尼亚等众多军事领导人被清除的残酷事实，与美国的芯片技术不无关系。有人甚至认为伊朗总统莱希乘坐的直升机失事，与美国在芯片中做手脚关系密切。

残酷的国际政治环境，迫使"全球南方"国家研发自己的芯片架构以规避制裁。尽管遭受美国的高强度制裁和打压，但作为"全球南方"中的重要一员的中国，为了打破封锁，始终信奉"地球上只要是人能够造出来的东西，再难中国人也要造出来"和"光刻机再精密、芯片工艺再复杂，那也是人造之物"的信念，在全世界最庞大的专业人才储备加持下，中国正在逐步实现突破。这样，全球普遍使用的芯片将会出现"全球北方"版、"全球南方"版，二元技术架构从技术路径上加剧了全球化"渐冻"，人类好生生的创新成果本应为人类社会带来更多的民生福祉，却被西方政客人为地以"政治正确""意识形态"等进行割裂。

计算机操作系统。操作系统作为人与计算机之间的接口，也是计算机的灵魂，是信息时代最基础的软件系统，广泛应用于桌面、手机、服务器及嵌入式操作系统等。全球拥有以"全球北方"国家掌控的 Windows 操作系统、iOS 操作系统、Android 操作系统、macOS 操作系统等。而"全球南方"掌控的只有中国的鸿蒙 HarmonyOS 操作系统,这是为了应对美国在操作系统领域对"全球南方"国家进行打压的背景下由中国华为公司主导开发的,现已广泛应用到手机、电脑等系统上,成为一套具有分布式架构、注重用户数据隐私保护、支持统一开发的优秀的操作系统,深得广大用户喜爱。

海底光缆系统。海底光缆系统是支撑全球化最重要的基础设施,每天传输着万亿美元交易信息的海底光缆,其需求量日益增加,尤其是全球对人工智能算力、数据传输等的需求的增加,为海底光缆创造了更大的市场,同时也成为以美国为首的"全球北方"对"全球南方"打压的工具和重要的科技环节,尤其是美国针对中国的水下暗战。《日经亚洲评论》称,地缘政治的紧张局势更会助推这一需求,因为中国和美国都在建设自己的网络,未来可能会出现两个平行的海底光缆世界,一个由美国及其盟国领导,另一个由中国及其合作伙伴领导。

全球定位系统。空间竞争成为新一轮科技革命与产业变革的重要驱动力、未来全球经济、军事竞争的重要领域。美国等"全球北方"将这种竞争从陆地扩展到海洋、太空和网络,并将其作为打压与之具有不同价值观和意识形态的国家和地区的工具。具有全能性(陆地、海洋、航空、航天)、全球性、全天候、连续性、实时性的导航、定位和定时等多种功能。能为各类静止或高速运动的用户迅速提供精密的瞬间三维空间坐标、速度矢量和精确授时等多种服务的全球卫星定位导航系统,成为打破封锁、规避风险最重要的工具和手段。因此,开发适合本国的全球定位导航系统,成为各国的一项国家战略。

当今世界,全球卫星导航系统有四个,分别是美国的全球定位系统(GPS)、俄罗斯的格洛纳斯卫星导航系统(GLONASS)、欧洲的伽利略卫星导航系统(Galileo)以及中国的北斗卫星导航系统(BDS)。美国全球定位系统(GPS)由美国国防部研发和维护,是一个中距离圆型轨道卫星导航系统,主要目的是为陆、海、空三大领域提供实时、全天候和全球性的导航服务,同时也能够为地球表面大部分地区提供精确的商业服务,① 成为美国霸权世界、在世界上采取军事行动的重要工具。美国打伊拉克、利比亚、阿富汗、叙利亚、前南斯拉夫等,都是依靠 GPS 的精确定位和导航。中国也是遭受美国全球定位系统打击和伤害的国家,曾记否中国的"银河号事件",美国将通信系统 GPS 断掉,使得"银河号"船舶在茫茫大海上漂流数月。北京时间 1999 年 5 月 8 日,以美国为首的北大西洋公约组织,利用 GPS 的精确定位和导航,用 B－2 隐形轰炸机,悍然轰炸了中华人民共和国驻南斯拉夫联盟共和国大使馆。导致新华通讯社记者邵云环、《光明日报》记者许杏虎和朱颖当场牺牲,数十人受伤,大使馆建筑严重损毁。这仅仅是美国使用 GPS 干涉其他国内政、打压"全球南方"国家之累累罪行中的沧海一粟。

为了应对美国利用全球定位导航系统 GPS 对国家安全带来的风险,美国盟友欧洲国家研制出伽利略卫星导航系统,以应对美国在关键时刻的六亲不认,俄罗斯研发出自己的格洛纳斯系统,中国则花大力气,研发出中国北斗卫星导航系统。很显然,作为最重要的促进全球化发展的公共产品,本应为全球人类的福祉做出贡献,但被一向将自己包装为"民主""自由"的美国等"全球北方"国家异化为干涉别国内政、杀害无辜平民的工具。全球形成了以美国 GPS 和欧洲伽利略定位导航系统、中国北斗和俄罗斯格洛纳斯等四种不同类型的定位导航系统。

卫星定位导航系统的多类型化,从技术手段上加剧了全球化的分裂,这种趋势还将进一步发展,太空的竞争进一步加剧。全球、全天候、连续、实时和高精的全球定位导航逐步升级,由美国太空探索技术公司于 2014 年提出的低轨互联网星座计划星链系统(Starlink),将这种分裂推向高潮。星链系统设计发射四万颗卫星,可进一步提升美军导航定位系统的精度和抗干扰能力,可用于对洲际弹道导弹弹头的直接碰撞式拦截,有效推动军事通信网络与商业通信网络之间的无缝切换。② 为应对美国的打压,素有国产"星链"之称

---

① 刘基余:《GPS 卫星测量技术的新发展》,载《海洋测绘》1994 年第 4 期。
② 2023 科创热词"星链",载《科技创新与品牌》2024 年第 1 期。

的中国"千帆星座"计划（G60星链计划）的首批组网卫星也于2024年8月5日以"一箭18星"的配置在太原发射基地升空入轨，2027年提供全球网络覆盖，2030年前将实现1.5万颗卫星提供手机直连等多业务的融合服务。①

支撑全球化运行的公共基础设施的二元化乃至多元化，无论是从成本的角度还是操作的角度来看，造成支持全球化的基础设施的碎片化和断裂化，加剧了全球化的"渐冻"乃至瓦解。因此，如何弥合或消除"全球南方"和"全球北方"之间的裂痕，缩小"南""北"之间的差距，恢复全球化的元气，成为全球治理面对的一个重大问题。

三、合则两利、分则两伤

真理只有一个，虽然条条大路通罗马，但到达罗马的路径不同，付出的代价就会不一样。多样性是世界文明的一个基本特征，尊重世界文明多样性是文明交流互鉴的前提和基础。②"全球南方"和"全球北方"共同生活在同一个太阳、同一片蓝天之下，面临着人类共同面临的威胁和难题，诸如环境污染问题、气候变化问题、恐怖威胁问题、经济发展问题、民生改善问题、科技伦理问题等，需要全球人类团结起来，结成人类命运共同体共同应对。如果全球人类因为意识形态和价值观人为地分裂为"南方"和"北方"，在共同的难题面前表现得软弱无力、相互撕扯，最终就会两败俱伤、自我毁灭。因此，人类必须以理性的方式来面对共同的难题，通过发展新质生产力，从技术的角度来消解全球化"渐冻"。

中国加快推进面向"全球南方"的全球化。 中国作为"全球南方"中的重要一员，具有超大规模市场和经济总量、全球最为完整的工业体系与世界一流的基础工业能力，与广大"南方"国家在要素与产业上具有很强的互补

---

① 刘斌、李晓亮、麻智超等：《面向大规模星座的星间组网技术研究》，载《国际太空》2024年第10期。
② 邢丽菊：《全球文明倡议引领人类和平发展》，载《当代世界》2023年第4期。

性。中国有能力将"南方"各国的优势生产要素整合起来,共同形成全产业链竞争优势;同时,中国庞大的国内市场也可以向"全球南方"开放,助力其完成产业升级。"一带一路"已经为这一历史进程打下了基础。在俄乌冲突导致的全球生产力重新布局背景下,一条以中国为核心的纵贯欧亚的产业链供应链正在迅速崛起,这将带动各国产业链升级,提升各国在全球价值链中的位次,摆脱对发达国家的经济依赖,让各国更多享受工业发展带来的繁荣与自主。"南方"国家也广泛关注到了与中国在要素上的互补性以及随之而来的经济发展潜力。2023年10月召开的第三届"一带一路"国际合作高峰论坛,吸引了150多个国家、30多个国际组织的参与,形成了458项成果,这充分说明了中国构造的经济体系的吸引力。

中国通过共建"一带一路"倡议、上合组织、金砖合作机制等为全球提供公共产品,推进面向"全球南方"的全球化是一种用"经济合作促成联结"取代"地缘政治引发战争"的政治经济安排,[1] 打造出一条"南方"国家之间的较为独立、稳固的要素循环与经济体系,中国依靠全球化时期积累起来的实体经济和技术升级构建起"良币良货"循环,通过提升新质生产力和国内居民的消费能力两大战略,再加上其他"南方"国家更紧密地相互支撑,更有能力在中美竞争与重构全球化的进程中掌握主动权,"全球南方"也将更有能力改造这个体系内部的不平等性。中国与其他"南方"国家的经贸联结与政治合作,将成为世界走出修昔底德陷阱,打破"霸权轮替"魔咒,迈向多极化世界的坚实政治经济基础。

中美两个大国有合作的意愿。阻挡别人的路并不会让自己走得更远,吹灭别人的灯并不会让自己更加光明。中美关系是世界上最重要的双边关系之一,攸关两国人民福祉和人类前途命运。中方始终按照相互尊重、和平共处、合作共赢原则处理中美关系,始终认为中美各自的成功是彼此的机遇,两国应该成为对方发展的助力而不是阻力。中国愿意同美国做伙伴、做朋友,这

---

[1] 姜宣、青木、赵觉珵等:《中国最高礼遇致敬功勋模范》,载《环球时报》2024年9月30日,第1版。

不仅造福两国，也惠及世界。①

美国作为"全球北方"的领头羊，长期以来始终以"美国中心主义"的世界观和历史观自居，将其政治制度和经济模式视为文明的唯一评判标准，认为只有美国的那一套标准才是最文明、最普世、最先进的，其余的文明则是落后、野蛮、愚昧的，只有走近美国、走近西方，才能获得"开化"。实际上，尽管美国是世界上唯一的超级大国，但其长期以来不加克制地利用美元霸权导致地"赚快钱"和脱实就虚形成的"劣币劣货"，产业链、供应链仍然对全球市场有着强烈的依赖性；中国作为"全球南方"的重要成员，始终坚持高质量的对外开放，中美经贸关系不仅促进世界两个最大经济体之间的互利合作，也有利于稳定世界经济，有助于应对全球人类面对的日益严峻的共同挑战。因此，面对"全球南方"力量的日益崛起，美国等"全球北方"习惯于倚仗武力和意识形态霸权解决国际争端的力量日渐式微的情况下，美国等"全球北方"不得不改变"不与别国谈判、不尊重别国利益、不与别国分享利益"的"三不"传统，将不得不接受"大国协调"的规则。

在中美矛盾日益激化、冲突不断出现的情况下，美国一方面将中国视为"美国的最大威胁"，另一方面却又不得不同意在全球一些大的问题上同中国合作。例如，美国在中国向联合国提交的"加强人工智能能力建设国际合作"决议文件上进行联署，愿意加强两国人工智能领域多双边对话合作，促进全人类共享智能红利，表明中美之间已经充分认识到人工智能发展对人类带来的危害性，愿意就"机器人控制人类、统治人类"等相关关系到人类生存的共同问题进行交流和沟通。众所周知，20世纪人类创造的科学技术的发展给人类带来了福音，但同时也带来了灾难。第一次世界大战、第二次世界大战、冷战、逆全球化等，国际政治的进步和倒退，都是科学技术进步的产物。

2024年8月15日至16日，中美金融工作组会议在上海举行，这是党的二十届三中全会闭幕以来的首次中美金融工作组会议，也是该工作组自2023

---

① 《习近平向美中关系全国委员会2024年度颁奖晚宴致贺信》，载《人民日报》2024年10月17日，第1版。

年9月成立以来的第五次会议。中美就保持战略沟通和定期磋商的重要性达成了共识，于2023年9月成立了经济工作组和金融工作组。中美金融工作组会议议题广泛，涵盖了金融稳定、资本市场等重要领域。尽管关系紧张，但中美两国之间的沟通并未中断，双方在多领域多层级都有富有成效的交流机制，有助于巩固双方的合作，反映了双方对继续深化合作的重视以及双方以负责任的方式处理两国关系的意愿。中国是美国仅次于加拿大和墨西哥的第三大贸易伙伴，也是美国的主要出口市场，美国出口的大豆有一半销往中国。正如美国财长耶伦所说，这一切都使得两国必须"找到共存之道，共享全球繁荣"。

2024年8月29日，中国国家主席习近平在北京人民大会堂会见时任美国总统国家安全事务助理沙利文时指出："面对变乱交织的国际形势，各国需要团结协作，而不是分裂对抗；人民希望开放进步，而不是封闭倒退。中美作为两个大国，应该对历史、对人民、对世界负责，成为世界和平的稳定源和共同发展的推进器。"①

中国始终坚持和平发展理念，坚定做世界和平的建设者，从不以大欺小、恃强凌弱，怎么就成了"全球和平的最大威胁"？新中国成立以来，中国从未主动挑起过一场战争，从未侵略过别国一寸土地，从来不搞代理人战争，不参加或组建任何军事集团，是全世界在和平与安全问题上记录最好的大国。中国依然是世界上唯一一个将"坚持和平发展道路"载入宪法的国家，也是五个核武器大国中唯一承诺不首先使用核武器的国家。② 无论发展到什么程度，中国永远不称霸、不扩张、不谋求势力范围，不搞军备竞赛，始终做守护人类和平安宁的中坚力量。

和平、发展、合作、共赢是当今时代不可逆转的潮流。在相互尊重、和平共处、合作共赢基础上发展中美关系，是双方唯一的正确选择。美国如果

---

① 习近平：《中美应该对历史、对人民、对世界负责，成为世界和平的稳定源和共同发展的推进器》，载《人民日报》2024年8月30日。
② 邓宗豪、龙玉秀：《中国式现代化促进全球持久和平发展》，载《当代中国与世界》2024年第1期。

不摒弃冷战思维与零和博弈执念，仍然一意孤行，执着于维护自身霸权和构建"盎格鲁圈"，将中国视为战略威胁，试图阻挡中国的前进步伐，成为阻碍中美关系正常发展的"绊脚石"，最终只能落得损人不利己的下场。中国将继续以开放的姿态，与世界各国一道，共同维护世界和平与发展，推动构建人类命运共同体。

四、发展新质生产力纾解全球化"渐冻"

以机器人、人工智能和物联网为特征的第四次技术革命，催生出一系列改变人类政治、经济、社会生产和生活方式的新技术、新工艺、新领域等新质生产力，以大数据、算法、算力为核心元素构成的大模型，具有去中心化、去信任化、可扩展性和匿名化的特征，其平等性、开放性和分享性，颠覆了传统的垄断、独占和霸权，使每个人、每个组织在去中心、多中心和弱中心的公有链网络中都具有平等的身份和权利。因此，大力发展这种新质生产力，为建立一个公正、平等的世界，提供了必要的技术基础。新质生产力纾解全球化"渐冻"，主要是通过新质生产力技术内在的功能和特点，嵌入全球化过程之中，以物理作用和化学作用相结合的方式，化解全球化"渐冻"产生的负面影响，提振全球化的信心，增强全球化的韧性。

数字货币使全球贸易不再受阻。以新质生产力技术为核心的数字货币，是建立在公有链上以数字呈现的货币体系，具有破解美元霸权、推动国际货币体系多元化的作用，其便捷性和高效性使其在跨境支付中具有显著优势，不仅可以跨越美元中介、减少对美元的依赖，降低交易成本，而且以分布式账本技术（DLT）实现去中心化，减少单一机构的控制权，从而提高系统的透明度和安全性，降低金融风险。世界各国，包括很多"南方"国家，正在积极探索和发展自己的数字货币，以减少对美元的依赖，推动国际货币体系的多元化和平衡，捍卫本国在全球化体系中的平等地位。

新能源体系打通全球能源堵点。以新质生产力技术支撑的新能源体系的建立，可以为全球人类提供源源不绝的能源供应，打破少数国家以石油、天然气为武器，动辄切断能源供应线等霸权行径。太阳能被誉为地球上最大的能源库，是取之不尽、用之不竭的清洁能源，倘若能将一年内地球所接收的太阳能全部储存并利用，足以供全球使用长达6000年之久。光伏技术已经非常成熟，太阳能已广泛渗透至我们日常生活的方方面面，并且造福于广大发展中的"南方"国家。风能资源丰富、分布广泛、取之不尽、用之不竭，已成为全球公认的最具潜力、最具经济优势的清洁能源之一，有研究发现，全球风能理论蕴藏量约2000万亿千瓦时/年。对贫油少气的广大"南方"国家来说，发展风电有助于摆脱资源禀赋劣势、提升能源保供能力。中国风能技术全球领先，通过"一带一路"倡议，为广大发展中国家破解能源瓶颈带来了巨大利益。核聚变是人类最终解决能源制约的希望所在，中国的核聚变技术不断取得重大突破，一旦核聚变商业化利用取得成功，全球人类不再担心能源的短缺，地球村的人类都将分享到核聚变的红利。

人工智能让全球人类共享新质生产力红利。新质生产力的标志性成果——人工智能的广泛运用，使劳动者、劳动资料和劳动对象趋同化，无所不能的机器人代替越来越多的劳动力，取代人的体力劳动和脑力劳动，为人类提供越来越丰富的物质产品和服务，社会精英将不再追求物质财富的创造和分配，而转为对名誉和权力的追求。据估算，机器人可以替代50%—70%的体力和脑力劳动力。当广大的"南方"国家在新质生产力技术上取得突破性的进展，能够媲美"北方"国家，与发达国家一样大量使用无国籍的机器人进行生产且劳动成本大幅降低时，国际贸易和跨境投资的必要性会大大减少。更快的交通工具，进一步缩小了国与国之间的物理距离；星链之类的信息工具，进一步加强了人与人、国与国之间的信息联系，使得要素流动的成本更低；6G、万物互联等新质生产力的出现和使用，有效纾解全球化的"渐冻"，缩小"全球南方"与"全球北方"之间的贫富差距，抵消因价值观、意识形态差异对全球化的瓦解，增强全球人类的集体行动逻辑。

Theoretical Deconstruction and Path Selection to Mitigate Globalization Stagnation in light of New Quality Productive Forces

Tang Renwu

Abstract: Against the backdrop of globalization stagnation, policies implemented by the Trump administration in the United States have exerted profound negative impacts on globalization processes. With the rise of Global South nations, emerging economies, such as China, Russia, and Brazil, that are increasingly establishing parallel economic and political frameworks. These countries start to counterbalance the technological hegemony and financial dominance of the Global North. Modern technologies like big data and artificial intelligence play a dual role in both exacerbating and mitigating globalization stagnation. By developing decentralized and democratized new quality productive forces, including digital currencies, renewable energy systems, and artificial intelligence, existing technological barriers and financial blockades can be dismantled, fostering equitable and sustainable global economic development. China and the United States possess foundational common interests and mutual willingness to collaborate in addressing shared challenges. Through rational cooperation and shared progress, they can effectively confront the dilemmas posed by globalization stagnation, driving transformative changes in global governance and promoting a multipolar international order.

Keywords: Global South, Donald Trump, new quality productive forces, progressive stagnation of globalization

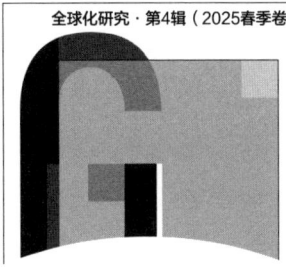

| 数字全球化

数字全球化背景下美国"平台权力"的武器化及其影响

马元浩* 刘雪莲**

摘要： 在数字全球化背景下，平台作为数字经济的主要资源配置与组织方式应运而生。平台的高速发展催生了包括"准入权""话语权""数据支配权"在内的平台权力，发展出"公私二元性""数据驱动""全球性"的权力属性，受到了霸权国家的青睐。美国通过"法律强制""利益交换"等实施机制强化对于平台型企业的控制，将跨国数字平台所拥有的"平台权力"系统性地转化为地缘政治武器，用以断供他国数字基础设施、操纵全球信息流动、监控获取全球数据情报。这种做法严重冲击了全球数字治理体系，开辟了大国战略竞争的新形态，危害全球用户的"数字人权"。针对美国将"平台权力"武器化的现象，中国需以系统性思维构建应对框架，通过"强化数字主权与数据安全屏障""差序竞争打造自主平台"以及"推动多极化数字治理秩序的形成"三大策略，形成抵御外部风险的政策合力。

关键词： 数字全球化 美国 数字平台 跨国企业 平台权力

---

* 马元浩，吉林大学行政学院国际政治专业硕士研究生。
** 刘雪莲，吉林大学行政学院教授。

引 言

在全球数字全球化浪潮中，平台权力已经逐渐演变为21世纪大国竞争的核心战略资源，其武器化进程正展现出惊人的政治危害性。2019年，Google依据美国商务部禁令，停止向华为提供GMS服务（谷歌的核心应用生态服务），直接重创了华为的欧洲市场，这被视为是美国打压中国科技发展的政治行动。[①] 2024年9月18日，Facebook母公司Meta宣布扩大对俄罗斯官方媒体网络的限制，以俄罗斯官媒"使用欺骗手段在网上进行秘密影响行动"为名，禁止包括今日俄罗斯国际新闻社（Rossiya Segodnya）、今日俄罗斯（Russia Today）等在内的多家俄罗斯媒体使用旗下社群媒体平台。[②] 由此可见，这些来自美国的平台已经具备充分的能力对国家间政治博弈产生影响，并且极有可能被美国所利用转化成新的地缘政治武器。因此，对于美国"平台权力"及其武器化的探索在当前具有至关重要的意义。

当前学界对"平台权力"的研究主要集中在法学领域，着眼于"平台权力"的在监管语境下的合法性争议，着重讨论"平台权力"的法律属性及规制。[③] 这些研究大多基于"公权—私权"对立的二元框架，探讨公权私有化的过程，几乎不探讨地缘政治问题。而国际关系学者虽然注意到了"平台权力"可能存在的地缘政治风险，但研究呈现显著的碎片化特征。国际关系学

[①] Leo Kelion, "Huawei's use of Android restricted by Google", May 20, 2019, https://www.bbc.com/news/business-48330310.

[②] Kayla Epstein, "US imposes new sanctions on Russian state media", September 14, 2024, https://www.bbc.com/news/articles/cvglrrz95zzo.

[③] 法学领域对于平台权力的研究，参见郭渐强、陈荣昌：《网络平台权力治理：法治困境与现实出路》，载《理论探索》2019年第4期，第116—122页；肖梦黎：《平台型企业的权力生成与规制选择研究》，载《河北法学》2020年第10期，第73—87页。

者对于"平台权力"及其武器化的研究零散分布于"算法的武器化""人工智能的武器化""认知的武器化""情报披露武器化""社交媒体的武器化"等研究中，①且缺乏对于私权公有化（即政府操控平台权力）的过程性研究。

在现有研究的基础上，本文旨在集中解决以下两个方面的问题：其一，数字全球化如何使平台企业（如 Google、Apple、Microsoft）拥有堪比国家力量的私权力？这一权力的构成和属性是什么？其二，美国如何通过制度设计控制私营部门的"平台权力"，将之作为地缘政治工具？这种做法产生了什么样的全球性影响？基于这两方面的问题，文章从以下四个部分展开：第一部分厘清了平台的概念和平台权力的基本构成和属性，对数字全球化时代催生的平台型企业与平台权力进行简要介绍。第二部分分析了美国如何通过法律强制、利益交换实现对于平台型企业的影响和控制，进而实现平台权力的"武器化"。第三部分结合现实案例分析了美国在全球范围内动用"平台权力"打压、制裁其他国家的实践举措。最后一部分针对性探讨了美国平台权力武器化可能产生的影响。

一、数字全球化与平台权力的崛起

在当代社会，我们已然置身于一个由信息与网络共同编织而成的数字世界中。早在 1995 年，美国麻省理工学院教授尼古拉斯·尼葛洛庞帝（Nicholas Negroponte）就已经预测到了数字化时代的到来，描绘了一个人类

---

① 参见董青岭、关意为：《算法的"武器化"：计算政治时代被嵌入的安全风险》，载《东北亚论坛》2025 年第 1 期，第 44—64 页；杨楠：《人工智能武器化与网络威慑战略的未来》，载《国际安全研究》2024 年第 5 期，第 21—48 页；曾庆鸣、毛维准：《认知武器化与人工智能认知战——一项机器学习与行为实验研究》，载《国际安全研究》2024 年第 5 期，第 49—80 页；汪明敏：《美西方情报披露武器化的动因分析》，载《情报杂志》2024 年第 7 期，第 28—33 页；胡泳、刘纯懿：《战争中的社交媒体：社交媒体的武器化与数字化战争的到来》，载《现代传播（中国传媒大学学报）》2023 年第 6 期，第 131—150 页。

在数字化中栖居的世界。[①] 30 年后的今天，无论是消费、生产、金融，还是教育、医疗等各领域，都正经历着数字化、全球化的深刻变革。数字内容、技术与服务编织进生产与生活的每一寸经纬，向着全球的每一个角落延伸、渗透。在数字全球化的大背景下，平台作为数字经济的主要资源配置与组织方式应运而生，成为连接各方的关键枢纽，也成了权力酝酿的关键土壤。

（一）数字全球化背景下的平台

平台是适应数字经济发展需求的资源配置与组织形态，在数字全球化背景下蓬勃发展。在历史上，不同的经济发展阶段对应着不同的资源配置的组织形式：农业经济时代主要的经济组织形式是家庭，工业经济时代主要的经济组织形式是企业，而在数字经济时代，平台则成了主要的经济组织形式，承担起"整合数据与生产要素""实现数据的流通与价值创造"的关键职责。在数字全球化的背景下，数字科技为全球化的发展提供了新的推动力，在全球化受阻的情况下促进了全球的互联互通，也带来了全球范围内以数字平台促进新型价值流通的普遍需求。

从本质上讲，平台是一种"有组织的市场"，它并不直接参与产品或服务的生产销售，而是通过提供在线交易空间、制定交易规则来创造价值和需求。[②] 在传统的经济学语境中，市场被视为一种自发形成的资源配置机制，即"无形之手"。它在没有人为意志干预的情况下，凭借价格、供求、竞争三大机制调控经济活动，这种市场具有"无利益诉求、无边际、无实体"的特点。然而，当市场不再仅仅是自发运行的抽象机制，而本身成为获取商业利益的载体，它便不再是单纯的经济现象。"换言之，市场本身从

[①] 尼古拉斯·尼葛洛庞帝的预测，参见 Nicholas Negroponte, *Being digital*, United States: Alfred A. Knopf, 1995。

[②] 国务院发展研究中心企业研究所课题组：《数字平台的发展与治理》，北京：中国发展出版社 2022 年版，第 33—35 页。

过去单纯的交易环境，在一定程度上转变为以追求利益最大化为目的的营利性交易平台"。① 以国内打车平台"滴滴出行"为例，滴滴本身并不拥有出租车，也不直接雇用司机提供运输服务，而是通过搭建数字化平台，整合乘客出行需求与司机的运力供给，实现出行服务的高效匹配。

在双边市场结构中，平台的"交叉网络外部性"和"需求者规模效应"赋予平台强大的扩张能力，使其在更大范围内调动资源要素，形成垄断和独占优势。交叉网络外部性是指平台一边用户数量和活跃度的增加，会提高另一边用户对平台价值的感知，从而吸引更多用户加入平台，形成一种自我强化的正反馈机制，推动平台规模迅速扩大。需求者规模效应则表现为随着平台用户数量的增加，单位用户分摊的运营成本降低，平台可以凭借成本优势进一步扩大市场份额，在相关领域趋近自然垄断状态。

近年来，由于交叉网络外部性和需求者规模效应的共同作用，全球平台经济领域逐渐形成了垄断格局，大型跨国平台企业主要集中在美国。根据中国信息通信研究院政策与经济研究所2024年发布的报告，"截至2023年12月底，全球市值排名前五的平台企业，即美国的 Apple、Microsoft、Google、Amazon 和 Meta，总市值达到10万亿美元，同比增长73.6%，占全球平台经济价值规模的比重从69%上升至77.6%，对全球平台经济市值的贡献率高达102%，而其他平台的贡献率为 -2%"。② 这一数据充分显示了美国平台企业在全球平台经济中的主导地位，也为美国政府将平台权力武器化提供了坚实的基础。

（二）平台权力的构成与属性

平台企业凭借在数字互联网产业的先发优势，借助交叉网络外部性和需

---

① 徐晋：《平台经济学：平台竞争的理论与实践》，上海：上海交通大学出版社2007年版，第1—5页。

② 中国信息通信研究院政策与经济研究所：《平台经济发展观察（2024）》，中国信通院，2024年，第7—8页。

求者规模效应，在全球平台经济中逐渐占据主导地位。这些跨国平台型企业基于数字基础设施垄断、数据控制与算法支配逐渐发展出了一种复合型权力——平台权力。这种复合权力一经产生就蕴含着巨大力量，对霸权国家有着难以想象的吸引力。我们可以分别从平台权力的构成和属性中认识到这一点。

1. 平台权力的构成

对于平台权力的基本构成，当前学界有两种划分方式较为典型。一种是参照传统的公权力类型，将平台权力划分为"准立法权""准司法权""准行政权"。[①] 这一划分方法强调平台可以通过单方面制订用户协议、改订社区规则、裁决平台纠纷、禁用平台账户，以在平台范围内来获取与公权力相类似的权力。另一种是从平台权力的本质出发，将平台权力划分为资本权力、媒介权力和技术权力。[②] 资本权力强调平台权力为平台利益服务的本质；媒介权力强调平台权力通过控制信息传播塑造社会形态的力量；技术权力强调平台权力是一种技术性权力，是大数据和算法的产物。

而将平台权力视为一种地缘政治工具可以将平台权力划分为以下三个类型：其一是准入权力。早在数字化时代的"平台"还未诞生，"平台"一词仅作为平台型建筑的代名词时，平台的"准入权"就已经初见端倪。"文艺复兴时期在斜坡上建造的巨型别墅花园是平台建筑的代表，它经常被土地所有者当作剥夺当地居民使用公共土地的一种方式。为了掩盖这种剥夺的暴力，土地所有者部分开放了别墅平台作为公共露天花园，并制定了严格的入场准则，平台准入与可访问成为将剥夺暴力合法的景观"。[③] 在数字全球化的今天，

[①] 多篇关于平台权力的文章涉及平台的三权性质，参见姚志伟、郭佳仪：《互联网平台惩戒违法平台内经营者的权力规制——以〈个人信息保护法〉第58条为中心的考察》，载《法治论坛》2024年第1期，第179—193页；陈鹏：《平台权力的扩张与规制》，载《理论月刊》2022年第8期，第127—135页。

[②] 王军峰：《传播即权力：平台型媒体社会权力的崛起、扩张与规制》，载《新闻知识》2024年第4期，第40—45页。

[③] 刘战伟、刘洁：《"平台/platform"：一个概念史的溯源性研究》，载《新闻与写作》2023年第8期，第70—82页。

准入权力赋予平台企业决定谁能够进入其数字生态系统的权力。一些平台企业通过垄断全球数字基础设施（如云计算服务、海底光缆、卫星网络、5G 技术等），形成对数字空间"物理层"的支配能力，这意味着平台权力的准入权力还是一种对数字基础设施的控制权。从文艺复兴时期的露天公共花园到亚马逊云服务的 API 接口，平台以公共开放的外衣实施资源剥夺，始终扮演着"准入权力"的垄断性角色。

其二是话语权。平台一词本身具有"公共开放的话语空间"的含义，迎合了现代意义上的平等开放思想。Facebook 和 Twitter 等社交媒体平台也不止一次地强调自己是包容开放，尊重言论自由的公共空间。而事实则并非如此，平台的话语权力使平台企业拥有塑造公众认知和舆论走向，进而影响他国政治的强大力量。"搜索引擎可以通过技术有选择地屏蔽、拒绝、过滤、删除某些网站或者网页，干预搜索结果呈现的次序，还可以通过对已有的信息进行编排组合，创造新的信息，影响用户的价值取向"。[1] 类似的，社交媒体平台可以有偏见地依照平台规则封禁特定对象的发言权，控制特定数据内容的流量和传播范围。

其三是数据支配权。数据支配权赋予平台企业对用户数据的收集、存储、分析和使用的主导权力。从法理上而言，数据的支配权应当是归属于个人或者主权国家的。英国首相戴维·卡梅伦（David Cameron）最早提出"数据支配权"是每一个公民都拥有的一项基本权利，并承诺要在全社会普及数据权。[2] 然而，由于全球数字治理体系和一些国家法律法规的不完善，从事实层面来说，平台企业享有对其平台上用户数据的数据支配权。平台企业凭借其广泛的用户基础和先进的技术手段，收集包括个人身份信息、消费习惯、位置数据、社交关系等在内的海量数据。一般而言，这些数据只会用于商业目

---

[1] 刘兴华、高亚庭：《技术、资本与数字公司的国际话语权》，载《外交评论（外交学院学报）》2022 年第 6 期，第 48—71 页。

[2] 涂子沛：《大数据》，桂林：广西师范大学出版社 2013 年版，第 274 页，转引自齐爱民、盘佳：《数据权、数据主权的确立与大数据保护的基本原则》，载《苏州大学学报（哲学社会科学版）》2015 年第 1 期，第 64—70 页。

的，如通过大数据投放广告，但这些数据在缺乏有效监管的情况下，可能被用于情报或其他政治目的，对国家安全构成直接威胁。

2. 平台权力的属性

除了认识到平台权力的构成，为了更好地理解平台权力，还需要明确平台权力的若干属性：

（1）平台权力是具有公权力属性的私有权力，具有"公私二元性"

这需要从两方面理解：一方面，平台权力是从平台企业的经营活动中产生的私有权力，直接掌握平台权力的主体是平台企业而非国家。因而，平台权力并非国家天然拥有的权力，国家要掌握平台权力必须先通过控制平台企业来实现，即"私权公有化"的过程。另一方面，作为私权力的平台权力具有一定的公权力属性，即对社会的隐形控制权。跨国网络平台的投资遍布各行业，它们动用资本力量全面渗透全球社会生活的各个领域，充当数字化时代的关键民生基础设施。它们一定程度上承担了部分政府的功能，但也同时带来了社会渗透和社会控制风险。[①] Facebook 的创始人兼首席执行官扎克伯格（Zuckerberg）就曾很直白地表示："在很多方面，Facebook 更像一个政府，而不是一家传统公司……我们实际上是在制定政策。"[②] 而对于平台权力这种具有公权力属性的风险性权力，国家天然具有掌控这种风险性权力的倾向性。

（2）平台权力是基于数字化和数据驱动的权力

平台权力与传统权力不同，传统权力建立在对土地、人口、资本等物质资源的占有之上，而平台权力离不开用户实时互动产生的数据，是通过对数据的生产、收集、分析和应用来实现对社会的系统性支配。这种权力的运作则更加灵活隐蔽，通过算法推荐、机器学习等技术潜移默化地影响用户的行为和决策。剑桥分析公司就曾利用从脸书等社交平台获取了 8700 万用户的行

---

① 陈鹏：《平台权力的扩张与规制》，载《理论月刊》2022 年第 8 期，第 127—135 页。
② David Kirkpatrick, "The Facebook Defect", April 12, 2018, https://time.com/5237458/the-facebook-defect/.

为数据，进行精准的海量选举广告投放，以影响大选中选民的投票行为，脸书还被爆出一直知晓剑桥分析公司收集了数百万用户的数据。① 通过数据操控世界，这种隐蔽的权力运行机制更能得到国家的青睐，使国家在地缘政治竞争时刻保持情报和信息优势，通过潜移默化的舆论引导把握国际话语权。

（3）数字全球化赋予了平台权力"全球性"的属性

一方面，"全球性"意味着平台权力具有一定的"超国家"属性。平台权力的合法性来源来自全球平台用户的权力让渡。全球来自不同国家和地区的用户聚集在一个共同的数字空间中，因平台的连接而形成了一个庞大且紧密的网络社会，共同在平台权力的规范下进行交互。"相对于各国政府来说，平台是私营公司，是监管对象；但相对于各国用户而言，平台构成了事实上的治理机构"。② 相应的，平台权力已经成为具有全球性的超国家的治理权力。另一方面，"全球性"反映了平台权力"跨疆域""及时性"的鲜明特点。平台权力运作于流动化的数字空间，突破了国家的物理疆域，这使得平台权力可以覆盖全球范围的群体，实现更大范围的权力掌控。通过即时的数据流动，平台权力可以在瞬息之间作用于世界上拥有互联网的任何一个地方。这是传统的主权国家难以企及的巨大权力，更是霸权国家理想的维持单极霸权的地缘政治工具。

二、美国"平台权力"武器化的实施机制

前文对于平台与平台权力的概述，反映出数字全球化时代生长起来的"复合型权力"的独有魅力与危险性，而美国将这种私有权力"公有化""武

---

① "Facebook scandal'hit 87 million users", 5 April, 2018, https：//www.bbc.com/news/technology-43649018.

② Jack M. Balkin, "Free Speech in the Algorithmic Society: Big Data, Private Governance, and New School Speech Regulation", *University of California Davis Law Review*, Vol. 51, 2018, p. 1182, 转引自刘晗：《平台权力的发生学——网络社会的再中心化机制》，载《文化纵横》2021年第1期，第31—39页。

器化"的过程正使得这种近在咫尺的危险变成现实。由于"平台权力"本质是私有权力,美国的第一步就是要实现对于平台企业的控制,将平台权力纳入国家权力要素中。美国对于"平台企业"的控制主要通过"法律强制""利益交换"两个实施机制来得以实现。

(一) 法律强制

美国对于平台企业的法律强制,是一种以"国家安全"为名的制度化控制。美国通过法律体系赋予政府干预平台企业运营、获取全球情报的合法性,将其强制性纳入国家战略轨道。这一机制的核心在于将"国家安全"概念泛化,为政府干预提供法律依据。1997年颁布的《国际紧急经济权力法》(IEEPA)赋予总统在美国的国家安全遭遇威胁的前提下,对企业的经济贸易活动进行监管和控制。美国总统经常利用该法案实施经济制裁,以推进美国的外交政策和国家安全目标。在2019年中美贸易战期间,美国总统特朗普曾宣称将援引该法要求美国企业"立刻寻找替代中国的选项","切断"与中国的联系。[①] 2008年《外国情报监视法修正案》(FISA Amendments Act,2008)的702条款授予政府通过对美国境外的外国人进行有针对性的监视来获取外国情报信息的权力。美国国防部最高网络官员在参议院军事委员会的听证会上盛赞这一条款"保障了美国人的安全",称该条款为"追踪从中国到墨西哥的芬太尼供应链"提供了宝贵的资源。[②] 此外,2018年签署通过的《澄清境外数据合法使用法案》(CLOUD Act,又被称为《云法案》)进一步扩展了美国政府对平台企业的域外管辖权。该法案适用于在美国开展业务的所有公司,允许执法机构直接要求美国企业提供存储于境外的用户数据,即使这些数据

---

① 《唐纳德·特朗普对中国贸易战中美国公司的"命令"基于1977年一项鲜为人知的法律》,2019年8月25日,https://www.scmp.com/news/china/diplomacy/article/3024243/donald-trumps-order-us-companies-china-trade-war-rests-obscure。

② Matthew Olay, "Top Cyber Official Credits Foreign Surveillance Tool With Keeping Americans Safe", April 10, 2024, https://www.defense.gov/News/News-Stories/Article/Article/3737684/top-cyber-official-credits-foreign-surveillance-tool-with-keeping-americans-safe/.

涉及他国公民隐私。它还授权美国与外国政府签订所谓的行政协议，从而取消国内法限制，使位于协议缔约方之一的服务提供商可以遵守另一国发布的直接披露电子数据的命令。

（二）利益交换

美国政府与平台企业之间存在着复杂的利益交换关系，通过利益的纽带对平台企业施加影响力。一方面，政府通过政策扶持为平台企业提供广阔的发展空间和丰厚的经济利益。在国内市场监管上，美国政府对平台企业的垄断行为相对宽容，这使得平台企业得以在国内市场迅速扩张，凭借规模优势积累起巨额财富。根据美国对宪法第一修正案的"言论自由权"的司法解释，平台企业限制并审核平台上内容的行为不构成对于公民言论自由权的侵犯。由于美国长期对平台企业实行"避风港"原则，平台和服务提供商对用户上传的违法内容还不用直接承担法律责任。这种做法增长了平台企业的权力，减少了运营中的法律风险，极大地促进了其业务的快速发展。美国还运用立法与司法手段，逐渐模糊"国家安全"与"商业竞争"的界限，借助法律途径帮助本国平台企业打压竞争对手。2024年，美国拜登政府签署了一项法案，以"防范外国敌对势力"为由，授权政府审查甚至封禁被视为威胁的外国应用Tiktok，要求TikTok母公司字节跳动将TikTok出售给非中国企业，否则将禁止Tiktok在美国的使用。①

另一方面，美国政府与平台企业通过"政企国防合作"和"政商旋转门"进行更深度的利益绑定，政府或军方为平台型企业提供高额的科技订单。2021年3月，美国陆军授予了微软近220亿美元的生产合同，用以生产士兵观察战场的视觉增强护目镜，这是微软近年来赢得的第二份军方的重要合同。② 基于微

---

① Lauren Feiner, "House passes bill that could ban TikTok", Mar 13, 2024, https://www.theverge.com/2024/3/13/24097125/house-bill-vote-tiktok-ban-china-bytedance-divestment.

② 微软获得军方第一份合同是价值100亿美元"JEDI"云服务采购，但遭到了云厂商和国会的双重抗议。

软的技术，全息图和 3D 地形图可以被投射到护目镜上，士兵可以准确地知道他们的队友在战场上的位置。① 2024 年 12 月，IBM（全球知名的人工智能解决方案和云平台公司）与 Janes（知名国防情报公司）合作将开源国防和安全情报数据集成到 IBM 的 Watsonx Ai 中，为国防领导人提供可信 AI 高质量数据，协助军事和情报分析师进行情境分析和决策。② 美国还设置了由国防部长领导的"政企国防合作"专门性机构——国防创新小组（Defense Innovation Unit，DIU）。这一机构是国防部在硅谷的常设直属机构，由科技企业的高管担任主任，③ 旨在引入商业领域技术提升美国国家安全能力，促进国防部与私营部门的合作与投资。2023 年 10 月 24 日，硅谷防务集团（SVDG）发送了一封由 60 多家领先科技公司和投资者共同签署的信函，鼓励国会领导人在 2024 财年国防授权法案（NDAA）中继续支持国防创新部门（DIU）。④ 这一行为暗示着美国硅谷与国防部门利益关系的进一步强化。除此之外，美国政府还有更直接调用平台权力的方式，即通过向平台企业支付报酬的方式以获取"特定服务"。对此，马斯克曾披露，美国政府曾向 Twitter 支付了数百万美元以审查信息。⑤

---

① Luis Martinez, "Army awards Microsoft ＄22 billion contract for futuristic goggles", April 1, 2021, https://abcnews.go.com/Politics/army-awards-microsoft-22-billion-contract-futuristic-goggles/story? id = 76798519.

② IBM, "IBM and Janes collaborate to help national security and defense organizations unlock the power of data with trusted AI", December 03, 2024, https：//newsroom.ibm.com/blog-ibm-and-janes-collaborate-to-help-national-security-and-defense-organizations-unlock-the-power-of-data-with-trusted-AI.

③ 2023 年 4 月，美国国防部部长劳埃德·奥斯汀签署《国防创新小组调整和管理备忘录》，将 DIU 调整为由国防部长直接领导，并任命苹果公司前副总裁兼美海军预备役上尉道格·贝克为该机构新主任。

④ "SVDG Leads Industry Letter to Congress in Support of DIU", October 24, 2023, https：//www.siliconvalleydefense.org/initiatives/diu-support-letter-2023.

⑤ Cindi Cook, "Musk claims US government paid Twitter millions to censor info", December 20, 2022, https：//www.aa.com.tr/en/americas/musk-claims-us-government-paid-twitter-millions-to-censor-info/2768747.

三、美国"平台权力"武器化的实践举措

美国将"平台权力"武器化，借助平台的垄断地位，滥用平台权力，在全球范围内采取了一系列极具破坏力的实践举措，包括断供他国数字基础设施、操纵全球信息流动以及监控获取全球数据。

（一）断供他国数字基础设施

2023年10月30日，美国兰德公司官网发布题为《数字基础设施的未来：给美国国防部的几点思考》的研究报告，兰德公司在报告中将数字基础设施定义为由硬件和软件组成的网络，用于以数字方式处理、存储和传输数据。数字基础设施由海缆网络、无线网络、地面网络和卫星网络组成，并且包括微型芯片和技术标准两个基本组成要素。[1] 该报告对美国和中国之间正在进行的数字基础设施竞争展开研究，分析、评估了中美数字基础设施竞争现状，目的是帮助美国国防部深入了解数字基础设施对未来军事的潜在影响。

根据兰德公司给出的定义，可以进一步将其细分为三个技术层级：物理传输层（如海缆、卫星、5G基站）、数据调度层（包括CDN、云计算、区块链）以及应用生态层（涵盖移动应用、社交媒体、技术标准）。借助平台型企业的垄断性平台权力，美国至少能够在数据调度层和应用生态层对基础设施实施断供。

在数据调度层数字基础设施断供方面。2025年初，美国CDN平台巨头Akamai（全球最大CDN服务商）宣布，自2026年6月30日起，停止直接为中国市场提供CDN（内容分发网络）服务。[2] CDN作为互联网内容加速和分

---

[1] Rand Corporation, *Alternative Futures for Digital Infrastructure: Insights and Considerations for the Department of Defense*, 2023, pp. 9 – 10.

[2] Sebastian Moss, "Akamai to end CDN services in China: Content delivery to be picked up by Tencent and Wangsu", January 02, 2025, https://www.datacenterdynamics.com/en/news/akamai-to-end-cdn-services-in-china/.

发的核心基础设施,通过在全球各地部署服务器,将内容"缓存"至离用户最近的区域,以此降低延迟,提升访问速度,其服务质量直接关系到网站访问速度和数据安全。Akamai 处理着全球高达 30% 的网络流量,目前在中国拥有大量业务,其大客户包括短视频平台快手科技以及视频流媒体平台爱奇艺。CDN 平台作为互联网数据传输层基础设施的重要组成部分,已然成为美国打压中国科技发展的"新武器"。

而在应用生态层数字基础设施断供方面,华为被美国制裁是一个众所周知的例子。早在 2017 年,Google 依据美国商务部禁令,停止向华为提供 Google Mobile Services(GMS),其中包括谷歌支付、邮件、视频等核心应用生态服务。这意味着今后新生产的安卓智能手机将无法使用这些热门服务,这一举措对华为的欧洲市场造成了沉重打击。① 而 2022 年乌克兰危机爆发以来,美国对俄罗斯采取的一系列举措更突显了美国利用平台权力进行基础设施断供的强大力量。在这一事件发生之前,俄罗斯民众对于美国的平台基础设施存在高度依赖,"俄罗斯人在 Instagram 和 TikTok 上发布视频,用 PayPal 支付 Netflix 和 Spotify 的费用,在 Facebook 上宣传他们的业务,在 Etsy 上销售商品,并在工作中使用 Microsoft Office"。② 而随着数字铁幕的降临,俄罗斯的互联网正在瓦解。2024 年 9 月 18 日,Facebook 母公司 Meta 宣布扩大对俄罗斯官方媒体网络的限制,以俄罗斯官媒"使用欺骗手段在网上进行秘密影响行动"为由,禁止包括今日俄罗斯国际新闻社(Rossiya Segodnya)、今日俄罗斯(Russia Today)等在内的多家俄罗斯媒体使用旗下社群媒体平台。在禁令之前,RT 在 Facebook 上拥有超过 720 万粉丝,在 Instagram 上拥有超过 100 万粉丝,数百万俄罗斯人受此影响。在 Facebook 的行动之后,Apple 和 Google 也应欧美政府要求,在应用商店下架 RT News 和 Sputnik 等俄罗斯官方媒体

---

① Leo Kelion,"Huawei's use of Android restricted by Google",May 20, 2019,https://www.bbc.com/news/business-48330310.

② James Purtill,"From Instagram to Paypal, Russia's internet is being dismantled as a digital iron curtain descends",Mar 22, 2022,https://www.abc.net.au/news/science/2022-03-22/ukraine-invasion-a-digital-iron-curtain-is-descending-on-russia/100917662.

应用。① 除此之外，Youtube（流媒体平台）、Spotify（音乐平台）、Microsoft（办公应用平台）、PayPal（支付平台）等平台的应用也纷纷对俄罗斯人采取限制性措施，国际互联网访问的速度也受到了影响，俄罗斯的互联网很大程度被美国的平台所瓦解。②

（二）操纵全球信息流动

美国长期以"言论自由"为标榜，实则通过政府机构与平台企业的深度勾连，系统性操控全球信息传播，构建服务于其政治议程的舆论操控体系。这一隐秘的信息霸权运作模式，在近年多起重大事件中逐渐浮出水面。2022年12月，推特（现 X 平台）首席执行官埃隆·马斯克公开揭露，美国所有社交媒体公司均存在与政府合作审查网络内容的行为，其中谷歌公司被曝频繁通过技术手段使特定网页链接从搜索结果中消失，形成隐形的信息过滤机制。③ 更深层的平台信息控制通过"推特文件"事件得以展现。调查记者马特·塔伊比（Matt Taibbi）自2022年12月起连续披露的推特内部文件显示，美国联邦调查局、中央情报局、国家安全局等十余个政府机构深度介入社交媒体运营。这些机构通过"账户关停清单"机制，每日向推特发送数千个需处理的账户名单，要求平台以"国家安全"为由实施封禁。马特·塔伊比称，美国国务院曾以"传播亲俄信息"为由要求批量关闭账户，尽管平台方确认相关账户未违反规则且缺乏证据支撑，最终仍在政府压力下被迫执行。④

军方系统的深度介入进一步暴露美国利用平台权力开展信息操控的武器

---

① Kayla Epstein, "US imposes new sanctions on Russian state media", September 14, 2024, https://www.bbc.com/news/articles/cvglrrz95zzo.

② James Purtill, "From Instagram to Paypal, Russia's internet is being dismantled as a digital iron curtain descends", Mar 22, 2022, https://www.abc.net.au/news/science/2022-03-22/ukraine-invasion-a-digital-iron-curtain-is-descending-on-russia/100917662.

③ 新华社：《马斯克称美国所有社交媒体都与政府合作审查网络内容》，2022年12月29日，https://www.news.cn/world/2022-12/29/c_1129242020.htm。

④ 央视新闻客户端：《虚伪双标 美国政府被曝操纵社交媒体》，2023年1月24日，https://m.cyol.com/gb/articles/2023-01/24/content_nyyxE6Ue3x.html。

化特征。2021年10月21日，根据美国"截击"披露的信息显示，陆军网络司令部一名官员寻求能够帮助在全球社交媒体上"攻击、防御、影响和运营"的军事承包商，目的是监视全球社交媒体的使用，以捍卫所谓的"北约品牌"。该司令部的职责是发现和阻止外国"影响行动"，事实上只是进行宣传和欺骗活动的军事委婉说法。① 2022年9月19日，华盛顿邮报揭露了美国军方利用Facebook和Twitter进行"认知心理战"的影响行动，并指出国会于2019年底通过了一项特殊法律，确认军方可以在"信息环境"中开展行动，以保卫美国并反击旨在损害美国利益的外国虚假信息。华盛顿时报引述一位作战指挥官的回忆称，"作战指挥官们非常兴奋……他们非常渴望利用这些新权力。国防承包商也同样渴望获得利润丰厚的机密合同，以便开展秘密影响行动。"②

（三）监控获取全球数据情报

美联社2021年6月23日的一篇报道指出，当美国执法官员需要广泛获取数据时，他们越来越多地将目光投向大型科技公司所打造的庞大个人数据"池塘"。这些数据源自那些吸引了全球数十亿用户的设备和在线服务。仅在2020年上半年，苹果、谷歌、Facebook和微软就共处理了来自地方、州和联邦官员的112000多项数据请求。这些公司同意在85%的请求中交出部分数据。Facebook（包括其Instagram服务）的披露数量最多。③ 美国主流新闻媒体关注的是美国国内的用户隐私问题，但是不难想象，当美国政府需要获取其他国家用户信息和情报时，通过平台美国可以轻而易举地达到目的。美联

---

① Sam Biddle, "Army Info War Division Wants Social Media Surveillance to Protect 'NATO Brand'", April 27, 2023, https://theintercept.com/2023/04/27/army-cyber-command-nato-social-media/.

② Ellen Nakashima, "Pentagon opens sweeping review of clandestine psychological operations", September 19, 2022, https://www.washingtonpost.com/national-security/2022/09/19/pentagon-psychological-operations-facebook-twitter/.

③ Matt O'Brien and Michael Liedtke, "How Big Tech created a data 'treasure trove' for police", June 23, 2021, https://apnews.com/article/how-big-tech-created-data-treasure-trove-for-police-e8a664c7814cc6dd560ba0e0c435bf90.

社的报道在随后平台企业高层的爆料中得到了印证。2021年6月30日，微软负责客户安全和信任的公司副总裁汤姆·伯特（Tom Burt）在众议院听证会上向众议院司法委员会成员做证称，联邦的执法部门正在滥用秘密传票以惊人的速度收集云用户数据。他表示，近年来，联邦执法部门每年向该公司提出2400至3500份保密命令，相当于每天七到十份。此外，根据1986年美国国会制定的《电子通信隐私法》规定，政府向科技企业索取用户电子邮件等数据时，法院可以要求企业对政府的请求予以保密。① 类似的，据美国《国会山报》2024年4月16日报道，马斯克在接受福克斯新闻采访时表示，美国政府对推特用户私聊信息拥有"完全访问权限"，他对此感到震惊，"政府很大程度上掌控着推特上发生的一切，甚至包括用户间的私聊信息，这让我大吃一惊"。②

四、美国"平台权力"武器化的影响

美国的平台权力武器化显著增强了美国在数字全球化时代的战略优势，也带来了一系列不容忽视的影响。借助层次分析法，我们可以分别对美国"平台权力"武器化在体系、国家和个人三个层次造成的影响进行分析，具体表现为冲击全球数字治理体系、改变大国战略竞争形态和危害全球用户的"数字人权"。

（一）冲击全球数字治理体系

在体系层次，美国的"平台权力武器化"已然对全球数字治理体系"共

---

① Eric Tucker and Matt O'Brien, "Microsoft exec: Targeting of Americans' records 'routine'", July 1, 2021, https://apnews.com/article/government-and-politics-technology-business-ed50baf4ffb09ca50cda9b8a262c54ad.

② Olafimihan Oshin, "Elon Musk claims the US government had 'full access' to private Twitter DMs", April 16, 2023, https://thehill.com/homenews/3953995-elon-musk-claims-the-us-government-had-full-access-to-private-twitter-dms/.

识性""多边性""平等互惠"的基石造成了冲击。

1. 美国的"平台权力武器化"加剧了国际社会的信任赤字,削弱了全球数字治理体系的共识性基础

在国际社会的无政府状态下,信任存在天然的稀缺性,但又构成治理体系的建构性基石。"信任赤字会破坏全球共识的达成,影响国际制度运行以及各国的团结协作"①。多年来,美国将国家安全问题泛化,滥用平台权力的"数据支配权",对全球实施大规模、无差别的窃密活动,进一步摧毁了原本脆弱的国际信任。面对美国带来的客观威胁,各国在数字领域的合作将变得更加谨慎,全球范围的数字治理共识也无从谈起。

2. 美国利用武器化的"平台权力"实施单边霸权,破坏了全球数字治理体系"多边主义"的治理基础

近年来,多边主义在全球数字治理中的作用日益凸显。在 2024 年举办的联合国未来峰会上,各国一致通过了《未来契约》及其附件《全球数字契约》和《子孙后代宣言》,向世界喊出了"重振多边主义,携手应对挑战"的时代强音。② 正如王毅外长在未来峰会发言时所说:"世界发展到今天……各国坐在一条命运与共的大船上……片面追求赢者通吃,只会满盘皆输;执迷打造'小院高墙',只会禁锢自己、割裂世界。"③ 然而美国却坚持在推进全球数字治理的道路上一路逆行。美国借助其平台垄断企业的技术优势与数据规模,以数字基础设施断供为威胁,迫使其他国家在美国主导的框架下进行合作,试图将全球数字治理体系从多边协作转向以美国为中心的单极结构。

---

① 孙吉胜:《全球信任赤字与重建信任的中国方案》,载《人民论坛·学术前沿》2024 年第 8 期,第 11—22 页。
② 寰宇平:《重振多边主义 携手应对挑战》,载《人民日报》2024 年 9 月 30 日,第 3 版。
③ 《习近平主席特别代表王毅出席联合国未来峰会》,2024 年 9 月 24 日,https://www.fmprc.gov.cn/web/gjhdq_676201/gjhdqzz_681964/lhg_681966/xgxw_681972/202409/t20240924_11495499.shtml。

3. 美国的行为扩大了全球数字鸿沟，冲击了全球数字治理体系平等互惠的价值基础

在数字化时代的生存和交往中，各国应当坚持"共商""共建""共享"的原则，让每一个国家都能享受到数字红利，让科技的发展能够惠及每一个人。然而，美国将"平台权力"武器化的行为表明，数字霸权才是美国追求的核心目标，美国平台企业将数字技术和服务推广至全球，不是为了带来普惠性的发展，而是为了服务美国的国家战略需要。由于数字欠发达的国家在技术、资金和人才储备方面的劣势，它们往往难以与滥用市场支配地位的美国科技巨头竞争。随着美国跨国超级平台的话语权和影响力越来越大，全球层面的数字资源不均衡也越来越严重。数字欠发达国家"在数字经济贸易、数字安全防护、数字治理参与等方面的话语权严重不足"，逐渐沦为了美国的"数字附庸国"。①

（二）改变大国战略竞争形态

在国家层次，美国的"平台权力"武器化深刻改变了大国战略竞争的形态。王家福教授基于对大国竞争的历史研究，在1980年代提出了"军事战""经济战"和"知识战"三大战略流程说。②"在以知识战为主题的战略流程里，它是以智力和知识为基础，以信息为主旨部门，以知识密集、技术密集的产业群的形式展现于世界"。③美国将"平台权力"武器化的实践，本质上是以数字技术垄断为手段的知识战的延伸，其核心逻辑在于通过控制平台型企业及其拥有的关键技术，获得更加广泛的地缘政治影响力。坦白地说，这一举措也部分反映了美国对高新技术人才、新型技术及其权力转化的重视。

---

① 李韬、周瑞春：《全球数字治理中的数字平权问题》，载《南京大学学报（哲学·人文科学·社会科学）》2024年第6期，第27—35页。

② 关于三大战略流程的学说，参见王家福：《国际战略学》，哈尔滨：黑龙江人民出版社1986年版。

③ 王家福、徐萍：《国际战略学》，北京：高等教育出版社2005年版，第25页。

在可见的未来，美国的"平台权力武器化"将导致大国的战略竞争重心从硬实力向数字权力转移。平台权力的"公私二元性"决定了数字权力具有和政府公权力类似的社会支配性，"数据驱动"决定了平台权力的战略性和隐蔽性，"全球性"决定了平台权力的广泛覆盖面。从这个意义上讲，大国很难抗拒数字权力的强大诱惑。当其他国家关注到美国通过平台掌控了全球数据流动、信息传播和数字基础设施，便会自发的加入对于平台权力的争夺中。未来，大国竞争将更加注重对数据资源、技术标准和数字规则的控制，而非单纯的军事或经济对抗。

在此过程中，政企协同机制与军民技术融合将被提升至战略高度。美国通过"平台权力"武器化，将平台企业深深嵌入国家安全体系中，不仅加速了商业技术向军事能力的转化，更模糊了传统安全与非安全领域的界限。在武器化的过程中，平台企业成为美国科技战、认知战的代理人、马前卒。硅谷与五角大楼的深度勾结标志着传统军工复合体向"数字—军事复合体"的升级迭代。

（三）危害全球用户的"数字人权"

在个人层次，美国将"平台权力"武器化的行为直接危害了全球用户的"数字人权"。"相较于种族歧视、移民危机、枪支泛滥等美国社会持续存在的人权问题，美国对'数字人权'的侵犯是一种相对新生的问题"。[①] 所谓的数字人权，是由数字权力催生的，继"公民和政治权利""经济社会和文化权利""集体人权"之后的第四代人权的理论命题，聚焦于"数字时代个人信息泄露、算法黑箱、信息茧房等数字社会的新型问题"。[②] 美国自诩为全球的"人权优等生"，经常性打人权幌子干涉别国内政，却无视自己通过"平台权

---

① 贾平凡：《美国数字霸权危害全球"数字人权"》，2022年9月1日，http://world.people.com.cn/n1/2022/0901/c1002-32516687.html。

② 蔡立东：《确证"数字人权"概念创新人权话语体系》，载《法制与社会发展》2023年第6期，第2页。

力"武器化对全球用户"数字人权"进行的无端侵害。

1. 美国"平台权力武器化"直接侵犯了全球用户"互联网接入权"

互联网接入权是数字人权中最基础、最首要的权利。早在 2011 年联合国就宣布互联网接入权是一项基础性人权，每个人应当有平等的机会接入互联网，以便享有信息获取、知识传播、社交互动等其他现代生活所需的各种资源。美国利用平台企业的"准入权"和自身在数字基础设施领域的霸权地位，肆意剥夺他国用户的"互联网接入权"，对他国用户进行数字基础设施断供，将"接入权利"异化为一种政治筹码。

2. 美国"平台权力武器化"直接侵犯了全球用户的"信息知情权"

美国政府和平台企业大规模获取用户数据，但并未向用户充分披露其数据被收集、存储和使用的具体方式，还通过复杂的用户协议和隐私政策，利用信息不对称掩盖其数据收集的真实目的和范围。此外，美国还利用平台企业的"话语权"，通过选择性地发布信息，隐瞒或淡化不利信息，剥夺了公众获取全面真实信息的权利。平台用户所能获取的信息是美国想让他们看到的信息；平台用户所能接受的观点，是美国精心筛选过的观点。

3. 美国"平台权力武器化"直接侵犯了全球用户的"个人隐私权"

数字化时代大幅度提升了信息的公开化程度，但是信息越是公开，就越需要隐私。隐私是区隔心理社会与社会系统的缓冲带，防止人的心理完全曝光于社会。① 正因如此，"个人隐私权"是一项极其重要、直接关乎人格的"数字人权"。然而，美国政府却滥用平台企业的"数据支配权"，对"个人隐私权"造成了极大的侵害。美国随意访问平台上的个人隐私空间、对各类用户数据进行无差别收集，还通过《云法案》允许执法机构直接提取储存境

---

① 李忠夏：《数字时代隐私权的宪法建构》，载《华东政法大学学报》2021 年第 3 期，第 42—54 页。

外的用户数据，即使这些数据涉及他国公民隐私。

结论与思考

数字全球化的时代背景带来了平台的产生与平台权力的昌盛，兼具"公私二元性""数据驱动""全球性"属性的平台权力深受全球霸权国家的青睐。美国通过"法律强制""利益交换"等手段操纵平台型企业，将"平台权力"转化为地缘政治武器，"断供他国数字基础设施""操纵全球信息流动""监控获取全球数据情报"，这严重冲击了全球数字治理体系，开辟了大国战略竞争的新样态，危害全球用户的数字人权。

然而，无限的权力总会毁掉它的占有者。平台权力足够大也足够广，这是平台企业的不可承受之重，亦是美国的不可承受之重。当平台权力跨越国界、渗入社会的每一个环节时，占有者也必须承担其与之相对应的治理义务——权力的合法性根植于"服务公共利益"的使命，而非技术垄断的傲慢。《礼记·礼运》中说："大道之行也，天下为公。"中国的探索表明，唯有建立起数字命运共同体，构建公正合理的全球数字治理框架，才能使每一个国家真正受益。

当然，面对美国"平台权力"武器化的现实挑战与威胁，中国也应常存防微杜渐之心，以战略眼光做出积极应对。在此尝试提出几点建议：首先，美国通过平台企业实施全球监控的案例表明，数据主权已成为国家安全的核心要素，数字平台已成为情报数据泄露的重要来源。对此，中国需要完善国家的数据主权法律框架，构建有效的数据安全屏障，以数据分类分级标准对跨国平台进行弹性治理。其次，面对美国平台企业在国际上的垄断地位，中国可以通过差序竞争打造中国的自主平台——即通过差异化市场定位、技术自主性突破，避开与欧美巨头的正面交锋，形成"非对称优势"，再逐步构建起跨领域的完整生态链。最后，面对美国"平台权力"武器化对全球数字治理体系的冲击，中国需以"多极化"对冲"武器化"，联合新兴经济体和发展中国家，推动联合国框架下的数据主权规则协商机制，通过推动形成多极化数字治理秩序以平衡美国的单极霸权。

The Weaponization of "Platform Power" in the United States and Its Implications in the Context of Digital Globalization

Ma Yuanhao Liu Xuelian

Abstract: In the context of digital globalization, platforms have emerged as the primary mechanism for resource allocation and organization within the digital economy. The rapid development of platforms has given rise to "platform power", encompassing "access rights", "discourse rights", and "data dominance", which exhibit characteristics such as "public-private duality", "data-driven dynamics", and "globality". These attributes have garnered favor among hegemonic states. The United States has strengthened its control over platform-based enterprises through mechanisms such as "legal coercion" and "interest exchange", systematically transforming the "platform power" wielded by transnational digital platforms into geopolitical weapons. These are utilized to disrupt the digital infrastructure of other nations, manipulate global information flows, and surveil and acquire global data intelligence. Such practices have severely impacted the global digital governance system, introduced a new form of strategic competition among major powers, and endangered the "digital human rights" of global users. In response to the weaponization of "platform power" by the United States, China must adopt a systemic approach to construct a counter-framework. This involves implementing three key strategies: "strengthening digital sovereignty and data security barriers", "promoting hierarchical competition to build self-reliant platforms", and "advancing the formation of a multipolar digital governance order", so as to create a combined policy force to fend off external risks.

Keywords: digital globalization, United States, digital platforms, transnational enterprises, platform power

全球化时代数字主权的风险治理

孙烨鑫*　刘贞晔**

摘要： 在数字技术快速发展与全球化飞速发展的新时代，数字主权议题受到了国际社会的广泛关注。美国、欧盟、俄罗斯、中国等国家与地区将数字主权视为国家与地区治理持续关注的焦点议题，并发布了相关数字治理政策文件。从20世纪90年代互联网技术普及以来，国际社会面临着数字主权的理念与治理路径争议、数字霸权主义、数字技术垄断与鸿沟、发达国家与发展中国家的不同利益诉求以及数字规范与政策实施缓慢等问题，给各个国家和地区带来了经济损失与安全危机，加剧了国家数字主权风险。为应对数字主权危机，加快推进数字主权风险治理，本文提出国家要基于全球主义观照下的国家主义视角推动数字风险治理，对内加强数字领域治理能力建设，对外倡导多边主义原则，推动构建网络空间人类命运共同体，为全球化时代全球数字治理体系贡献中国力量。

关键词： 数字全球化　数字主权　数字治理

随着科技的飞速发展，当今的时代正处于以人工智能、量子信息技术、

---

*　孙烨鑫，中国政法大学全球化与全球问题研究所博士研究生。
**　刘贞晔，中国政法大学全球化与全球问题研究所副所长、教授，博士生导师。

新材料技术为代表的第四次工业革命之中,新技术的出现也为数字全球化的发展带来新的变化。一方面,人工智能、量子计算、云计算、大数据、区块链等数字技术的创新,为全球数字经济的发展提供了强大的驱动力。根据中国信息通信研究院的数据,2022年,全球51个国家数字经济增加值规模为41.4万亿美元,同比名义增长7.4%,占GDP比重的46.1%。第一、二、三产业数字经济占行业增加值比重分别为9.1%、24.7%和45.7%。[1] 到2026年,数字产品、服务和体验将为全球企业2000强增加超过40%的总收入,产业数字化转型不断优化流程,催生了新兴业态和经济增长点,为全球经济注入了新的活力。[2] 与此同时,全球产业链中的各个环节都越来越依赖于高效、智能的数字技术系统支撑,各国在技术产业链和供应链上的相互依存度不断提高。因此,数字全球化时代出现了各国在数字技术领域合作与竞争并存的态势。各国既加强国际技术合作,又加大在数字技术领域的投入,力求在新技术领域取得突破,以取得数字经济发展的主动权。

另一方面,数字主权问题成为国际社会关注的焦点。随着信息技术的飞速发展和互联网的广泛普及,数字空间已经成为国家主权的重要领域之一,进一步丰富了国家主权的内涵与范围。从数字主权的定义上看,有的学者提出"数字主权"与"数据主权""信息主权""网络主权""计算机主权"等概念的侧重点不同,但基本定义基本相同,即保护特定(数字)领域免受外界干扰,维护国家主权。[3] 具体看来,狭义上的数字主权指网络空间中的国家主权,与数据主权、网络主权具有相同的含义。广义上的数字主权则为网络主权的延展,指一个国家或地区在其主权范围内享有对数字资产(包括但不限于基础设施、数据、信息、技术及相关系统)的所有权、控制权及独立决

---

[1] 中国信息通信研究院:《全球数字经济白皮书(2023年)》,http://www.caict.ac.cn/kxyj/qwfb/bps/202401/P020240326601000238100.pdf.[2024-09-10]。

[2] 中国信息通信研究院:《全球数字经济发展研究报告(2024年)》,http://www.caict.ac.cn/kxyj/qwfb/bps/202501/P020250116675154243240.pdf.[2025-03-01]。

[3] Matthias Leese, "Staying in Control of Technology: Predictive Policing, Democracy, and Digital Sovereignty", *Democratization*, Vol. 31, No. 5, 2024, pp. 963-978.

策权。在此意义上的数字主权可以被理解为国家在数字领域国内和外交政策的独立性,是衡量一个国家的国家性、安全性和经济潜力的最重要指标。① 由于数字空间的建立需要多种因素的协调发展,因此,数字主权应该包括:(1) 有形的基础设施,即海底电缆、海底光缆、服务器、互联网的设备等硬件设备;(2) 无形的应用程序,包括信息应用与操作程序等软件系统;(3) 数据信息。② 国家对这些有形的和无形的数字资产具有所有权与控制权。目前"数字主权"这一概念已不仅是法律或组织概念,而更多地将其定义为政治和政策中的一种话语实践。从现实层面看,美国、欧盟、中国、俄罗斯等大国纷纷提出对数字资源、传输、技术等进行监管,发布针对本国数字技术发展与运用的数字主权保护政策。与此同时,随着数字全球化进程的不断加速,全球数字风险和危机日益加剧,使得全球数字治理成为国际社会广泛关注的重要议题。这就引发一个矛盾:一方面全球数字风险危机越来越严峻,需要国际社会达成共识并共同治理;另一方面,在数字技术领域占据优势的数字大国却不断推出数字主权保护政策或相关法律,使得全球数字治理形成"孤岛",呈现碎片化的特征。针对这一矛盾现象,本文将阐述主要大国数字主权的主张与分歧,分析数字主权实施中所面临的困境与挑战,以及未来数字主权危机采取的应对之策。

一、主要大国数字主权主张

随着数字技术的发展,美国、欧盟、俄罗斯、中国等国家和地区以各种形式阐述了其关于"数字主权""数据主权"或"网络主权"的主张。就政治基础而言,数字主权长期以来一直是地缘政治的指挥棒,一些国家在其政

---

① Elena Zinovieva and Sergey Shitkov, "Sovereignty as Practice in Digital Age", in *Digital International Relations*, Singapore: Springer Nature Singapore, 2023, pp. 75 – 90.

② 封帅:《主权原则及其竞争者:数字空间的秩序建构与演化逻辑》,载《俄罗斯东欧中亚研究》2022 年第 4 期,第 96—119、161 页。

治言论中使用这一概念,寻求为加强国家对互联网的控制提供合理依据。[①]

(一) 美国:全球霸权主义的数字主权观

美国作为数字技术的领先者,其数字主权观主要体现在对外扩张主义与对内保护主义的双重标准。美国在数字技术发展过程中,一直扮演领头羊的角色。很多跨国互联网公司选择在美国注册或上市,接受美国法律的管辖。为此,美国在数字技术领域始终占领优势,并主张维护其数字霸权地位。一方面,美国在其自身数字实力的基础上提出"数字空间自由论",强调数据的自由流通,反对政府利用主权对数字空间进行监管。在全球数字治理领域,否定在联合国框架下建立以政府为主导的全球数字空间治理机制,而是支持在美国政府影响下的互联网名称与数字地址分配机构(ICANN)在互联网标识及其安全稳定中发挥唯一永久性监督作用。美国推行的全球数字治理路径是"多利益攸关方"(Multistakeholderism)治理模式。2005 年,联合国在突尼西亚突尼斯举行的信息社会世界高峰会(World Summit on Information Society)上通过《突尼斯议程》(*Tunis Agenda*),首次提出了网络空间的"多利益攸关方"治理模式,强调政府、私营部门和民间团体通过发挥各自的作用,坚持统一的原则、规范、规则、决策程序和计划,为互联网确定演进和使用形式。[②] 可以说,美国是"多利益攸关方"模式的重要推手,使得美国可以利用所有利益攸关方全面介入的方式,操纵或参与对其他国家或组织的数字监管之中。基于此,美国并不情愿用任何既有标准和原则对其数字权力扩张构成约束,在使用相关政策术语时,对"数字主权""网络主权"等概念的使用非常谨慎。

另一方面,美国在网络战等可能对自身发展与安全构成威胁的领域则强

[①] Ruohonen Jukka, "The Treachery of Images in the Digital Sovereignty Debate", *Minds and Machines*, Vol. 31, No. 3, 2021, pp. 439 – 456.

[②] 李志、唐润华:《多利益攸关方模式:构建全球互联网治理体系的路径研究》,载《传媒观察》2020 年第 12 期,第 21—28 页。

调主权原则。① 从国内法律层面看，美国十分重视自身数字主权安全，颁布的关于数字安全的法律法规众多，包括《美国电子政府法》（Electronic Government Act，2002，简称 EGEA）、《联邦信息安全管理法案》（Federal Information Security Management Act，简称 FISMA）、《国家网络安全保护法》（National Cybersecurity Protection Act，2014）、《澄清境外合法使用数据法案》（The Clarifying Lawful Overseas Use of Data Act，简称 CLOUD）、《美国数据隐私和保护法》（American Data Privacy and Protection Act）、《关于防止受关注国家获取美国人大量敏感个人数据和美国政府相关数据的行政命令》（Executive Order on Preventing Access to Americans' Bulk Sensitive Personal Data and United States Government-Related Data by Countries of Concern）等法律法规。美国除了颁布数字空间安全保护相关法律法规外，更是以国家安全为由，提出进攻性数字威慑战略以维护数字主权。美国在 2012 年提出建立的网络部队，2015 年开启的数字工程（Digital Engineering）战略等"数字曼哈顿计划"使得美国数字主权不断向外延伸，数字空间也成为与物理空间平行的对各国数字空间单边控制和大国博弈的战场，体现了美国追求全球数字霸权的数字主权观念。

（二）欧盟：自主、创新与规制并重的数字主权观

欧盟将对数字主权的定义作为促进欧盟在数字空间领域战略自治和技术创新的手段。2020 年 7 月，欧洲议会发表了《欧洲的数字主权》（Digital sovereignty for Europe）报告，对"数字主权"的概念进行解读，提出数字主权是指"欧洲在数字空间中独立行动的能力，要从推动数字创新的保护机制和进攻性工具两个方面理解"。② 此定义也可视为对于欧盟所面临的数字空间发展困境的回应。欧盟在数字全球化的进程中，面临着诸多问题和挑战。一方面，

---

① 封帅：《主权原则及其竞争者：数字空间的秩序建构与演化逻辑》，载《俄罗斯东欧中亚研究》2022 年第 4 期，第 96—119、161 页。

② European Parliament,"Digital Sovereignty for Europe", https：//www.europarl.europa.eu/RegData/etudes/BRIE/2020/651992/EPRS_BRI（2020）651992_EN.pdf.［2024 - 09 - 13］.

欧盟在数字技术发展领域未能跟进时代发展浪潮，数字化和技术竞争力落后于中美，处于与中美的"技术战争"之中，几乎没有大型企业占领全球数字市场，因此需要推动欧盟数字化转型，在发展数字技术竞争力期间，维护欧盟的数字对内治理能力。另一方面，数字技术落后使得欧盟面临数字空间监管问题，容易受到其他国家技术垄断、数据泄露、隐私保护等风险，需要发展数字技术维护欧盟稳定和经济发展。因此，"数字主权"一词代表的是欧盟希望弥补过去几十年来由于软件和硬件开发发展不足而造成的数字技术赤字，并解答"欧盟对美国和中国技术的依赖将在多大程度上对国家主权产生持久影响"。①

为应对数字发展领域的困难与挑战，欧盟的数字主权观强调了数字技术创新和数字监管两个进程导向，兼具进攻性与防御性战略特征。在数字技术创新领域，欧盟通过开展"数字欧洲计划"，加大数字空间技术与基础设施投资，整合欧洲数字产业协调发展等措施，推动欧洲数字技术创新发展进程。在数字监管领域，欧盟推出一系列数字保护法案，推动了国际社会对数字主权的重视与全球数字治理规范发展进程。

与强调数字主权的国家利益不同，欧盟作为超国家行为体，其数字主权不一定由成员国或国家人口构成，而是由公民、市场、公司甚至是机器（machines）构成，体现了欧盟的数字主权主张中对国家领土和代表性模糊化的特点，以及促进达成支持保护欧盟数字市场，加强数字技术创新和全球竞争力的核心目标。② 2018年，欧盟在1995年制定的《计算机数据保护法》的基础上制定了《通用数据保护条例》（General Data Protection Regulation，简称GDPR），该条例有着严格的数据保护规则，适用于在欧盟内部设有业务或处理欧盟内个人数据的组织机构，以及对非欧盟行为体涉及欧盟内个人数据的行为进行监管。

---

① Martin Kaloudis, "Sovereignty in the Digital Age-How Can We Measure Digital Sovereignty and Support the EU's Action Plan?", *New Global Studies*, Vol. 16, No. 3, 2022, pp. 275 – 299.

② Rebecca Adler-Nissen and Kristin Anabel Eggeling, "The Discursive Struggle for Digital Sovereignty: Security, Economy, Rights and the Cloud Project Gaia-X", *JCMS: Journal of Common Market Studies*, Vol. 62, No. 4, 2024, pp. 993 – 1011.

2020年2月，欧洲委员会发布《欧洲数据战略》（*A European Strategy for Data*），提出"在每个个体产生的数据数量与日俱增的时代里，数据的收集和使用方式必须符合欧洲价值观、基本权利和规则，将个体利益置于首位"。欧盟将持续推动（1）构建数据获取和使用的跨行业治理架构；（2）数据投资，用以加强数据托管、处理和使用的基础框架和能力建设；（3）个人行使数字权利赋能、投资技能和扶持中小企业发展；（4）公共利益与战略性行业中欧洲数字公共空间建设。[①] 2022年，欧盟通过了《数据治理法案》（*Data Governance Act*，简称DGA）、《数字服务法案》（*Digital Services Act*，简称DSA）与《数字市场法案》（*Digital Markets Act*，简称DMA）。2021年4月，欧盟正式发布《人工智能法》（*AI Act*），并于2024年8月生效，该法案是全球首部综合管理人工智能的法案。欧盟高度重视发展人工智能，并表示"制定人工智能治理框架是建立欧盟作为全球技术领导者不可或缺的基石"。[②] 由此可见，尽管欧盟在数字技术发展上落后于中美，但已经开始数字化发展进程，并在数字治理的立法领域占据领先地位。

（三）俄罗斯：以国家安全为核心的数字主权观

俄罗斯在数字领域高度坚守主权原则，主张数据流动不能危害国家安全。俄罗斯数字技术的发展始终拥护主权原则的原因在于受到历史和严峻的外部挑战的影响。历史上，苏联解体的部分原因来自欧美国家利用电视、收音机、网络等渠道对苏联进行的舆论宣传，加之2013年美国"棱镜门事件"暴露了美国在全球范围部署的监控监听行动，使得俄罗斯对数字安全高度重视。随着俄乌冲突的持续发展，欧美凭借其数字技术优势，对俄罗斯进行了全方位"数字制裁"，包括采用禁言、断供、断服、断网、断财、断才的手段，阻碍

[①] European Commission, "Communication from the Commission to the European Parliament, the Council, the European Economic and Social Committee and the Committee of the Regions", https：//ec. europa. eu/futurium/en/system/files/ged/communication-european-strategy-data-19feb2020_en. pdf. [2024 – 09 – 20].

[②] Georg Glasze et al. , "Contested Spatialities of Digital Sovereignty", *Geopolitics*, Vol. 28, No. 2, 2023, pp. 919 – 958.

俄罗斯对数字技术的研发与应用,摧毁俄罗斯数字技术发展战略计划的实施。[①] 由此,面对外部威胁,俄罗斯采取以国家安全为核心的数字战略,强调数字主权的重要性,同时探寻突破欧美数字技术制裁和反制手段。

首先,对欧美主导的数字规范态度谨慎。例如,俄罗斯拒绝加入由欧洲委员会于2001年11月达成的《网络犯罪公约》(Cyber-crime Convention),原因是公约相关条款涉及在未告知当事国的情况下对某些网络跨国犯罪案件展开跨境调查,属于侵犯他国主权的行为。

其次,加紧开展国家数字空间系统建设。1998年,俄罗斯最早向联合国大会提出建立网络空间军备控制机制建设的相关提案。2014年,俄罗斯国家安全委员会会议讨论国家"断网"的议题,并提出俄罗斯将进行"断网"测试,并建立自己的主权网络。自此,俄罗斯建立了主权互联网系统"Runet",这是脱离了全球互联网的国家局部网,既可以与全球互联网联系,又可以出于国家防卫目的与全球互联网断开联系,加强了俄罗斯在互联网领域的自主可控能力。2019年,俄罗斯总统普京签署了《俄罗斯主权互联网法案》,从自主域名、定期演习、平台管控、技术统筹等方面确立了俄罗斯的数字主权,对提升俄罗斯在数字空间的主权地位、保障国家数字安全和国家稳定具有重要意义。

最后,提出并实施数字技术自主研发与创新战略。俄罗斯面对数字主权受到的外部冲击使其对数字技术的发展和数字主权保护高度重视,采取了自主创新的技术策略,颁布了《俄罗斯联邦信息社会发展战略(2017—2030)》《俄罗斯联邦数字经济规划》《2030年前国家人工智能发展战略》等重要国家发展战略,具体内容包括采取自主研发芯片与大数据处理分析技术,发展人工智能产业,培养数字技术人才,建立完善的数字空间安全体系等方式推动数字主权保护与数字经济协调发展。

[①] 刘军梅、徐浩然、余宇轩:《俄乌冲突背景下的俄罗斯数字经济:制裁冲击与战略调整》,载《俄罗斯研究》2023年第5期,第23—46页。

（四）中国：独立自主的数字主权观

中国是全球数字经济增长最快的国家之一。2023年，中国网民规模达到10.92亿，互联网普及率达到77.5%；数字经济核心产业增加值估计超过12万亿元，占GDP比重10%左右。① 中国始终强调数字主权是国家主权在数字化空间的延伸，承担着维护国家安全、促进经济发展、保护公民权益、维持社会秩序的责任。

一方面，中国坚持国家独立自主的数字主权观表现在尊重主权国家在本国数字安全与治理领域具有主导权。2015年，习近平主席首次提出"网络空间命运共同体"理念，并提出尊重各国网络主权的基本原则。"《联合国宪章》确立的主权平等原则是当代国际关系的基本准则，覆盖国与国交往各个领域，其原则和精神也应该适用于网络空间。我们应该尊重各国自主选择网络发展道路、网络管理模式、互联网公共政策和平等参与国际网络空间治理的权利，不搞网络霸权，不干涉他国内政，不从事、纵容或支持危害他国国家安全的网络活动。"② 2017年，中国出台《网络空间国际合作战略》明确提出网络空间要坚持主权原则，"各国政府有权对本国境内信息通信基础设施和资源、信息通信活动拥有管辖权"。③ 中国已建立的数字安全相关法律法规包括《中华人民共和国网络安全法》（2016）、《中华人民共和国个人信息保护法》（2021）、《中华人民共和国数据安全法》（2021）、《网络数据安全管理条例》（2024）等数字安全领域的国家法律法规体系，进一步构建了数据安全保护框架，明确了数字主权、数据跨境流动、个人隐私保护等方面的法律边界和责任主体。这些法律法规要求对国家和个人信息的重要数据进行本地化存

---

① 国家数据局：《数字中国发展报告（2023年）》，https：//www.sszg.gov.cn/2024/sszg/xyzx/202406/P020240630600725771219.pdf.［2024-09-20］。
② 中国政府网：《习近平在第二届世界互联网大会开幕式上的讲话》，https：//www.gov.cn/xinwen/2015-12/16/content_5024712.htm.［2024-09-23］。
③ 中央网络安全和信息化委员会办公室：《网络空间国际合作战略》，https：//www.cac.gov.cn/2017-03/01/c_1120552617.htm.［2024-09-26］。

储，并在数据出境时进行安全评估，以防止对国家安全和公共利益造成损害。

另一方面，中国主张在尊重主权的基础上，开展数字领域的国际合作，构建良好的全球数字空间新秩序。自2017年"数字丝绸之路"建设以来，中国与"一带一路"国家在大数据、云计算、人工智能等数字领域开展了一系列合作。面对数字经济发展不平衡的问题，中国与老挝、缅甸等经济欠发达国家和地区深化数字技术交流合作，也计划与非洲国家建立国家级计算机应急响应组织建立联系，开展跨境网络安全事件处置、信息共享和经验交流，共同推进全球数字治理规则制定。[1]

综上所述，国际社会尚未形成统一的全球数字空间治理体系，美国、中国、欧盟、俄罗斯等国家与地区均出台了数字空间权力与利益保护的政策，各国在数字主权方面的主张各有侧重，但都体现了数字全球化时代对国家安全和发展的高度重视。随着数字技术的不断发展和全球化的深入推进，各国在数字主权方面的竞争与合作也将日益密切。

二、大国分歧及数字主权实施所面临的困境

在数字全球化的浪潮中，数据成为各国争相抢占的重要基础性战略资源，数字领域成为大国博弈的前沿阵地，大国间的分歧日益凸显，数字主权治理也面临着诸多复杂而紧迫的困境。越来越多的国家，尤其是数字技术领先的国家关注数字主权议题。寻找全球数字规范与数字主权之间的平衡点成为现在和未来需要国际社会共同解决的全球问题。

(一) 大国数字主权分歧

数字主权风险首要体现在大国对于数字主权的分歧，主要涉及理念与治理路径的争议。

---

[1] 中国政府网：《外交部：将继续同各方合作维护网络空间安全》，https://www.gov.cn/lianbo/bumen/202409/content_6973847.htm.［2024－09－26］。

其一，数字主权的理念争议。数字主权分歧的前提是传统主权与数字主权的关系，即数字领域的主权是否适用于传统主权的使用范围，进而影响了国家基于自身利益对于数字主权的不同范围界定。

全球化进程的加速和数字技术的快速发展，使得传统主权观念在数字空间中面临诸多挑战，主要表现在传统主权原则在数字空间的适用性问题。一方面，互联网的无边界性、匿名性和多样性挑战了现有的传统主权概念，包括边界、安全、道德价值观和人权责任。[①] 传统主权观念指国家基于领土、领海、领空等物理空间所拥有的排他性权力，强调国家对其领土范围内的一切人和事物享有最高管辖权，包括对内的最高权、对外的独立权。但数字空间是数字技术发展带来的全球范围内数据和信息即时传输和共享的非物理领域。数字主权则涉及各种有形与无形的数字资产，如数据、技术与基础设施等。这使得传统主权观念中基于物理空间的界限划分变得不再适用。另一方面，传统主权通常通过政治、经济、军事等手段行使和维护。但在数字空间中，数字主权的行使往往依赖于资金、技术、法律和规则等手段。这就要求国家必须具备相应的资金、数字技术能力、法律框架和符合其国家利益的国际法规维护数字主权。

因此，国际社会对数字主权的范围存在不同看法，形成了以国家主义与自由主义为导向的数字主权理念。国家主义的观点认为数字主权是由国家行使，对其领土内数字信息和设施拥有所有权和控制权。如2016年，中国《国家网络空间安全战略》提出，国家间应尊重数字空间主权完整，"网络空间主权不容侵犯，尊重各国自主选择发展道路、网络管理模式、互联网公共政策和平等参与国际网络空间治理的权利。各国主权范围内的网络事务由各国人民自己做主，各国有权根据本国国情，借鉴国际经验，制定有关网络空间的法律法规，依法采取必要措施，管理本国信息系统及本国疆域上的网络活动；

---

① David Fischer, "The Digital Sovereignty Trick: Why the Sovereignty Discourse Fails to Address the Structural Dependencies of Digital Capitalism in the Global South", *Zeitschrift für Politikwissenschaft*, Vol. 32, No. 2, 2022, pp. 383–402.

保护本国信息系统和信息资源免受侵入、干扰、攻击和破坏，保障公民在网络空间的合法权益；防范、阻止和惩治危害国家安全和利益的有害信息在本国网络传播，维护网络空间秩序。任何国家都不搞网络霸权、不搞双重标准，不利用网络干涉他国内政，不从事、纵容或支持危害他国国家安全的网络活动"。[1] 而自由主义的观点则强调个人自由、市场自由、信息流动自由等在数字领域中的核心地位，要求国家在制定数字政策和法规时，充分考虑个人数字权利、数字经济自由发展、信息自由流动、数字法治框架建设等问题。2022年4月28日，美国与60多个国家共同签署并发布《未来互联网宣言》（*A Declaration for the Future of the Internet*，简称DFI)，表示"在全球范围内，数字威权主义日益抬头，一些国家压制言论自由，审查独立新闻网站，干预选举，传播虚假信息，并剥夺其公民的人权"。为此，《未来互联网宣言》将"承诺建立一个真正开放、促进竞争、隐私和尊重人权的单一的全球互联网"，"促进全球互联网信息自由流动"。[2]

在实施层面，数字主权保护则涉及属地管辖与属人管辖的争议。属地管辖原则主张国家对其领土范围内的数据享有主权，即数据在哪国领土内产生、存储或处理，该国就对该数据拥有主权。属人管辖原则则强调数据的产生者（如公民或企业）是国家的组成部分，国家对其公民或企业产生的数据享有主权，无论数据存储或处理处于世界何地。根据国家利益需求，一些国家倾向于采取严格的属地管辖原则，限制外国对其领土内数据的访问和处理；一些国家则更倾向于属人管辖原则，保护其公民或企业在海外产生的数据；还有一些国家采取了混合策略，以平衡国家主权与全球利益的关系。因此，大国对于数字主权范围的不同界定成为推动建立全球数字治理规范的阻碍因素。

其二，数字主权治理路径的争议。国际社会上尚未形成统一的数字主权规则和标准。数字主权的国际规则制定由少数发达国家主导，具有不平等性。

---

[1] 中央网络安全和信息化委员会办公室：《国家网络空间安全战略》，https://www.cac.gov.cn/2016-12/27/c_1120195926.htm.[2024-09-27]。

[2] U.S. Department of State, "Declaration for the Future of the Internet", https://www.state.gov/declaration-for-the-future-of-the-internet.[2024-09-30]。

发达国家凭借其技术、经济和话语权优势,在数字主权规则的国际谈判中占据有利位置,推动制定符合自身利益的规则和标准。有学者提出,数字主权的争夺将是一场划时代的斗争,不仅是所有人反对所有人,也是任何人与任何人结盟的斗争,联盟随着利益和机遇的变化而变化。数字主权的斗争即是对数字的控制,包括争夺数据、软件(例如人工智能)、标准和协议(例如5G、域名)、流程(例如云计算)、硬件(例如手机)、服务(例如社交媒体、电子商务)和基础设施的控制权(例如电缆、卫星、智慧城市)等。这里的"控制"是指影响某事物(例如其发生、创造或毁灭)及其动态(例如其行为、发展、运作、互动)的能力,包括检查和纠正任何偏离这种影响的能力。[1] 因此,数字主权议题话语权的争夺格外重要。

数字主权议题话语权的争夺主要涉及数字治理未来发展模式与路径选择的争论,美国、欧盟、中国也都关注到数字主权规则制定的话语权争夺。处在数字技术创新前沿的发达国家和地区倾向于选择自由、灵活的治理模式,以巩固其技术和市场优势地位。相比之下,后发国家或发展中国家和地区更注重经济发展和国家安全,以减少潜在的数字技术应用的不确定性冲击或损害经济和社会秩序的可能。

目前,全球数字空间治理存在两种发展模式,一种是以欧美为代表的"多利益攸关方"模式,主张互联网商业化,数字空间作为全球公域的一部分应当受到国际社会的治理。另一种是以发展中国家为代表的"多边主义"模式,既强调数字领域的国际合作治理,又承认数字空间的主权原则,认同主权国家是数字空间治理的主导者,因此形成了以国家主义为中心的多边治理模式。2017年,第四届世界互联网大会上推出了《世界互联网发展报告2017》,提出"倡导网络空间主权原则,推进'多边主义'的声音正在不断壮大,形成了足以与'多利益攸关方'模式相抗衡的态势,并在互联网名称与数字地址分配机构(ICANN)的机制改革等方面取得了一定的实质性成果。

---

[1] Luciano Floridi, "The Fight for Digital Sovereignty: What It Is, and Why It Matters, Especially for the EU", *Philosophy & Technology*, Vol. 33, 2020, pp. 369 – 378.

超越两种模式的对抗，寻求包容性解决方案的呼声正在兴起"。① 此外，欧盟也将"数字主权"这一概念视为应对当今数字化挑战的方法之一。欧盟数字主权话语试图阐明管理数字空间的"第三条道路"，这条道路将介于技术自由主义美国模式与中国和俄罗斯提出的"数字主权"模式之间。② 这一发展模式是既要以自由开放的态度参与全球数据流动与数字化全球分工，又要基于欧洲人文主义关怀，关注到个人数据保护。数字主权治理模式的争论成为大国话语权博弈的重要议题，也为全球数字治理规范的制定提供了不同思路。

（二）数字主权治理面临的困境

除了大国间对于数字主权的分歧难以达成一致，各国数字主权在制定和实践过程中还面临着与其他数字主体间权力斗争与利益矛盾的冲突，包括个人与国家、科技公司与国家、国家与国家之间的利益调和。与此同时，这些数字主体也是全球数字治理中的重要角色，使得国家在制定和实施数字主权政策中产生的问题同时成为全球数字治理需要面临的现实问题。

第一，科技公司挑战国家数字主权意志的实施。从功能主义的视角分析，在数字空间领域，科技公司凭借数字技术成为数字权力结构中的重要角色，在功能意义上与国家一样在数字领域拥有"主权"。数字主权之争是一场划时代的斗争，既是国家与国家之争，也是人与人之争，其中最明显是国家与公司之间的冲突，并且是不对称的。

首先，在技术发展方面，数字科技公司设计、生产、销售和维护数字化产品，其所具备的创造性力量意味着国家在数字技术的各个方面都依赖公司。在某些情况下，一个国家所拥有的数字科技公司的数量和能够产生的产品已经成为国家数字化发展的第一道防线。也就是说，国家是依靠数字科技公司

---

① 中国网络空间研究所：《中国互联网发展报告2017》，https://www.cac.gov.cn/1122128829_15135789752541n.pdf.［2024-09-27］。

② Daniel Lambach and Kai Oppermann, "Narratives of Digital Sovereignty in German Political Discourse", *Governance*, Vol. 36, No. 3, 2023, pp. 693–709.

完成数字领域的发展,取得相应的数字领域的国际地位。数字科技公司也在一定程度上获得了国家数字主权政策的保护和支持。

其次,在信息传递方面,数字科技公司掌握着商业化网络信息平台,能够在传递信息的过程中炮制各类虚假信息。尤其在社交媒体自由化程度较高的国家,平台通过向民众传递政治虚假信息或模糊信息,影响民众对于国家治理能力的信任,威胁政府权威和国家安全。

最后,在监管层面,国家对数字化发展具有监管权,通过确定合法性、激励和抑制措施、税收种类和水平、公共政策等方式对数字化发展进行控制。一种观点认为数字监管将限制并扼杀数字部门的发展,是对于国家权力的肯定。另一种观点认为对于数字技术发展快速与灵活运营的科技公司而言,国家法规的限制往往慢于技术发展的速度,因此数字技术是不可能完全受到监管的,只能在一定程度上受到国家政策和法律的制约。对于国家而言,数字科技公司技术的前沿性既能够为国家的发展提供数据和技术支持,并转化全球数字市场的权力份额,但也使得数字科技公司成为数字全球化进程中国际地缘政治中的重要角色,影响国家数字主权的权威性。从数字技术发展的进程看,公司可以决定技术发展的性质和速度,而国家可以控制发展的方向。①

由此可见,国际地缘政治格局出现了一个悖论:一方面,数字科技巨头挑战国家主权权力的意志的实施,因此国家不得不通过加强法律监管、强化隐私保护、制定安全政策等方式与科技公司竞争国际数字规则制定权;另一方面,由于数字技术的发展程度掌握在科技公司的手中,主权国家需要借助数字科技公司所拥有的技术力,实现国家的有效治理,并获得国际数字话语权竞争的资格。② 因此,数字技术公司在国家数字主权的制定与实施中呈现出支持与威胁的双重作用。

第二,数字霸权主义与技术垄断加剧数字鸿沟。 全球数字技术不断发展

---

① Luciano Floridi, "The Fight for Digital Sovereignty: What It Is, and Why It Matters, Especially for the EU", *Philosophy & Technology*, Vol. 33, 2020, pp. 369 – 378.

② 罗有成:《数字时代主权的嬗变与国际安全秩序重塑》,载《国际展望》2024 年第 6 期,第 89—112、161—162 页。

极大方便了人们的沟通与交流，也使得数字技术不平等不断增强。

一方面，数字科技强国通过掌控数据资源和技术优势来推行数字霸权主义，对他国进行信息获取，干涉或施压他国内政，削弱他国的数字主权和利益，导致数字殖民与数字帝国主义的抬头。根据世界体系理论，现代国际体系处于"中心—半边缘—边缘"结构之中，主权国家根据拥有的数据资源、数字基础设施和数字技术权力，可以进行数字领域的结构划分，大致可划分为数字超级大国、新兴数字国家和数字边缘国家。[①] 但由于世界经济结构不是一成不变的，而是一个动态平衡的发展过程，并且国际社会尚未形成统一的数字治理规范，因此在全球数字经济结构中，位于不同结构的主权国家既拥有技术非对称相互依赖特征，又存在数字权力之争。数字超级大国如美国处于全球数字格局的中心地位，不仅拥有强大的数字技术和资源，还实际影响着数字领域国际规则和标准的制定，通过数字平台和跨国企业，影响和控制全球数字经济的流向和分配。新兴数字国家位于半边缘位置，在数字技术和经济发展方面尚未达到数字超级大国的水平，因此在努力加大技术投入的同时，尝试制定数字治理规则以减弱数字超级大国的影响。数字边缘国家则为广大亚非拉发展中国家，在数字技术和经济发展方面相对滞后，对数字全球化时代的变革和机遇反应较为迟钝，在数字领域缺乏独立性，往往依赖于数字超级大国和新兴数字国家的投资和技术支持，在一定程度上只能被动接受其他国家制定的数字规则。

由此可见，高价值的数字技术主要掌握在强国或大型技术公司手中，形成了数字技术垄断，进一步推动非对称数字相互依存程度的加深，导致欠发达国家在数字技术上受制于他国，进而影响数字主权的独立性和安全性。自人类进入信息技术时代后，美国已经通过将数字技术优势转化到政治、经济、国家安全等领域的应用，利用网络空间、移动电话等渠道监控其他国家，形成了数字霸权。2013 年曝光的美国"棱镜"计划揭示了美国对数字空间的滥

---

① 罗有成：《数字时代主权的嬗变与国际安全秩序重塑》，载《国际展望》2024 年第 6 期，第 89—112、161—162 页。

用，通过数字技术监视他国引发国际信任危机。2018年3月，美国颁布《澄清境外合法使用数据法案》，法案提出允许那些在隐私和公民自由方面具备有力保护措施的外国合作伙伴与美国达成双边协议，所有受美国管辖的通信服务或远程计算服务提供商，无论是在美国还是在其他国家成立，都要受到此法案的约束。① 美国政府具有直接调取境外数据的权力。尽管美国政府提出《澄清境外合法使用数据法案》用以打击严重犯罪和恐怖主义，但其他国家的数字信息受到了美国的监控，加剧了全球跨境数字流动监管难题，更危害了其他国家数字安全。美国还与其盟友开展了数字技术合作项目，打击新兴经济体的数字技术发展，形成技术垄断。例如，2024年2月26日，美国与澳大利亚、加拿大、捷克、芬兰、法国、日本、韩国、瑞典和英国政府共同发表6G研发原则联合声明，就6G无线通信系统研究和发展的原则达成共识。② 这将形成美国及其盟友对无线通信系统技术与标准的垄断，进一步损害发展中国家的利益与话语权。因此，数字主权框架与去殖民化选择在国际政治领域存在一定程度的一致性。③ 这也反映了国际社会对数字霸权主义的反对与抵制。

第三，国家不同诉求阻碍数字主权治理共识的形成。不同国家在数字领域的资源禀赋和比较优势存在显著差异，发达国家与发展中国家在数字技术、经济发展、国家安全等方面存在不同的战略选择，给凝聚数字领域全球治理共识带来了阻碍。

在技术与经济发展领域，发达国家通常拥有先进的数字技术和强大的创新能力，人工智能、大数据、云计算等数字技术在经济、社会、文化等各个领域得到广泛应用，推动了技术商业模式创新和经济的高效增长。发展中国

---

① U. S. Department of Justice, "CLOUD ACT", https：//www.justice.gov/d9/pages/attachments/2019/04/09/cloud_act.pdf. [2024–10–03].

② U. S. Department of State, "Joint Statement Endorsing Principles for 6G: Secure, Open, and Resilient by Design", https：//2021–2025.state.gov/joint-statement-endorsing-principles-for-6g-secure-open-and-resilient-by-design/. [2025–03–01].

③ Sebastián Lehuedé, "An Alternative Planetary Future? Digital Sovereignty Frameworks and the Decolonial Option", *Big Data & Society*, Vol. 11, No. 1, 2024.

家由于技术积累、资金、人才等方面的限制，在关键数字技术上往往依赖进口，对于数字技术的研发与应用相对有限。在全球数字产业链中，发达国家占据研发、售后等中高端环节，获取高额利润，而发展中国家往往处于承担原材料供应、加工制造等低端环节，承担低附加值工作。资金不足和数字技术的进一步落后加剧了全球发展不平衡问题。在最不发达国家，只有20%的人使用互联网，通常下载速度相对较低，价格也相对较高。在参与数据驱动的数字经济的能力方面，中美两国一起拥有占世界一半的超大规模数据中心，最高的5G采用率，94%的人工智能初创企业，70%的世界顶级人工智能研究人员，以及近90%市值的全球最大数字平台。①

在数字安全领域，发达国家通常重视数字安全和社会稳定，具有强大的数据保护能力，通过数字技术的应用和严格的法律法规和技术标准制定，有效应对来自数字空间的各种威胁和挑战，保障数字空间的安全和秩序。发展中国家则缺乏资金、数字技术和人才来应对各种数字主权风险，导致网络攻击、个人与国家数据泄露等事件频发，给国家安全和社会稳定带来重大挑战。

因此，在部分发达国家已经关注到数字主权议题时，大部分发展中国家的数字基础设施尚未完善，并未将数字主权问题放在国家安全的重要位置。目前，金砖国家越来越意识到数字技术带来的经济机遇，但外国公司提供的"免费"数字服务并非免费。金砖国家正在用其最宝贵的国家资产之一的"数据资源"作为报酬，最终导致国家主权受到侵犯。因此，发展中国家制定数字安全框架，特别是数据隐私法规，作为维护其数字主权的战略工具迫在眉睫。②

第四，数字主权在实施层面的滞后性。从实践层面看，法律框架、数据监管、政策制定与执行的滞后性对全球数字治理的发展产生影响，使得全球性数字治理规范迟迟未能达成共识。

---

① UNCTAD, "Digital Economy Report 2021", https：//digitallibrary.un.org/record/3942554? ln = zh_CN&v = pdf. [2024 – 09 – 10].

② Luca Belli, "BRICS Countries to Build Digital Sovereignty", in *Cyber BRICS: Cybersecurity Regulations in the BRICS Countries*, Springer Cham, 2021, pp. 271 – 280.

首先，数字主权相关法律框架尚未健全。数字主权涉及数据跨境流动、网络安全、个人隐私保护等多个方面，需要完善的法律框架来保障。目前，许多国家对于数字主权的法律法规仍存在缺陷，且国际社会尚未形成完善的数字技术标准和法律体系，影响了数字主权规范与政策的实施。正如中国国际经济贸易仲裁委员会副主任兼秘书长王承杰在2023年第七届唐厚志大讲堂致辞时所说："法学界对数据的法律属性、权利归属等问题尚未达成共识，相关法律规范缺失，这成为涉数据争议解决的难题和重点。"[①] 与此同时，数字技术的快速发展使得法律制定跟不上数字技术更新与发展的速度，数字主权保护方面始终存在法律漏洞，给数字主权治理带来新的难题。

其次，数字技术的广泛应用带来数据跨境流动的监管问题。从国际法层面分析，国际法中的管辖权主要涉及国际法主体（或国际关系中的行为体）和可正式实施法律的地域。数字空间的法律主体或行为体数量众多且具有分散性，包括国家行为体、大型互联网技术公司、中小企业、黑客、个人等，加之互联网为用户提供的匿名性服务，使得不同行为体在如何监管数字空间方面存在各自的利益和问题。[②] 而数字主权涉及全球数据流动的管理权和监督权，不同国家间存在显著分歧。一些国家强调数字主权和数据安全的重要性，主张加强监管和限制数据跨境流动，例如俄罗斯、澳大利亚等数字技术新兴国家出台了较为严格的条例对数据跨境流动进行规范。而另一些国家则强调数据自由流动和市场开放的重要性，主张放松监管，例如美国对数据跨境流动的"去主权化"倡议。[③] 并且，由于数字技术发展的不平衡，不同国家对数据跨境流动的监管能力差异大。这些分歧导致关于数字主权国际规则制定和实践过程争议不断。

---

① 张维、武卓立：《建立数据权利公示制度为数据交易奠定基础》，载《法治日报》2023年9月27日。

② Abid A. Adonis, "International Law on Cyber Security in the Age of Digital Sovereignty", https://www.e-ir.info/2020/03/14/international-law-on-cyber-security-in-the-age-of-digital-sovereignty/. [2024-10-03]。

③ 中国法院网：《数据跨境流动规制的域外立法与实践》，https://www.chinacourt.org/article/detail/2024/07/id/8014868.shtml. [2024-10-04]。

最后，国家对于数字主权政策的制定和执行需要跨部门、跨领域的协调配合，涉及技术、法律、经济等多个方面，且需要广泛征求各方意见，使得政策的出台往往需要较长时间。与此同时，与数字安全息息相关的数字技术与产业发展快速，使得有关数字主权的政策制定与执行难以迅速响应数字技术的变化和快速发展。由此可见，如何加快推动国际规则与标准的制定和实施成为数字主权发展的重大挑战。

综上所述，国际社会对于数字主权的定义与范围还需进一步明确。在实践方面，越来越多的国家和地区意识到数字化带来的主权危机。跨国数字企业引领全球数字技术的发展，并影响国家数字主权意识的实施；数字技术被大国垄断，数字霸权主义带来了技术强国对不发达国家的进一步殖民和剥削，发达国家与发展中国家的数字鸿沟进一步加深，加剧了社会分化与全球发展不平衡问题；处于数字技术不同发展阶段的国家对数字主权的诉求存在差异，使得全球数字主权治理的共识难以形成；全球数字主权治理在法律框架、数据监管、政策制定与执行的实践层面发展缓慢，对缓解全球数字空间乱象作用有限。这些问题使得各个国家和地区更加重视数字主权的发展与保护。如何界定数字主权的范围，如何进行全球数字治理规则制定与实施，如何避免数字主权分歧带来的负面影响成为国际社会需要进一步解决的难题。

三、对回应数字主权风险的思考

在全球化时代，全球数字治理离不开数字科技企业、国家行为体和国际社会的共同努力。为有效应对数字主权发展面临诸多挑战，国家要基于全球主义观照下的国家主义视角推动数字技术、数字主权保护、全球数字治理规范的平衡发展。对于中国而言，数字领域的发展尤其要关注三个问题：如何维护国家数字主权，降低数字跨境流动带来的负面影响？如何回应美国数字霸权主义带来的威胁？如何回应"全球南方"国家的利益诉求与共同期待？

(一) 坚决维护国家数字主权，加强数字领域治理能力建设

数字主权是国家安全的重要部分，为应对国家面临的外部数字技术竞争，回应美国的数字霸权主义的威胁，国家应牢牢掌握数字技术主导权，不断加强自身数字能力建设。

第一，加快数字基础设施建设。数字基础设施以数字化为核心，主要涉及 5G 网络、卫星通信、数据中心、云计算、人工智能、物联网、区块链等新型基础设施。结合 2023 年中共中央、国务院印发的《数字中国建设整体布局规划》来看，夯实数字中国建设基础是构建数字中国的重要手段，既要"打通数字基础设施大动脉，加快 5G 网络与千兆光网协同建设，深入推进 IPv6 规模部署和应用，推进移动物联网全面发展，大力推进北斗规模应用"，也要"畅通数据资源大循环，构建国家数据管理体制机制，健全各级数据统筹管理机构"。① 国家应继续推进数字基础设施的覆盖广度与深度，提升数据传输能力和安全性，为数据安全和数字经济发展提供坚实的网络基础。

第二，推动数字技术创新与应用。数字主权的保护还需加大数字技术研发投入，鼓励企业、高校和科研机构间加强合作，参与技术国际合作交流，推动互联网、大数据、人工智能等新技术与国家安全深度融合，提高数字技术创新能力和应用范围。国家还应重视以量子技术为引领的数字主权和数字基础设施雄心的未来愿景，它决定了由数字技术驱动的国际法变革。量子计算、量子传感和量子通信这三类量子技术的最新创新的共同点是，它们能够积极干预量子现象，利用叠加、纠缠、非局域性的特性，从而对整个世界产生影响。广义上讲，最先进的量子技术尚未准备好投入普遍使用，但大量公共投资和政策手段已经为其融入与数字基础设施和数字主权相关的物质网络做好了准备。② 目前，

---

① 中国政府网：《中共中央 国务院印发〈数字中国建设整体布局规划〉》，https://www.gov.cn/zhengce/2023-02/27/content_5743484.htm. [2024-10-04]。

② Geoff Gordon, "Digital sovereignty, digital infrastructures, and quantum horizons", *AI & SOCIETY*, Vol. 39, No. 1, 2024, pp. 125-137.

美国与欧盟一直致力于投资量子技术研究。2018 年,美国签署《国家量子计划法案》(*National Quantum Initiative Act*,简称 NQI),旨在加速量子技术的研究与开发,保障美国经济发展和国家安全。2024 年,美国国家量子计划咨询委员会(National Quantum Initiative Advisory Committee,简称 NQIAC)发布《量子网络:增强美国领导力的发现和建议》(*Quantum Networking*:*Findings and Recommendations for Growing American Leadership*),提出发挥量子互联网在美国国家发展与安全中的重要作用。欧盟也在 2018 年提出了"量子旗舰计划"(Quantum Flagship),确立了未来欧洲量子技术研究方向。因此,推动数字技术创新与应用成为国家发展和应对数字主权危机的重要着力点。

　　第三,健全数字安全相关法律法规。对于国家安全而言,数字安全相关法律法规的制定既要符合国内环境要求,又要与国际数据保护标准接轨。随着数字技术的快速迭代与发展,有关数字安全的法律仍需进一步完善,与时俱进,推动数字主权治理创新,不断提升国家数字安全保障水平。

　　第四,构建数字治理生态环境。良好的数字治理生态环境离不开政府、企业、社会组织、个人等多方力量共同参与。一方面,要制定数字要素多元共治机制,构建政府、企业、社会多方协同的治理模式,充分发挥政府在数字治理中的有序引导和规范发展作用,牢固树立企业的数字治理责任意识和自律意识,鼓励社会力量多方参与的数字要素协同治理,[①] 强化数字安全屏障,共同应对国内外数字安全威胁与网络攻击。另一方面,加强数字素养教育,充分考虑将数字素养纳入国民教育体系,除了加强网络技能培养,还要教育民众明确数字技术应用中的道德边界和责任主体,增强全民的网络安全意识和防范能力。

(二) 积极倡导多边主义原则,在国家主义的基础上推动数字技术交流与合作

　　面对数字主权未来发展模式的两种主要分歧,国家需要始终坚持多边主

---

① 中国政府网:《中共中央 国务院关于构建数据基础制度更好发挥数据要素作用的意见》,https://www.gov.cn/zhengce/2022 - 12/19/content_5732695.htm.[2024 - 10 - 04]。

义原则，秉持"共商、共建、共享"的全球治理理念，通过国际合作与交流，共同应对数字主权这一全球性问题，并在全球数字技术竞争格局下数字空间规范制定的大国博弈中占据优势地位。

第一，积极推动全球数字技术与数字主权治理合作。从技术的角度看，中国要与各国在数字技术研发与应用方面加强合作与交流，共同应对关键技术难题，推动全球数字技术创新与发展，为数字主权提供坚实的技术支撑。从国际规范的角度看，通过积极参与国际数字主权治理规则的制定与谈判，推动形成反映各国共同利益和意愿的全球数字治理框架，解决数字主权领域的分歧与争议。

第二，坚守公平正义的准则，尊重发展中国家的发展权利。在维护数字主权时，还要做到尊重他国主权、遵守国际法和国际准则，维护全球数字安全。2020年9月，国务委员兼外长王毅在全球数字治理研讨会上提出，应对数字安全的风险与挑战要做到坚守公平正义，"维护数字安全应以事实和法规为依据。把数据安全问题政治化，刻意搞双重标准，甚至不惜造谣抹黑，违背国际关系基本准则，严重干扰和阻碍全球数字合作与发展"。①

第三，推动建立更加公正有效的全球数字治理规则和体系。目前，各国对数字主权的规范仍各自为政，或出现双边与多边合作机制，尚未在全球范围内形成统一有效的全球数字治理体系，使得全球数字安全治理呈现碎片化、地区化、分散化的特点。因此，国家间应联合应对数字主权危机，共同应对网络攻击、数据泄露等跨境数字犯罪行为，降低全球性数字安全威胁，同时为我国数字主权发展争取有利环境。联合国提出建立一个包容性的全球数字治理框架，帮助利益攸关方克服数字、数据和创新鸿沟。自2024年5月起，联合国未来峰会已发布三版《全球数字契约》（Global Digital Compact，GDC），提出为所有人创造开放、自由、安全的数字未来。②《全球数字契约》

---

① 中华人民共和国外交部：《王毅谈应对数据安全风险应遵循的三项原则》，https：//www.fmprc.gov.cn/web/wjbzhd/202009/t20200908_361474.shtml.［2024 - 10 - 05］。

② United Nations, "A Global Digital Compact—an Open, Free and Secure Digital Future for All", https：//www.un.org/sites/un2.un.org/files/our-common-agenda-policy-brief-gobal-digi-compact-en.pdf.［2024 - 10 - 05］。

的提出和实施加快了全球数字治理规则和体系建设进程。中国在全球数字治理规则和体系建设中要充分发挥负责任大国的形象，贡献中国智慧，牢牢把握全球数字治理机制制定的主动权。

（三）构建网络空间人类命运共同体

数字主权是国家主权在数字领域的延伸，随着全球化的深入发展，互联网技术的广泛应用使得数据流动和信息传播的速度和范围达到前所未有的高度，因此，网络空间已被建设成为数字安全的重要组成部分。构建网络空间人类命运共同体已经成为应对数字主权危机并推动数字主权的健康发展的重要战略。2015年12月，习近平主席出席第二届世界互联网大会开幕式并发表主旨演讲，正式提出共同构建"网络空间命运共同体"的重要理念。2022年11月7日，国务院新闻办公室发布《携手构建网络空间命运共同体》白皮书，提出网络空间命运共同体是人类命运共同体的重要组成部分。在数字主权议题上，构建网络空间命运共同体要坚持"尊重网络主权、维护和平安全、促进开放合作、构建良好秩序"四项基本原则。中国倡导"尊重各国网络主权，尊重各国自主选择网络发展道路、网络管理模式、互联网公共政策和平等参与网络空间国际治理的权利"，"倡导《联合国宪章》确立的主权平等原则适用于网络空间，在国家主权基础上构建公正合理的网络空间国际秩序"。为推动数字主权的健康发展，作为重要载体的网络空间治理的具体措施为数字主权风险治理提供了积极作用。中国主张营造数字开放、公平、公正、非歧视的数字发展环境；加强关键信息基础设施保护国际合作；维护互联网基础资源管理体系安全稳定；合作打击网络犯罪和网络恐怖主义；促进数据安全治理和开发利用；构建更加公正合理的网络空间治理体系，使互联网的发展成果惠及全人类。①

综上所述，全球数字主权发展面临诸多风险与挑战，需要国家基于全球

---

① 中华人民共和国国务院新闻办公室：《〈携手构建网络空间命运共同体〉白皮书》，http://www.scio.gov.cn/zfbps/ndhf/2022n/202303/t20230320_705522.html.［2024-10-05］。

主义观照下的国家主义视角从国内外环境角度出发,为数字主权问题的解决开辟新的道路。对内,国家要充分发挥政府在数字治理中的领导作用,联系企业、社会团体和个人的力量,通过加快数字基础设施建设,推动数字技术创新与应用,健全数字安全相关法律法规,构建数字治理生态环境等手段,强化国家数字领域治理能力,以应对国内外数字网络攻击。对外,国家要坚持多边主义原则,在国际社会尚未出现统一的数字治理体系的情况下,积极开展国际合作,发挥数字治理规则制定的引领作用,提升数字治理领域的国际话语权。为此,中国可在推动构建网络空间人类命运共同体主张的基础上,进一步发展出数字空间人类命运共同体,在数字治理领域坚持"共商、共建、共享"的全球治理理念,积极应对全球数字主权的风险与挑战。

在全球化时代背景下,数字主权已成为国家主权的重要组成部分,其风险治理直接关系到国家的安全、稳定与发展。通过对当前数字主权风险治理的现状进行深入分析,我们可以发现:数字主权治理面临着诸多问题与挑战,不仅包括传统主权与数字主权的理念争议、数字主权发展未来路径的话语权争夺,还包括美国数字霸权主义带来了数字殖民与剥削,数字技术被垄断使得数字鸿沟、发展不平衡与社会分化进一步加剧,发达国家与发展中国家的差异性诉求使得统一的全球数字治理体系尚未形成,数字法律的出台跟不上数字技术的新发展,这些都给各国数字主权治理发展蒙上阴霾。由此可见,国家主义回归数字治理,数字自由主义与数字国家主义并存成了时代主流。数字主权危机的治理核心是为探寻全球数字规范与数字主权的平衡点形成全球制度性规范。为此,中国要采取措施应对数字主权风险与挑战,既要通过加快数字基础设施建设、推动数字技术创新与应用、健全数字安全相关法律法规、构建数字治理生态环境等方式加强数字领域治理能力建设,又要倡导多边主义原则,坚守国际社会公平正义,积极推动全球数字技术与数字主权治理合作,推动建立更加公正有效的全球数字治理规则和体系。中国提出的构建"网络空间人类命运共同体"是应对数字主权危机的全球治理新路径,为未来全球数字主权治理与数字社会的建设指明了方向。

Risk Governance of Digital Sovereignty in the Era of Globalization

Sun Yexin   Liu Zhenye

Abstract: In the new era of rapid development of digital technology and globalization, the issue of digital sovereignty is of great concern to the international community. The United States, the European Union, Russia, China and other countries and regions regard digital sovereignty as a key focus of national and regional governance, and have issued relevant digital policy documents. With the rise of the internet in the 1990s, the international community also faced numerous challenges in the digital realm, such as disputes over the concept of digital sovereignty and its governance path, digital hegemonism, monopolies and the digital divide in digital technology, conflicting interests between developed and developing countries, and the slow implementation of digital norms and policies. These problems expose countries and regions to economic losses and security risks, and exacerbate risks to national digital sovereign. In order to deal with the digital sovereignty risks and accelerate the digital sovereign risk governance, this paper proposes that countries promote digital risk governance from the perspective of nationalism under the perspective of globalism. We should strengthen domestic digital governance capabilities, advocate the principle of multilateralism abroad, promote the building of a "community of shared future in cyberspace", and contribute China's efforts to the global digital governance system in the era of globalization.

Keywords: digital globalization, digital sovereignty, digital governance

数字技术与未来战争
——兼论数字时代的国际关系

李 石* 肖 捷**

摘要：数字技术深刻地改变了人类社会，也必将改变未来战争的形式，并决定世界格局。第一，未来战争因数字技术的发展而呈现出无人战、太空战、模拟战等新形式。第二，数字时代的国际关系不仅体现为军事领域的战争，也呈现出舆论战、能源战、金融战、贸易战、技术战等诸种形式。第三，信息时代存在着产业链全球化、信息透明化、价值观多元化、各国政治制度趋同化等削弱战争的诸多因素。因此，在复杂多变的国际形势中，我们仍然有希望维护世界和平。

关键词：数字技术 未来战争 国际关系 世界和平

关于战争的本质，人们最熟悉的一句话可能是克劳塞维茨在《战争论》中所说的："战争是政治的延续"。① 然而，笔者却认为，战争不是政治的延续而是政治的失败。后一判断可以从霍布斯写作的《利维坦》得到佐证。在霍布斯的政治哲学中，"利维坦"就是国家，代表着稳定的政治秩序，而"利

---

* 李石，中国人民大学国际关系学院教授，博士生导师。
** 肖捷，中国人民大学国际关系学院博士研究生。
① 〔德〕克劳塞维茨：《战争论》，张蕾芳译，南京：译林出版社2010年版，第3—4页。

维坦"还未形成之前的状态是自然状态。在霍布斯的描述中，自然状态就是战争状态。《利维坦》成书于17世纪中叶英国内战时期，霍布斯痛心于当时国家分裂、政治崩塌而创作了这部巨著，其目的正是想告诉人们如何才能摆脱战争状态，重建国家。由此看来，"利维坦"形成之前以及崩塌之后的状态都是战争状态。这是因为，任何政治秩序都建立在人们自愿妥协的基础上，一方必须为了另一方的利益而做出某种让步，这样所有人才可能共同遵循某种规则，并实现政治稳定。但战争是不容妥协的，人们不仅不会为了对方的利益做出让步，还意图将对方置于死地。这就是德国政治哲学家卡尔·施密特所说的"敌我关系"。所以说，"敌我"并不是政治的本质，而是战争的本质。

  国内政治与国际政治有着根本性的区别。如德国学者马克斯·韦伯在《以政治为业》中所说，国家的本质是对暴力的合法垄断。[①] 国内政治在垄断性暴力的支撑之下，能够建构人人遵从的政治秩序。拥有不同利益和价值观念的人们都各自做出某种让步，以维护共同的规则。国际关系与国内政治的最大不同就在于垄断性暴力的缺失。在国际社会的丛林中，不同的政治力量仅从己方利益和目的出发而选择合作或敌对。没有了强制性规则的约束，国际关系总是在"合作"与"敌对"之间摇摆。国家寻求自身利益最大化，尝试与他国进行合作，并试图将己方的规则强加于对方。在这种大国博弈中，"战争"和"武器"成为潜在的谈判筹码。而谈判一旦破裂，则有可能引发真正的战争。施密特将"敌""我"看作是政治的变量，他认为政治就是要分清"敌我"。其实不然，在政治共同体内部，人们并不区分"敌我"。用我们中国人熟悉的话来说，政治共同体内部的所谓"敌我"不过是人民内部矛盾，不是真正的敌我矛盾。只有在政治共同体的边缘才需要分清敌我。国家边界正是政治共同体延伸的模糊地带。如果国家之间想要建构某种政治同盟，就不需要分清"敌我"。然而，这种同盟由于缺乏垄断性的暴力基础，所以是

---

① 〔德〕马克斯·韦伯：《韦伯文集》（下），韩水法编，北京：中国广播电视出版社2000年版，第408页。

不稳固的，随时有可能土崩瓦解。于是，国家间关系总是在"同盟"和"敌我"之间摇摆，正所谓"没有永远的朋友，也没有永远的敌人"。

数字时代的国际关系也处于这种摇摆之中，而在数字技术的加持下，国际关系呈现出前所未有的复杂性与多元化。第一，未来战争因数字技术的发展而呈现出无人战、太空战、模拟战等新形式。第二，数字时代的国际关系不仅体现为军事领域的战争，也体现为舆论战、能源战、金融战、贸易战、技术战等诸种形式。第三，信息时代存在着产业链全球化、全球信息透明化、价值观多元化、各国政治制度趋同化等削弱战争的诸多因素。因此，在复杂多变的国际形势中，我们或许仍然有希望维护世界和平。

一、未来战争的可能形式

数字技术的发展深刻改变了人们的生活方式，也正在并即将更大程度地改变人类战争的形式。未来战争的最大的亮点就是机器人上战场并成为主力军。自从1917年（一战期间），世界上第一架无人机在英国试飞以来，军用机器人上战场就成为现代战争的发展趋势。二战[①]、越南战争、中东战争、海湾战争、科索沃战争、阿富汗战争、伊拉克战争，以及2022年爆发的俄乌冲突和2023年再燃战火的巴以冲突中都有军用机器人的身影。机器人在战争中发挥着越来越重要的作用。军用机器人在专业术语中被称为"无人作战系统"，指的是"以平台无人操纵为主要特征，一般由无人作战平台，任务载荷系统、智慧操控系统组成的综合一体化作战系统。主要用于执行侦察、排雷、作战、海上搜救等危险系数较高的军事行动"。[②] 其中使用的无人设备包括海、陆、空、天四个领域的无人战车、无人潜艇、海上无人舰艇、机器动物、无人航天器、登月车等等。随着人工智能技术的发展，这些无人设备从遥控到自主决策和行动，其智能化程度越来越高。因此，未来战争的可能景象是，

[①] 二战期间，德国研制出了无人自爆车，这是无人战车最初的雏形。

[②] 李大光：《机器人与未来战争》，载《领导科学论坛》2016年第6期。

军用机器人在前方集群作战，如蜂群、狼群，完成侦察、打击、摧毁敌方目标等军事任务，而军事指挥人员则在后方对无人设备进行部署和指挥，呈现出无人战争的形态。

与人力相比，军用机器人有着诸多优势。第一，无人战争能够有效降低人员伤亡率，甚至能够实现"零伤亡"的作战理念。第二，无人设备能够经受更为严酷的环境条件。极寒、极热、恶劣天气等危险环境下都可能执行相应的作战任务，甚至可能进入核反应堆中。而且，无人设备也更为灵巧，可以在狭小的空间执行任务。例如，美军研制的一款"有袋子母机器人"，当遇到碉堡等障碍时，就能释放出小型机器人完成侦察任务。第三，无人设备能够坚持的作战时间更长。例如，美军装备的"全球鹰""捕食者""纳蚊""蒂尔"等无人机的续航时间均在 40 小时左右，而人类飞行员则很难坚持这么长的时间。第四，无人设备的作战效率更高。依据美军的研究数据，F-22 战斗机每小时的运营成本是 6.8362 万美元，而"捕食者"无人机的运营成本每小时只有 3679 美元。① 正是基于军用机器人的各种优势，俄罗斯和美国都将无人化作战系统作为军事发展的主要方向。2013 年美国发布了新版《机器人技术路线图：从互联网到机器人》，计划将无人作战设备的比例增加至武器总数的 30%，未来 1/3 的地面作战行动将由军用机器人承担。2014 年，俄军宣布将在每个军区和舰队中组建独立的军用机器人连，至 2025 年，机器人装备将占整个俄军武器装备的 30% 以上。② 当然，无人战争也可能给人类带来负面影响。所谓"无人战争"指的是己方以无人设备作战，而敌方前线并非无人。所以，当无人设备在摧毁敌方军事目标时，很有可能伤及敌方人员，而由于无人设备并不具有同情心等人性特征，则有可能导致敌方人员（平民或士兵）的大量伤亡，这无疑将增加战争的残酷性。例如，1990 年爆发的海湾战争是一次以电子战、信息战、激光武器、反雷达导弹等先进武器辗轧传统武器的战争，以美国为首的多国部队以阵亡 70 人、受伤百余人的代价歼灭

---

① 严剑峰、吴燕：《智能化无人战争对国防资源配置的影响》，载《国防》2017 年 10 月。
② 严剑峰、吴燕：《智能化无人战争对国防资源配置的影响》，载《国防》2017 年 10 月。

了伊拉克40个师，而伊方阵亡约10万人。

无人战争将深刻影响人类战争的方方面面。第一，无人战争将改变战争时间。传统战争受到人员休息、天气、光照等条件限制，通常有间歇时间。而无人战争不受这些条件限制，可能持续进行，也可能在恶劣天气条件下或在夜间进行。第二，无人战争将改变传统的征兵机制。一方面，由于大部分作战任务由无人设备执行，作战人员的总量将会减少。例如，美国现役军人从1990年的约210万人降至2000年的140万人左右，降幅约为28%。"9·11"事件后，美国现役军人数量曾有所增加，但总体看来依然呈缩小趋势。至2020年，美国现役军人总数为134万人。① 另一方面，对于作战人员的身体素质要求将会降低，而对于其数字技术等方面的要求将大大提升。第三，无人战争将改变传统海、陆、空、天的划分。无人设备的广泛应用使得无论是哪个领域的作战都具有相似的模式——指挥平台部署无人设备执行作战任务——不同军种之间不再有根本性的区别。传统的军种划分对于作战人员提出了不同的能力要求。例如，海军一定得会游泳，空军得会开飞机，而这些要求在无人战争中都不再是必需。第四，无人战争改变后勤补给和伤员救助。"大军未动，粮草先行"，传统战争依赖于食物等物资补给，但无人战争不需要食物，只需要考虑电力或燃料的补给。另外，对于无人设备来说，传统战争中的伤员救助也成为多余。第五，无人战争还有可能推进性别平等，改变女性在战争中的角色。女性由于体力上的弱势，在传统战争中主要承担伤员救助等任务。然而，在无人战争中编程、计算等数字技术成为战争的决定因素，而女性与男性在数字技术方面并无根本差异。由此可见，在未来战争中女性将承担更多任务、发挥更重要的作用。

在人工智能、集群智能（Swarm Intelligence）、物联网、卫星导航等技术的推进下，未来战争将是智能设备所组成的网络之间的战斗，是系统与系统之间的战争。美国《华盛顿邮报》就将2022年爆发的俄乌冲突称为"算法之战"。②

---

① 洪源：《未来战争的新形态及其影响因素分析》，载《学术前沿》2021年第6期。
② David Ignatius: *Washington Post*, "How does the algorithm defeat the balance of war", Washingtonpost. com. 2022.

在这样的战争中，谁掌握了"制信息权"（相对于传统战争中的"制空权"），谁就能向对方实施降维打击，就将取得战争的胜利。因为，所有的无人设备都必须通过信息网络相互连接和沟通，而军事科学家们组成的战斗指挥中心也需要通过信息网络获知敌方情报并发出指令。由此，信息网络的畅通和抗打击能力就成为制胜的关键。而信息网络之间的战斗却取决于太空中卫星之间的竞争。由此，未来战争的另一种重要形式将是"太空战"。人造卫星在导航、侦察、维持信息畅通等方面成为决定战争走向的重要因素。以美军为例，70%以上的通信、80%以上的情报侦察与监视、90%以上的精确武器制导、将近100%的气象预报，都基于卫星系统。① 如果卫星通信受到干扰或破坏，那么无人设备就成了瞎子、聋子，既听不到也看不见，最终导致全盘皆输。然而，太空战并非电影《星球大战》电影中所描绘的景象，不是在外层太空大开杀戒、火拼激战。因为，如果以那样的方式展开战斗则会产生大量太空垃圾，而这些失去控制、四处横飞的太空垃圾可能会毁掉不同国家的人造卫星，导致相关国家的导航、电力、气象、通信等系统崩溃，造成无法挽回的损失。1962年7月，美国在距离地面400公里的太空中引爆一颗核弹，致使近地轨道上三分之一的卫星瘫痪，雷达和导航系统中断、电子通信完全停摆，夏威夷地区出现方圆数百公里的大面积停电、路灯熄灭。3个月后，苏联也将一颗30万吨级的核弹发射到高空300公里处，直接导致哈萨克斯坦570公里长的电话线和1000公里的电力电缆被炸瘫痪。从那时起，人们就意识到在太空中开战是一件极其危险的事情，可能毁灭整个地球。1967年，联合国大会通过《外层空间条约》，规定"不在绕地球轨道及天体外放置或部署核武器或任何其他大规模毁灭性武器"。截至2025年5月，包括中国在内的超110个国家已加入《外层空间条约》，该条约成为维护太空和平秩序的"太空宪章"。

然而，一些国家一直在尝试太空武器。例如，美国研制了空天飞机X-37B，在太空中的最高速度能达到音速的25倍以上。2013年至2014年，X-37B在绕地轨道上飞行了22个月。除了超级速度和超长的巡航时间外，X-

---

① 张良：《太空站，未来战争的"制高点"》，载《生命与灾害》2020年第1期。

37B还能负载2吨左右的货物,具备机械操作、捕捉能力和卫星投放能力,而任何拦截系统都无法对其进行拦截。因此,太空中一旦呈现战争状态,X-37B将成为一款超级太空武器。① 除了研制超级太空武器之外,目前各国之间的太空竞争还体现在发射卫星的数量,以及干扰和控制他国卫星的能力等方面。在卫星数量上,截止到2022年11月,全球在轨卫星总数约为4852颗,其中美国拥有2944颗,超过半数。中国排名第二,拥有499颗,英国、日本、俄罗斯分别拥有368颗、205颗和169颗。值得注意的是,美国企业家埃隆·马斯克主导的星链(Star Link)项目计划在2019年至2024年间在太空搭建由约1.2万颗卫星组成的"星链"网络提供互联网服务。据有关文件显示,目前马斯克旗下的SpaceX公司已将5000多颗卫星送入太空,而该公司计划最终将4.2万颗卫星送入太空。可以预见的是,星链将成为一个不依赖于任何国家政府的天空互联网。它不仅能为地球上任何一个国家或地区提供互联网服务,还可能成为主导国际形势的重要因素。例如,在2022年的俄乌冲突中,马斯克允许乌克兰部分地区(不包含克里米亚)使用星链服务;在2023年的巴以冲突中,马斯克又为加沙难民提供星链服务。这些都对战局产生了重大影响。除此而外,各国还积极研制激光、微波武器,意图达到在战时干扰敌方卫星工作的目的。2019年12月,美国宣布成立"太空军",并公布太空军军旗,此后日本、法国、英国、德国等国也宣布组建太空军。这些新的动向增添了太空的紧张氛围。除了"太空军备竞赛"外,美国等国家还试图以条约的方式限制其他国家开发太空。例如,2020年,美国与澳大利亚、加拿大、意大利、日本、卢森堡、阿联酋和英国等国家签署的《阿尔忒弥斯协定》就被指是为了绕开联合国开发月球,并对中国和俄罗斯进行牵制。②

无人战争和太空战无疑将增加未来战争的残酷性,甚至可能会导致地球的毁灭。由此,以数字系统模拟战争也成为未来战争的一部分。中国古代有

---

① 李大光:《机器人与未来战争》,载《领导科学论坛》2016年第6期。
② 陈沁涵:《NASA公布月球探索新协议,美国欲建月球"殖民地"?》,载《新京报》2020年5月21日。

墨子止战的故事：墨子听说楚王要攻打弱小的宋国就前去劝阻。墨子与为楚王建造攻城云梯的公输般进行了战争推演，墨子成功击败公输般，并以此打消了楚王攻打宋国的念头。近代，德国曾创立了一整套严格的作战演练体制，如原普鲁士军队总参谋部所开发的沙盘作业。1914年，英国工程师兰切斯特创立了著名的兰切斯特方程，最先完成了地面战斗的数学模型，开始用科学的定量方法来模拟作战过程。二战后，随着数字技术的发展，人们能够越来越准确地推演战争进程、预判战争结果。近年来，计算机仿真技术开始在新型武器测试、新作战理论的演练以及军事人才的演练等方面发挥越来越重要的作用。目前，各国都建有战争实验室，"现代战争的搏杀从实验室打响，已不再是传说"。[①]

美国在利用数字技术进行战争推演方面走在世界前列。2022年2月，美国天军技术与创新主管科斯塔在军用信息与电子协会天军信息技术会议上宣布，美军正利用数字技术创建军事专用"元宇宙"，以提升作战能力。[②] 另外，美国从2001年开始进行的"施里弗"太空军事演习也是这种战争推演的一种重要形态。"由于观念过于超前、没有现实装备，再加上实际攻击太空卫星会造成太空垃圾或其他灾难性事故，因而'施里弗'演习并非实兵演练，而是以兵棋推演、交流研讨、思想碰撞的方式模拟太空作战组织指挥与进攻、防御行动。"[③] "施里弗"太空军事演习通常将战争场景设定在未来10年以后，并模拟各种可能的先进武器之间的战斗。例如，2010年首场太空演习时，美军就构想出太空轨道战斗机、轨道雷达星座、地基激光武器、电磁微波武器以及可执行太空作战任务的载人航天器等新概念武器。而这些十多年前构想中的武器，现在有的已经成为现实（如前述所说的X-37B空天飞机）。元宇宙战争推演对于新武器的发明制造以及美国太空军事化都发挥了巨大的推动作用。

[①] 贾珍珍、石海明、陈梓瀚：《元宇宙与未来战争》，载《发展研究》2022年第5期。
[②] 参见贾珍珍、石海明、陈梓瀚：《元宇宙与未来战争》，载《发展研究》2022年第5期。
[③] 王涛：《美军"施里弗"太空系列演习》，载《军事文摘》2020年第9期。

未来战争的"元宇宙化"使得"战争"与"游戏"之间的界限日益模糊，这有好的一面也有坏的一面。好的一面在于，如果人们能从战争推演中体察到战争的残酷，并像两千多年前的楚王那样打消战争念头，那么人类和平就有可能得到维护。相反，如果人们借助元宇宙推演而将战争视同游戏，对于人员的无辜牺牲、百姓流离失所完全麻木无感以至于随意挑起战争，那么未来战争将更为频繁而惨烈。

二、未来战争的多元化

长久以来，战争主要表现为真枪实弹的拼杀，这样的情况一直延续到人类发明了核武器。核武器的威力足以摧毁整个地球。拥有核武器的国家之间开战，能够确保互相摧毁。由此，人类不得不反思战争的后果，轻易不敢使用这种超级武器。在核武器的威慑之下，大国之间的竞争和博弈演变为"冷战"，即以意识形态对抗、经济封锁、军备竞赛等为特征的大国对抗。这就是1947年至1991年间美苏争霸的战争图景。在数字时代，在高科技的推动下各种超级武器纷纷登场。这些武器的使用，与核武器有着同样的逻辑，那就是如果真的以这些武器展开大国对抗的话，人类就将面临灭顶之灾。因此，笔者认为，未来的世界格局仍将延续核武器发明之后的冷战逻辑：一方面，真枪实弹的"热战"只会在局部展开，大国之间不太可能正面开战，但可能以"代理人战争"等形式展开间接的军事冲突。另一方面，人类社会各领域为争夺有限资源的各种战争将持续进行，这些战争包括"舆论战""能源战""金融战""贸易战""技术战"等，大国之间可能在政治、经济、文化、技术等领域展开全方位的对抗和竞争。

数字时代的一个重要特征就是信息透明化。通过互联网，地球的任何一个角落发生的事情都可能在瞬间传遍全世界。在信息充分交流的情况下，一方面，许多真相能够大白于天下；另一方面，不同文化之间的价值观之争也会日趋激烈。人类之所以会陷入战争，利益之争是一个重要因素，但为了利益人们并不会去拼命。因为，如果命都没了，哪来的利益呢？所以，战争的终极原因一定是价值观之争。只有观念的不同才可能让人们不共戴天、你死我活。美国学者萨缪尔·亨廷顿将战争归结为文明的冲突，[①] 这很好地解释了"9·11"事件、海湾战争、伊拉克战争等一系列国际冲突。战争不仅要在肉体上消灭对方，而且还要在道德上贬低对方。而且，从现实角度看，也只有取得了价值观的胜利，才可能集聚更多的力量，也才可能最终取得战斗的胜利。这或许和中国古人所说的"成王败寇"是一个道理。由此，"舆论战"成为信息时代重要的战争形式。当然，舆论战在任何时代都存在，但在数字技术的助力下，信息时代的舆论战变得更为激烈、波及范围更广，影响也更深远。战争甚至可能以"直播"的方式呈现在人们眼前，吸引所有人的注意力。在传播媒介上，继广播、电视、电子邮件之后，自媒体、短视频、社交平台等成为最迅捷的战争宣传和动员平台，交战双方在网络上一争高下，都想占据道德制高点。

"舆论战"可具体分为"理论战"和"新闻战"两部分。从理论层面说明战争的合法性，这是开战的第一步。正义战争理论是西方思想史上由来已久的战争学说。从中世纪十字军东征开始，人们就将战争看作是上帝的旨意，是正义之战。当代学者在传统思想的基础上发展出正义战争理论，试图说明在什么情况下国家之间可以开战，正义战争的目的是什么，可以使用哪些战争手段，以及什么样的暴行是战争罪行，等等。例如，美国学者约翰·罗尔斯的《万民法》和迈克尔·沃尔泽的《正义与非正义战争》都认为，只有出于自卫和反抗侵略才可以发动战争。而战争的目的只能是维护和平，不能是称霸世界或掠夺资源。另外，在战争过程中，不得使用种族灭绝、虐待俘虏、强奸妇女等残忍手段。政治哲学家们对何谓正义战争进行了严格的界定，然

[①] 赵汀阳在《坏世界研究》一书中批评亨廷顿误用了"文明"一词。赵汀阳认为，亨廷顿论述的是"文化的冲突"而不是"文明的冲突"。笔者认为这一批评有一定道理，战争的内核实际上是价值观念的冲突，是文化的不同而不是文明的高低。从某些案例中可以深入探究这一问题，例如：伊斯兰教要求女性出门戴头巾，不戴头巾者可能受到警察的处罚，而西方人认为这侵犯了女性的平等权利；这到底是不同文化之争还是文明与野蛮之争呢？详见赵汀阳：《坏世界研究》，北京：中国人民大学出版社2009年版，第340页。

而这些著作却经常被介入战争的政治强人所利用，为挑起战争寻找理由。康德在《永久和平论》中区分了"道德的政治家"（the moral politician）和"政治的道德主义者"（the political moralist）两种人。① 前者会调整政策和决定以适应特定的道德原则，而后者则利用道德学说来论证自己的政治主张，以道德服务于政治家的利益。在国际舞台上，以道德服务于政治的"政治的道德主义者"大有人在。例如，时任美国总统小布什就极力将入侵伊拉克粉饰为符合正义战争理论的正义之战，而在许多人看来，这就是一场骗局。② 除了"理论战"之外，"新闻战"也是舆论战的重要组成部分。战争期间，真相扑朔迷离，开战双方可能利用假新闻进行攻击。例如，在2022年爆发的俄乌冲突中，"3月9日，乌克兰马里乌波尔一座妇幼医院被炸，西方媒体指控俄军攻击平民，美联社还发布了一名受伤孕妇玛丽安娜的照片。俄方表示，玛丽安娜确实怀有身孕，但被炸的妇幼医院早已被极右组织'亚速营'占领，院内并无任何病患及医护人员。玛丽安娜之所以在此处，是为了配合媒体摆拍宣传"。③ 而在2023年10月爆发的新一轮巴以冲突中，加沙医院被炸，哈马斯和以色列各执一词，都指责对方是罪魁祸首。在谣言、水军充斥的网络世界，"真相"有时很难水落石出，而拥有更多流量的一方往往取得舆论战的胜利。

大国之间的竞争不仅是价值观念的对抗，也是资源之争。自从人类跨入工业社会，石油、天然气、煤炭等化石能源就一直是各国经济发展的命脉。因此，为了争夺能源，各国很可能介入战争；而能源也可能成为战争的筹码，是推动战争进程的重要决定因素。1991年爆发的海湾战争就是一场典型的争夺石油资源的战争。而在2022年爆发的俄乌冲突中，俄罗斯的石油和天然气

---

① Immanuel Kant, *Toward Perpetual Peace and Other Writings on Politics, Peace, and History*, Edited and with an Introduction by Pauline Kleingeld, Translated by David L Colclasure, New Haven: Yale University Press, 2006, p. 96.

② 陈春华、胡亚敏：《西方正义战争论在第二次世界大战与伊拉克战争中的运用》，载《军事思想史研究》2018年第4期。

③ 参见《大公报》2022年4月14日，第A20版。

也成为左右战争走向的决定性因素。欧盟国家约 1/3 的石油、40% 的天然气以及一半的煤炭，都要依赖俄罗斯。这使得能源成为俄乌冲突中俄方决定欧盟态度的重要筹码。俄罗斯的天然气如果不能输送到欧洲，短期内将导致欧洲的能源价格暴涨。例如：2022 年 2 月 24 日，俄乌冲突刚刚爆发，欧洲天然气基准价格荷兰 TTF 天然气期货价格暴增 51%，从前一日的 88.891 欧元/兆瓦时涨至 134.316 欧元/兆瓦时。能源价格暴涨可能让欧洲各国民众不堪重负而反对当地政府，或反对欧盟对俄罗斯实施的一系列制裁。而欧盟内部不同国家对于俄罗斯能源的依赖程度不同，这又导致了欧洲不同国家对舍弃俄罗斯能源供应的态度不同。德国、比利时、荷兰等国约一半的天然气都依赖俄罗斯，这使得他们很难完全舍弃俄罗斯的能源供应。在俄乌冲突不断激化的过程中，俄罗斯是否继续向欧洲各国输送天然气成为战争是否扩大化的风向标。2022 年 9 月 26 日，俄罗斯与欧洲之间的北溪天然气管道被炸，虽然幕后凶手一直未曾确认，但此次事件无疑激化了矛盾，加深了俄罗斯与欧盟之间的裂痕。从这些事例来看，煤炭、石油、天然气等传统能源可能成为引发战争、推动战争的重要因素。当然，随着太阳能、风能、生物能等新能源的开发和利用，人们对传统化石能源的依赖会越来越少。石油、天然气等能源争夺引发战争的可能性也会降低。

2022 年爆发的俄乌冲突中不仅有能源战，还有全方位的金融战，涵盖国际支付、加密货币市场、股票、黄金、利率、汇率、期货、外汇、国债等领域。俄乌冲突刚刚爆发，美欧便投下了"金融核弹"，联合声明禁止俄罗斯使用 SWIFT 体系，这使得俄罗斯无法进行美元结算，也无法进行美元体系下的国际贸易。作为回击，俄罗斯表示将否定美元的合法货币地位，这意味着在一切与俄罗斯相关的交易中美元都无法使用。实际上，俄罗斯好几年前就开启了"去美元化"的进程。2015 年，俄罗斯国际支付系统发行了第一批符合俄罗斯本国支付系统标准的银行卡"米尔卡"，2019 年建立卢布结算支付系统和金融资讯交换系统（SPFS），同时加强与中国人民币跨境国际支付体系（CIPS）合作。而俄罗斯央行的数据显示 2021 年俄罗斯大幅削减美元储备，至 2022 年 3 月时仅持有 39 亿美元的美国政府债券。2022 年 3 月 23 日，俄罗斯总统弗拉基米尔·普京宣布"卢布结算令",俄方向不友好国家和地区供应天然气时将改用卢布结算。这给在能源上依赖俄罗斯的欧洲国家带来巨大压力。为防止俄罗斯通过加密货币逃脱欧美的金融制裁,加密货币交易平台Coinbase冻结了俄罗斯25000个账户,加密货币网站Cex.io和NFT平台DMarket等冻结俄罗斯用户账户或宣布不再支持卢布。而俄罗斯于俄乌冲突前宣布禁止在境内使用加密货币。相反,乌克兰却拥抱加密货币,一跃成为全球加密货币用户数量第五位。在股市对决中,欧美交易所纷纷将俄罗斯公司的股票除名,俄罗斯政府不得不从国家福利基金中划拨1万亿卢布用于购买遭受制裁的俄罗斯公司的股票,并免除3年公司所得税。在黄金储备方面,俄罗斯外长称俄罗斯的外汇和黄金储备有6400亿美元,其中一半被欧美冻结。作为反制裁,俄罗斯暂时停止了几个国家的外国法人实体和个人向海外账户的转账,并将非居民在未开设账户情况下的转账限制在5000美元以内,同时购买国内黄金以稳定俄罗斯卢布汇率和金融体系。在债券及利率市场,国际评级机构惠誉和穆迪将俄罗斯主权信用评级下调至垃圾级,使俄罗斯外部融资遭受重创。俄罗斯央行上调基准利率20%,力图吸引更多的资金流向俄罗斯。俄罗斯与欧美的金融战导致了全球股市剧烈震荡、黄金价格大幅飙升、粮食期货大幅上涨、镍期货价格暴涨等负面效应,波及世界许多国家,中国股市和部分企业也因此而受到损失。[①] 在金融战中,美国以其金融霸主地位占据绝对优势,掠夺全球财富。而俄罗斯、中国、欧盟等尝试建立新的国际结算体系,正是力图摆脱美国的金融控制。

在经济层面,大国之间的竞争不仅可能引发金融战,还可能表现为贸易战。其中最典型的就是2018年中美之间的贸易摩擦以及由此而引发的贸易战。2018年,美国以中美货物贸易长期保持巨额逆差、知识产权保护不力和中国"不遵守WTO承诺"为由,掀起了中美经济史上规模最大的贸易战。在贸易战中,美国采取了下述策略来遏制中国经济:第一,美国在舆论上将中国污蔑为"经济侵略者",指责中美之间的贸易是不公平贸易,中方利用奖出

---

① 参见陈秋雨、王勇:《俄乌冲突引发金融战(上)》,载《大公报》2022年3月31日。

限入、出口补贴等政策使得美方成为贸易受害者导致美国对华贸易有超过5000亿元逆差。然而，这些说法是没有根据的。一方面，从计算方法上来说，中美贸易逆差有被夸大的嫌疑；① 另一方面，从中方政策来说，补贴政策是世界各国常用的促进行业发展的政策，美国、欧盟和日本政府也曾大量补贴各自国内弱势或新兴产业。即使在中美贸易战期间，美国政府也对其农业、汽车等行业进行补贴。第二，对中国出口到美国的商品加征关税。2018年6月至8月期间，美国先是对约500亿美元的中国商品加征关税，接着又对2000亿美元进口商品征收25%的关税，最后几乎覆盖所有中国商品，极限施压、几近疯狂。作为反制，中国依法对从美国进口约600亿美元商品加征关税。第三，对中国正在进行产业升级的中高端产品加增关税，限制中国高新技术的发展。例如，"在美国贸易代表办公室（USTR）公布的1300多个独立关税项目中，其所涉及的产业几乎全部集中于'中国制造2025'所支持的产业"。② 从这一举措来看，美国贸易战瞄准的是中国的新兴行业，尤其是高科技产业。从中国对美拟终止减税领域与美国对中国征税领域（图1③）来看，美国打压中国高科技新兴产业的目的昭然若揭。第四，美国通过关税壁垒限制中国新兴产业发展，还限制对华高新技术产品的出口，试图封锁中国技术革新之路。中国的重要科技公司中兴、华为、TikTok、中国航发南方工业有限公司等几十家科技企业都受到了相应的制裁。2022年底，在美国国务卿布林肯访华前夕，美国又将36家中国高科技企业拉入"黑名单"。从中美贸易战中美国所采取的种种措施来看，美国掀起这场贸易战的初衷并不是所谓的"维护公平贸易"，而是全方位地限制中国经济和科技的发展，以维持其对世界经济的主导权以及游戏规则的制定权。贸易战的核心是限制中国科技产业。

---

① 陈继勇：《中美贸易战的背景、原因、本质及中国对策》，载《武汉大学学报（哲学社会科学版）》2018年第5期。

② 陈继勇：《中美贸易战的背景、原因、本质及中国对策》，载《武汉大学学报（哲学社会科学版）》2018年第5期。

③ 参见《中国崛起就像游戏闯关，越往后难度越大，也越接近胜利 勇敢者的游戏——由中兴开始的2018中美芯片战评析》，载《中国军转民》2018年第5期。

这是因为,技术是核心生产力,谁掌握了最新、最先进的技术,谁就能主导世界经济,甚至能够坐吃渔利。由此,科技竞争也成为大国博弈的重要内容。

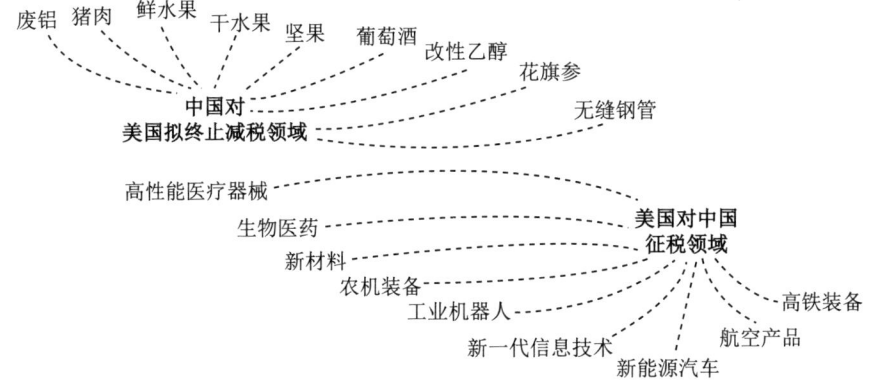

图1　中美贸易战涉及的领域

2018年,在中美贸易摩擦升级为贸易战的同时,美国还向中国掀起了一场"芯片之战"。芯片是数码产品的大脑,缺了芯片,智能手机、自动驾驶汽车、人工智能等高科技产业都很难发展。芯片产业链包括芯片设计、制造、封装和测试,目前没有一个国家能够完全凭借本国力量做出全产业链。高端芯片制造的技术门槛很高,目前世界上只有美国、韩国和中国在坚持研发,能做到7纳米芯片的企业在全球不到5家,包括英特尔、三星、台积电,以及中芯国际。① 2018年4月,美国商务部宣布全面禁止美国公司向中兴通讯销售零部件、商品、软件和技术7年,并对中兴通讯处以巨额罚款。2020年9月美国又对华为进行芯片制裁。"芯片之战"是大国博弈在技术领域的具体表现,"2017年,中国进口了全世界一半的集成电路,如果中国完成了70%的国产化,那就是35%的全球份额,加上现在本来就在中国本土设计和生产的部分,全球市占率会达到40%"。② 正是害怕失去在高科技领域的市场支配地位,美国试图以限制向中国企业供应高端芯片来遏制中国高科技产业发展。

---

① 参见陈怡:《中美芯片博弈将走向何方》,载《上海科技报》2020年6月5日,第1版。
② 《中国崛起就像游戏闯关,越往后难度越大,也越接近胜利　勇敢者的游戏——由中兴开始的2018中美芯片战评析》,载《中国军转民》2018年第5期。

然而，美国的做法只会倒逼中国自主创新，发展出属于自己的芯片技术。2023年9月，在美国商务部长雷蒙多访华期间，华为推出新款手机。这款手机采用了华为自主研发的鸿蒙操作系统和麒麟9000芯片。这一事件引发世界各国广泛关注。华为公司在芯片制造方面的技术突破充分证明了中国科技人员终将凭借自身的努力打破技术封锁，引领全球范围内的科技发展。复旦大学微电子学院教授谢志峰认为："芯片行业本质上是一个全球合作、相互交织的行业，不可能由哪一个国家完全封锁另一个国家，即便是美国也离不开全球协作。荷兰制造的全球最贵EUV光刻机也是一个集成设备——它的激光是美国做的，镜头是德国蔡司的；制造它的ASML公司，投资方中有英特尔和三星。"[①] 由此看来，在高精尖技术上展开国际合作是国际分工的必然趋势，也将为各国带来更多利益，是造福全人类的好事。然而，大国之间的竞争必然体现在政治、经济、文化、技术等各方面。在未来，不仅芯片制造可能成为大国竞争的焦点，人工智能、量子计算机、航空航天、基因编辑、生物医学等高精尖技术都可能成为决定博弈走向的重要因素。

三、数字时代的和平构想

康德在《永久和平论》中构想了全世界实现永久和平的三项契约条款：第一，每个国家的公民体制都应该是共和制；第二，国际权利应该以自由国家的联盟制度为基础；第三，世界公民权应该限于以普遍的友好为其条件。[②] 康德的世界和平构想向来得到许多西方知识分子的认同。从目前的国际局势来看，最能体现康德永久和平构想的就是"欧盟"。如康德所构想的那样，欧盟正是一个由共和制国家通过缔结契约而组成的自由联盟，欧盟成员国之间普遍友好，在欧盟内部人们是欧盟公民，拥有某种世界公民权。我们是否可

---

① 陈怡：《中美芯片博弈将走向何方》，载《上海科技报》2020年6月5日，第1版。
② Immanuel Kant, *Toward Perpetual Peace and Other Writings on Politics, Peace, and History*, Edited and with an Introduction by Pauline Kleingeld, Translated by David L Colclasure, New Haven: Yale Up, 2006.

以乐观地推断，这个由共和制国家组成的邦联将不断纳入新的民主共和国，并最终囊括世界上所有的国家，并实现永久和平。这里，值得注意的是，依据康德的构想，所有国家必须首先成为"共和制"国家。在《永久和平论》一书中，康德以行政权力是否与立法权相分离来区分"共和主义"与"专制主义"国家。① 按照康德的想法，是否只有当世界上所有国家都被改造为共和制国家人类才可能实现永久和平？要实现世界和平，是否必须首先改造那些不是"共和制"的国家？这样的推论为"以永久战争实现永久和平"的悖论埋下了隐患。当然，康德本人是反对干预他国内政的。作为"永久和平"的预备条款，康德明确指出："任何国家均不得以武力干涉其他国家的体制和政权"②。然而，在现实政治中，一些国家却总是罔顾康德的警告，以消灭专制、维护人权等理由，干预他国内政、挑起国际争端。而且，由于生活方式、宗教传统和价值观念的差异，国家间因意识形态或价值观念而引发的争端通常极为激烈。

当代西方学者在康德思想的基础上发展出"民主和平论"（democratic peace），这一理论主张民主国家之间从不或很少发生战争。从1963年迪安·巴布斯（Dean Babst）提出"民主和平论"③开始，该理论在西方学术界逐步流行，得到许多西方学者的赞同。例如，美国学者迈克尔·多伊尔（Michael W. Doyle）在分析了近300年来世界发生的主要战争之后指出"虽然自由国家卷入过无数次与非自由国家的战争，但宪制稳定的自由国家还没有彼此发动过战争"。④ 然而，为了得出民主国家之间不开战的结论，必须依据不同的政治体制将世界上的国家分为三六九等。而这样的研究不仅不能带来世界和平，

---

① 〔德〕伊曼努尔·康德：《永久和平论》，何兆武译，上海：上海人民出版社2005年版，第17页。

② 〔德〕伊曼努尔·康德：《永久和平论》，何兆武译，上海：上海人民出版社2005年版，第9页。

③ Dean Babst, "Elective Government: A Force for Peace", *The Wisconsin Sociologist*, No. 3, 1964. pp. 9–14.

④ Michael W. Doyle, "Kant, Liberal Legacies and Foreign Affairs", *Philosophy and Public Affairs*, Vol. 12, No. 3, 1983, pp. 205–235.

反而会激化价值观念分歧，挑起不同政治体制国家之间的争端。因此，"民主和平论"与其说是促进世界和平的良药，毋宁说是挑起战争的"自证预言"。近几年来，欧盟已经不再"扩张"，而且每吸纳新的国家都要对其国内政治结构进行严格审查，土耳其就深受其苦。这些都足以说明康德的和平构想在现实政治中的局限性，以及"民主和平论"对西方国家理解国际关系的误导。

中国学者赵汀阳阐述了不同于康德永久和平论的"天下体系"，为国际格局提供了一种中国构想。赵汀阳认为，实现世界和平的关键在于世界的"内部化"，亦即建立一种"天下无外"的世界体系。这一体系将世界上所有国家都囊括进来，以消除外部敌人。赵汀阳论述到，"人类共存的必要条件，或者说人类普遍安全或永久和平的关键条件就是天下无外，即世界的内部化，使世界成为一个只有内部性而不再有外部性的无外世界"。① 赵汀阳所构想的天下体系是一个由中心不断向外辐射的权力网络。这一构想来自三千年前周朝的权力结构。周天子通过分封而使其政治权威凌驾于所有隶属邦国之上，并以此实现统一的政治认同和稳定的等级式权力结构。在赵汀阳看来，这一结构是可以无限扩展的，原则上可以达到全球范围，实现天下无外和永久和平。然而，从现实政治的角度来看，这种从一个中心扩展出去的权力结构却很难实现。在当前的国际格局中，凭借其在科技、军事、金融等领域的压倒性优势，美国不可能容许任何其他国家成为权力中心。因此，只有美国有能力成为这个"权力中心"。然而，美国显然缺乏三千年前"周天子"的气度，而世界上其他国家与美国之间既没有血缘关系，也没有分封关系，同样很难承认美国的中心地位。当然，这个所谓的权力中心也有可能是目前最重要的国际组织"联合国"。如果联合国能够拥有超越各国的武装力量，或者能够掌控最先进、最具威力的武器，那么联合国确实有希望主导一个中心化的和平结构。有学者构想，联合国应该以某种方式控制世界各国对核武器的使用："通过有核国家的谈判和协商，使各个国家的核按钮不能掌握在总统等一个人手里，应该将各个国家的核按钮统一嵌入数个密码，每个有核国家的元首各掌

---

① 赵汀阳：《天下体系的未来性》，载《探索与争鸣》2015年第11期。

握一个密码,只有将所有密码输入后,按钮才能打开,导弹才能发射。"① 然而,世界各国显然不会轻易交出控制本国核武器的权力,因此,联合国距离世界权力和权威的中心还很遥远。所谓的"四海之内皆兄弟""全世界大家庭"都还只能是美好的幻想。

赵汀阳也构想了其他权力中心的可能。赵汀阳认为,数字技术的发展正在打破帝国主义国家的霸权结构,未来世界的权力中心可能是由数字网络形成的"系统性权力","这种新权力不需要组建政府,也没有军队和警察,它通过提供普遍和必要的'最好服务'造成人民的依赖性而支配了人民。……新天下体系更可能是建立在各种全球系统之上的统一监护和监管权力,特别是对全球统一的金融系统、全球共有的互联网和全球共享的技术系统的世界整体监护—监管权力"。② 在这方面,马斯克的天空互联网可能给我们带来一些启发。那将是一个不受各国政治权力左右的互联互通的自由网络。但是,笔者对于天下无外的互联网是否能够"一统江湖"并带来永久和平持怀疑态度。因为,从目前的情况来看,网络虽然将全世界人民联系在一起却仍然受到各国政府的管控。事实上,各国政府仍然充当着这一虚拟世界的最终管理者。无论是金融系统、卫星导航还是科研评价,都是与政府权力捆绑在一起的。这是因为各国政府手中握着权力的底牌——武装力量。为什么只有武力才是最终决定权力秩序的因素呢?因为,只有武力才能强制,而只有强制才能真正维护某种秩序。当然,我们也可以期望人们只要理解并认同某种规则就能自愿主动地遵循,就像苏格拉底所期望的那样,"无人自愿作恶""美德即知识"。我们可以期待,人类能进化成完全理性的存在,不再受到私欲的摆布。在充分讨论的基础上制定出有利于各方的规则体系,再将其输入无所不在的网络之中,然后所有人自愿遵循。那将是一个有法律无警察,有契约无军队,有条约无战争的永久和平的世界。但显而易见的是,人类的道德水平距离那一状态还非常遥远。

---

① 张云江:《超人类文明》,银川:黄河出版社2009年版。
② 赵汀阳:《天下体系的未来性》,载《探索与争鸣》2015年第11期。

国际社会实现永久和平的理想虽然遥遥无期，但并非看不到希望。这希望寄托于下述几个事实：经济生产全球化，价值观念多元化，政治制度趋同化。① 第一，经济生产全球化将世界各国捆绑在一起，你中有我、我中有你。一旦开战，杀敌一千自损八百。20世纪80年代以来，随着交通运输和信息技术的发展，全世界掀起一股全球化的浪潮。劳动分工在全球范围进行，同时形成全球化的市场和全球化的金融体系。在全球产业链以及全球价值链中，不同国家扮演着不同的角色，获得价值不等的利益。例如，非洲、中东和俄罗斯成为重要的能源或原材料供应者，中国、印度、越南等国家成为世界工厂，而美国及西方发达国家则垄断大部分的高新技术。人类进入21世纪之后，随着数字技术的飞速发展，全球化进程进一步深化。尤其是在数字服务行业，其全球化速度已超过传统行业。麦肯锡统计数据显示，跨境服务增速比货物贸易增速高60%。② 而世贸组织发布的《世界贸易报告2018》则预计，到2030年数字技术的使用有望使得全球贸易量增加34%。③ 全球化将不同国家之间的经济活动以及生产生活捆绑在一起，这显然是有利于和平的因素。商业毕竟好于战争，即使商业和贸易并不总是公平，但它终究不是你死我活的争斗。大国之间的贸易战、金融战、技术战虽然也是刀光剑影，但比起真刀真枪的战争却更有利于和平。在商业贸易中搞死对方并不是最佳策略，最有利的是持续地增进双方利益。从博弈的角度来说，也只有真正双赢的合作才可能持久。

第二，数字技术的发展改变了传统的信息传播方式。在全球互通的自媒体网络中，一方面，人为杜撰的战争谎言更容易被戳穿，另一方面，人们的价值观念逐步多元化，很难形成"同仇敌忾"的战争主张。这两方面因素都将削弱战争倾向。如前所述，全球信息透明化可能激起激烈的价值观念之争，但在这种争论中也可能导致价值观念之间的沟通和交流，以及价值观念的多

---

① 参见张家栋：《多边疆战争：未来战争的可能形态》，载《学术前沿》2021年第10期。
② McKinsey Global Institute, *Globalization in Transition: The Future of Trade and Value Chains*, 2019.
③ World Trade Organazation, *World Trade Report 2018: The Future of World Trade: How Digital Technologies are Transforming Global Commerce*, 2019.

元化。在信息不透明的时代,宣传工作是很好做的,而且成效显著。因为,全社会只有一个声音,所有人都只能听到一种说法,即使有不同的想法,也不可能得到别人的回应。然而,当人类进入自媒体时代,每个人都变成了一个小广播,每个人都能听到和看到不同的声音和不同的"事实",在这样的舆论环境中想维持所有人保有同样的价值观念、同样的道德理想,就不太可能了。由此,当今世界上任何国家都不可能是铁板一块,无论是政府还是民间都存在不同的声音,有保守派就有激进派,有左派就有右派,有民族主义就有世界主义,有主战派就有主和派,等等。在这样的局面下,任何国家都很难集中所有力量介入一场战争,除非这场战争在绝大部分人看来是正义的(例如反对侵略)。

第三,价值观念的多元化将促进世界各国政治制度的趋同。国内价值观念多元化的直接结果大概就是衍生出包容各种价值观念的政治制度。因为,一种政治秩序要想稳定,就要包容不同的政治力量,在不同的利益团体之间保持平衡。这就像船行驶在大海上,如果与每一个风浪搏斗就很可能翻船,但如果能巧妙地避开浪头、化解危机、借力打力,这艘大船却得以在风浪中颠簸前行。近几十年来,我们能看到世界上不同文化传统的国家相互借鉴治理经验的事实。GDP、人类发展指数、预期寿命、失业率、基尼系数等指标成为评价各国政府治理绩效的共同依据,而建立更好的社会保障体系、实现免费医疗、消除贫困、促进性别平等、构建高质量的公立教育体系等则成为各国政府的共同目标。正如赵汀阳所说:"随着各国的政治经验和制度设置逐渐成为可以互相参照的可分享知识,各国政治都通过取长补短而逐步变成混合多种因素的制度。今天世界各国的政治制度就已经有了明显的混合因素,以至于难以简单地命名为资本主义或者社会主义或者别的什么,比如说,欧洲、中国和美国的制度都有着资本主义和社会主义因素,尽管比例和配方有所不同。"[①] 事实上,自由、平等、民主、法治、公正这些政治价值正在成为世界各国政治制度所追求的"共同价值",区别只是在于不同国家的侧重可能

[①] 赵汀阳:《天下体系的未来性》,载《探索与争鸣》2015年第11期。

会不同。世界各国政治制度趋同,形成共同的测度指标,在发展目标上达成共识,这些因素都将有力地削弱战争倾向。

在上述三个因素的影响下,人类可能维持相对的和平,但这可能不是康德构想的多点联盟式和平,也并非赵汀阳设计的一个权力中心向外辐射的和平,而是各国在合作与竞争的博弈之中达致的某种均衡,是一种权宜之计的和平。这种和平虽然不够稳定,随时可能被局部的战争打破,时时处于各类威胁之中,但正像许多树枝交叉支撑的鸟巢一样,却是现实中最稳定的结构,为人类文明提供繁衍生息的家园。世界各国人民,秉持不同的价值观念,求同存异,在各种危机和以智慧化解危机之中希冀着美好的未来。

Digital Technology and the Future of Warfare
—With a Discussion on International Relations in the Digital Age
Li Shi　Xiao Jie

Abstract: Digital technology has profoundly transformed human society and is poised to reshape the future of warfare, thereby determining the global order. First, advancements in digital technology are giving rise to new forms of warfare, such as unmanned combat, space warfare, and simulated battles. Second, international relations in the digital era extend beyond military conflicts, manifesting in various forms like information warfare, energy wars, financial wars, trade wars, and technological battles. Third, the information age has introduced multiple factors that mitigate the likelihood of war, including the globalization of supply chains, increased transparency of information, diversification of values, and the convergence of political systems across nations. Thus, amid the complex and ever-changing international landscape, there remains hope for maintaining global peace.

Keywords: digital technology, future warfare, international relations, world peace

大国博弈下跨国数字公司的国际规范塑造行为[*]

刘兴华[**]　杨紫寒[***]

摘要：跨国数字公司长期以来被视为"被规制者"和"规范遵从者"。全球数字变革和数字博弈展示了国际关系中的新图景。生存在国家影子下的跨国数字公司因其技术力量等因素走上国际舞台，成为塑造国际规范的新兴力量。大国博弈对跨国数字公司的规范塑造行为产生赋权效应，跨国数字公司拥有不同于传统跨国公司的塑造规范的资源基础，包括技术与价值理念、市场与国际扩张、网络与社会结构地位、认同与战略声誉、话语与议题建构。大国博弈分为两种情景类型：市场利益型、安全竞争和冲突危机型。卷入特定博弈情景的跨国数字公司实施不同的规范塑造行为。在市场利益型大国博弈中，跨国数字公司以国际自由市场主体身份出现，几乎很少面临政治转向力，实施规避约束和风险或者投机式的自利性规范塑造行为。在安全竞争和冲突危机型大国博弈中，跨国数字公司的身份是持国家立场的市场主体，倾向于与母国的战略捆绑，实施协同性规范塑造，政治转向力来自竞争对手的打压和母国的支持；跨国数字公司作为政治化组织实施准政府性规范塑造，

---

[*] 本文系国家社科基金项目"数字公司政治化的安全冲击及其对中国全球数字治理战略的影响研究"（项目批准号：21BGJ024）的阶段性成果。

[**] 刘兴华，南开大学周恩来政府管理学院教授。

[***] 杨紫寒，南开大学—格拉斯哥大学联合研究生院硕士研究生。

甚至在无限授权下采取对抗式规范自决行为。微软在隐私保护规范方面的塑造行为与美欧市场利益型博弈相关，俄乌冲突后美俄冲突危机型博弈激发了SpaceX 的太空数字规范塑造行为。

关键词： 大国博弈　跨国数字公司　国际规范　政治转向力　规范塑造

跨国数字公司只是国际规范的"遵从者"吗？长期以来，跨国数字公司通常被视为全球数字规范的规制对象，其数字活动所带来的数字风险和挑战是全球数字治理的重要议程。在国际关系叙事中，它们除了响应国际组织和主权国家制定的数字规范之外别无选择。全球化将跨国公司推向世界政治舞台，智能化数字技术的全球应用以及数字经济的繁荣改变了全球跨国公司的结构。联合国贸发会议的一份报告显示，以国际化率来衡量，全球前100家跨国公司的整体国际化率并未有明显波动，但其中重工业跨国公司的国际化率下降，数字通信类跨国公司的国际化率上升。[①] 社交媒体、搜索引擎、软件开发、5G 通信、数据开发、人工智能、自然语言等数字领域涌现出了一批全球巨头。数字公司基于技术禀赋和资金实力成为数字全球化时代拥有独特话语权的新力量。[②] 与此同时，跨国数字公司正在扮演复杂的全球角色，不仅是"被治理者"，也在扮演着"治理者"的角色，他们深度参与全球数字治理活动，参与塑造国际规范。国际规范是指国际社会约束行为体的准则、原则、标准、程序、惯例和道德尺度等。数字议程的安全化为跨国数字公司塑造国际规范提供了条件。数字空间秩序及制度规范攸关国家安全，国家普遍将关键数字议程纳入国家安全概念范畴，制定国内法律法规。跨国数字公司的实力牵涉国家安全和国家综合实力对比，其参与规范塑造的活动不仅会导致产业变革，也会影响国家在高科技前沿地带的地位，甚至影响国际危机和冲突的进程。

---

① UNCTAD, *World Investment Report* 2020: *International Production Beyond the Pandemic*, New York: United Nations Publications, 2020, p. 23.

② 刘兴华、高亚庭：《技术、资本与数字公司的国际话语权》，载《外交评论》2022 年第 6 期，第 48—71 页。

大国博弈进程左右世界格局走向，同时也深刻影响跨国数字公司的规范塑造行为。大国博弈赋权数字公司，博弈态势影响其规范塑造的方式以及追随政府的数字公司的政治化程度。无论是欧美在数字市场和数字隐私方面的博弈，还是中美在5G领域的博弈，抑或俄美在俄乌冲突中的数字化博弈，都展现了大国博弈对跨国数字公司规范塑造行为的影响。对于国际规范研究而言，从以规范本身发展历程为研究对象拓展到对规范塑造者的研究，将有助于重新理解规范起源和扩散进程；从国家间关系和国家与国际组织关系拓展到国家—跨国公司关系，是国际规范研究值得探索的政治经济学路径。

一、国家影子下的跨国公司：
"被规制者"还是规范"塑造者"？

跨国公司被视为国家间关系的附属品，生存在国家影子下。缺乏强制机关的跨国公司固然并不具备完全的国际行为能力，需要国家的授权和政策支持，并且受国际规范的约束。但跨国公司在与国家的联动关系中以及在规范体系中也扮演某种主动角色。

（一）国家—跨国公司关系的零和视角和共治视角

跨国公司和主权国家之间的关系被一些学者描述为"此消彼长"的零和关系。苏珊·斯特兰奇（Susan Strange）提出应当充分意识到跨国公司作为国际关系主要行为体的重要性，世界政治和世界市场中的讨价还价应当分为三种形式，除了国家—国家这种传统形式之外，还应当包括国家—跨国公司以及跨国公司—跨国公司这两种讨价还价形式。[①] 斯特兰奇倾向于从跨国公司侵蚀国家经济主权的角度来理解国际结构的变化，认为跨国公司具有超国家权

---

① Susan Strange, "States, Firms, and Diplomacy", *International Affairs*, Vol. 68, No. 1, 1992, p. 10.

威的力量，国家的经济权力流向了包括跨国公司在内的非国家行为体。[1] 跨国公司拥有的基于信贷和资金流动的金融结构权力以往是国家和银行的权力。[2] 埃德蒙·戈麦斯（Edmund Gomez）和苏珊娜·索耶（Suzana Sawyer）强调跨国公司对于发展中国家的挤压，认为跨国公司能够畅通无阻地投资或者撤回巨额资金，在关键部门打击本土企业生存空间。部分发展中国家为了竞相吸引投资，不得不默默忍受其角色，还要额外提供税收等方面的优惠政策。[3]

一些学者从共治关系的视角审视国家和跨国公司的关系。拉里·巴克尔（Larry Backer）认为，完全服从大国意志的公司是不存在的。[4] 跨国公司具有一定的自主性。跨国公司与国家基于共治关系共同推动国际规范的建立。大卫·德托马西（David Detomasi）强调跨国公司可以联合其他行为体创建致力于全球治理的全球公共政策网络，整合国际社会多种力量，克服每种治理主体的弱点。[5] 跨国公司作为多利益攸关方之一的角色广受关注。有研究认为公司在多利益攸关方中处于关键地位。[6] 政府在部分治理功能上的缺失给跨国公司参与全球治理打开了一扇大门，民间团体有机会选择与跨国公司合作，跨国公司是政府间框架之外的全球治理关键引领者。[7]

---

[1] Susan Strang, *The Retreat of the State: The Diffusion of Power in the World Economy*, Cambridge: Cambridge University Press, 1996, pp. 3–15.

[2] Susan Strang, *States and Markets* (2nd Edition), New York: Continuum, 1994, pp. 90–108.

[3] Edmund Terence Gomez and Suzana Sawyer, "State, Capital, Multinational Institutions, and Indigenous Peoples", in Edmund Terence Gomez and Suzana Sawyer, eds., *The Politics of Resource Extraction Indigenous Peoples, Multinational Corporations, and the State*, London; New York: Palgrave Macmillan, 2012, pp. 36–37.

[4] Larry Cata Backer, "Private Actors and Public Governance Beyond the State: The Multinational Corporation, the Financial Stability Board, and the Global Governance Order", *Indiana Journal of Global Legal Studies*, Vol. 18, No. 2, 2011, pp. 770–772.

[5] David Antony Detomasi, "The Multinational Corporation and Global Governance: Modeling Global Public Policy Networks", *Journal of Business Ethics*, Vol. 71, No. 3, 2007, p. 321.

[6] Domenico Dentoni and Christopher Peterson, "Multi-Stakeholder Sustainability Alliances in Agri-Food Chains: A Framework for Multi-Disciplinary Research", *International Food and Agribusiness Management Review*, Vol. 14, No. 5, 2021, p. 96.

[7] Harris Gleckman, "Multi-Stakeholder Governance: A Corporate Push for a New Form of Global Governance", in Nick Buxton and Deborah Eade, eds., *State of Power* 2016: *Democracy, Sovereignty and Resistance*, Amsterdam: The Transnational Institute, 2016, p. 95.

(二）作为"被规制者"的跨国公司

跨国公司主要以"被规制者"形象出现在关于国际规范的讨论中。由于跨国公司面临的国际环境复杂且其子公司所在地的文化差异甚远，因此，跨国公司为了达到盈利的目的需要适应各式各样的社会形态，遵守多领域的国际规范。关于规制跨国公司的研究主要聚焦伦理道德和社会责任等问题。有的学者提出企业选择遵循的道德规范时有一定的自由空间，但会受到合法性的限制。[1] 联合国提出的《跨国公司和其他工商企业人权责任准则》表明国际社会创造的治理跨国公司人权问题的规范属于全球人权体系的"国际制度旁支"（international institutional bypasses, IIBs）。[2] 除了联合国的压力外，跨国公司也面临来自非政府组织和劳工团体的压力，不遵守国际人权规范使跨国公司比国家更容易遭受声誉损失，但是跨国公司将遵约行为视为自愿选择而非强制接受人权法。[3] 在全球数字治理领域，跨国数字公司通常是治理的对象。欧盟《一般数据保护条例》主要针对的对象就是跨国数字公司，尤其是美国的谷歌、亚马逊、脸书和推特等数字巨头。该条例规定了对数据主体权利（如被遗忘权）的保护措施，数据控制者和数据处理者须承担的责任义务以及在跨境数据流动中须遵守的规则。[4]

（三）作为规范塑造者的跨国公司

亚当·鲍尔（Adam Bower）认为，若要在规范变革方面寻求更加丰富的

---

[1] Thomas Donaldson and Thomas W. Dunfee, *Ties that Bind: A Social Contract Approach to Business Ethics*, Boston: Harvard Business School Press, 1999, pp. 45 – 174.

[2] Oonagh Fitzgerald, "Addressing the Human Rights Conduct of Transnational Corporations Through International Institutional Bypasses", *Transnational Legal Theory*, Vol. 10, Nos. 3 – 4, 2019, pp. 355 – 384.

[3] Ann Elizabeth Mayer, "Human Rights as a Dimension of CSR: The Blurred Lines Between Legal and Non-Legal Categories", *Journal of Business Ethics*, Vol. 88, No. 4, 2009, pp. 561 – 577.

[4] 京东法律研究院：《欧盟数据宪章——〈一般数据保护条例〉GDPR 评述及实务指引》，北京：法律出版社 2018 年版。

解释，就不能将跨国公司排除在外。① 朱利安·阿拉（Julian Arato）提出，主权国家在达成贸易、投资和人权协议时，赋予了跨国公司一定的法律地位和权限，跨国公司与主权国家签署协议也使之拥有"国际化契约能力"，协议成为其工具和保护伞。跨国公司也可以成为国际法律规范的发起者和创建者。② 袁正清和肖莹莹提出数字公司发起规范也是网络规范建构的一种路径类型，可以称为行业规范进程。③ 安妮格雷特·弗洛尔（Annegret Flohr）等学者认为，跨国公司参与全球治理与规范建设源于三个方面的激励因素，即增进市场收益，规避声誉成本和过于严格的监管，以及提升公司实力，这种参与既是一种自我约束，也是为了防止陷入被国家强制干预的险境。④

玛莎·费丽莫（Martha Finnemore）和凯瑟琳·斯金克（Kathryn Sikkink）提出的规范生命周期理论强调了规范形成过程中的三个要素，即规范倡议者、组织平台和临界点。⑤ 跨国公司也是规范倡议者和行动者。国际社会结构由行动者建构，社会结构也建构了行动者的行为方式，二者是相互建构的关系。⑥ 跨国公司应当被纳入国际社会结构之中，并且具有"被规制者"和塑造者双重身份。对此，尼娜·塞帕拉（Nina Seppala）强调跨国公司应遵守联合国提出的《全球契约》中的人权规范，但同时跨国公司也拥有决策权和发言权，从契约筹划初始阶段起，联合国就与跨国公司保持高层次联系，大量公司负责人成为契约的倡导力量。当然，这并没有改变主权国家依然是人权规范的

---

① Adam Bower, *Norms without the Great Powers: International Law and Changing Social Standards in World Politics*, New York: Oxford University Press, 2017, p. 223.

② Julian Arato, "Corporations as Lawmakers", *Harvard International Law Journal*, Vol. 56, No. 2, 2015, pp. 229 – 231.

③ 袁正清、肖莹莹：《国际规范研究的演进逻辑及其未来面向》，载《中国社会科学评价》2021年第3期，第141页。

④ Annegret Flohr, et al., *The Role of Business in Global Governance: Corporations as Norm-Entrepreneurs*, London: Palgrave Macmillan, 2010, pp. 4 – 11.

⑤ Martha Finnemore and Kathryn Sikkink, "International Norm Dynamics and Political Change", *International Organization*, Vol. 52, No. 4, 1998, pp. 895 – 896.

⑥ 〔美〕玛莎·费丽莫：《国际社会中的国家利益》，袁正清译，杭州：浙江人民出版社2001年版，第32页。

主要行动者和责任方的事实。公司对国家的游说强化了国家的地位。①

大国博弈影响国际规范建构的方向。有学者提出,中美俄三国之间的竞争与博弈必然会影响全球网络空间规范的发展。② 但既有研究忽略了参与国际规范建构的多元主体,大国博弈可能引发次生的规范生成路径。对国际规范和跨国公司之间关系的研究大都将跨国公司视为被治理的对象,少量研究提及了跨国公司的规范建构作用,但未形成关于它们如何塑造国际规范的系统分析框架。国家和跨国公司并不是简单的零和关系或者共治关系,既有研究忽视了大国博弈对跨国公司参与规范塑造的赋权效应和驱动效应。在数字全球化的时代背景下,跨国数字公司已成为全球政治经济舞台上日益活跃的行动者,探讨其规范塑造行为对理解国际规范的生成变迁具有典型意义。

大国博弈对跨国数字公司的规范塑造行为产生赋权效应,跨国数字公司拥有不同于传统跨国公司的塑造规范的资源条件,卷入特定大国博弈情景的跨国数字公司以不同政治化介入水平参与规范塑造。在市场利益型大国博弈中,跨国数字公司面临的政治转向力较小,拥有较大行动自由空间,会采取规避约束和风险或者投机式的自利性规范塑造行为。在安全竞争和冲突危机型大国博弈中,跨国数字公司面临较大的国家和体系层次的压力,突出的政治转向力使之倾向于与母国战略捆绑,甚至采取对抗性规范塑造行为,与母国战略保持高度一致,实施准政府性规范塑造,在无限授权下可能会实施规范自决行为。

二、大国博弈与跨国数字公司:权力与赋权

跨国数字公司运用其权力参与规范塑造,包括自有权力和国家赋权。世

---

① Nina Seppala, "Business and the International Human Rights Regime: A Comparison of UN Initiatives", *Journal of Business Ethics*, Vol. 87, No. 2, 2009, pp. 401 – 409.

② Matthew Bey, "Great Powers in Cyberspace: The Strategic Drivers Behind US, Chinese and Russian Competition", *The Cyber Defense Review*, Vol. 3, No. 3, 2018, pp. 31 – 35.

界进入数字化生产和生活时代，跨国数字公司的自有权力迅速增长。同时在世界大国围绕数字科技展开激烈竞争的背景下，跨国数字公司也因所处的环境、位置及所涉产业的战略价值而被大国博弈所赋权。

（一）跨国数字公司的自有权力

在国家安全领域，国家难以彻底脱离公司所提供的技术支撑，在经济领域，以知识为基础的经济秩序和日趋扁平化的管理都使跨国公司在网络社会中的地位更加突出。[1] 约瑟夫·奈（Joseph Nye）认为，当今世界发生的权力变革之一就是谷歌、脸书这类跨国公司的权力增长，这是信息化革命导致的结果。[2] 前联合国秘书长安南在全球信息通信技术与发展联盟（GAID）指导委员会第二次会议中就提出，要适应信息化社会的发展，面对一个去中心化的"网络的网络"。[3]

阿尔温·托夫勒（Alvin Toffler）认为权力有三种来源，即暴力、财富与知识。暴力随着社会文明发展而演变为法律，财富逐渐变为知识的衍生物，在信息化社会，知识成为终极资源，博弈就是对于知识控制权的争夺。[4] 对于跨国公司来说，知识与财富是其获取权力的来源。知识往往包括广阔的范畴，比如新兴技术、观念认知等，财富则始于跨国公司的资本积累。跨国公司对知识与财富的掌控使之能够顺应当今时代以知识为基础的经济发展的规律。[5]

---

[1] Juan J. Palacios, "Multinational Corporations and the Economy of Networks: An Overview", in Juan J. Palacios, ed., *Multinational Corporations and the Emerging Network Economy in Asia and the Pacific*, London: Routledge, 2007, pp. 4 – 7.

[2] Joseph S. Nye, Jr., "The Other Global Power Shift", https://www.project-syndicate.org/commentary/new-technology-threats-to-us-national-security-by-joseph-s-nye-2020 – 08. [2020 – 08 – 06].

[3] "Translate Vision of Global Information Society into Reality, Urges Secretary-general in Remarks to Meeting of New Global Alliance", https://press.un.org/en/2006/sgsm10662.doc.htm. [2006 – 09 – 06].

[4] ［美］阿尔温·托夫勒：《权力的转移》，刘江等译，北京：中共中央党校出版社1991年版，第101页。

[5] Juan J. Palacios, "Multinational Corporations and the Economy of Networks: An Overview", in Juan J. Palacios, ed., *Multinational Corporations and the Emerging Network Economy in Asia and the Pacific*, London: Routledge, 2007, p. 5.

在前沿数字科技地带，跨国数字公司能够基于对硬件和软件的开发获取不可替代的权力。① 有学者提出"破坏性创新"（disruptive innovation）理论，认为创新者能够借助数字信息打破国家在相关领域控制权，并且其影响的范围随人群规模壮大而不断扩大。② 斯特兰奇提出了世界政治经济中的两种权力，即结构性权力和联系性权力。前者是指决定政治经济事务运作方式和缔造关系框架的权力，后者是指让他者做其本不愿做的事情的权力。结构性权力包括安全、生产、金融和知识四种，③ 一些后续研究使用了斯特兰奇的结构性权力概念来分析跨国公司的权力，④ 其结构性权力建立在所拥有的知识要素与资本积累基础之上。弗洛里安·韦特斯坦（Florian Wettstein）甚至将跨国公司视为准政府机构，认为跨国公司具有能够塑造全球政治经济结构的政治权力。⑤ 跨国公司在与母国和东道国之间的互动关系中拥有一定联系性权力，能够影响相关国家的决策。当然，不能过度夸大跨国公司的自有权力。跨国公司在世界政治经济体系中的作用与国家密不可分，与国家相互依存。⑥ 跨国公司能够借助这种依存关系施加影响，实现经济目的。但这种依存关系具有不对称

---

① David J. Betz and Tim Stevens, *Cyberspace and the State: Toward a Strategy for Cyber-power*, London: Routledge, 2017, p. 11.

② Clayton M. Christensen, et al., "Disruptive Innovation for Social Change", https://hbr.org/2006/12/disruptive-innovation-for-social-change. [2006 - 12 - 01].

③ Susan Strang, *States and Markets* (2nd Edition), New York: Continuum, 1994, pp. 24 - 32.

④ 代表性研究参见刘旭东：《全球化背景下跨国公司的权力及影响》，载《江淮论坛》2009年第2期，第68—44页；黄河：《结构性权力视野下的跨国公司与国际公共产品》，载《深圳大学学报（人文社会科学版）》2010年第1期，第53—59页；姚璐、刘雪莲：《跨国公司对民族国家的超越——现实抑或神话》，载《吉林大学社会科学学报》2012年第3期，第41—46页；蔡翠红：《高科技跨国公司的全球影响力探究》，载《人民论坛》2019年第34期，第34—37页；叶成城：《数字时代的大国竞争：国家与市场的逻辑——以中美数字竞争为例》，载《外交评论》2022年第2期，第110—132页；Srijan Shukla, "Revisiting Structural Power in the Global Economy: It's Multinationals, Not States", *Journal of International Affairs*, Vol. 75, No. 1, 2022, pp. 187 - 201。

⑤ Florian Wettstein, *Multinational Corporations and Global Justice: Human Rights Obligations of a Quasi-governmental Institution*, Redwood City: Stanford University Press, 2009, pp. 168 - 195.

⑥ John Dunning, "An Overview of Relations with National Governments", *New Political Economy*, Vol. 3, No. 2, 1998, pp. 280 - 284.

性,国家仍然是国际社会中最强力的行为体,因此在互动中国家普遍规制跨国公司,全球化时代这种规制作用的效果不会减弱。① 在数字领域也是如此。有学者指出,数字公司在处理国际事务时也会面临不自由的问题,一方面跨国数字公司也会受到母国政治立场的制约,另一方面,公司的高层存在着政治化的问题,这都导致数字公司的实践活动受限。②

(二) 大国博弈对跨国数字公司的赋权

与数字全球化相伴相生的问题和挑战不断浮现,在传统权力博弈的空间维度之外,大国正在将注意力转向新空间领域,展开激烈数字博弈。大国之间复杂的互动模式虽然在一定程度上约束了跨国数字公司的目标范围,但也给跨国数字公司带来了介入国际事务的机会。

数字变革使国际社会发生深刻变化,数字技术成为全球政治经济体系运行的重要支撑,大国在新的局势下寻找成长空间,优化国内治理,提升综合国力,以在与其他大国博弈中赢得主动权,更需要跨国数字公司的支持。沃尔夫冈·科纳沃茨特(Wolfgang Kleinwächter)认为信息技术给予了跨国公司巨大的优势和特权,跨国公司、非政府组织等机构能够借助数字平台建立一套自我调节的全球系统,这使政府不得不转变以往的谈判姿态,探索新的协调方式,这也意味着他们必须学会分享自己的权力。③ 国内治理和国际治理中的一部分本应属于政府的公共治理权力下放到了公司手中,跨国数字公司因其在治理进程中的战略价值而被竞争中的大国所赋权。

在政治领域,数字平台不仅扩大了政治参与,使更多公众通过互联网介入政策制定和治理活动,还革新了政党政治运作的方式。威廉·巴恩特

---

① Andrew Walter, "Do They Really Rule the World?" *New Political Economy*, Vol. 3, No. 2, 1998, pp. 288 – 289.

② 郝诗楠:《"自由"与"不自由":高科技跨国公司的政治化与国家化》,载《国际展望》2021 年第 3 期,第 120—125 页。

③ Wolfgang Kleinwächter, *Global Governance in the Information Age: GBDe and ICANN as "Pilot Projects" for Co-regulation and a New Trilateral Policy*? Aarhus: The Centre for Internet Research, 2001, p. 6.

(William Barndt)提出"基于公司的政党"概念,认为当下部分政党严重依靠包括媒体公司等在内的大型公司所提供的资源。[①] 跨国数字公司对于大国而言,是开展国内政治和舆论动员的平台基础和媒介基础,也是赢得全球舆论支持、获得国际话语权的全球资讯网络基础。在资本和政治高度融合的西方世界,数字公司为政党提供信息和数据资源,而政党则通过政策制定给予公司回馈,赋予其一定政策优先权、选择权和议程设置权。

在经济领域,数字经济的兴起为产业升级以及贸易和金融网络的拓展带来新机遇,多种传统产业与互联网技术融合发展,新兴数字技术的出现增加了跨国数字公司的业务触角。比如区块链技术催生数字信任网络,元宇宙技术建构平行于现实世界的数字虚拟互动世界。这些新兴数字前沿技术为少数跨国数字公司掌控,深受其革新步伐和理念的影响。数字经济发展竞赛是大国博弈的重要领域。国家意识到人工智能、大数据和物联网等数字技术在博弈中的战略意义,选择以政策性手段赋权跨国数字公司,使之引领国家数字化建设的浪潮,赢得全球数字经济竞争优势。

在安全领域,信息化所带来的安全挑战使得主权国家对于网络安全的重视程度逐渐增加,网络安全也是大国博弈的重要地带。有学者将现有网络安全挑战分为三种,一是由网络空间自身发展造成的国际体系内战略动荡;二是不断加剧的网络安全困境;三是网络环境下大国核稳定面临的冲击。[②] 由于网络安全无边界的特点,国家无法单纯依靠政府力量和暴力部门达到安全状态,需要与跨国数字公司开展协作,共同构筑数字时代的国家安全架构。同时,跨国数字公司是个人信息安全和数据流动安全的首要责任方,国家部分数字安全平台和设施由跨国数字公司负责实施运作。由于长期的技术积累,这些公司具备为国家建设数字基础设施以抵御攻击的能力。国家直接赋权跨国数字公司,允许其参与数字治理活动,弥补政府技术能力缺失和数字安全

[①] William T. Barndt, "Corporation-based Parties: The Present and Future of Business Politics in Latin America", *Latin American Politics and Society*, Vol. 56, No. 3, 2014, pp. 1 – 22.

[②] 周宏仁:《网络空间的崛起与战略稳定》,载《国际展望》2019年第3期,第26—27页。

执行力缺失。

  国家对跨国数字公司的赋权还源于国家与跨国公司的互动关系。权力天然是公共的，[①] 其运作需要依赖于社会互动。[②] 母国、东道国、跨国数字公司形成了三方互动关系。一方面，跨国公司的发展与母国的潜在支持密不可分，以强大的母国为依托，跨国公司更能有效拓展全球市场。这些公司自身的雄厚实力和资源固然能使之立足于国际舞台，不过当它们卷入与东道国之间的纠纷或者陷入困境时，母国支持的重要性不言而喻。东道国则希望借助跨国公司使国家获利。[③] 特别是对于发展中国家来说，吸引直接投资是其发展的必经之路，因此更倾向于以开放政策参与国际合作。当然，引入外来竞争者是一把双刃剑，可能会影响国内政治和经济发展。[④] 融入世界经济的收益促使东道国愿意做出适当的妥协，在经济危机时期尤其如此，引入外国直接投资能助力国家经济恢复。[⑤] 在数字领域，谷歌、微软等众多数字巨头都曾经在三方互动关系中得到美国政府的强力支持。谷歌在欧洲和中国遭遇市场困境时，美国政府明确表态站在谷歌一边。对一些中小国家而言，吸引英特尔等跨国数字公司的投资可以提升本国在区域和全球范围的数字竞争力。相比传统行业的跨国公司，数字跨国公司深度嵌入当地社会系统，将数字技术产品推广至东道国，建立起数字连接网络和技术产业链，甚至打造东道国公众舆论与全球舆论的通路。三方互动促使母国赋予跨国数字公司某些与对外政策相关的参与权，并在此基础上鼓励这些公司以海外投资实践为经验蓝本参与国际

---

  ① Florian Wettstein, *Multinational Corporations and Global Justice: Human Rights Obligations of a Quasi-governmental Institution*, Redwood City: Stanford University Press, 2009, p. 182.

  ② David J. Betz and Tim Stevens, *Cyberspace and the State: Toward a Strategy for Cyber-power*, London: Routledge, 2017, p. 42.

  ③ Gerard Elfstrom, *Moral Issues and Multinational Corporations*, New York: Palgrave Macmillan, 1991, p. 36.

  ④ Nathan M. Jensen, "Democratic Governance and Multinational Corporations: Political Regimes and Inflows of Foreign Direct Investment", *International Organization*, Vol. 57, No. 3, 2003, p. 589.

  ⑤ Shujiro Urata, Chia Siow Yue and Fukunari Kimura, "Introduction", in Shujiro Urata, Chia Siow Yue and Fukunari Kimura, eds., *Multinationals and Economic Growth in East Asia: Foreign Direct Investment, Corporate Strategies and National Economic Development*, London: Routledge, 2006, p. 1.

规范制定。同时，母国倾向于支持跨国数字公司创建新的全球数字议程和倡议，提出新的数字发展概念和理念，以赢得更广阔的数字市场。

在数字全球化时代，除了国家在诸多领域被迫或者主动赋权跨国数字公司以支持其参与规范塑造活动之外，国际环境也具有重要影响。规范塑造者参与规范制定活动与身份认同和利益密切相关。彼得·卡赞斯坦（Peter J. Katzenstein）认为"规范可以描述为对特定环境中具有给定身份的主体实施正确行为的集体期望"。[1] 芬尼莫尔和斯金克也认为，规范是"既定身份下的恰当行为标准"。[2] 国际规范可以定义为"带有指令性和指导性的规则体系"，在各种行为体互动关系中被建立起来。[3] 对他国的认同会使得国家博弈呈现出迥异的状态，跨国数字公司必须在大国博弈的环境下寻找生存和发展的机会。跨国数字公司缺乏暴力机关与强制机构，因此其规范塑造行为会以低于大国博弈烈度的方式展开。卷入温和大国博弈的跨国数字公司能够根据自身市场需求判定利益偏好，不一定完全与母国保持一致，母国对跨国数字公司的宽容度更高，跨国数字公司面对的政治压力较小，对规范的诉求有更大的自主性，国家对其支持立场不甚明朗。卷入敏感大国博弈的跨国公司感受到明显政治压力，倾向于与母国建立绑定关系，跨国公司的角色定位也不再只是市场主体，规范塑造与国家声誉和实力密切相关，并且需要考虑多方因素，国家对其支持态度更加明朗。卷入激烈大国博弈的跨国数字公司面临较为激进的政治环境，即大国对彼此的身份认同表现出突出的对峙性，博弈烈度高，跨国数字公司倾向于全面倒向母国立场一边，其规范塑造行为遵从母国的战略目标，国家对公司的支持立场可能衍生出对其激进行动的默许。

政治转向力指非政治实体在面临政府压力以及政府间关系压力的情况下，

---

[1] Peter J. Katzenstein, "Introduction: Alternative Perspectives on National Security", in Peter J. Katzenstein, ed., *The Culture of National Security: Norms and Identity in World Politics*, New York: Columbia University Press, 1996, pp. 1–32.

[2] Martha Finnemore and Kathryn Sikkink, "International Norm Dynamics and Political Change", *International Organization*, Vol. 52, No. 4, 1998, p. 891.

[3] 刘兴华：《国际规范与国内制度改革》，天津：南开大学出版社2012年版，第39—40页。

主动或被动地背离经济实体的性质，转而采取带有政治色彩的行为的倾向性。政治转向力与政治压力直接相关，但不是指单纯的政治压力，而是指受形势所迫而偏离其原本的非政治属性的行动趋向。跨国公司本应是典型的追逐利润的经济实体，不具备明确的政治强制力，即便介入国内和国际政治也通常是以较为间接的方式。但跨国公司受外部环境的影响巨大，公司行为并非简单的商业战略的产物，而是与国际形势联动。大国博弈赋权跨国数字公司，大国博弈下的国家支持力度、政治压力等能够产生政治转向力，促使诸如跨国数字公司这类经济实体在特定时期演变为政治实体或者将经济活动政治化，实施国际规范塑造行为。这种政治转向力是环境和形势生成的非常规力量。（如图1所示）

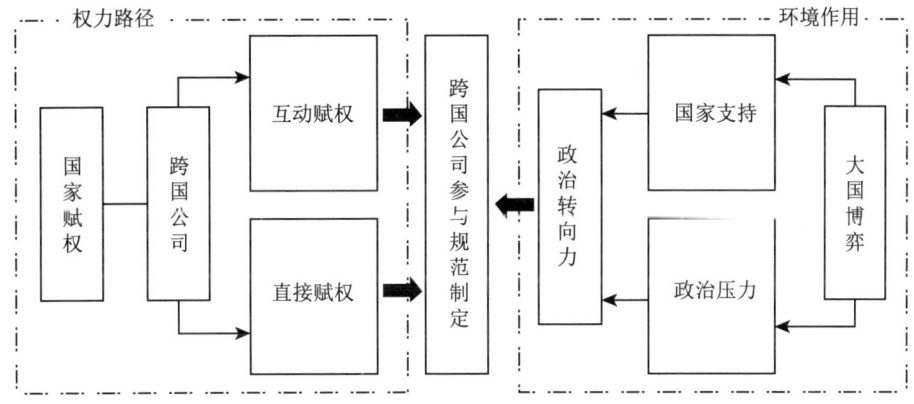

图1　大国博弈对跨国数字公司规范塑造行为的赋权

资料来源：笔者自制。

三、跨国数字公司何以塑造国际规范？

大国博弈影响跨国公司规范塑造行为的逻辑适用于各种类型的跨国公司。但这种效应并不均衡。跨国公司的类型日益呈现出多元化的趋势，跨国数字公司与非数字类跨国公司有着明显区别。比如，能源等行业的传统跨国公司不会像社交媒体和短视频分享平台那样与用户有紧密的社会性联系，用户不会基于传统跨国公司的产品形成全球社交网络。跨国数字公司拥有塑造国际规范的独特资源和动机。

（一）技术与价值理念

数字革命深刻改变了全球生产结构，数字生产和数字消费成为与传统经济并驾齐驱的新经济领域，跨国数字公司对知识和技术的掌控是其强大国际行动能力的保证。跨国数字公司引领大数据、云计算、人工智能、区块链等前沿数字技术的革命，拥有尖端的数字技术产品和技术研发团队。数字公司创造的元宇宙和ChatGPT等技术产品掀起了新一轮数字革命的浪潮。技术本身就是知识的产物，技术方案显示应对世界问题的路径倾向性。在技术革命与国家权力和大国博弈密切关联的当今世界，技术带有明显的价值取向。比如，区块链技术以匿名性和去中心性为主要特征，代表了"自监管"和"数字自治"价值观。建立在知识和技术基础上，价值理念日益成为跨国数字公司参与国际事务的突出优势。它们的数字生产和生活理念、数字社会关系理念和数字治理理念伴随着数字技术产品被推向世界各地，往往能契合数字化的时代潮流、政府战略和公众需求，因此具有较强的扩散力。跨国数字公司提出的相关倡议，容易引发关注和讨论，进而影响规范建构方向。公司提出倡议的目的是赢得业绩，同时形成产业协同，倡议能够创造额外的收益。[①] 当然，规范倡导者无须站在道德高地之上，[②] 也未必总会产生立竿见影的收益。提出不能带来短期收益的价值理念也是公司的独特能力。[③] 西门子联合IBM和恩智浦等多家跨国公司发起《信任宪章》，提出提升数字世界的安全性及可信赖性的理念。在《信任宪章》中9家跨国公司提出了网络信息安全三大倡议，即"保护个人和企业的数据及资产；防止针对人员、企业和基础设施的

[①] John Darragh and Andrew Campbell, "Why Corporate Initiatives Get Stuck?" *Long Range Planning*, Vol. 34, No. 1, 2001, pp. 33 – 34.

[②] 吴文成：《选择性治理——国际组织与规范倡导》，上海：上海人民出版社2017年版，第38页。

[③] Antonio Argandoña, "Fostering Values in Organizations", *Journal of Business Ethics*, Vol. 45, Nos. 1 – 2, 2003, pp. 15 – 16.

损害；为互联的数字化世界建立可靠的信任基础"。① 除此之外，大型跨国数字公司往往能够运用自身良好的品牌效应，影响当地的公司和政府；② 通过对于社交平台和大数据的控制，影响国家之间的政治经济关系和国际合作。③ 价值理念和倡议还附着于数字技术产品，随着产品使用范围的扩大和使用规则的应用，渗透至全球各地，对于世界范围忠实的用户和期待吸引这类数字公司投资的国家而言这些理念倡议具有一定约束力。

（二）市场与国际扩张

公司的天性就是在市场不完善的世界中寻求利益的最大化。④ 利益和市场占有率紧密挂钩。公司希望创造和销售足够多的产品和服务，扩大市场份额，在传统市场和新兴市场中占据主导地位。⑤ 数字产品的通用性和快速全球普及的特性使数字公司很难仅仅满足于小范围的本土市场，他们更倾向于通过出海实现国际扩张从而进入庞大的全球市场。苹果移动设备已进入全球绝大部分国家的市场，脸书月活用户数量已接近全球总人口的四成。

在外部市场发展不完全的情况下，总公司、各分公司与世界各地市场建立联通关系，子公司与母公司之间强大的知识转移能力与内化的市场使跨国公司的知识资产能够以极快的速度复制并扩散，创造更大的价值。⑥ 大国博弈更容易对跨国数字公司的国际扩张造成影响。后者需要面对大国博弈造成的

---

① 《信任宪章》，https://new.siemens.com/cn/zh/company/topic-areas/digitalization/cybersecurity.html. [2024-03-11]。

② Jean-Marc F. Blanchard, "China, Multinational Corporations and Globalization: Beijing and Microsoft Battle over the Opening of China's Gates", *Asian Perspective*, Vol. 31, No. 3, 2007, p. 68.

③ 黄河、周骁：《超越主权：跨国公司对国际政治经济秩序的影响与重塑》，载《深圳大学学报（人文社会科学版）》2022年第1期，第107—116页。

④ Peter J. Buckley and Mark Casson, *The Future of the Multinational Enterprise*, London: Palgrave Macmillan, 1976, p. 33.

⑤ Stephanie Hare, "For Your Eyes only: U. S. Technology Companies, Sovereign States, and the Battle over Data Protection", *Business Horizons*, Vol. 59, No. 5, 2016, pp. 3-4.

⑥ Peter J. Buckley and Mark Casson, *The Future of the Multinational Enterprise*, London: Macmillan, 1973, pp. 32-65.

区位优势变化，包括影响投资的政治经济环境等。①

为了达到扩张商业版图的目的，跨国数字公司敦促东道国排除阻碍其商业活动的法律规范，并试图将有利的法律规范在国际社会推广。② 微软、亚马逊和苹果等公司形成了一个游说组织，即美国半导体联盟，争取美国政府的资金和政策支持，影响美国芯片法案的立法进程。与互联网相关的行业往往都是技术更新换代迅速的行业，因此行业标准设定往往与技术的前途紧密相关。③ 虽然国际标准制定的主要主体是国际组织，但数字技术本身源于跨国数字公司。一旦相关技术被国际组织作为标准模式采用，则将被众多国家和公司所接受。因此，对于数字跨国公司来说，标准创造也是一种影响力，也能够为进一步国际扩张奠定基础。

（三）网络与多元社会角色

互联网的普及使交流与传播方式发生了改变，网络传播和网络社交建构了虚拟世界的社会网络，在这一网络中事件的影响或后果容易被扩大化，社交网络密度能够转化为经济收益和社会渗透力。跨国数字公司既是网络的参与者，也是网络的建构者，大型社交平台本身就是一个庞大的社会网络，因此跨国数字公司拥有多元社会角色。

虚拟数字网络存在三个维度，即连接网、舆论网以及动员网。连接网是社会网络的基础，影响信息数据流动。在连接网中，跨国数字公司是网络内信息数据的控制者，拥有社会结构权力。连接可以分为强连接与弱连接。弱连接是人与人能够进行社交与互动的硬件基础，比如，芯片、通信技术等。虽然这种隐性的连接容易在社会结构中被忽视，但显然离开了硬件基础，网络社交将难以为继。强连接则是指在连接网中更为显性的一种连接方式，即

---

① John Dunning, *International Production and the Multinational Enterprise*, London: Routledge, 2013.
② Stephanie Hare, "For Your Eyes only: U. S. Technology Companies, Sovereign States, and the Battle over Data Protection", *Business Horizons*, Vol. 59, No. 5, 2016, pp. 3 – 4.
③ Jeffrey L. Funk, "The Co-Evolution of Technology and Methods of Standard Setting: The Case of the Mobile Phone Industry", *Journal of Evolutionary Economics*, Vol. 19, No. 1, 2009, pp. 74 – 75.

人与人之间的直接互动。提供这一服务的主要是数字媒体公司，特朗普推特账号被封禁表明跨国数字公司拥有控制数字连接阀门的能力。

舆论网是围绕事件的线上言论和资讯的集合。新闻媒介在设置公共议程方面发挥中心作用。① 部分跨国数字公司自身就是强力新闻媒介，左右公众舆论。推特提出推荐系统中不再显示政府媒体所发的推文，中国和俄罗斯部分媒体等受到影响。跨国数字公司借助自身媒介角色压制一些声音、鼓动另一些声音，塑造舆论环境，由此拥有兼具新闻媒体和政府机构功能的舆论裁决权。

动员网是指数字世界中社会运动和社会动员网络。公众的情绪、态度和信念在数字世界中被引导甚至被操纵。跨国数字公司是平台兼推手的角色。按照查尔斯·蒂利（Charles Tilly）的社会动员理论，当针对某一事件公众情绪、态度、信念表达呈现出一种集体性诉求，组织化活动启动，并且在价值表达等方面形成一致性时，社会运动就产生了。② 在数字时代，社会运动呈现出新的景象。活动家通过社交平台动员公众参与社会运动，诱发变革，公众的参与度被网络空间扩大。③ 用户量决定跨国数字公司动员力的大小，他们能够成为具有能动性的运动推手。社会运动经由跨国数字公司的默许或鼓励，在全世界范围内快速扩散。比如，美国"黑人的命也是命"运动中，推特发挥了跨国动员的作用。社交媒体的高速传播特点使得依赖它而展开的社会运动呈现出即时化动员效果，运动呈现出惊人的爆发力和全球传播力。

（四）认同与战略声誉

人们普遍会相信跨国公司的价值更中立，它们更容易获得各方信任。④ 对

---

① ［英］马克斯韦尔·麦库姆斯：《议程设置：大众媒介与舆论》，郭镇之、徐培喜译，北京：北京大学出版社2008年版，第2页。

② ［英］查尔斯·蒂利：《社会运动：1768—2004》，胡位钧译，上海：上海人民出版社2009年版，第4—5页。

③ Kiranjit Kaur, "Social Media Creating Digital Environmental Publics: Case of Lynas Malaysia", *Public Relations Review*, Vol. 41, No. 2, 2015, p. 1.

④ 蔡翠红：《高科技跨国公司的全球影响力探究》，载《人民论坛》2019年第34期，第36页。

于跨国公司而言，认同是其获得战略声誉和拓展全球市场的重要基础。跨国公司的认同资本主要包括公众认同以及政府认同。产品与服务的提升与更新换代是其获得公众认同的基础。华为和苹果的电子产品以其设计和功能赢得消费者青睐。除此之外，提出符合时代发展潮流和具有公益性的创新性技术概念也是获得公众认同的重要途径。比如IBM首次提出"智能地球"概念，获得了全球用户的广泛认可。政府认同建立在数字跨国公司合法性基础上。合法性是公司获取其他资源的前提条件，① 也是获取更大范围认同的基础。邱伟年根据来源将合法性分为三种类型：规制合法性（regulative legitimacy）、道德合法性（moral legitimacy）和认知合法性（cognitive legitimacy），分别指遵循规章制度以获得专业认可；倡导被广为接受的价值观以获得价值认可；扩散特定活动的知识以获得认知认可。② 遵循母国与东道国的规则能够帮助跨国数字公司获得政府认同。微软和谷歌能够占领欧洲相当份额的市场，前提是他们遵循欧盟和各国政府的规则。跨国公司比国内公司更容易受到跨境合法性溢出的影响。③

民众认同和政府认同被跨国数字公司转化为战略声誉，也就是具有重要象征性和代表性的声誉，比如代表国家技术标志性进步的民族品牌。战略声誉是跨国数字公司的关键资产，能够获得持久的市场拥护、公众好感甚至全球美誉度。当然，也可能因此被其他国家和公司视为主要竞争对手。战略声誉与技术民族主义紧密相关。技术民族主义倡导对外实行保护以及对内进行扶持，技术民族主义政策对本国企业具有强大支持作用。④ 例如，以色列的亚泽马（Yozma）计划以强力的政策性支持和政府投资为牵引，带动技术孵化和

---

① Monica Zimmerman and Gerald Zeitz, "Beyond Survival: Achieving New Venture Growth by Building Legitimacy", *Academy of Management Review*, Vol. 27, No. 3, 2002, p. 414.

② 邱伟年：《跨国公司进入中国的模式选择与路径演变的研究——基于组织合法性的视角》，载《暨南学报（哲学社会科学版）》2012年第8期，第76—78页。

③ Tatiana Kostova and Srilata Zaheer, "Organizational Legitimacy Under Conditions of Complexity: The Case of the Multinational Enterprise", *Academy of Management Review*, Vol. 24, No. 1, 1999, pp. 76–78.

④ 陶文昭：《技术民族主义与中国的自主创新》，载《高校理论战线》2006年第5期，第43页。

高新产业集群的发展。① 日本在战后同样以技术民族主义政策为日本企业发展保驾护航。② 另一种技术民族主义体现为公众以经济支持的形式表达爱国情怀，通过购买本国数字公司的产品支持民族产业振兴。中国公众在"华为事件"中所呈现出的情感支持直接转化为购买力。③

（五）话语与议题建构

跨国数字公司能够制造话语，建构叙事，拥有全球性话语权。它们也可以借由政府发声，或者寻求政府在话语表达方面给予支持。正如有学者指出的，跨国公司和国家的权力具有交互性，能够从对方那里得到一些自己需要的东西。④ 克里斯平·瑟洛（Crispin Thurlow）与克里斯汀·莫罗泽（Kristine Mrocze）将话语与技术结合，提出了"数字话语"（digital discourse）概念，⑤ 数字公司在这一领域拥有独特的优势。社交媒体因其高度社会网络化，拥有较为充分的话语权，流媒体可以通过自创数字内容并将议题灌注其中（比如制作特定主题的影视作品）而拥有影响全球受众的话语权，其他跨国数字公司（比如芯片公司）无法拥有完整的话语权表达渠道。各种数字平台可以通过对自身平台流量的控制推广价值偏好，诱导对特定议题的讨论及其方向，制造话题，并凭借其全球渗透力影响网民的心理和对议题的理解，青年人尤其容易追逐数字跨国公司所建构的议题热点，对议题优先次序的排列权及对

---

① Jarunee Wonglimpiyarat, "Government Policies towards Israel's High-Tech Powerhouse", *Technovation*, Vol. 52, 2016, p. 9.

② Morris Low, "Displaying the Future: Techno-Nationalism and the Rise of the Consumer in Postwar Japan", *History and Technology*, Vol. 19, No. 3, 2003, p. 207.

③ 石立春：《当代中国技术民族主义思潮的兴起及应对研究》，载《思想理论教育》2021 年第 1 期，第 42—43 页。

④ Michael Pisani, "Radical Political Regimes in the Americas and MNC Responses: A Conceptual Model", *Latin American Business Review*, Vol. 3, No. 2, 2002, pp. 17 – 18.

⑤ Crispin Thurlow and Kristine Mroczek, "Introduction: Fresh Perspectives on New Media Sociolinguistics", in Crispin Thurlow and Kristine Mroczek, eds., *Digital Discourse: Language in the New Media*, Oxford: Oxford University Press, 2011, pp. xx – xxxviii.

议题浮现的可能性的决定权成为这些公司的议题建构能力。

四、大国博弈情景与跨国数字公司塑造国际规范的形式

规范建构和生成是一个动态的过程,① 是各方力量碰撞和妥协的结果,不满者可能会推迟"规范化"的速度。② 亚历山大·温特（Alexander Wendt）认为,行为体的身份决定利益,利益影响行为体的行为选择。③ 在不同情境下的大国博弈影响东道国、母国、跨国数字公司对身份与利益的界定,以及公司政治化的动机,进而影响卷入特定大国博弈情景的数字公司的规范塑造行为。

（一）市场利益型大国博弈与自利性规范塑造

市场利益型大国博弈是温和的博弈。温特所说的"第二等级内化水准"的康德文化能够解释温和性大国博弈中双方之间的身份定位。尽管安全互助一直存在,但友谊仍只是一种获得利益的工具,一旦代价超过利益,矛盾就会出现。④ 博弈可能导致矛盾,但并不彻底改变彼此的身份。康德认为,共和制、联盟以及象征着市场开发程度的外来者权限促成了竞争又合作的状态。⑤ 市场利益型博弈是网络式的复杂博弈关系,大国在这种博弈中采取适当和有

---

① Martha Finnemore and Duncan B. Hollis, "Constructing Norms for Global Cybersecurity", *American Journal of International Law*, Vol. 110, No. 3, 2016, p.453.

② 陈拯:《规范阻滞及其策略——以中俄等在"保护的责任"演进中的实践为例》,载《世界经济与政治》2019 年第 6 期,第 71 页。

③ 〔美〕亚历山大·温特:《国际政治的社会理论》,秦亚青译,上海:上海人民出版社2014 年版。

④ 〔美〕亚历山大·温特:《国际政治的社会理论》,秦亚青译,上海:上海人民出版社2014 年版,第 288—296 页。

⑤ 〔德〕伊曼努尔·康德:《永久和平论》,何兆武译,上海:上海人民出版社2005 年版,第 13—27 页。

限的手段,在不摧毁经济秩序和结构的前提下博取经济收益和市场优势。

马克·布希(Marc Busch)认为国家在贸易竞争中考虑企业的外部性、贸易收益以及对手的反应,由此在博弈中采取完全干预、有限干预或不干预的政策。① 由于国家间的紧密经济关系,高昂的代价阻止了国家对破坏性手段的选择。② 市场利益型大国博弈往往发生在低政治领域,主要表现为常规经济利益的较量,如市场份额、产业发展和税收等。

在市场竞争中大国博弈往往会围绕争夺财富的手段展开,争夺财富就意味着获取权力,这种对权力的追求不是扩张和征服,而是建立在国内秩序稳定基础之上。企业间的竞争与政府间的财富竞争一体共通,跨国公司的决定与选择是无法被绕开的变量。③ 在市场利益型大国博弈中,遏制性和对抗性干预较少,跨国公司拥有较多的独立扮演市场角色的机会,政治化的动机不强。经贸领域的博弈大多属于这一类型。

规范的生成伴随着跨国公司与倡议网络、母国和东道国之间的复杂互动。④ 跨国公司是规范形成过程的重要参与者,除了在他们被约束和管制的规范建设问题上主动维护权利之外,它们也是规范塑造者,有着明确的规范建设主张。它们还会向母国施压,引导母国开展规范建设行动。有学者指出,在孱弱的管制力不足的国家,外部等级制、市场激励、声誉以及无政府状态都会促使跨国公司参与治理活动,用自身的高标准引领该国标准制定活动,缩小该国与全球治理标准之间的差距,尽管国家未必完全支持跨国公司的这一举动。⑤ 除

---

① Marc Busch, *Trade Warriors: States, Firms, and Strategic-Trade Policy in High-Technology Competition*, Cambridge: Cambridge University Press, 1999, pp. 4 – 7.

② Erik Gartzke, Quan Li and Charles Boehmer, "Investing in the Peace: Economic Interdependence and International Conflict", *International Organization*, Vol. 55, No. 2, 2001, pp. 399 – 401.

③ John M. Stopford and Susan Strange, *Rival States, Rival Firms: Competition for World Market Shares*, Cambridge: Cambridge University Press, 1991, pp. 1 – 3.

④ Giovanni Mantilla, "Emerging International Human Rights Norms for Transnational Corporations", *Global Governance*, Vol. 15, No. 2, pp. 281 – 282.

⑤ Tanja A. Börzel, Jana Hönke and Christian R. Thauer, "Does It Really Take the State?" *Business and Politics*, Vol. 14, No. 3, 2012, pp. 1 – 4.

了参与塑造规范之外,跨国公司也可能选择避开约束性强的规定。① 在互动关系中,跨国公司并非国家的附属品。有学者提出,国家和跨国公司之间会因为利益的一致性而出现竞争或者合作的局面。② 跨国公司拥有一定程度的自主性。路易吉·塞里(Luigi Cerri)用分析人的方式来探讨了跨国公司的"人格",在美式政治环境下成长的跨国公司倾向于建立属于自己的权力中心,因为美国宪法旨在让个人不受政府权力干扰。③

一些国际矛盾存在的根源是大国基于对市场利益的判断,在价值与立场上存在差异,这些差异导致了大国经济竞争关系。在数字领域,数字隐私权、数字主权、数字税等问题都是争议性很强的问题。美欧博弈源于美欧在数字理念的差异、数字收益的差距和对数字市场发展态势的不同理解。美欧自"二战"之后就建立了安全共同体的关系,不过这并不能掩盖双方之间存在的分歧。④ 美国将欧盟视为经济博弈者,但仍是盟友。⑤ 在美欧互动的主体间结构中,双方仍将彼此看作是"朋友",市场利益的分歧并未导致身份认同的崩塌。因此美欧之间的数字博弈属于市场利益型博弈。美欧双方选择可控的手段参与博弈。在这种低烈度的大国博弈中,更容易出现阿努·布拉德福德(Anu Bradford)所说的布鲁塞尔效应,即欧盟对规范的直接塑造作用被淡化,跨国公司因受利益驱动,在相关规范塑造过程中反而充当重要角色。⑥ 跨国数

---

① John Ruggie, "Business and Human Rights: The Evolving International Agenda", *American Journal of International Law*, Vol. 101, No. 4, 2007, pp. 819 – 840.

② Luo Yadong, "A Coopetition Perspective of MNC-Host Government Relations", *Journal of International Management*, Vol. 10, No. 4, 2004, p. 433.

③ Luigi Cerri, "Birth of the Modern Corporation: From Servant of the State to Semi-Sovereign Power", *American Journal of Economics and Sociology*, Vol. 77, No. 2, 2018, p. 242.

④ Adam Bronstone, *European Union-United States Security Relations: Transatlantic Tensions and the Theory of International Relations*, New York: ST. Martin's Press, 1997, p. 1.

⑤ Marianne Schneider-Petsinger, "US-EU Trade Relations in the Trump Era: Which Way Forward?" Marianne Schneider-Petsinger US and the Americas Programme Research Paper, The Royal Institute of International Affairs, London, 2019, p. 2.

⑥ Anu Bradford, "The Brussels Effect", *Northwestern University Law Review*, Vol. 107, No. 1, 2012, pp. 1 – 64.

字公司对自身的身份定位是逐利的市场主体。其行为选择源于身份，利润是其首要行动导向。因此，跨国数字公司在规范塑造过程中的利益未必与母国一致。由于来自国家的约束性不强，政治转向力的催生条件不够稳固，跨国数字公司拥有较高的自由度，在与大国市场利益型博弈有所牵连时倾向于采取逃避约束、规避风险和经济投机的行为，寻求塑造基于收益的自利性国际规范，体现出对利润、声誉的追求和对市场对手的打压。在博弈议题与自身利益关系不甚密切时，跨国数字公司甚至可能仅仅出于对全球声誉和道义影响力的考虑，倡导和建构相关国际数字规范。在温和的市场利益型博弈中，跨国公司的权力因为有更大的发挥空间，因而其行为选择会更加多样。在没有明显政治压力的情况下，基于国际市场主体的身份定位，经济利益对于跨国公司参与规范制定的影响更大。它们可能会因为能从某一国处获得更多的好处而选择跟随一方，也能会为追求更加长远的利益回报而选择联合起来与政府讨价还价。

  美欧之间跨国数据流动和数字税方面的博弈具有代表性。规范形成的趋势则更依托于跨国公司的推动，欧盟只需要通过监管自身的市场就能够基于市场规模的吸引力达到塑造全球规范的目的。[1] 欧盟的大规模市场无论是对哪国的大型跨国公司来说都是难以割舍的，公司不愿看到代价高昂的数据流动中断。[2] 因而在欧洲市场的规范会被趋利性的跨国公司主动遵循。在美欧博弈中，美国的跨国数字公司，包括脸书、谷歌、微软等，更倾向于采用欧盟的隐私规范标准，而与母国的立场有所偏离。当然，这些跨国数字公司也都尝试在隐私规范建设方面发出自己的声音。在大国博弈处于较为温和的市场竞争状态时，跨国公司也未必会选择跟随两个大国中的一个。他们根据自身的利益需求共同合作，形成向政府施压的联合体，希望能够建立符合跨国公司群体利益的规范。数字税问题具有代表性。数字税之所以被提出，主要是欧

---

[1] Anu Bradford, "The Brussels Effect", *Northwestern University Law Review*, Vol. 107, No. 1, 2012, p. 65.

[2] 黄志雄、韦欣妤：《美欧跨境数据流动规则博弈及中国因应——以〈隐私盾协议〉无效判决为视角》，载《同济大学学报（社会科学版）》2021年第2期，第32页。

洲国家看到美国数字巨头深度开发欧洲市场，欧洲为美国数字巨头贡献了大量收入，但避税的问题始终没有解决。在美国政府推动下，2021年经合组织举办了针对利益攸关方的公开咨询会和第11次G20/包容性框架会议，网飞和微软等公司的观点受到重视。① 以网飞、优兔等为代表的跨国数字公司就对经合组织所制定的"支柱一"数字税蓝图中所隐含的"政治围栏"提出了抗议。② 经合组织参考了跨国数字公司的方案，以制定各方都能接受的"数字税"方案。

（二）安全竞争型与冲突危机型大国博弈：准政府性规范塑造

汉·多鲁森（Han Dorussen）通过建立多国模型证明，贸易的安抚作用大多存在于联盟关系紧密的国家之间，在关系松散的国家之间，贸易对于冲突的缓冲作用就会大打折扣。③ 在权力竞争中，由于对他国权力增长的担忧普遍存在，因而较为强大的国家往往选择竞争性的策略。④ 当政治权力干涉经济领域时，国家会担心被其他国家排除在国际经济体系之外，激烈竞争由此产生。⑤ 安全竞争型博弈也可能源于不同的战略考量。比如，有学者提出，中国既希望借助稳定的国际环境来促进经济增长，又渴望对现有的国际秩序做出适合自身实力增长的调整，⑥ 而美国则担心亚洲的"不友好势力"会使自己

---

① Josh White, "ITR Live: OECD Consultation on Pillar One", https://www.internationaltaxreview.com/article/b1q3ny1plskdg2/itr-live-oecd-consultation-on-pillar-one. [2021-01-14].

② Josh White, "ITR Live: OECD Consultation on Pillar One", https://www.internationaltaxreview.com/article/b1q3ny1plskdg2/itr-live-oecd-consultation-on-pillar-one. [2021-01-14].

③ Han Dorussen, "Balance of Power Revisited: A Multi-Country Model of Trade and Conflict", *Journal of Peace Research*, Vol. 36, No. 4, 1999, p. 457.

④ Charles Louis Glaser, *Rational Theory of International Politics: The Logic of Competition and Cooperation*, Princeton: Princeton University Press, 2010, p. 4.

⑤ David A. Lake, "Economic Openness and Great Power Competition: Lessons for China and the United States", *The Chinese Journal of International Politics*, Vol. 11, No. 3, 2018, p. 239.

⑥ Hugh White, *The China Choice: Why We Should Share Power*, Oxford: Oxford University Press, 2013, pp. 48-49.

丧失包括市场、技术在内的重要资源。① 大国安全竞争型博弈诱发安全战略的转变，为了在竞争中获胜，博弈方需要调动国内国际支持力量，产业安全化战略成为被青睐的战略选项，甚至资源的跨国流动也被赋予安全意义。安全竞争型博弈引发国内反响，参与博弈的大国国内政治氛围带有明显的民族主义色彩，国内舆论和利益集团的压力促使大国采取有力的回应措施。正如戴维·莱克（David Lake）谈及中美竞争态势时所言，两国能否通过自我克制限制国内利益集团的冒进行为对双方来说都是严峻的考验。② 安全竞争型博弈促使价值观联盟或者利益联盟被强化，当一方（尤其是主导国）无法确保凭借自身经济和科技实力在安全博弈中获胜时，就会寻求与其他国家联合。

大国安全竞争型博弈本身就伴随着规范变革和秩序变革。有学者在论及大国技术竞争时提到，"安全外部性"与"秩序外部性"与大国技术竞争博弈密切相关。对双方爆发军事冲突的担忧以及新兴技术可能的军事化趋势都会产生负面的安全外部性。崛起国抵触规范或者威胁颠覆秩序也将导致负面的秩序外部性。③ 因此，安全竞争型博弈创造了规范变动的机会窗口，对于相关国家和跨国公司来说，是推动局势变化甚至逆转的机遇，尤其是在那些原本就缺乏严格全球性规范体系的领域，规范变动的可能性更高。

安全竞争型博弈涉及高级政治，攸关重要和敏感的国家利益。在这种情景中，跨国公司与母国和东道国之间的利益关系更加清晰，跨国公司与母国的利益绑定更加紧密，特别是在涉及关键利益时，跨国公司倾向于持与母国协同一致的鲜明立场。大国安全竞争型博弈大多发生在关键技术、产业、矿产和设施等领域。正如有学者提出的，国家间关系松散时，风险意识会促使

---

① Aaron Friedberg, *A Contest for Supremacy: China, America, and the Struggle for Mastery in Asia*, New York: W. W. Norton & Company, 2011, pp. 6 - 7.

② David A. Lake, "Economic Openness and Great Power Competition: Lessons for China and the United States", *The Chinese Journal of International Politics*, Vol. 11, No. 3, 2018, pp. 237 - 238.

③ Andrew Kennedy and Darren Lim, "The Innovation Imperative: Technology and US-China Rivalry in the Twenty-first Century", *International Affairs*, Vol. 94, No. 3, 2018, pp. 558 - 561.

国家加快技术革新频率,加剧技术竞争烈度。① 在安全竞争型大国博弈中,跨国数字公司作为市场主体所受到的社会压力与政治影响更大,因为数字科技是当今国际安全的前沿地带,跨国数字公司需要保持与国家的紧密协同关系,其规范塑造行为需要兼顾国家战略目标和利益,政治转向力主要来自他国在安全竞争状态下所施加的压力以及本国的支持。

数字威权主义概念在西方国家中的兴起是一个典型的代表。它反映了西方国家对中俄数字技术发展的意识形态化应对。② 数字威权主义实际上就是关于他国压力的一种解释。美国数字威权主义给政府带来更多管制的权力,比如对网络社会运动的监控、干预外国网络数据信息、预测可能会削弱政府权力的运动等等。③ 中国5G、量子计算和人工智能等技术的飞跃使美国感受到了挑战。在美国看来,如果不及时阻止这一趋势,那么中美在信息领域的地位将调换。④ 在双方的博弈中,对跨国公司的技术封锁与制裁是美国常用的手段,美国联合盟友对中国实施技术包围,与中国的高新技术合作被政客们阴谋化。⑤ 在贸易方面,美国固守贸易战基调,增加关税、设置贸易壁垒等成为美国博弈的手段。在安全领域,由于互联网治理模式的分歧以及网络间谍等一系列纠葛,中美都具有强烈的网络安全意识。⑥ 美国不断炒作所谓中国黑客攻击问题和中国获取美国人数据问题,对中国高端数字产业实施封锁,但中

---

① Helen V. Milner and Sondre Ulvund Solstad, "Technological Change and the International System", *World Politics*, Vol. 73, No. 3, 2021, p. 545.

② 刘国柱:《"数字威权主义"论与数字时代的大国竞争》,载《美国研究》2022年第2期,第35—36页。

③ Justin Sherman, "Digital Authoritarianism and Implications for US National Security", *The Cyber Defense Review*, Vol. 6, No. 1, 2021, p. 109.

④ Richard Andres, "Emerging Critical Information Technology and Great Power Competition", in Thomas F. Lynch III, ed., *Strategic Assessment 2020: Into a New Era of Great Power Competition*, Washington, D. C.: NDU Press, 2022, p. 139.

⑤ Xiangning Wu, "Technology, Power, and Uncontrolled Great Power Strategic Competition between China and the United States", *China International Strategy Review*, Vol. 2, No. 1, 2020, p. 100.

⑥ Marie Baezner, "Cybersecurity in Sino-American Relations", *CSS Analyses in Security Policy*, Vol. 224, 2018, pp. 1 – 4.

国数字发展仍然有序铺开。技术转型始终被纳入中国的发展战略之中。① 中国跨国数字公司的蓬勃发展离不开国家创造的和平环境，也离不开中国公众对于本国产品的支持，这种支持是安全竞争型博弈的副产品，即美国的安全打压唤起了中国人支持民族产业的情感和打破封锁的决心意志。

如果大国对彼此的身份认同是"对手"，跨国数字公司的规范塑造行为将会受强大政治转向力的影响，必须要考虑母国的战略目标和战略利益，同时也需要考虑另外一方的政府态度及其国内的商业合作伙伴。规范塑造不仅具备规制性意义也具备战略性意义，规范塑造的速度和态势影响国家前途和公司命运。同时，在这种博弈中，规范塑造行为与国家尊严、民族情绪紧密联系在一起，容易得到政府、公众和媒体的支持。

跨国公司不得不权衡政治不作为、政治不忠诚和经济退出行动的代价。② 在压力与支持的双层作用下，跨国公司自身的身份定位不再仅仅是国际市场主体，更是具有国家立场的带有政治色彩的国际行为体。虽然经济利益仍然会促使跨国公司做出诸多逐利行为，但政治转向力则会使跨国公司与母国的关系更加具有协同性，在规范塑造方面不再完全基于自身利益而开展行动。当公平市场和自由贸易受到被政治安全环境所扭曲时，企业对市场准入等自由主义原则的理解都会发生动摇。跨国数字公司在母国或东道国的政治指令下不得不选择断供、停止合作等方式，与母国利益保持一致，在某种程度上它们已成为国家战略体系的组成部分。此外，对数字规范的塑造代表了国家形象，反映了国家技术实力和全球地位，满足了公众对国家技术进步的期待，同时也展示了公司在全球数字技术领域的领先地位。

国家的认知和对局势的判断是影响冲突可能性的关键因素。如果战争而非和解更能够带来长远收益，并且一方或者双方都认为长远利益更重要，那

---

① Paweł Paszak, "China's Technological Transformation and the Future of Sino-American Competition", *Polish Journal of Political Science*, Vol. 5, No. 2, 2019, p. 87.

② Rigao Liu, Jiakun Jack Zhang and Samantha A. Vortherms, "In the Middle: American Multinationals in China and Trade War Politics", *Business and Politics*, Vol. 24, No. 4, 2022, pp. 394–352.

么冲突和战争爆发的可能性更高。① 危机出现后，一国寻求以武力挑战一个国家，被挑战者感受到经济和安全受到侵犯，生存受到威胁，或者国家尊严遭受侮辱，从而诱发高烈度对抗。政府间危机的出现意味着双方将彼此视为敌人。② 在一个高度全球化的国际社会，国家间的公开冲突将严重冲击各国持全球主义立场的领导集团。③

跨国公司与母国之间、跨国公司与东道国之间处于一种不对称的相互依赖状态。在不对称相互依赖关系中，对对方依赖更少的一方能够从依赖关系中获取权力。④ 在跨国公司与母国的互动中，往往母国占据主导地位。无论是在跨国公司发展的哪一时期，母国往往对于其国际化起着重要推动作用，并且也是其克服国际困境和障碍的依靠。⑤ 跨国公司在与母国实力相比较弱的国家中，会因母国强力支持而在东道国获得权力。如果大国相互依赖关系既不对称又不足以左右国家战略，那么两国或其中一方就会较少地顾忌经贸和投资关系恶化的后果。一旦双边关系出现风险，就有可能演变为冲突和危机。

跨国公司在战争状态下会遵循两条行动路径，即经济利益驱动与政治权力制约。前者是跨国公司行为选择的最底层逻辑，后者则是国家立场需要和政治正确需要的结果。⑥ 一方面，跨国公司不会停止追求经济利润的脚步。在经济利益的驱动下，跨国公司甚至会主动卷入战争，纳兹·里查尼（Nazih

---

① Michelle R. Garfinkel and Stergios Skaperdas, "Economics of Conflict: An Overview", in Todd Sandler and Keith Hartley, eds., *Handbook of Defense Economics: Defense in a Globalized World*, Amsterdam: North Holland, 2007, pp. 652 – 654.

② Glenn Herald Snyder and Paul Diesing, *Conflict Among Nations: Bargaining, Decision Making, and System Structure in International Crises*, Princeton: Princeton University Press, 2015, pp. 7 – 11.

③ Marcelo del Castillo-Mussot and Alfredo de la Lama Garcia, "Internal Violent Conflicts and Overt War among National States?" *Perspectives on Global Development and Technology*, Vol. 14, No. 1 – 2, 2015, p. 166.

④ 〔美〕罗伯特·基欧汉、小约瑟夫·奈:《权力与相互依赖》，门洪华译，北京：北京大学出版社2002年版。

⑤ Karina Regina Vieira Bazuchi, et al., "The Role of Home Country Political Resources for Brazilian Multinational Companies", *BAR-Brazilian Administration Review*, Vol. 10, No. 4, 2013, pp. 430 – 431.

⑥ 国务院发展研究中心：《俄乌冲突中跨国公司的行为逻辑与启示》，https://www.chinathinktanks.org.cn/content/detail? id = eyqw7k50. [2022 – 06 – 17]。

Richani)在讲述哥伦比亚内战期间的跨国公司行为时,提到了两种跨国公司推动战争的可能动机,一是公司在战争中能够找到更多投资机会,二是部分企业的资本积累本身就依靠暴力市场。① 美国的一些跨国公司积极挑动美伊战争,以期在战争中获取高额订单和市场收益。② 另一方面,在冲突状态下,跨国公司的权力运用更加依靠母国的实力和威望,其商业前途和命运与母国在冲突中的胜败紧密关联,因此跨国公司的行动倾向于与母国保持高度一致。

数字全球化赋予了数字跨国公司等非国家行为体不容忽视的影响力。在网络空间中,非国家行为体在特定情境之下拥有了与大国权力相匹敌的力量。③ 高对抗性的数字冷战使跨国数字公司处理全球商业关系以及与其他国家的关系时不得不做出更为艰难的选择。④ 公司层面的网络战变成一种新的攻击形式。⑤ 身处冲突危机旋涡的跨国数字公司对国际规范的塑造不仅反映政府的对抗性战略和政策,同时也可能或明或暗地反映公众对"敌国"的愤恨情绪。规范本身成为冲突和战争的工具。跨国数字公司对于自身的身份定位有所改变,即不仅是一个国际市场主体,同时也是隶属国家官僚组织体系的准政府分支机构,强大的政治转向力浮现。新身份定位带来新的利益认定。在政府充分或者无底线的授权下,它们获得了难以想象的权力和政治优待。正如有学者指出的,私营跨国军事公司的活动展示了另一种可能路径,即捍卫国家主权的部分任务被跨国公司完成或者外包了。⑥ 跨国数字公司扮演着部分

---

① Nazih Richani, "Multinational Corporations, Rentier Capitalism, and the War System in Colombia", *Latin American Politics and Society*, Vol. 47, No. 3, 2005, p. 116.

② 焦军普:《跨国公司与战争——以美国跨国公司卷入美伊战争、刚果内战为例》,载《世界经济与政治》2005年第2期,第71—75页。

③ Michael Schmitt and Sean Watts, "Beyond State-Centrism: International Law and Non-State Actors in Cyberspace", *Journal of Conflict and Security Law*, Vol. 21, No. 3, 2016, p. 595.

④ 薛晓源、刘兴华:《数字全球化、数字风险与全球数字治理》,载《东北亚论坛》2022年第3期,第7页。

⑤ Amer Nizar AbuAli and Saeb Sisan, "A Corporation Cyber War Strategy", *GSTF Journal on Computing*, Vol. 3, No. 3, 2013, p. 1.

⑥ Tirta N. Mursitama and Wahyu Setyawan, "Emerging Role of Multinational Corporations as Private Military Companies: Converging International Relations and International Business Perspectives", *International Journal of Business and Social Science*, Vol. 3, No. 23, 2012, pp. 205–211.

政府角色，成为政治化组织，实施了部分政府职能，甚至成为国家对外战略的执行者之一。在这种情况下，其规范塑造行为在与国家战略保持高度一致的情况下拥有很高的自由度，而且往往会获得国家的强力支持。

在冲突危机状态下，对某一国家的集体制裁将导致激进规范塑造行动。比如，在俄乌战争中美国领导的西方世界及其跨国公司对俄罗斯实施了制裁。这种制裁以国家阵营为单位，塑造国家对立身份认同，不仅两个大国之间将彼此视为"敌人"，一方还可能会拉拢部分国家将被制裁国共同认定为"敌人"。跨国数字公司无法脱离政治化、对抗性的国际环境，政治转向力使之无法在国家战略利益和目标之外自由选择规范塑造偏好，而是在与母国战略保持高度一致的情况下自行解读"敌国"的威胁，做出激进的规范创造行动。这种行动并没有国内法和国际法依据，因此称之为规范自决。规范自决意味着跨国数字公司以特定危机情势为筹码，在自我授权或国家默许的情况下自行确立规则内容，并将规则变成对抗武器。这并不代表它们拥有超越母国影响力的独立性，恰恰相反，在这种情景下，它们的行动选择空间狭窄，甚至除了配合母国政治、安全、军事和舆论行动之外，没有其他战略选项。

国家在紧张局势下，往往更加强调自身的数字威权主义，更加倾向于诉诸暴力或者意识形态权力来对社交媒体以及相关平台进行严控，以达到控制社会秩序的目的。① 此时，跨国数字公司面对的政治转向力远远超出经济利益驱动，甚至它们也介入到了冲突和战争之中。美国等国家的跨国数字公司显然无力动用实际的暴力手段对抗俄罗斯，他们选择的是虚拟数字空间武器化的手段，而这并不能真正减弱暴力的烈度。在俄乌冲突中，俄罗斯遭遇源于美国的"匿名者"组织所发起的大范围网络攻击，俄罗斯则以本土数字公司卡巴斯基作为强有力的技术支撑。这类数字实践无疑将"数字武器化"变成通行惯例，成为隐藏在大国博弈背后的默许的规范，数字跨国公司站在冲突

---

① Daniel Trottier and Christian Fuchs, "Theorising Social Media, Politics and the State: An Introduction", in Daniel Trottier and Christian Fuchs, eds., *Social Media, Politics and the State: Protests, Revolutions, Riots, Crime and Policing in the Age of Facebook, Twitter and YouTube*, London: Routledge, 2015, pp. 21 – 22.

和对抗的前沿，数字秩序和数字规则在冲突危机型大国博弈中被改变。

俄乌冲突已经事实上成为俄罗斯与美国领导的北约之间的冲突对抗。推特在俄乌冲突中就超越了国内法和国际法擅自制定了数字规范，比如推特就创造了独特的"筛选原则"，俄罗斯政府支持的媒体的内容应被打上特殊标签，其目的是以歧视性标准对俄罗斯官方媒体内容进行政治审查。这一规范性做法未经任何政府机构的同意和授权。推特还发布了关于全球危机的内容审核标准，以确保信息真实性和可信度，打击虚假信息的传播。但事实上，这种规范自决的做法主要是针对支持俄罗斯的内容，推特选择性地无视和纵容反俄内容。

表1 大国博弈情景与跨国数字公司参与国际规范塑造的行为方式

大国博弈国际情景	大国主体间身份	政治转向力	跨国数字公司		
			独立性	身份	在规范制定中的行为选择
市场利益型博弈	朋友	小	大	国际市场主体	基于自利性商业收益灵活推动规范制定，可能与母国战略目标不一致
安全竞争与冲突危机型博弈	敌人	大	小	持国家立场的政治化组织	与母国立场趋于一致，作为准政府组织实施规范塑造行为，以实现母国在冲突和危机中的战略目标，甚至在充分授权下实施对抗式规范自决

资料来源：笔者自制。

五、案例分析

大国博弈是数字跨国公司规范塑造行为的国际环境，但这不意味着规范塑造与大国博弈的情景是完全对应的关系。只有跨国数字公司卷入相关博弈情景，成为博弈的"利益攸关方"，才有可能产生特定规范塑造动机。博弈情景不具备普遍影响力，对未参与博弈进程的公司没有直接作用。微软在隐私保护规范方面的塑造行为产生于美欧市场利益型博弈，中美安全竞争型博弈影响华为参与5G规范的塑造进程，SpaceX的太空数字规范则是俄乌冲突后美俄冲突危机型博弈的结果。

（一）美欧市场利益型博弈下微软对隐私权规范塑造的参与

欧盟与美国之间的数字博弈表现为欧洲所倡议的"数字主权"与美国所坚持的"数字霸权"之间的冲突。维护"数字主权"是欧盟处理数字经济问题的首要选择，也是欧洲数字政策的重要主题。[①] 欧盟采取了诸多措施，包括扶持数字公司，通过立法加强对网络数字经济的管控，出台了《数字服务法案》《数字市场法案》等多部数字法规。[②] 数字巨头攸关美国的全球战略利益和全球领导权的存续，在大国博弈中被赋权，具有经济价值和战略价值。美国寻求为本国的跨国数字公司带来更多市场收益，而欧盟则担心美国跨国数字公司给欧洲带来的不利的经济社会影响。[③] 隐私权被视为自由与民主价值的一部分，是全球受关注的价值类议题。[④] 在美欧博弈下，为了防止欧洲关键数据信息通过子公司与母公司之间的数据网络流向美国，欧盟出台了《通用数据保护条例》等数字隐私保障法案，意图通过高标准的数字隐私门槛来规制美国数字巨头。谷歌、推特和亚马逊等美国跨国数字公司皆因数字隐私泄露而被欧盟处以重罚。欧洲法院判定《欧美隐私护盾》失效，斩断了欧洲与美国之间的个人信息流动机制，对包括亚马逊、微软在内的众多数字公司造成冲击。[⑤]

尽管如此，相较于中美、美俄之间的数字博弈，欧美的分歧和博弈主要局限在市场层面，美欧之间处于较为温和的博弈状态，既不属于安全竞争也

[①] Simona Autolitano and Agnieszka Pawlowska, "Europe's Quest for Digital Sovereignty: GAIA-X as a Case Study", *IAI Papers*, Vol. 21, No. 14, 2021, pp. 1 – 5.

[②] 朱兆一、陈欣：《美国"数字霸权"语境下的中美欧"数字博弈"分析》，载《国际论坛》2022 年第 3 期，第 58—59 页。

[③] 李墨丝：《中美欧博弈背景下的中欧跨境数据流动合作》，载《欧洲研究》2021 年第 6 期，第 7—9 页。

[④] Daniel J. Solove, *Understanding Privacy*, Massachusetts: Harvard College Press, 2008, pp. 1 – 4.

[⑤] Elaine Fahey and Fabien Terpan, "Torn Between Institutionalisation & Judicialisation: The Demise of the EU-US Privacy Shield", *Indiana Journal of Global Legal Studies*, Vol. 28, No. 2, 2021, pp. 241 – 244.

不是激烈对抗，欧美之间对彼此的身份认同依然是"朋友"。在这种博弈中，跨国数字公司较少面对政治立场选择困境，具有较高的规范塑造自由度，政治转向力较弱。微软具有典型意义。在隐私权领域，微软成为国际数字隐私规范的塑造者之一。微软呼吁达成《数字日内瓦公约》，带头签署《网络科技公约》。《数字日内瓦公约》除了倡导不应对网络企业、基础设施和个人发动攻击之外，还主张保护互联网世界中的弱势群体，保护公民个人隐私。强大技术力量和价值理念力量使微软拥有参与数字隐私规范制定的资本。截止到2022年3月，根据由IPRdaily与incoPat联合发布的"全球隐私计算技术发明专利排行榜（TOP100）"，微软全球隐私专利申请量达到了374件，全球排行第三。①

微软在自身的操作系统window10中加入了隐私增强功能。② 美国政府在数字隐私权保护方面无法忽视诸如微软、谷歌等巨头的解决方案和倡议。微软提出了具体规范原则，并利用话语权将之塑造为公共议题。微软提出的"有效的信息共享"强调降低网络隐私风险的同时保证信息传播。共享网络安全信息会影响公民的隐私和自由，因此微软针对共享信息的类型和对象，以及信息的存储和使用方式提出了自己的规范框架。③ 在美欧低烈度博弈下，微软对自身身份的定位仍然是国际市场主体，因此利润和市场份额是主要目标。微软选择高调支持欧盟《通用数字保护条例》中关于数字隐私权保护的规范，同时在面对cookie问题时仍然存在一定逃避行为。

微软提出的《可信的云计划》倡导与各国政府之间开展云服务合作，为需要在云中存储和处理数据的组织提供基本的保护。④ 微软是欧美市场利益型博弈的相关方，但在温和博弈情境中，政治转向力较弱。微软自由度较高，其利益诉求和规范塑造行为与美国政府的立场并不一致。微软追求自身的声

---

① 《全球隐私计算技术发明专利排行榜（TOP100）》，http://www.iprdaily.cn/news_30714.html.［2022-03-16］。

② 《微软将为Windows 10的隐私带来巨大的改进》，http://www.microwin10.com/wenzhang/life/2017-09-14/7261.html.［2017-09-14］。

③ Cristin Goodwin and Paul Nicholas, "A Framework for Cybersecurity Information Sharing and Risk Reduction", https://www.microsoft.com/en-us/download/details.aspx?id=45516.［2015-01-26］。

④ 相关信息可参见"Trusted Cloud Principles"，https://trustedcloudprinciples.com/principles/。

誉、形象、市场收益和价值取向，与美国政府分道扬镳。美国政府曾需要微软配合毒品调查，要求微软提供相关账户的邮件信息却遭到微软拒绝。不仅与母国存在分歧，微软与其他美国数字公司也存在矛盾，由于微软业务较少地被数字隐私问题束缚，因此其规范塑造行为更加主动，其目的之一就是削弱竞争对手的市场份额，自利性非常突出。

在母国与东道国之间，微软面临做何选择的问题。作为市场主体，在欧洲地区的市场占有率对于微软来说是积累财富和技术创新的重要基础，攸关微软公司战略利益。利益导向使得微软不会放弃欧洲市场，尽管这使微软不得不选择与美国政府不同的立场。微软强调欧盟的相关规定能够将控制自身信息的权力授予公民，从而能够更好地保护隐私与数据安全，这与微软一直以来秉承的保护隐私权的态度是一致的。① 在其开发的托管桌面的介绍中，微软明确表示，自 2022 年 11 月 8 日起，欧洲用户的数据中心将从北美转移到欧盟或者各地的数据库。②

微软的趋利性使其寻求逃避来自欧盟的约束。微软对浏览器中的商业广告进行了 cookie 设置，强制要求用户"一键接受 cookie"时，用户难以通过"一键拒绝"等简单方式来保护自己的隐私权利。这也导致微软被法国国家信息与自由委员会裁定违反禁令。除此之外，微软也试图利用技术禀赋创造信息优势。数据库 MS Celeb 的研发是一个典型例子，尽管微软强调这些人脸是在知识共享许可协议基础上合理地被用于学术用途，但它仍然被认为违反了《通用数据保护条例》的隐私规定。

（二）美俄安全竞争与冲突危机型博弈下 SpaceX 对太空数字规范的革新

俄乌冲突爆发后，冲突与对抗成为美俄博弈的主基调。美国将俄罗斯视

---

① Julie Brill, "Microsoft's Commitment to GDPR, Privacy and Putting Customers in Control of Their Own Data", https://blogs.microsoft.com/on-the-issues/2018/05/21/microsofts-commitment-to-gdpr-privacy-and-putting-customers-in-control-of-their-own-data/. [2018-05-21].

② 《Microsoft 托管桌面》, https://learn.microsoft.com/zh-cn/managed-desktop/overview/privacy-personal-data. [2023-03-31]。

为"潜在敌手"。美国及其领导的北约向乌克兰提供大量武器以消耗俄罗斯的国力,俄乌冲突背后事实上是美俄的军事较量。美俄在数字空间中对对方的定位沿袭了现实中的身份判定。美国坚持网络威慑战略,并且实施了大量的网络威慑实践,① 俄罗斯则格外重视网络主权,强调本国的网络空间独立性,双方在网络安全领域也呈现出冲突危机博弈状态。在俄乌冲突中,SpaceX 公司的各种介入行为引人瞩目,该公司成为美国政府在大国数字博弈中赋权的主要对象。马斯克为乌克兰提供星链(Starlink)服务,这一服务不仅被应用于民用领域,在战场上能够确保乌克兰军队保持通信状态,对乌方的军事防务和通信基础设施的运转起到了关键支持作用。因此,俄罗斯在联合国中暗示可能将星链列为军事目标。

星链的军事介入对旧有的武装冲突法造成了冲击,改变了太空数字规则。在让·亨卡特斯(Jean Henckaerts)和路易丝·贝克(Louise Beck)为红十字会所著的《习俗国际人道法》中,第七条规则即为"要求区分民用目标和军事目标的原则"。这意味着在武装冲突中的攻击对象只能是军事目标,而不能是民用目标。② 大卫·科普洛(David Koplow)认为,SpaceX 的星链系统作为商业通信卫星系统被运用于军事领域,这一系列外层空间行动显然已经挑战了"反向区分"原则。③ 约翰·戈林(John Goehring)则认为 SpaceX 的行为实际上是对于旧规范即武装冲突法以何种方式适用于太空领域的新改良实践。④ 显然,SpaceX 通过商业通信卫星系统在各国的普及与运用,意图提高太空"军民一体化"的合法性,打破传统国际规范对于军用与民用之间的明确区隔,在太空军事领域塑造新的数字规范。自星链计划出现以来,国际社

---

① Alex S. Wilner, "US Cyber Deterrence: Practice Guiding Theory", *Journal of Strategic Studies*, Vol. 43, No. 2, 2019, p. 3.

② Jean Marie Henckaerts and Louise Doswald Beck, *Customary International Humanitarian Law*, New York: Cambridge University Press, 2005, pp. 25 – 27.

③ David A. Koplow, "Reverse Distinction: A U. S. Violation of the Law of Armed Conflict in Space", *National Security Journal*, Vol. 13, 2021, pp. 2 – 5.

④ John Goehring, "The Legality of Intermingling Military and Civilian Capabilities in Space", https://lieber.westpoint.edu/legality-intermingling-military-civilian-capabilities-space/. [2022 – 10 – 17].

会对于星链卫星可能会造成的太空垃圾制造、太空交通问题、卫星亮度对天文观测的影响等质疑从未停息。① 为了减少外界的质疑，SpaceX 推出基于自身实践的独创规范，即倡导太空军民设施一体化，并试图使之更具说服力和合法性。为了确保太空空间的可持续性发展与避免严重安全问题，SpaceX 向美国联邦通信委员会（Federal Communications Commission，简称 FCC）提交了相关文件，并提出了"最佳实践指南"，其中包括对轨道高度、设计可靠性、防撞系统、报废系统等多个方面的规定。② 欧洲航天局负责人认为马斯克正在脱离国家束缚改写太空规则。

SpaceX 的迅速崛起与美国与中俄开展太空博弈密不可分，尤其是俄乌冲突之后，俄罗斯成为美国军事对抗的首要目标，美国政府需要赋权 SpaceX 这类的数字公司，以使之承担部分维护美国国家安全、在军事上遏制俄罗斯的功能。美国太空政策逐渐朝着军民深度融合方向发展，政府通过合作、转让等多种形式对 SpaceX 进行直接赋权，使包括 SpaceX 在内的多家科技公司能够合法使用大量低轨太空资源。③ FCC 多次准许 SpaceX 关于上万颗低轨卫星频谱、使用 1910—1915 MHz 和 1990—1995 MHz LTE 频段中的频谱等多项申请。大量抢先占领轨道的卫星使 SpaceX 具有极大主动权与优先频率权，SpaceX 在短时间内一跃成为全球卫星通信领军型公司。美国政府的太空政策一边强调太空对于提高军事力量的重要作用，一边加大对私营企业开展太空研究的支持力度，通过弹性政策将私营企业拉入太空军备竞赛之中。最新的《太空司令部商业整合战略》（*Spacecom Commercial Integration Strategy*）更是要求军方与商业卫星行业建立常态性合作。④ 这些都构成星链服务军事化的深厚土壤。在追求外太空霸权的过程中，美国政府对 SpaceX 的授权远远超出了

---

① McDowell Jonathan, "The Low Earth Orbit Satellite Population and Impacts of the SpaceX Starlink", *The Astrophysical Journal Letters*, Vol. 892, No. 2, 2020, p. 1.

② "Satellite Orbital Safety Best Practices", https：//assets.oneweb.net/s3fs-public/2022-09/Satellite%20Orbital%20Safety%20Best%20Practices.pdf. ［2022-09］.

③ 罗绍琴、张伟：《美国太空战略转型及其影响》，https：//brgg.fudan.edu.cn/articleinfo_3838.html. ［2021-08-02］。

④ 毛国辉、高娜：《高度关注太空军事法律斗争发展态势》，载《光明日报》2023 年 6 月 28 日。

常规的商业和安全范畴，而是带有明显的冷战对峙色彩。美俄关系在俄乌冲突后陷入事实上的对抗和危机局面，美俄博弈制造了强大的政治压力和舆论压力，SpaceX在这种博弈情境中除了与美国政府保持高度一致、对抗俄罗斯之外没有其他选择，况且SpaceX要想生存和壮大，需要依靠美国国防部的"订单式"助力。

SpaceX规范塑造行为深受其所卷入的博弈情景的影响。SpaceX对于军民一体化合法性的推动建立在两层博弈之上。美俄大国之间的博弈是第一层博弈，美俄之间传统的对立立场使得美俄在外层空间的争夺从未停歇。将SpaceX等数字公司纳入外层空间资源开发计划被美国视为大国博弈的重要附加手段。俄乌冲突加速了这一进程。在星链系统被运用于乌克兰战场通信之后，SpaceX又马不停蹄地发布了星盾服务，明确提出星盾将利用星链技术和发射能力服务于政府安全网络，并聚焦于"地球观测、通信、托管有效负载"等三个关键领域。[1] 桑德拉·欧文（Sandra Erwin）认为，星盾服务是马斯克对五角大楼国家安全网络战略的一种积极响应。[2] 第二层博弈则主要基于SpaceX与美国政府之间的博弈。在美俄冲突状态中，虽然SpaceX基于自身商业利润的需要与美国政府讨价还价，例如马斯克要求美国政府支付在乌克兰星链系统的巨额费用，但由于激烈的冲突和危机博弈状态使形势变得异常复杂，SpaceX面临强大的政治转向力，政治化的步伐加快，并且SpaceX的总体商业意图与美国政府的战略方针趋于一致，因此SpaceX将自身商业卫星系统以低利润的方式应用于军事通信，成为俄乌冲突中美俄博弈的工具。由此可见，压倒性的政治转向力挤压了SpaceX的选择空间，也造就了SpaceX"准政府机构分支"的特殊身份，使其更像是美国国防部的一个军事部门。在俄乌冲突中SpaceX获得美国政府的充分授权，规范塑造行为带有某种规范自决的特征，即在大战略方向上与美国政府高度一致的情况下，自主制定相关太空

---

[1] 相关信息参见"Starshield", https://www.SpaceX.com/starshield/。

[2] Sandra Erwin, "With Starshield, SpaceX Readies for Battle", https://spacenews.com/with-starshield-SpaceX-readies-for-battle/. ［2023-01-19］

数字规范，较少地考虑俄罗斯的反对意见。

各方博弈与商业考虑使 SpaceX 有足够的意愿成为太空军民设施一体化规范的推动者，雄厚的技术和资金实力为规范塑造提供了机会。首先，技术力量成为规范塑造的基础条件。SpaceX 早就具有将航天商业化普及化的能力，[1]而且在通信领域，星链星座相较于其他低轨卫星系统，具有明显技术优势，包括较低的链路预算损失、高性能的低轨道卫星接收功率、超高的平均用户容纳量等。[2] 凭借这些资源，SpaceX 推行太空军民设施一体化规范的目标愈发雄心勃勃，并且几乎完全公开化。其次，卫星通信本身也是连接网中的重要一环。作为一种新兴互联网硬件连接设备，Starlink 具有对当地使用者的信息控制能力。随着 Starlink 海外市场的扩展，已有包括加拿大、英国、法国等在内的约 40 个国家或地区按照国际电信联盟规定，授予了星链登录权，允许星链在该国家或地区提供服务。在俄乌冲突中星链被运用于军事行动，意味着这些国家或地区实际上默许了星链在本地区推行规范的合法性，这使星链拥有广阔的规范推广空间。最后，认同和声誉是 SpaceX 规范塑造力的来源。SpaceX 利用国际电信联盟赋予强国的资源优势，善于与美国联邦通信委员会协作，形成了基于行动合规性和技术领先性的公众认同和国家认同，其在全球卫星市场的声誉和品牌效应已缔造了近乎垄断的优势地位。事实上，SpaceX 的行为早已遭到包括欧洲国家在内的各国的诟病，他们认为星链排挤了其他国家的太空开发活动，剥夺了各国共享太空资源的权利。

跨国数字公司是国际规范体系的新兴"塑造者"，而非单纯的规范遵从者和"被治理者"。在数字全球化时代，跨国数字公司在世界政治经济舞台上扮演日益关键的角色，理解其规范塑造行为具有重要意义。大国博弈对跨国数字公司的规范塑造行为产生赋权效应，跨国数字公司拥有不同于传统跨国公

---

[1] Erik Seedhouse, *SpaceX: Making Commercial Spaceflight a Reality*, Chichester: Praxis Publishing, 2013.

[2] Ogutu Osoro and Edward Oughton, "A Techno-Economic Framework for Satellite Networks Applied to Low Earth Orbit Constellations: Assessing Starlink, One Web and Kuiper", *IEEE Access*, Vol. 9, 2021, pp. 141617 – 141620.

司的塑造规范的资源基础，包括价值理念与国际倡议、市场与国际扩张、网络与社会结构地位、认同与战略声誉、话语与议题建构。卷入不同博弈情景的跨国数字公司在塑造国际规范的动机和方式方面呈现出不同的特征。在市场利益型大国博弈中，跨国数字公司的自由度较高，跨国数字公司塑造规范的行为主要着眼于规避风险和约束，他们也可能实施投机式行为，或者仅仅出于声誉和形象考虑推动规范塑造。在安全竞争和冲突危机型大国博弈中，跨国数字公司面临较大政治压力，博弈涉及敏感的高级政治，他们倾向于选择与母国战略协调一致，甚至其规范塑造行为可能表现出突出的对抗色彩。当然，跨国数字公司并非完全独立行事的具有强大强制力的规范塑造者，其所拥有的相当一部分权力来自主权国家的授权和支持，其行为也深受国家间和地区组织的数字规范的制约。他们在主权框架下实施某些规范塑造行为。值得注意的是，在安全竞争和冲突危机大国博弈中，跨国数字公司会受强政治转向力的影响，具有高度政治化的倾向，其全球政治参与也更容易陷入一种失控状态。美国在对外战略中将本国跨国数字公司用作争霸的工具和筹码，加剧了全球数字失序。

The International Norm Shaping Behavior of Transnational Digital Firms under the Game of Great Powers

Liu Xinghua Yang Zihan

Abstract: Multinational digital firms have long been regarded as "the regulated" and "norm follower". Global digital revolution and digital gaming have demonstrated a new landscape in international relations. Multinational digital firms that live in the shadow of the state have emerged on the international stage due to their technological capabilities and other endowments, becoming emerging forces shaping international norms. The game of great powers has an empowering effect on the norm shaping behavior of transnational digital firms. Transnational digital firms have a resource base different from that of traditional transnational firms, including technology and value conception, market and international expansion, network and social structure status, identity and strategic reputation, discourse and agenda building. The game of great powers can be divided into two types of scenarios: market interest, security competition/conflict crisis. Transnational digital firms involved in specific game scenarios implement different normative shaping behaviors. In the market-interest-oriented great power game, transnational digital firms appear as the entity of the international free market, rarely face political turning force, and carry on the self-interest norm shaping behavior, avoiding constraints and risks, or seeking speculation. In the security competition/conflict crisis oriented great power game, transnational digital firms are market players holding national stances, tend to bind with the strategy of their home countries, and implement collaborative norm shaping. The political turning force comes from the suppression of competitors and the support of their home countries. Transnational digital firms, as a politicized organization, put shaping of quasi-government norm shaping into practice, and even take confrontational normative self-determination under unlimited authorization. Microsoft's shaping behavior in terms of privacy protection norms is related to the market-interest-oriented game between U. S. and Europe. The U. S. —Russia conflict-crisis-oriented game after the Russia-Ukraine conflict gave birth to SpaceX's shaping behavior of space digital norms.

Keywords: great power game, transnational digital firms, international norms, political turning force, norm shaping

全球治理

知易行难：推进全球人工智能治理的应然需求与实然障碍[*]

戚 凯[**]

摘要：人工智能技术的快速发展为全球社会带来了重大机遇，但也伴随着深远的挑战与风险。尽管国际社会普遍认识到推进人工智能全球治理的必要性，但现实中的治理实践却面临诸多障碍。本文首先回顾了人工智能技术的发展历程及其核心风险，包括信息安全、算法歧视、就业冲击、资源消耗和军事化等问题。随后论述了推进全球治理的应然需求，强调全球协作在解决技术跨国性问题上的重要性。接着重点分析了推进全球人工智能治理面临的八项重大障碍，这些困难包括"弱肉强食、以邻为壑"的思想观念正在重回国际关系舞台中央；人工智能财富排斥共享的本质特征；南北方世界对人工智能发展重点认知的差异；各国社会文化与价值观的严重冲突；技术发展水平与治理能力的脱节；前期治理成果的负面效应；霸权国的单边主义行为；特别是美国在人工智能科技领域对中国所开展的全面制裁愈演愈烈，正在严重毒害中美关系，这些都必然会严重阻滞全球人工智能治理合作的前进步伐。

---

[*] 本文为研究阐释党的二十届三中全会精神国家社会科学基金重大专项课题"反制裁、反干涉、反'长臂管辖'的理论体系与制度保障研究"（项目编号：24ZDA102）的阶段性成果。

[**] 戚凯，山东大学东北亚学院教授。

为此，未来治理路径需要更加灵活务实，不可对治理成果报以过高的期待。

关键词：全球治理　人工智能　中美关系　科技竞争　单边制裁

经过长期积累，人工智能在近年来实现重要突破，并正在重塑人类社会的生产方式、生活模式与治理结构。作为一项可能具有强大颠覆力的高新技术，人工智能不仅承载着人类社会发展的无限可能，也蕴含着不可忽视的风险与挑战。面对潜在的技术失控、伦理危机与权力失衡，国际社会当然了解推进全球人工智能治理的重要性。然而，治理实践的推进却注定难以一帆风顺。现实中，大国之间的竞争与博弈不断升级，技术壁垒与政策分歧持续加剧，而文化差异与社会不平等更是难以弥合。[①] 这些复杂的现实背景为全球人工智能治理提出了前所未有的难题。本文首先简要回顾人工智能科技积累与突破的历史脉络，继而讨论新一代人工智能跃迁所造成的主要风险与推进全球治理合作的应然性，之后重点讨论推进全球人工智能治理的主要障碍，最后是结语。

一、人工智能的历史演变脉络

1936年，英国著名的数学家与逻辑学家艾伦·图灵（Alan Turing）提出了"图灵机"（Turing Machine）的概念。作为一种抽象的数学与逻辑模型，"图灵机"为现代计算机的根本运行逻辑奠定了基础，图灵本人也因此成为现代计算机科学的主要创始人之一。第二次世界大战期间，图灵亲自参与设计

---

① 笔者在文中会经常使用"大国""强国"等表述，也会提到欧盟等国家联盟，这可能会引起一种常见的质疑，即欧盟并不是国家，因此不可以使用"大国""强国"等此类表述。笔者认为，大可不必纠结于这个概念上的小问题，直接混用并无什么严重的缺陷。譬如欧盟整体就是一个强有力的政治经济行为体，它拥有自己的一整套内政与外交理念与政策，在人工智能治理议题上频频以欧盟的名义发出声音，与此同时，欧盟当中的法国、德国也是强有力的独立政治经济行为体，它们也拥有自己的人工智能治理政策。因此，如果一定要在字面上特别明确地区分某个人工智能治理政策是"大国"的政策还是"大国家联盟"的政策，反而会造成表述冗繁。

的多款加密与解密计算设备，为破解纳粹德国的军事机密做出了巨大的贡献。这些工作经历促使图灵在战后进一步思考计算机的强大潜能。1950 年，图灵在一份主要关注心理学与哲学研究的学术期刊《心智》（*Mind*）上发表了一篇具有开创性意义的论文《计算机器与智能》（Computing Machinery and Intelligence），正式提出了"机器能够思考吗？"这一具有划时代意义的重大问题。[1]

在人工智能（Artificial Intelligence）领域，1956 年被称为具有里程碑意义的"人工智能元年"，其原因在于"达特茅斯夏季人工智能研究计划"交流会（Dartmouth Summer Research Project on Artificial Intelligence）于该年 8 月在美国达特茅斯学院召开。尽管会议本身并未取得重要共识，但这次交流会首次确定了"人工智能"的表述，意指机器有可能模拟人类的智能特征。[2]

自那以后，以顶级数学家、逻辑学家、计算科学家为代表的少数科技先驱开始关注人工智能领域研究。但是，实事求是地说，这一过程并不特别顺利。在长达数十年的时间里，有关人工智能的研究形成了"符号主义""连接主义""行为主义"等三大流派，它们代表不同的研究理念，在不同场景也具有各自的独特优势。但是，从根本上来说，在当时的技术水平条件下，整个人工智能研究缺乏"三算"（算力、算法、算料）基础，由此研究曾长期处于难以推进的尴尬状态。[3]

然而，厚积薄发的历史规律在人工智能行业表现得尤为明显。进入 21 世纪前十年以来，有关新一代人工智能的科学研究与产业开发均进入全面突破的新阶段。2017 年 7 月，国务院印发《新一代人工智能发展规划》，对新一代人工智能的跃迁成就进行了全面的总结。其中专门指出，人工智能在移动

---

[1] 参见 Alan Turing, "Computing machinery and intelligence", *Mind*, Vol. 59, No. 236, 1950, pp. 433–460；刘宇航、孟轩宇：《艾伦·图灵著〈计算机器与智能〉的要点归纳与启发》，载《中国计算机学会通讯》2020 年第 4 期，第 50—54 页。

[2] 参见戚凯：《人工智能新时代，繁华背后的挑战不可小觑》，载《世界知识》2024 年第 11 期，第 14 页。

[3] 钟义信：《范式革命：人工智能基础理论源头创新的必由之路》，载《人民论坛·学术前沿》2021 年第 23 期，第 23—24 页。

互联网、大数据、超级计算、传感网以及脑科学等新兴理论和技术的推动下取得了显著进展，同时也受到了经济社会强烈需求的驱动，发展速度明显加快。人工智能呈现出多个新特征，包括深度学习的广泛应用、跨领域技术的深度融合、人机协同的逐步完善、群体智能的开放共享以及自主操控能力的增强。具体来看，大数据正在成为推动知识学习的重要动力，跨媒体数据的协同处理也逐渐成为技术发展的关键方向，人机协同正在强化智能系统的应用效果，群体智能的整合能力不断提高，自主智能系统的功能也日趋完善，在脑科学研究的启发下，类脑智能技术的潜力正在逐步释放，人工智能的发展逐渐向芯片化、硬件化和平台化方向转型。当前，新一代人工智能正在经历学科交叉、理论建模、技术创新以及软硬件升级的整体推进阶段，这一进程正引发一系列链式突破，推动经济社会从数字化、网络化向智能化快速跃升。[1]

基于上述背景，人工智能骤然间成为国际竞争的新焦点。全球主要的政治经济大国与国家联盟纷纷行动起来，进一步押注人工智能科技与产业对提高综合国力的决定性意义。[2] 与此同时，以美国 OpenAI 人工智能公司为代表，全球涌现出一小批掌握人工智能最前沿与核心科技、具有重大话语权的跨国科技先锋企业，它们除了是推动人工智能技术本身进步的主要力量，也正在衍生出强大的政治与经济影响力，并深度参与国内与国际竞争。

二、人工智能当前存在的主要风险

新一代人工智能的正面意义固然突出，但也明显具有很高的风险，其"双刃剑"效应业已凸显，且正在给各国的内外治理带来重大挑战。

---

[1] 参见中华人民共和国中央人民政府：《国务院关于印发新一代人工智能发展规划的通知》，https://www.gov.cn/zhengce/content/2017-07/20/content_5211996.htm.［2017-07-20］。

[2] 参见戚凯、崔莹佳、田燕飞：《美欧英人工智能竞逐及其前景》，载《现代国际关系》2024 年第 5 期，第 118—139 页。

第一，信息安全与隐私保护风险。新一代人工智能，特别是生成式人工智能、多模态大模型的迅猛发展，使得违法犯罪分子盗取他人隐私数据、炮制虚假信息的能力大幅上升，成本却显著下降。各国普通民众对传统纸面型、文字型虚假信息早已树立了较强的防范意识，但人工智能科技却使得虚假信息"脱胎换骨"。各种活灵活现的音频、图片、视频对普罗大众的迷惑性极强。这些深度伪造的虚假信息不仅损害人民群众的个人隐私、财产安全等切身利益，更有可能被用于操纵舆论、扰乱社会秩序，以致干涉内政、颠覆政权。

第二，算法歧视与社会公平风险。近期有学者专门指出，新一代人工智能的卓越进展，使得人类社会对于智能系统及其服务的态度，从既往的不太信任发展到了如今的过度信任。① 但是，人工智能及其背后的算法永远无法实现真正的客观公正，算法越强大，越无处不在，越有可能将这种过度信任扭曲为"信息茧房"，继而就会在不同的人群间逐步制造出坚固的认知壁垒，最终将加剧社会不公平、不公正问题。

第三，就业结构变迁与社会冲击风险。斯坦福大学于2024年发布的《人工智能指数报告》指出，新一代人工智能在图像分类、视觉推理、语言理解等任务上的能力表现已经超过人类，② 因此它尤其擅长完成与规范文字、数字相关的重复性、程序性的任务。在此背景下，人类社会的就业形态必然会受到深刻影响，譬如数据录入文员、零售业收银员、电话客服接线员等职业可能会面临被取代的风险。此外，国际货币基金组织的研究发现，在发达经济体，大约60%的工作岗位可能受到人工智能的影响，在新兴市场和低收入国家，受到人工智能影响的工作岗位预计分别占40%和26%，除此之外，人工智能还可能影响国家内部的收入和财富不平等。③ 上述就业与收入问题最终都

---

① 董青岭：《人工智能时代的算法黑箱与信任重建》，载《人民论坛·学术前沿》2024第16期，第77—78页。

② Stanford Institute for Human-Centered Artificial Intelligence, "2024 AI Index Report", https：//aiindex. stanford. edu/report/. [2024 - 04 - 15］。

③ 国际货币基金组织：《人工智能将改变全球经济，让我们确保它能造福全人类》，https：//www. imf. org/zh/Blogs/Articles/2024/01/14/ai-will-transform-the-global-economy-lets-make-sure-it-benefits-humanity. [2024 - 01 - 14］。

容易引发社会抗议，给国家治理造成额外的挑战。

第四，自然资源消耗与环境可持续风险。当前，新一代人工智能的繁荣背后，是各国对自然资源的进一步过度消耗。譬如，与传统的数据中心相比，人工智能数据中心更加耗电耗水。2024 年美国与加拿大的数据中心向发电公司订购的电力达到 33675 兆瓦，比 2015 年的用电量增长了约 8.7 倍。①《自然》科学杂志指出，在日益严重的淡水短缺危机、持续干旱和公共供水基础设施迅速老化的当下，亟须深度调查和解决人工智能的耗水问题，随着新一代人工智能需求激增，相关用水量在 2027 年之前将增至 42 亿至 66 亿立方米，约为英国每年用水总量的一半。②

第五，人工智能军事化与全球发展风险。当前，一些西方大国正在强行推进人工智能武器化进程，将新一代人工智能与传统武器装备结合，希望制造完全自主武器（即所谓的"智能杀人机器"）。这类做法不仅违背人类传统道德，而且还会彻底颠覆国防与战争形态。更重要的是，某些霸权国家为了护持霸权，明显寻求独霸人工智能领域，希望对其他国家的发展能力形成代际差距，此类做法一方面迫使其他大国只能作出对等反应，引发人工智能军备竞赛，另一方面更是显著扩展了全球数字发展鸿沟，"赢者通吃、弱者更弱"的全球巨大发展差距将更为明显，从而给世界带来更多的深层次不稳定因素。③

三、推进全球人工智能治理的应然性

新一代人工智能技术的飞速发展，既为人类社会带来了前所未有的机遇，也伴随着严峻的多维风险。上一节已经阐明人工智能在信息安全、社会公平、

---

① 《六张图表解析 AI 投资热潮》，https://cn.wsj.com/articles/artificial-intelligence-investing-charts-1ee493c7.［2024 – 09 – 12］。
② 王林：《人工智能技术屡获突破水耗问题引关注》，载《中国能源报》2024 年 3 月 18 日。
③ 本节主要内容已发表于《新一代人工智能的社会影响及风险治理》一文中，参见戚凯：《新一代人工智能的社会影响及风险治理》，载《国家治理》2024 年第 24 期，第 36—37 页。

就业结构、资源消耗及军事化领域可能引发的重大挑战，这些挑战大多具有跨国性、复杂性和系统性，仅凭单一国家或地区的治理难以奏效，因此推动全球治理显得尤为必要。

总的来说，人工智能的影响本质上就具有强烈的全球性，因此对全球治理合作的需求也是自然而然的。人工智能技术的应用和扩展并非局限于某一国家或地区，而是以全球化的方式塑造着人类的经济、社会和政治体系。譬如，在跨国生产层面，人工智能驱动的自动化技术正在重新定义全球产业链分工，跨国企业依赖人工智能优化供应链、预测市场趋势，其影响早已超越国界。在科技扩散与运行层面，人工智能的开发和使用常常依赖于跨境数据流动和多国协作，无论是用于医疗诊断的人工智能模型，还是全球联网的自动驾驶系统，其运行都涉及多个国家的基础设施和监管体系。因此，任何单一国家的人工智能政策都不足以应对其广泛的跨国后果，因而需要建立更高层次的全球治理机制。

具体来说，结合上节所讨论的主要风险点，也可以看出人工智能迫切需要更具体的全球治理合作。其一，国际社会需要共同努力，以应对信息安全与隐私保护风险，维护国际秩序的稳定性。生成式人工智能与多模态模型的广泛应用，加剧了隐私数据泄露和虚假信息传播的问题。深度伪造技术已超越国界，对各国民众的安全感和信任体系造成冲击。虚假信息不仅可能被利用于电信诈骗、网络犯罪，还可能成为干涉他国内政、操纵舆论的工具。只有通过全球范围的合作，共同制定信息伦理规范和技术使用标准，才能遏制此类问题的泛滥，确保国际秩序的稳定。

其二，国际社会需要共同努力，以解决算法歧视与社会不公平问题，促进全球社会的包容性发展。人工智能算法中潜在的歧视和偏见问题，已经在全球范围内引发广泛关注。算法驱动的"信息茧房"效应会加剧社会分裂和认知隔阂，不同国家和地区可能受到不平等影响。有效的全球治理可以推动技术开发中的伦理审查和透明性机制，加强技术使用的公平性，减少因算法偏差造成的社会不公。

其三，国际社会需要共同努力，以缓解就业与社会冲击风险，构建包容性的全球劳动市场。新一代人工智能对传统就业形态的颠覆性影响，在低收入和新兴市场国家尤为突出。人工智能在全球范围内带来的就业替代效应，不仅可能引发国家内部的收入不平等，还可能激化各国之间的经济竞争。在全球治理框架下，各国可以通过合作研究、共享经验以及建立再培训与就业保障机制，共同缓解人工智能技术变革带来的负面冲击，避免技术鸿沟进一步扩展。

其四，国际社会需要共同努力，以优化资源消耗与环境保护，推动可持续发展目标的实现。人工智能数据中心的能耗和水耗问题，不仅对单一国家构成挑战，也可能进一步恶化全球性的气候危机，而当前全球缺乏统一标准的资源消耗模式可能导致资源竞争和环境恶化。在全球治理框架下，建立统一的技术标准与绿色发展目标，推动节能技术的研发与共享，显得尤为重要。

其五，国际社会需要共同努力，以防止人工智能军事化扩散，维护全球和平与发展。人工智能的武器化进程正引发新一轮国际安全危机，特别是某些国家推进"智能杀人机器"的研发，严重威胁全球和平与安全。国际社会需要通过全球治理框架，达成限制人工智能军事化使用的共识与条约，共同维护国际和平与稳定。

其六，国际社会需要共同努力，以弥合技术鸿沟，推动全球公平发展。人工智能的快速发展正导致发达国家与发展中国家之间的技术与资源差距不断扩大。全球治理可以为欠发达地区提供技术支持与能力建设，促进人工智能技术的普惠应用，使全球共同受益于技术进步，而非让"赢者通吃"的局面进一步加剧。

四、推进全球人工智能治理的主要障碍

几乎所有观察家都能够清晰认识到人工智能跃迁背后所潜伏的巨大不确定性与风险隐患，也深知国际社会，特别是中、美、欧等全球重要行为体亟须加强合作，迅速启动并扎实推进全球人工智能治理。但是，历史告诉我们，

应然性与实然性从来无法画上等号。经过观察与评估，我们必须无奈地承认，不管是在根本的战略层面，还是具体的操作层面，都存在许多重要且几乎无法克服的重大障碍。这些难题主要存在于八个方面："弱肉强食、以邻为壑"的思想观念正在重回国际关系舞台中央；人工智能财富排斥共享的本质特征；南北方世界对人工智能发展重点认知的差异；各国社会文化与价值观的严重冲突；技术发展水平与治理能力的脱节；前期治理成果的负面效应；霸权国的单边主义行为；中美人工智能制裁斗争的严重干扰。接下来，笔者将对这八点内容逐一阐述。

第一，国际关系根本理念正在发生显著变化。特朗普2.0刚刚启动，国际社会就已经感受到强烈的不安全感，归根结底在于"你有即我无""你强即我弱"的现实主义、零和博弈、相对收益思潮正在强烈回归。世界各地的传统权力结构都在发生迅速而难以预料的崩坏与重塑，譬如特朗普在就职典礼上对墨西哥湾、格陵兰岛、巴拿马运河，乃至加拿大堂而皇之地展现出"门罗主义"的野心，无疑为世界各国上了沉重的一课。① 没有人会忘记1500年以来，每一次科技革命都会创造出一个全新的世界霸主，也会让全球秩序重新洗牌。世界上所有有志于参与新一轮强者游戏的国家，无一例外会注意到新一代人工智能的强大潜能。人工智能的技术研发和市场应用被视为国家实力的重要体现，因而大国更倾向于通过竞争而非合作来巩固其在全球技术链中的主导地位。与此同时，涉及军事和网络安全的人工智能技术具有高度敏感性，各国必然更倾向于保护乃至藏匿其技术优势而非共享。一言以蔽之，当以邻为壑的思想重新占据世界高地，那全球治理必然难以为继。

第二，人工智能财富本质上是排斥共享的。人工智能财富具有强烈的特殊性，它完全不同于传统经济资源，几乎很难实现跨国共享。譬如化石能源在被开采后，可以被轻松运往他国并转化为电力、供暖等公共福利，而人工智能科技、产业、经济却具有奇高无比的门槛，它需要一系列"且"型条件

---

① The White House, "The Inaugural Address", https://www.whitehouse.gov/remarks/2025/01/the-inaugural-address/. [2025-01-25].

同时存在：庞大且高素质的计算科学人才与通信工程师、稳定的电力供应、高质量的传统与数字基础设施、强大的电子产品制造能力或购买财力、大规模的数字消费市场与较高素质的消费者（至少不是文盲）等等。这就意味着，人工智能财富的全部形式都必须寄存于科技与经济强国之中，因此我们观察到，此轮人工智能跃迁，几乎所有的不发达国家都显得悄无声息，技术进展与经济收益几乎完全被少数大国所独占，智能鸿沟和数字鸿沟叠加，进一步加剧各国间发展不平等。[①]

第三，发展中国家与发达国家对人工智能的工作重点认知存在明显差异与矛盾。笔者在前文谈到，世界各国对于新一代人工智能的潜在风险具有若干共同认识，但如果继续深入观察，就会发现，受制于自身发展水平与意识形态偏好的影响，发展中国家与西方世界对于人工智能发挥潜能的方向、风险防范的重点都有着迥然不同的看法。譬如，中国、马来西亚、沙特、巴西等各区域的发展中大国高度关注人工智能对本国经济的新一轮刺激作用，它们往往都在想方设法扩建人工智能基础设施，并积极开发商业应用。相比之下，西方世界已经分化出两股势力，其一是欧盟，由于自身缺乏参与人工智能竞争的真正硬实力，因此，欧盟已经走上了集中关注人工智能所谓"安全、隐私、人权"风险的道路，其二是美国，作为全球人工智能第一强国，同时也是惯常的霸权国，美国一方面将本国人工智能科技开发与商业扩张事业置于优先位置，另一方面也并未放弃政治操弄，给中国人工智能技术进步贴上意识形态标签。诸如此类的行为，无疑进一步侵蚀了全球人工智能治理合作的信任基石。

第四，各国人工智能产品的社会观念差异尤为突出。人工智能，顾名思义是"模拟人类的智能"，这就决定了它虽然主要隶属于信息科学与工程学科，但必然显著区别于其他自然科学专业。作为"模拟人类智能"的一门学科，它必然带有强烈的人类固有思维定式与认知偏好，而世界各国公民天然

[①] 和音：《积极推动全球人工智能包容普惠发展》，载《人民日报》2024年9月27日。

在语言、习俗、宗教、价值观、伦理等方方面面存在着巨大甚至南辕北辙般的差异，这就使得当今世界主要人工智能大国所开发出的各类人工智能模型早已打上了契合本国社会观念的深刻烙印。譬如，在西方世界，为了契合早已成为铁律的"政治正确"，无论哪一家人工智能企业开发的产品，都不会与使用者讨论任何涉及种族歧视、性别歧视等相关的问题，而谈论成人色情、枪支买卖、毒品等话题则几乎畅通无阻；与之相反，在中国或新加坡，如果不法分子试图使用人工智能实施与毒品、枪支相关的活动，往往第一时间就会触发公共安全部门的预警机制。这些典型案例无不证明要在全球层面对人工智能做出任何有关社会观念层面的规制，都会面临"汝之蜜糖，彼之砒霜"的两难困境。

第五，人工智能技术发展与政府监管能力之间存在巨大差距与深刻矛盾。人工智能的"厚积"经历了数十年的时间，而其"薄发"的时间点甚至可以被认为晚到 OpenAI 于 2022 年末正式发布 ChatGPT，这也就意味着新一代人工智能的兴起与扩展仅仅只有三年左右的时间。对于许多西方国家而言，其立法、执法与司法程序一向以拖沓繁琐而著称，这就使得它们几乎不可能及时跟进人工智能发展的实际情况，更遑论可以制定出适宜的法律法规。同时，许多人工智能算法因其复杂性和自学习特性而变得难以解释，甚至开发者自身也无法完全掌握其决策过程。对于政治与官僚阶层而言，对人工智能开展合适的国内与跨国治理，在技术上就面临着最根本的挑战——管理者甚至不掌握该领域的常识性知识——这在某种程度上类似于美国国会每每命令谷歌、亚马逊、苹果等数字科技巨头的总裁们前往国会山参加质询时，年长的国会议员时常会提出一些令人意外或争议较大的问题，因此寄希望于传统政客对人工智能治理做出真正有效且快速的反应，似乎并不现实。除此之外，技术高度垄断的现状赋予了人工智能领军企业更大的实力与底气与传统国家进行力量对峙。这些数字高科技巨头虽然十分抗拒监管，甚至鄙视完全不了解技术本身的华盛顿政客，但也正在花费更多的心思攻陷政治权力核心，从而为自身的野蛮生长寻找更多的空间。特朗普上任伊始，就直接宣布废止拜登政府人工智能安全监管政令,① 这无疑是对硅谷新科技权贵此前大力支持自己竞选的热情回馈。

第六,以欧盟为典型代表的前期治理成果存在严重的碎片化与自我中心主义特征。近十余年来,尽管欧盟及其成员国在人工智能科技与产业层面几乎毫无重大建树,却未妨碍其对"布鲁塞尔效应"的追求,认为自己能够以高标准的监管和伦理框架引领人工智能治理。② 欧盟于2024年3月通过《人工智能法案》(Artificial Intelligence Act)。作为世界上首部全面的人工智能法律,欧盟宣称这一重大治理成果体现了自身在技术伦理和人权保护方面的独特理念。③ 然而,欧盟似乎忘记了全球治理所面临的根本困境是世界政治经济发展水平的极不均衡,因此欧盟独有的治理成果实际上为全球人工智能治理带来了更大的尴尬。首先,欧盟的《人工智能法案》强调以伦理和安全为核心,试图通过高标准的监管体系应对潜在风险,但这一标准在技术应用与实际操作层面显得过于严格,尤其是在数据使用、算法透明性和责任分配等方面使得企业面临繁重的负担。欧盟的做法典型体现了发达国家在人工智能治理问题上自以为是、自行其是的沉疴,大大加剧了全球人工智能治理成果的碎片化、差异化难题。其次,欧盟的治理模式过于以本地区利益和价值观为核心,未充分考虑其他国家或地区的需求与发展水平。欧盟以其长期积累的技术规范和立法经验为依托,将人工智能治理与其传统优势领域(如隐私保护和数据安全)紧密结合,但这种模式对发展中国家及经济水平较低地区缺乏包容性。一方面,许多发展中国家在技术研发和产业化过程中面临资源不足的问题,而欧盟的高标准要求可能进一步加剧技术鸿沟。另一方面,欧盟在国际人工智能治理框架的构建中,大肆推广自身的标准,而非寻求多边协

---

① The White House, "Fact Sheet: President Donald J. Trump Takes Action to Enhance America's AI Leadership", https://www.whitehouse.gov/fact-sheets/2025/01/fact-sheet-president-donald-j-trump-takes-action-to-enhance-americas-ai-leadership/. [2025-01-23].

② 苏可桢、沈伟:《欧盟人工智能治理方案会产生"布鲁塞尔效应"吗?——基于欧盟〈人工智能法〉的分析》,载《德国研究》2024年第2期,第66—88页。

③ 刘永艳、樊伟:《〈欧盟人工智能法案〉解读》,载《军事文摘》2024年第21期,第36—38页。

作的共识,这种强势推广不仅削弱了其领导地位的公信力,也引发了其他地区对其"规则帝国主义"的质疑。

第七,更加笃信单边主义且朝令夕改的美国政府是全球人工智能治理最大的不确定性。这种不确定性不仅源于美国政策的多变性,还反映了其在全球治理中的深层次矛盾:一方面,美国作为人工智能领域的技术领先者,拥有丰富的创新资源和强大的市场优势,其政策对全球人工智能治理具有重要影响;另一方面,美国政府近年来表现出的单边主义倾向与短期利益优先的政策导向,使其在全球治理中的合作意愿和稳定性受到严重质疑。雪上加霜的是,美国内政已经进入了一个随心所欲单边化、个人化的新时期。随着不同执政党和领导人的更替,美国政府的人工智能战略呈现出显著变化。例如,在特朗普政府1.0时期,美国对国际合作持消极态度,倾向于通过限制技术出口和孤立竞争对手来强化自身优势。拜登政府上台后,虽然在表面上重申了对多边主义的支持,但实际政策仍以捍卫美国技术主导地位为核心,缺乏对全球性问题的持续投入。① 特朗普2.0时期刚刚开始,但国际社会在短短几天之中已经见识到了这位超级总统"不走寻常路"的疯狂性格。② 美国有关人工智能的所有国内与国际政策,都将面临更多更大的不确定性,这使得国际社会难以对美国的立场形成预期,继而导致各方根本无意参与相关协作。

第八,美国极尽所能对华开展人工智能制裁与打压,正在严重毒害中美关系,必然会阻滞全球人工智能治理合作的前进步伐。实事求是来看,在全球范围内,除去美西方世界以外,在新一代人工智能领域具有较强竞争力的发展中国家仅有中国一家,这一情况必然让美国充满警惕。恰逢中美战略竞争加剧,美国视中国几成"眼中钉、肉中刺",因此美国威逼利诱西方盟友对中国人工智能展开全面制裁。迄今为止,人工智能已经成为美国对华政策的"雷池",凡是与中国人工智能有所关联的任何事务均是美西方制裁打压的对

---

① 邢亚杰、戚凯:《论当前美国政府的人工智能监管政策》,载《国际观察》2024年第4期,第49—51页。

② 刘亚南、熊茂伶:《特朗普上任首日行政令"井喷"》,https://www.xinhuanet.com/20250121/058ac6be29fb416faa0a17a14acee9f5/c.html.[2025-01-21]。

象。于中国而言，美国的这些做法无疑是在对中国进行最严重的攻击，其行为本质是剥夺中国人民追求美好生活的权利、遏制中国追求繁荣富强的权利，并希望将中国长期规锁于贫穷落后的困境之中。基于这种情况，很难想象中美两国能够在人工智能治理领域开展任何真诚且有效的合作。而一旦缺乏中美协作，所谓的全球人工智能治理恐怕也只能是镜花水月。

五、结语

全球人工智能治理的推进，是一项复杂且充满挑战的任务。人工智能技术的发展跨越了国家、行业和文化边界，形成了一个高度关联的全球生态系统。然而，正是这种跨国界的特性，赋予了人工智能治理以双重特征：一方面，它需要国际社会协作应对全球性挑战；另一方面，它也放大了大国竞争、技术不平等和文化差异带来的分裂效应。

尽管全球治理的应然性无可否认，但现实的障碍同样不可忽视。从政治层面看，大国之间的博弈正在削弱国际合作的可能性，单边主义和技术封锁政策进一步加剧了这一局面；从文化层面看，各国社会观念和价值取向的差异，使得全球治理在伦理和应用层面难以达成共识；从技术层面看，人工智能的快速发展远超监管能力，这种"治理滞后"现象使得各国难以制定协调一致的规则。

因此，在全球治理目标难以全面实现的情况下，更现实的路径可能是寻求"区域化"与"多边化"框架的并行推进。区域化治理可以针对不同经济和技术发展水平的国家制定差异化政策，而多边合作则能为人工智能伦理、安全和标准的制定提供一个最低限度的全球性共识。未来，全球人工智能治理需要从"理想化"向"务实化"转变，逐步弥合技术鸿沟和信任赤字，推动人工智能技术朝着更加负责任和公平的方向发展。这一过程需要国际社会的共同努力，更需要各利益相关方在分歧中找到合作的平衡点，为人类社会的长远福祉奠定基础。

The Normative Demand and Practical Obstacles of Promoting Global Artificial Intelligence Governance

Qi Kai

Abstract: The rapid development of artificial intelligence (AI) technology has brought significant opportunities to global society but also poses profound challenges and risks. Although the international community generally recognizes the necessity of advancing the global governance of AI, the governance practice, in reality, faces many obstacles. This paper begins by reviewing the development history of AI technology and its core risks, including information security, algorithmic bias, employment disruptions, resource consumption, and militarization. It then discusses the normative demand for global governance, emphasizing the importance of international collaboration in addressing the cross-border nature of AI technologies. It then focuses on analyzing eight significant challenges to promoting global AI governance: the resurgence of jungle law in international relations; the inherently exclusive nature of AI wealth; divergent priorities between the Global North and South regarding AI development; the serious clash of socio-cultural and value differences between countries; the disconnect between technological advancement and governance capacity; adverse effects from previous governance outcomes; unilateral actions by hegemonic powers; and, in particular, the intensifying comprehensive sanctions imposed by the United States on China's AI technology sector, which severely strain Sino-U. S. relations and significantly hinder progress in global AI governance. Therefore, the future path of governance needs to be more flexible and pragmatic, and we should not have too high expectations for the outcome of governance.

Keywords: global governance, artificial intelligence, Sino-U. S. relations, technological competition, unilateral sanctions

清洁能源转型进程中的全球能源治理变迁

李 冰*

摘要：技术革命推动了能源转型进程加速，面对这一长期性、结构性的能源系统变化过程，全球层面的能源合作类型与模式也逐步呈现转变。行为体多元与议题多样是这一转变的两个重要方向，能源开始成为全球治理进程中的重要一环。能源转型推动多元行为体参与以及广泛议题联结的同时，也催发了全球性能源合作的关键转变，即从化石能源时代的"资源竞争"向可再生能源时代的"技术合作"转型。能源转型引发了国家间的产业竞争与合作，引发了新制度的大量创设，新旧制度的兼容推动了新时期的全球能源治理制度呈现"碎而不破"的新特征。

关键词：能源转型　全球能源治理　国际制度

全球治理正在成为能源政治研究重要视角。无论是传统的公共产品、国际贸易、知识产权，抑或是恐怖主义、网络安全等新兴议题，都试图通过全球治理范式寻求实践协作与冲突解决的制度化，能源政策概不例外。能源作为许多跨学科领域的重要议题，成为探索新路径、构建新话语体系的重要案例。[①]

---

* 李冰，中国社会科学院亚太与全球战略研究院助理研究员。

① Ann Florini and Benjamin K. Sovacool, "Bridging the Gaps in Global Energy Governance", *Global Governance*, Vol. 17, No. 1, 2011, p. 70.

作为一个新旧兼容的研究对象,① 这种系统化研究的风潮也被引入能源政治研究领域,其焦点在于关注当前国家行为体、国际组织以及跨国行为体如何围绕能源议题,互动生成新的治理网络与治理机制。

本文主要从三个方面对全球能源治理相关的国际关系研究进行梳理。一是缘何进行全球能源治理,试图通过传统能源合作机制表现、新问题出现以及治理范式相对优势三个层次的文献讨论,来回应这一问题。二是当前全球能源治理呈现何种状态,试图通过全球能源治理的参与主体、主要议题以及机制复杂性三个层面,还原出当前全球能源治理的完整样貌。三是全球能源治理将会拥抱何种未来。当前"转型双期叠加"导致治理进程矛盾重重,学界针对中心化治理机制与复杂性治理机制展开了探讨,都为下一步治理机制改革指明了方向。

一、持续加速的能源转型

能源转型是指能源系统发生的长期性、结构性变化过程。过去人类历史上经历了煤炭替代柴薪、石油替代煤炭两次能源转型,两次能源转型及其衍生的工业革命,推动人类社会生产力进步的同时,也对国家间政治产生深刻影响。当前的能源系统,在经济、社会以及环境标准方面都难以满足可持续发展要求,面向下一代的能源转型迫在眉睫。② 诸多学者围绕能源转型的定义进行讨论。瓦科拉夫·斯米尔(VaclavSmil)将能源转型定义为一个过程,即从新燃料、新技术引入它占据国家能源市场份额四分之一的一段时间。③ 罗杰·福科特(Roger Fouquet)和皮特·皮尔森(Peter Pearson)将能源转型定

---

① 石油、煤炭等化石能源是国际政治经济学传统研究议题,清洁能源以及能源转型又是新兴的研究对象。

② Arnulf Grübler, "Energy Transitions Research Insights and Cautionary Tales", *Energy Policy*, Vol. 50, 2012, p. 12.

③ 参见 Vaclav Smil, *Energy Myths and Realities: Bringing Science to the Energy Policy Debate*, Washington, DC: Rowman and Littlefield, 2010。

义为，经济系统从依赖一种主要的能源技术转向依赖另外一种。① 此外，西方学术界对能源消费类型转变的阐述，通常采用两种表达方式：能源转型（Energy Transition）与能源变化（Energy Transformation）。但两者含义有着重要区别。能源转型指能源社会技术系统的转变，能源变化则是能源形式的转变，前者强调过程，后者强调结果，前者更加重视对能源转变背后社会动力、利益分配的关注，显然比后者含义更广、意义更深。② 本文综合既有研究，将能源转型定义为"能源系统发生的长期性、结构性变化过程"。这一定义的优势在于，在明晰能源转型基本状态的同时，指出了其两个最为重要的特点。

一方面，能源转型是长期性的变化过程。能源转型是个长时间跨度的巨大变革。全球能源评估（Global Energy Assessment）也认为，能源系统的变革需要一个长期过程，少则数十年，多则几百年。③ 正如彼得·奥康纳（Peter O'Connor）对能源转型的定义，"社会中能源使用路径的一系列重要变革，对资源、运输、转化以及服务均有潜在影响"，④ 认同这一观点的，通常将能源转型视为一段时期，即从一种新的能源引入这种能源在能源市场整体中占据重要份额的这段时间。历次能源转型的唯一共性在于，他们都是一项长期的事业，需要花费数十年的时间完成，传统能源占据规模越大，替代者花费时间也就越长。⑤ 本文所关注的能源转型与全球治理的互动，作为全球层面的宏观分析，更应注重全球能源转型的大趋势，而非只关注个别国家和行业。从过去已发生的两次能源转型看，每一次转型都花费至少几十年的时间，尽管

---

① Roger Fouquet and Peter J. G. Pearson, "Past and Prospective Energy Transitions: Insights from History", *Energy Policy*, Vol. 50, 2012, p. 1.

② Michael Child and Christian Breyer, "Transition and Transformation: A Review of the Concept of Change in the Progress toward Future Sustainable Energy Systems", *Energy Policy*, Vol. 107, 2007, pp. 11–26.

③ GEA Writing Team, *Global Energy Assessment: Toward a Sustainable Future*, Cambridge: Cambridge University Press, 2012, p. 788.

④ Peter A. O'Connor, "Energy Transition", *The Pardee Papers*, No. 12, Boston: Boston University, 2010, p. 8.

⑤ Smil Vaclav, "Energy Myths and Realities: Bringing Science to the Energy Policy Debate", American Enterprise Institute for Public Policy Research, Washington, Vol. 154, 2010, pp. 141–142.

当前可再生能源技术取得重要进展，但化石燃料技术的进步以及价格的稳定都给能源转型带来巨大阻力，因此能源转型是具有长期性的特点。另一方面，能源转型是结构性的变化过程。能源转型并非一种能源完全替代另一种能源，能源转型并非零和博弈。在过去300年的能源使用历史中，与能源转型相伴的是能源消费总量的巨大提升。从不同能源使用的历史维度看，从柴薪到可再生能源，不同类型能源的年均消耗量都呈现上升趋势。能源转型改变的是不同类型能源的份额。因此，从历史上看，能源转型并不意味着哪一种能源要彻底退出历史舞台，这种结构的竞争也为全球能源合作提供了重要的基础。

从历史经验看，能源转型在三个维度推进人类社会发展。一是推动了技术的创新。新兴能源资源或技术的涌入，侵蚀了传统能源在能源消费中的"垄断性地位"，市场份额的激烈竞争推动技术持续改进，其结果就是能源生产效率的不断提高。例如，石油能在过去半世纪中占据能源领域的霸主地位，未被可再生能源彻底颠覆的关键原因在于，石油开采技术的不断优化，美国页岩油气技术的发展更是为石油发展注入一剂强心剂。二是推动了能源服务价格的下降。可再生能源逐步取代化石能源的根本路径在于成本的降低，当可再生能源无补贴上网电价低于煤炭发电价格时，私人资本会竞相涌入这一市场。新旧能源竞争，推动技术改进的同时，也推进了能源服务价格的下降。电动汽车就是典型例子，当前主流电动汽车的用电成本远低于市面汽油车和柴油车的油耗成本。三是推进了能源消费的快速提升。能源转型带来的能源结构变化，并不意味着不同能源进入存量零和竞争状态，而是推进能源消费不断扩张。[1] 在过去两百年的历史中，能源转型无一例外都成了能源消费量快速提升的关键转折点，新型能源的出现并未阻碍传统能源的发展，所有能源消费均呈现总量上升的趋势。[2]

随着化石能源近年来在全球能源消费结构中的占比不断降低，人类社会

---

[1] Arnulf Grübler, "Transition in Energy Use", *Encyclopedia of Energy*, Vol. 6, 2004, pp. 163–177.
[2] Roger Fouquet, "A Brief History of Energy", in Joanne Evans and Lester C. Hunt, eds., *International Handbook on the Economics of Energy*, Cheltenham: Edward Elgar Publishing, 2009, p. 11.

无疑正处在第三次能源转型的加速期,各国政府也在低碳可持续能源未来的协同构建上不断增进合作。清洁能源转型更多强调的也是有害物与温室气体排放的减少,与低碳能源有所相似。可再生能源转型则指向可再生能源使用转变,包括风能、太阳能、水能、生物质能、地热能、海洋能等非化石能源。① 气候变化与能源安全是第三次能源转型得以推进的主要因素。当前这场通往非化石燃料的转型源于两个原因。对全球气候变化长期影响的关心,以及对价格低、质量高的化石燃料大量损耗的担心。过去能源转型的经验,难以为新一轮能源转型提供足够的启示。因为新的转型中存在一对刚性矛盾,即现代工业发展同后工业文明之间的矛盾,前者要求高能源消费量,后者强调发展应基于可再生的非化石燃料。② 具体而言,一方面化石燃料消费削减是对抗气候变化的关键。2015年12月,196个国家就《巴黎协定》达成协议,旨在将全球平均气温上升控制在2摄氏度内,将全球气温上升幅度控制在前工业化时代1.5摄氏度以下。③ 尽管煤炭发电碳储存技术、森林土地碳回收以及负排放(negative emissions)都有利于碳排放降低,但这一目标的实现,最主要的还是削减化石燃料消费。另一方面,石油面临严峻风险。尽管低价高质的化石燃料储量均在下降,但石油变化最为突出,从2005至2015年,全球石油工业的生产成本平均每年上升10%,其原因在于传统的廉价石油储量迅速下降,石油公司被迫采用新技术开发低品位资源原油,例如油砂、致密油以及页岩油,这些技术需要更高投资的同时,也易造成严重的环境污染。④

综上所述,国家能源转型路径都与自身的能源禀赋、政治现实密切关联。由于自身地缘环境的差别,不同国家面临的气候变化与能源安全风险类型与

---

① 参见《中华人民共和国可再生能源法》,http://www.npc.gov.cn/huiyi/cwh/1112/2009-12/26/content_1533216.htm.[2009-12-26]。

② Vaclav Smil, *Energy Transitions: History, Requirements, Prospects*, Santa Barbara: Praeger, 2010, pp.105-107.

③ United Nations, "Adoption of the Paris Agreetment", https://unfccc.int/resource/docs/2015/cop21/eng/l09.pdf.[2015-12-12]。

④ Richard Heinberg and David Fridley, *Our Renewable Future: Laying the Path for 100% Clean Energy*, Washington, D.C.: Island Press, 2016, p.4.

程度都各不相同，一国的能源转型路径必然是建立在其自身能源禀赋基础之上的。与此同时，各国能源产业利益集团也对能源转型路径产生重要影响。能源转型并非一场碳排放成本之争，这也就意味着并非单位碳排放成本最低就是最优能源，补贴、税率以及固定上网电价的政策差异，都会影响到能源转型的方向。此外，国家能源转型路径也非一成不变的。因此，本文在讨论第三次能源转型下的全球能源治理变革时，只对可再生能源转型进行讨论，将非可再生清洁能源搁置在研究议程之外。可再生能源作为一种零碳能源，在各国的能源转型战略中都被包含在内，使得本研究的结论具有更强的适用性。

二、能源合作新挑战呼吁全球能源治理变革

能源议题在过去几百年间迅速变化，石油替代煤炭，将能源带入全球政治议题之中，进入新千年，清洁能源转型进一步加速了能源议题的多元与分化。传统能源合作机制遭遇了资源诅咒、碎片化以及有效性下降的问题，面临重重困难，亟待改革，全球治理的路径为此提供了新的范式。

能源政治不断变化与发展。工业革命初期，全球大部分地区处于前现代化状态，并未开始大规模步入工业化，国家能源消耗基本可以实现自给自足。二战后期，两个新变化的出现，开始激发能源全球流动趋势。一是现代化与工业化进程加快，逐步扩大国家能源需求。二是全球化不断加速，能源作为商品开始全球流通。以石油为基础的全球能源贸易开始加速，连通、便利化各国经济发展的同时，也为国际政治埋下潜在风险。1973年，第一次石油危机爆发，首次将能源议题推向国际政治舞台前沿。能源供应安全成为所有能源进口国的重要政治议题，由于化石能源的有限性与地域分布不均，石油进口国与出口国之间的博弈不易协调。国家行为体开始寻求战略联盟，以谋求自身安全保证，OPEC和IEA相继成立，并以对立姿态持续至今。

进入21世纪，能源议题相较以前出现三个变化。一是风险日渐增多。传

统上,能源安全只是能源政治的单一问题,但当前,随着温室气体排放加剧,气候和环境议题逐渐居于中心议程,有关能源贫困、能源正义的讨论也日渐增温。二是行为体日益多元。过去国家行为体作为单一行为体,主导能源生产和贸易运输。当前随着全球化推进,风险日益多元化,公民社会、非政府组织、政府间国际组织、私营部门以及跨国倡议网络都开始参与进能源议题的讨论之中,传统政府间双边与多边合作难以应对全球性能源危机。三是能源处于新的转型期。由于化石能源价格的高波动性以及气候环境议题升温,化石能源正遭遇前所未有的危机。各国加速推进清洁能源转型,天然气正逐步在全球取代煤炭的市场份额,可再生能源新增发电量也屡创新高,同时,石油生产国也竭力控制石油价格增长幅度,传统能源与清洁能源的一场时代之争正揭开序幕。因此,能源政治正在从一个新兴议题逐步走向复杂化,这不仅仅是从传统长期合约向开放性市场交易的转变,而且是从传统地缘政治国际关系向新型全球治理转变,风险增多、行为体多元以及能源转型,使得能源政治正走向一个相互关联的复杂系统。

以政府间双边合作为核心的传统能源合作机制正在遇到困难。索斯藤·本纳(Thorsten Benner)等将传统全球能源治理定义为原油开采的现实政治(crude realpolitic),他们认为这一过程被那些无视道德(value-blind)的公司主导。此过程中,能源进口国只关心能源价格和供给安全,出口国关心出口收益高低,而国际石油公司作为一个中介,只在乎收益最大化,包括公共与私人机构在内的国际金融组织,也只是对能源开采资金投入与经济效应进行测算。但这些能源开采项目多位于发展中国家,能源开采带来的政治冲突、环境影响以及贪污腐败则无人问津。[①] 这种"不良治理"(bad governance)进入新世纪开始逐步被强调。八国集团在海利根达姆峰会(Heiligendamm Summit)宣言中表明了对加强全球能源善治的决心,"资源财富是全球共同利益,

---

① Thorsten Benner, et al., "The Good/Bad Nexus in Global Energy Governance", in Andreas Goldthau and Jan Martin Witte, ed., *Global Energy Governance: The New Rules of the Game*, Washington: Brooking Institution Press, 2010, pp. 287–289.

我们有责任帮助减贫、预防冲突以及改进资源生产、供应中的可持续性问题。透明性与善治是解决这一问题的关键议程"。① 在八国集团的推动下，EITI 得到落实。

双边制度碎片化是传统能源合作带来的最大问题。特里·卡尔（Terry Karl）一针见血地指出，资源诅咒既非不可避免的事实，也非单纯经济现象，而主要是一个政治现象，或者说是制度现象。资源型国家遭遇政治与环境困境，制度失灵是关键因素。② 由于缺乏单一型全球能源治理框架，许多研究试图绘制一幅涉及能源治理的碎片化机制拼接地图，希望通过把不同能源相关制度整合在一起，从而给出一个新的视角，可以更加宏观的看待这一问题。③ 相对于其他跨国议题，例如贸易与金融，能源领域并没有一个公认高权威可以讨论协调的国际场所。地球上并不存在一个"世界能源组织"。全球能源政策协商制定，分散在不同的国际组织、论坛以及俱乐部中，当然这也为组织互动研究提供了机会。④

传统双边能源合作导致当前能源贸易、投资并未形成全球认可的规则体系。徐斌指出，引发当前全球能源安全忧虑与治理需求的关键在于市场失灵。⑤ 过去25年，全球政治经济主流是推进能源市场自由化以及建立在非歧视原则上的吸引外资。这一趋势的后果就是多边制度与区域性安排的出现，多边制度的典型就是世界贸易组织，区域一体化组织则是包括北美自由贸易区（NAFTA）、能源宪章条约（ECT）、亚太经合组织（APEC），与之相伴随

---

① G8: Growth and Responsibility in World Economy, Heiligendamm: G8 Summit 2007, http://www.g8.utoronto.ca/summit/2007heiligendamm/g8-2007-economy.pdf. [2007-06-07].

② Terry Lynn Karl, "Ensuring Fairness: The Case for a Transparent Fiscal Social Contract", in *Escaping the Resource Curse*, New York: Columbia University Press, 2007, p. 257.

③ Ann Florini and Benjamin K. Sovacool, "Bridging the Gaps in Global Energy Governance", *Global Governance*, Vol. 17, No. 1, 2011, pp. 57-74.

④ Thijs Van de Graaf, "Organizational Interactions in Global Energy Governance", in Joachim A. Koops and Rafael Biermann, eds., *Palgrave Handbook of Inter-Organizational Relations in World Politics*, London: Palgrave Macmillan, 2017, pp. 591-609.

⑤ 参见徐斌：《市场失灵、机制设计与全球能源治理》，载《世界经济与政治》2013年第11期，第78—95页。

的还有大量区域双边论坛,例如欧盟－海湾合作议会、欧盟－俄罗斯对话。今天的石油天然气自由贸易基本建立在这些制度基础上。安德烈亚斯·高德索(Andreas Goldthau)等人管理油气贸易的制度拼凑(patchwork of rules)正面临大量的挑战。其一是油气贸易投资相关的能源外交议题及其影响正在不断显现。其二是区域性以及双边贸易投资协定正在激增。其三是既有贸易投资规则对环境的影响。①

全球性能源挑战频发,亟须国际层面的统一行动。这也为全球能源治理提供了很大发展空间。全球能源治理是当前能源研究的一个热词,相对于其他能源研究视角,更加重视行为体、制度以及过程的重要性。同时,全球治理视角也涉及安全、气候变化以及环境可持续性等议题。当然,国内政治也是推动这一转变的重要因素。赖雪仪和史志钦从中国视角考察了欧盟在全球能源治理中的定位,探讨了中欧在能源治理议题上数十年的互动,他们认为中国对欧盟可持续能源发展表示出兴趣的原因在于国内能源政策考量,中国降低化石能源依赖与改善环境的决心是中欧可再生能源合作的重要推动力。②

全球能源治理相对于传统能源议题分析范式有三个优点。一是强调了政治因素影响。传统能源议题分析,着重于科学技术改进,在社会科学领域,更多采用经济、贸易以及社会技术视角观察,政治因素影响关注度缺乏。但能源安全引发的地缘危机,政治因素是首要。因此,全球能源危机的应对与解决,应注重对政治影响的关注。二是重新审视了国家路径的作用。传统能源议题分析注重国家对关键能源挑战的应对,但随着多元行为体参与以及全球化加速,国家政府的权威影响在全球性舞台被削弱,多元参与、共商共享的问题解决机制成为风险管控和危机处理的优先选项。通过治理分析工具的

---

① Andreas Goldthau and Jan Martin Witte, "The Role of Rules and Institutions in Global Energy: An Introduction", in Andreas Goldthau and Jan Martin Witte, eds., *Global Energy Governance: The New Rules of the Game*, Washington: Brooking Institution Press, 2010, pp. 13 – 14.

② Lai Sueyi and Shi Zhiqin, "How China Views the EU in Global Energy Governance: A Norm Exporter, A Partner or An Outsider?", *Comparative European Politics*, Vol. 15, No. 1, 2017, p. 16.

提供，可以更好地理解能源合作与能源转型，以及这种变化带来的社会政治影响。尤其是从传统国家中心治理结构向高复杂性、多层级以及非等级制的结构转变，私营组织也不断参与其中，治理视角有助于机制复杂性分析。[1] 三是有利于系统性把握能源议题。全球能源问题，涉及不同地区、不同类型行为体以及不同能源种类议题的交叉互动，这种议题之间的联结，其后果就是，任何行动都牵一发而动全身，因此，全球治理为系统性把握能源问题提供了一个宏观的分析范式，可以有效观察整体的变化规律，评估系统内部互动带来的结果与影响。

全球能源治理为能源合作提供了革新性解决方案。对石油市场从传统长期固定合同（long-term fixed contracts）到当前自由开放全球市场转变的回顾发现，这个转变深刻改变了能源贸易模式，使得能源贸易从零和博弈的重商主义模式，走向了一个增量市场。[2] 制度化的增进克服了能源安全的根本问题。市场化的游戏规则，为全球治理提供了有效的支撑，进而促进了能源投资提升、地缘风险化解以及国际性协定签署。

三、全球能源治理新特点

把握好"何为全球能源治理"这一问题至关重要，即将全球治理的研究视角应用于能源议题。借用弗兰克·比尔曼（FrankBiermann）对全球治理的分析框架，全球治理意即"在一个特定领域内，公私制度有效参与的完整系统"，是调和组织、机制以及其他形式的信念、规范、规则与决策程序。[3] 全

---

[1] 这里的多层级代指能源合作在次国家、国家、区域以及全球等多层面展开，全球能源治理应注重不同层面的差异与协同合作效应，非等级意即当前能源治理并非中心化的单一治理模式，不同类型行为体、同一类型行为体之间地位平等，不存在等级制结构。

[2] Andreas Goldthau and Jan Martin Witte, "Back to the Future or Forward to the Past? Strengthening Markets and Rules for Effective Global Energy Governance", *International Affairs*, Vol. 85, No. 2, 2009, pp. 373–390.

[3] Frank Biermann, "The Fragmentation of Global Governance Architectures: A Framework for Analysis", *Global Environmental Politics*, pp. 14–40.

球能源治理的概念通常采用索瓦库的定义,"通过制定和执行规则,避免跨境能源合作中的集体行动困境",[①] "致力于能源资源的管理和分配以及能源服务提供的国际性集体行动"。[②] 孙阳昭与蓝虹将全球能源治理定义为"世界各国及其相关利益方协调解决跨境能源事宜的行动"。[③] 于宏源进一步补充了供给、价格的稳定是其治理的主要目的,从而推动可获得、可支付、可持续和高效能的能源安全实现。[④] 马妍将全球能源治理定义为"国际关系行为体通过国际规则或制度解决全球性能源问题的过程",她认为议程设定协商、规则制定执行以及程序实施监督等环节均包含在治理议程内。[⑤] 杜巴什等人较早关注了全球能源治理的概念。他们认为当前全球层面能源政策的不一致,引发了能源领域全球性议题激增,进而导致跨国市场与经济治理的失灵,因而需要从全球层面协调各国能源政策,使之保持一致性和连贯性,因此全球能源治理十分必要。他们将全球能源治理面临的问题分为三个方面:一是当前应对能源议题的国家间系统呈现高度碎片化特点,二是能源议题相关的制度、行为体多元,三是当前处于主导地位的能源政策制定国家路径不能有效地同全球制度相整合,三者带来大量机制冲突与重叠。[⑥]

诸多研究围绕全球能源治理主体展开。关于全球能源行为体讨论的文章有很多,全球能源治理制度研究是国际关系学者进行能源议题研究的重要切入点。从而将能源研究与国际组织、制度变迁以及公共产品研究相结合,使得能源研究可以从传统地缘政治的研究范式中解放出来,从而更多偏向国际

[①] Benjamin K. Sovacool and Ann Florini, "Examining the Complications of Global Energy Governance", *Journal of Energy and Natural Resources Law*, Vol. 30, No. 3, 2012, p. 237.

[②] Ann Florini and Benjamin K. Sovacool, "Who Governs Energy? The Challenges Facing Global Energy Governance", *Energy Policy*, Vol. 37, No. 12, 2009, p. 5239.

[③] 孙阳昭、蓝虹:《全球能源治理的框架、新挑战和改革趋势》,载《经济问题探索》2013年第11期,第79页。

[④] 于宏源:《二十国集团与全球能源治理的重塑》,载《国际观察》2017年第4期,第129页。

[⑤] 马妍:《全球能源治理变局:挑战与改革趋势》,载《现代国际关系》2016年第11期,第55页。

[⑥] Navroz K. Dubash and Ann Florini, "Mapping Global Energy Governance", *Global Policy*, Vol. 2, 2011, pp. 6–18.

政治经济学的路径。涉及全球能源治理行为分类有两种。一类是格拉夫等人将全球能源治理行为体分为了三类。一是能源专门性组织。例如 IEA、OPEC、能源宪章（Energy Charter Treaty，ECT）、国际能源论坛（International Energy Forum，IEF）、国际可再生能源署（IRENA）。二是一般性国际组织，其组织授权不止能源领域，但对能源议题有重大影响。例如世界银行、区域性发展银行、八国集团、二十国集团。三是有重要影响的非政府组织和跨国倡议网络。多数学者的研究，聚焦在对单一组织影响的探究上，也有部分学者跳出单一行为体的组织行为学研究，开始关注到组织之间的互动，试图全面理解某些多边能源组织的作用。① 此外，索瓦库等人在前者基础上细化参与行为体的分类。将参与全球能源治理议程设置与规则制定的关键行为体分为六种类型，分别是国际政府间组织（IGOs）、峰会进程（summitprocess）、国际非政府组织（INGOs）、多边发展机构（MFIs）、区域组织、混合型组织。② 将全球能源治理的焦点划分为五种，跨国能源投资的一致性规则管控、协调石油进口国避免供应危机、应对能源贫困议题、处理化石能源系统的环境外部性问题、提升欠发达国家的气候变化应对能力。③ 尽管机构类型繁多，覆盖议题全面，但事实上这些行为体之间互动性严重不足。国家政府是这些行为体的重要成员，尽管国家会有步骤地制定并落实能源合作以及能源转型计划，但事实上，在涉及长期性、协同性能源议题，国家政策连贯性也缺乏，其原因在于国际层面行为体之间互动缺乏和一致性不足。这也就造成了当前全球能源治理碎片化的局面。

全球能源治理的对象也是讨论的重点。弗洛里尼等人将全球能源治理需要应对的议题，概括为五类。一是与能源有关的地缘政治和安全议题。其中

---

① Thijs Van de Graaf and Dries Lesage, "The International Energy Agency After 35 Years: Reform Needs and Institutional Adaptability", *The Review of International Organizations*, Vol. 4, 2009, pp. 293–317.

② 混合型组织包括跨国倡议网络、准监管私营机构（quasi-regulatory private body）、全球政策网络以及涉及前五种行为体参与的公私伙伴关系。

③ Benjamin K. Sovacool and Ann Florini, "Examining the Complications of Global Energy Governance", *Journal of Energy & Natural Resources Law*, Vol. 30, No. 3, 2012, pp. 235–262.

包括能源资源竞争，核不扩散机制，恐怖主义议题以及能源基础设施的跨境安全问题。二是与能源有关的全球环境政治议题。包括气候变化以及其他跨国负外部性问题。三是与能源有关的国际政治经济学问题。包括对能源选择以及资金流向产生影响的投资协定，贸易规则以及知识产权机制。四是经济相关议题。即能够塑造能源政策与投资的经济发展政策和对外援助议题。五是其他有主要能源影响的全球治理和资源管理的新兴议题，包括跨国水资源和农业议题。[①] 此外，贫困议题在全球能源治理中也至关重要。摩根·巴兹利安（Morgan Bazilian）等也强调了当前全球数十亿人未能接入现代能源，能源贫困带来了经济发展、健康、教育、环境以及性别平等一系列问题，但全球能源治理议题对此关注并不明显。他们通过对全球、区域以及国家层次能源贫困治理现状的梳理，反映了当前能源贫困治理有效性缺乏与机制复杂性提升，并重点分析了撒哈拉以南非洲地区的这一现状，认为当前社会科学研究应该更加注重贫困议题在能源治理中的整合，更加注重理解能源治理不同维度对能源贫困的影响，更加注重能源减贫经验分享，这都对全球能源治理合法性提升提供重要支撑。[②]

伴随新的能源类型进入治理领域，能源转型促使全球能源治理制度呈现四个新特点。一是行为体多元。在原有国家行为体、私营部门以及国际组织基础上，次国家行为体与非政府组织开始大量参与进全球治理的进程。国家行为体、国际组织、私营部门等传统参与主体依旧是新时期能源治理的重要行为体。首先私营部门积极参与全球能源治理的进程之中，由核电制造商、油气开采服务商、油气管道生产公司等构成的能源类私营企业是全球能源流动的重要基础，其在技术标准制定以及利益集团游说上发挥着巨大作用，在可再生能源时代私营部门继续发挥重要职能，可再生能源的技术导向，使得关键设备生产商通过行业协会在全球议题中产生巨大影响，例如以维斯塔斯、

---

① Ann Florini and Benjamin K. Sovacool, "Bridging the Gaps in Global Energy Governance", *Global Governance*, Vol. 17, No. 1, 2011, p. 58.

② Morgan Bazilian, et al., "Energy Governance and Poverty", *Energy Research & Social Science*, Vol. 1, 2014, pp. 217–225.

第一太阳能（First Solar）等全球领先的光伏、风电设备生产商，积极参与 21 世纪可再生能源网络以及国际可再生能源署的技术合作与能源贫困规划的工作中。其次，国家行为体仍是最为重要的参与部分，尽管私营部门能量巨大，但仍难以同公共部门的力量相抗衡。能源作为一国经济发展命脉，关联巨大经济利益的同时，其供应、价格安全与否也有着重要的战略意义。国家行为体能源政策制定通常会考虑三个层面的利益，外交政策利益、经济利益以及环境利益。部分国家还通过国有能源公司来对国际市场以及治理进程施加影响。此外，国际组织为能源的多边合作提供了重要平台，当前国际制度模式不断演化，部分国际组织以及多利益攸关方倡议平台也开始向其他国际组织提供成员参与地位，制度间互动的增强也推进了全球能源治理中各方的协调与合作的加深。新兴行为体也开始参与进全球治理进程。一方面次国家行为体开始成为新的治理参与方。随着气候变暖的加剧，西方的联邦政府与州政府在可再生能源部署的规模以及速度上容易产生分歧，因此部分地方政府开始寻求全球次国家行为体之间的合作，加利福尼亚州与巴伐利亚州在各自国家地区层面快速推进可再生能源部署，同时 C40 城市集团等一系列地方减排联盟的成立，加速了能源转型，次国家行为体之间的合作加深为全球能源治理的加速带来更多机遇。另一方面非政府组织开始成为能源治理的重要主体。随着各国公民环境保护意识的加深，各国自发组织的非政府环保组织不断增加，这些组织积极参与对国内化石能源开采以及核能的抵制行动之中，依靠募捐与抗议，逐步发展成重要的政治力量，全球化与信息化进一步推进了其跨国合作的展开，逐步形成诸多国际非政府组织，例如绿色和平组织、贝罗纳基金会等，积极通过多边倡议网络参与进全球能源的治理事务之中。此外，科学家、工程师所构成的认知共同体的功能也不能忽视。认知共同体依据自身的专业知识，既通过技术创新为能源转型指明方向，也深刻影响到了政策制定与公众认知。

二是议题多样化。在既有调节国际能源供需平衡的基础上，能源透明度、能源减贫、环境保护、气候变化、能力建设等多种新的议题进入全球能源治理进程。

议题多样化同样是全球能源治理制度变迁的一个重要影响因素。化石能源的传统多边合作制度，往往在制度创设之初，其功能主要是聚焦于能源供应安全与价格稳定的保障。但随着能源制度扩散，数据透明度开始成为改善合适能源合作的一个聚焦点，因此国际能源论坛开始牵头创建并维护联合石油数据倡议（JODI），与此同时采掘业透明度计划（EITI）也开始被逐步推行，各方试图通过稳定公开的数据来维护能源市场的平衡。随着气候变化议题的加剧，能源可持续性也开始成为能源治理制度关注的一个重点。能源转型的加速，将更多的治理议题纳入进能源治理制度之中，包括政策建议、能力建设、能源贫困、能源正义等。能源制度的变迁并非只是对能源类型新增与能源转型的机械应对，从议题多样化的趋势可以看出，能源议题的合作尽管存在制度碎片化现象，但这一治理体系正在摆脱安全议题的束缚，正在走向一个更加完整、更加公平、更加可持续的全球能源治理。

三是能源转型推动了全球能源治理从资源竞争向技术合作转向。首先，可再生能源为有限资源束缚的打破提供了可能性。油气能源的地缘分布异质性，决定了大部分国家的能源消费都依存于外部进口，供应与价格的波动对其经济发展产生严重影响。可再生能源提供了有效的替代方案，尽管种类有所差异，但绝大多数国家都拥有一种或多种丰富的可再生能源。随着可再生能源发电技术的不断突破，近年可再生能源使用成本不断降低，虽然各国在使用成本上仍存在经济性的差异，但合理的成本仍为国家能源安全提供了一种可靠的解决方案。可再生能源的丰富储量从根本上解决了资源有限性的矛盾。其次，能源转型加速，推进了可再生能源产业优势国家在技术上的合作。可再生能源已经成为过去30年能源消费增速最快的能源类型，为进一步推进可再生能源发展，以德国、中国为代表的可再生能源产业优势国家，正在大规模推进双方的技术合作，以实现更快的能源替代速度。同时，当前撒哈拉以南非洲国家等欠发达国家面临严峻的能源贫困问题，现代电力接入不足困扰其国家整体发展，这对于可再生能源产业推广是个巨大的机遇。最后，可再生能源领域的技术合作也影响到非常规化石能源的推进策略。美国在过去20年的页岩油气开发上取得巨大进展，私人资本的引入与水力压裂技术的不断精进，页岩油气技术使得美国油气产量取得巨大提升，一举扭转了长期以来的能源对外依赖状况，基本实现了能源独立。① 美国因此在特朗普政府时期开始推动"能源新现实主义"，正如能源部长里克·佩里在2018年剑桥能源周的发言所谈到，美国页岩油气革命的成功为广大资源贫困国提供了一个可行样板，通过油气工业的技术创新可以保障国家能源安全以及改善国民生活水平。② 美国能源新现实主义的一个关键就是，向部分能源进口的发展中国家出售页岩油气技术，以推动其他国家能源替代战略的转变。美国页岩能源战略也改变了以往进出口国家资源竞争的传统局面，试图以技术合作来推进能源消费国之间的联系。

四是跨国能源互动根本方向的转变，也使得新时期全球能源治理体系呈现出"碎而不破"的特征。从资源竞争转向技术合作，国际制度的功能便从冲突管控向信息沟通平台转变。随着能源转型的不断加速，全球能源治理体系呈现出两个特征，一方面是制度碎片化日趋严重，新制度开始大量被创设，同时部分综合性国际制度开始广泛涉及能源议题，与之相伴随的是既有制度仍留存在全球能源治理框架之中，不同制度间存在成员国叠加与功能重合的状态；另一方面是这些重叠制度并未相互孤立，制度间广泛互动过程中合作大于冲突，呈现制度兼容的现象。碎片化一直是传统能源合作的重要特征。其主要体现在两方面：能源种类多元，议题领域复杂。咨询机构分散和行政授权重叠导致了能源政策制定权威性不足、连贯性不强、一致性不够，这是造成全球能源治理碎片化的主要原因。③ 由于国际能源领域存在系统碎片化与制度丛生的特点，如何推进可再生能源在欧盟层次以及全球层次有效治理，给欧盟法律和国际法均带来巨大挑战。④ 全球可再生能源系统内聚性的缺乏、

---

① 参见富景筠：《页岩革命与美国的能源新权力》，载《东北亚论坛》2019年第2期，第113—124页。

② Rick Perry, "The New Energy Realism", https：//www.energy.gov/articles/new-energy-realism-secretary-perry-remarks-cera-week-prepared-delivery. [2018 – 03 – 07].

③ Sybille Roehrkasten, *Global Governance on Renewable Energy: Contrasting the Ideas of the German and Brazilian Governments*, London: Springer Fachmedien Wiesbaden, 2015, pp. 74 – 89.

④ Rafael Leal-Arcas and Stephen Minas, "The Micro Level: Insights from Specific Policy Areas: Mapping the International and European Governance of Renewable Energy", *Yearbook of European Law*, Vol. 35, No. 1, 2016, pp. 621 – 666.

国家利益的分散以及能源种类的多元,都使得全球可再生能源治理将逐步呈现多中心化以及复杂性的机制特点。维克多等人则迈出更加坚实的一步,将全球能源治理的制度特征定义为"机制复合体"(regime complex)作为对外部冲击的回应,多数能源组织呈现"自下而上"的特征,这种特征也塑造了能源治理机制碎片化的倾向。近年来能源领域的两个结构性转变,也进一步加剧这个特征,一个是替代能源的加速发展,一个是环境政治的逐步加强。[①]

能源转型对全球能源治理制度带来的影响是革命性的。其核心转变是从化石能源时代的"资源竞争"向可再生能源时代的"技术合作"转型。传统化石能源时代,能源进口国与出口国之间难以摆脱有限资源的竞争状态,但能源转型加速了技术在多边合作与全球治理环节中的影响力提升,技术的影响不仅体现在可再生能源领域,包括页岩油气在内的非常规化石能源也受到这一趋势的影响。从资源向技术的转型,为合作带来更多可能。与此同时,能源转型引发了国家间的产业竞争与合作,引发了新制度的大量创设,新旧制度的兼容推动了新时期的全球能源治理呈现"碎而不破"的新特征。

四、全球能源治理的未来展望

当前全球治理进程,出现诸多矛盾与问题。"转型双期叠加"是导致全球能源治理问题频发的关键,而南北国家话语不平衡则是观察这一原因的重要视角。学界也对南北国家的角色作用与治理模式进行了广泛探讨,同时对未来全球能源治理提出了改进方向。

全球能源治理当前也饱受争议。不同学者的批评主要集中在两点,一是治理机制碎片化,缺乏一致性并且协调能力不足;二是机制重叠,不同治理制度授权不一,经常发生冲突。能源领域碎片化与治理失灵的现象,并非能源议题引发的后果,而是深深植根于跨国治理机制议程。在全球治理进程中,

---

① David G. Victor and Linda Yueh, "The New Energy Order", *Foreign Affairs*, Vol. 89, No. 1, 2010, pp. 61–73.

为应对新问题,设立了一系列新制度,但制度的叠加缺乏宏观协调,从而出现了三个特征,缺乏系统路径、缺乏理论基础、授权及结构概念框架模糊。[1] 举例来说,传统的能源机构设立之初只是为了应对单一能源议题,国际能源署和欧佩克则是因为国际石油贸易而产生,随着可再生能源的加速发展,其传统职能难以应对,只能接受新的能源组织出现,并不断调整自身工作范围,加剧了碎片化与复杂性。同时,也会有行为体为追求自身利益最大化,寻求新制度的建立。例如全面谋求可再生能源转型后,德国国内政治转向与国家利益诉求,是推动国际可再生能源署成立的关键因素。[2] 此外,多注重短期效应是当前全球能源治理规则制定备受指责的因素之一。小国频繁加入新组织、签订新协定,这有时也是无奈之举。[3] 因为如果只有单一机制解决此类问题,排除在机制之外的国家面临高的加入门槛,这显然也是小国支付不起的。诸多问题解决型与危机预防性的制度安排交织在一起,只能避免短期损失,并不能为长期的国际合作构造一个坚实的基础。

"转型双期叠加"导致了全球能源治理问题的层出不穷。一是能源系统转型。随着可再生能源技术不断突破,部署生产成本持续降低,全球环境压力日益严峻,各国在减排议题上的一致性有效提升,化石能源面临空前压力,清洁能源转型已成大势所趋。二是能源市场转型。进入21世纪,新兴国家的能源消费水平不断提升,以中国、印度为代表的新兴能源消费大国,被排除在传统的能源治理机制之外,缺乏应有的话语权,页岩油气技术突破,原油市场格局出现重要变革,能源生产国与消费国的大转型重塑了能源市场转型。转型的双期叠加,不仅使得传统基于双边长期合约的传统国际能源合作不确定性提升,也降低了当前全球能源治理机制合法性与有效性,全球能源治理

---

[1] Philip Andrews-Speed and Xunpeng Shi, "What Role Can the G20 Play in Global Energy Governance? Implications for China's Presidency", *Global Policy*, Vol. 7, No. 2, 2016, p. 199.

[2] Thijs Van de Graaf, *The Politics and Institutions of Global Energy Governance*, New York: Palgrave, 2013, pp. 3 – 8.

[3] 参见 Lloyd Gruber, *Ruling the World: Power Politics and the Rise of Supranational Institutions*, Princeton: Princeton University Press, 2000, pp. 3 – 10。

充斥问题,亟待变革。

南北国家的话语不平衡则是观察转型双期叠加的重要视角。发达国家的话语霸权使得全球能源治理受到指责。国际能源署和八国集团曾为能源危机解决做出巨大贡献,但进入21世纪这种情况有所改变。以金砖国家为代表的新兴国家群体性崛起,经济崛起的同时伴随着能源消费的大幅度提升,亚洲成为全球能源消费新的增长点。但这些能源消费新兴大国,并未被囊括进传统的发达国家治理体系,新兴经济体消费份额增长与话语权不足产生的矛盾,给传统能源制度的合法性和有效性带来危机。

在全球能源治理的应对上,学界争论仍集中在是采取系统性的中心化管理还是采取复杂性的多中心治理。如果全球能源治理采用一种中心化的路径,安·弗洛里尼(Ann Florini)认为国际能源署无疑是最具有潜力成为全球能源治理网络中心节点的国际组织。[1] 但对于能源能否系统性治理,索瓦库和弗洛里尼也提出了质疑。全球能源治理并不存在系统性的路径,因为规则和制度本身就是作为问题解决方案出现的。国际能源署的成立源于20世纪70年代的石油禁运,欧盟委员会成立能源安全小组,也是为了应对俄乌天然气危机。能源治理机构与制度的诞生,危机应对是最主要因素,尽管为了避免危机,当前不断进行能源领域的治理机制改善,但国家在规定执行时易陷入集体行动逻辑的困境。因此,部分学者认为系统性治理难以实现。埃莉诺·奥斯特罗姆(Elinor Ostrom)则在复杂性基础上,认为多元中心主义(Polycentrism)也许是一种较好的解决方案。意即摒弃等级制度,通过不同规模的治理制度的相互联结,协调制度运行,共享权力。这种路径一个问题则是有可能带来权威多元以及管辖权重叠等问题,造成的后果就是效率低下。[2]

全球治理碎片化加剧了机制复杂性,使得制度间联系不断加深。因此,均势转变与复合相互依赖治理的叠加为当今世界带来新的挑战。与此同时,

---

[1] Ann Florini, "The International Energy Agency in Global Energy Governance", *Global Policy*, Vol. 2, 2011, p. 40.

[2] Elinor Ostrom, "The Governance Challenge: Matching Institutions to the Structure of Socio-Ecological", in Simon Levin, ed., *The Princeton Guide to Ecology*, Princeton: Princeton University Press, 2009.

经济增长、能源安全与环境可持续性,成为复合相互依赖的核心议题,任何一个国家都无法独自承担与应对三种危机协同后果。面对后冷战格局的巨大变化,乔凡尼·格雷维(Giovanni Grevi)开始用"极间"(interpolar)一词来形容新的世界体系。他认为极间体系(Interpolarity)是相互依赖时代的多极体系(Multipolarity),对当前国际体系的描述,前者优于后者,其原因在于前者关注到了均势变化以及随之而来的地缘摩擦升级,当前主要大国的经济与安全议题已经牢牢联结在一起。这一国际体系也为全球治理结构变革指出了方向,这一变革必然是基于大国间的共同利益与特定议题政策融合。他将极间的特点归结为,利益基础、问题驱动、过程导向,认为这一体系良好运行的关键在于主要大国的有效合作。①

但并不是所有学者都对全球能源有效治理持有乐观态度。柯尔丝滕·韦斯特法尔(Kirsten Westphal)认为全球能源治理是为多元行为体提供一个协商谈判的舞台,其本质是冲突解决。能源治理背后折射的仍是基于权力博弈的地缘政治,能源生产的历史就是一部生产国与消费国之间的持续冲突史,消费国想要得到稳定供给和低价,生产国则希望消费国分散,以免产生集体行动威胁生产,加之化石资源的有限性,他认为这种生产国与消费国之间的零和博弈无法解决。② 显然,这种零和博弈的根源是化石能源的分布不均以及资源有限,可再生能源的开发部署为这一问题提供了重要的解决方案。

无论能源如何转型,公共部门与私营部门的合作无疑是至关重要的。无论任何议题领域,政府间进程只是治理过程的一部分,全球政策领域有多元的行为体构成,包括国际组织、公司、专业机构(professional associations)、倡议群体等,这些行为体都试图参与他们所关心议题领域的治理活动。③ 同

---

① Giovanni Grevi, *The Interpolar World: A New Scenario*, Paris: European Union Institute for Security Studies, 2009, pp. 1 – 41.

② Kirsten Westphal, "Energy Policy between Multilateral Governance and Geopolitics: Whither Europe?", *Internationale Politik und Gesellschaft*, Vol. 4, 2006, pp. 44 – 62.

③ Deborah D. Avant, et. al., "Who Governs the Globe?", in Deborah D. Avant, et al., eds., *Who Governs the Globe*? Cambridge: Cambridge University Press, 2010, p. 1.

时，私营部门在跨国能源治理中发挥重要作用。一方面，公共政策制定者会约束能源企业，其手段既有可能通过监管措施来防范市场失灵，也有可能推行激励机制促进新技术推广应用。另一方面，私营企业作为能源领域最大的生产者和消费者，在技术革新上也扮演着关键角色，通过技术门槛防范公共部门的过度干预，甚至采用多种机制游说公共部门。① 此外，私营部门中非政府组织与跨国倡议网络也发挥巨大作用，这些组织的专业性、监管与执行能力，都使得其推广的价值观容易产生重要影响，例如能源与社会经济发展、社会正义以及生态可持续性之间的联系，这些都是在私营部门的强力推动下深刻影响了能源政治进程。

五、结论与启示

从国际制度层面观察，能源转型所产生的最为深刻的影响是，可再生能源时代的国际能源合作正逐步摆脱资源竞争的零和博弈，开始向技术合作转变。可再生能源为能源消费国带来低碳发展机遇的同时，成为稳定化石能源价格的重要平衡手段。因此，国家行为体应该进一步利用好现有机制，推进可再生能源在全球范围的推广，尤其是发展中国家的能源减贫事业。与此同时，还应加强对可再生能源时代地缘政治竞争的重新思考。

全球能源治理，期冀将能源领域涉及的多利益攸关方纳入治理议程，提供全球性协商合作平台与机制，推进能源安全与风险问题的解决。传统治理过程中，工业界话语增强已是普遍共识，欠发达地区家庭能源贫困并未得到有效重视。当前全球能源生产和消费系统，多围绕工业使用而设计的，而非能源终端消费者。但事实上，相对于占据全球能源消费量三分之一的工业界，

---

① Jen Steffek and Viviane Romeiro, "Private Actors in Transnational Energy Governance", in Michèle Knodt, et al., eds., *Challenges of European External Energy Governance with Emerging Powers*, London: Routledge, 2015, pp. 269–286.

个人消费终端也占据了全球能源消费的四分之一。① 全球能源系统设计应进一步向现代能源普及倾斜,确保每个人能用上可支付、可依赖、可持续的现代能源。②

伴随能源转型加速,全球能源治理制度发生深刻变迁。新旧能源的产业竞争,引发了新一轮的国家"制度竞赛",各国政府都希望赢得第四次工业革命的主动权。多元行为体涌现与全球变暖加剧,推动了能源议题的进一步复杂化,能源议题的制度互动不再拘泥于能源机制复合体内,不同议题机制复合体间的互动日益频繁,国家行为体不得不对全球能源治理中的分析层次进行重新思考。要素制度、国际机制复合体与国际机制复杂性为这一系统的复杂性分析提供新的可能。这也就意味着,国家行为体应更加注重从资源竞争向技术合作的转变、从自上而下向自下而上的转变以及对跨议题机制复合体互动关注的增加。

Global Energy Governance Change in the Process of Clean Energy Transition

Li Bing

Abstract: The technological revolution has accelerated the pace of energy transition, and confronted with this long-term, structural transformation of energy sys-

---

① Darren McCauley, *Energy Justice*: *Re-Balancing the Trilemma of Security*, *Poverty and Climate Change*, London: Palgrave Macmillan, 2018, p. 7.

② 相关成果参见 Michaël Aklin, et. al. , *Escaping the Energy Poverty Trap*: *When and How Governments Power the Lives of the Poor*, Cambridge, MA: MIT Press, 2018; Stefan Bouzarovski, *Energy Poverty*: (*Dis*) *Assembling Europe's Infrastructure Divide*, London: Palgrave Macmillan, 2018; Neil Simcock, Harriet Thomson, Saska Petrova and Stefan Bouzarovski, *Energy Poverty and Vulnerability*: *A Global Perspective*, New York: Routledge, 2018; Lakshman Guruswamy, *International Energy and Poverty*: *The Emerging Contours*, New York: Routledge, 2016; Benjamin K. Sovacool and Ira Martina Drupady, *Energy Access*, *Poverty*, *and Development*: *The Governance of Small-Scale Renewable Energy in Developing Asia*, London: Ashgate, 2012。

tems, the type and model of global energy cooperation are undergoing progressive paradigm shifts. Two critical dimensions of this transformation manifest as actor diversification and issue pluralization, positioning energy as an increasingly pivotal component within global governance architecture. While facilitating multi-stakeholder participation and cross-sectoral issue linkage, the energy transition has catalyzed a fundamental reconfiguration of international energy collaboration-transitioning from resource competition characteristic of the fossil fuel era to technology-driven cooperation in the renewable energy epoch. This systemic shift has engendered both competitive and collaborative dynamics in inter-state industrial relations, stimulating extensive institutional innovation. The coexistence and interaction between emergent governance mechanisms and legacy institutions have fostered a distinctive "fragmented but resilient" characteristic in contemporary global energy governance frameworks.

Keywords: energy transition, global energy governance, international institution

全球安全治理：美国困境与中国路径[*]

薛美芳[**]　洪丹丹[***]

摘要：本研究通过比较中美全球治理路径有助于理解 21 世纪全球治理的多元化趋势，为构建更加包容、平衡的国际安全架构提供思路。同时，这种比较也有助于发展中国家在大国博弈中寻找更适合自身的安全发展道路，避免被动卷入大国对抗。通过分析两种模式的优劣，世界各国可以在安全治理实践中取长补短，共同应对恐怖主义、气候变化、网络安全等多元化威胁。

关键词：全球安全治理　美国治理困境　全球安全倡议　中国化路径

一、前言

全球治理作为解决跨国问题的核心机制，伴随全球化的深入，其重要性日益凸显。国际社会在应对气候变化、公共卫生危机、跨国恐怖主义和经济不平等等问题时，迫切需要一个有效的全球治理框架。然而，当前全球治理

---

[*]　本研究为国家社会科学基金青年项目"国家安全视域下的紧急状态法政关系研究"（24ZZC00647）的阶段性成果。

[**]　薛美芳，厦门大学台湾研究院助理研究员，台湾政治大学访问学者。

[***]　洪丹丹，中国传媒大学政府与公共事务学院讲师。

体系依旧面临诸多挑战，这主要体现在多极化、复杂性、制度惰性和机构碎片化等不足，全球治理正经历从单一主导模式（美国主导的自由国际秩序）向更加多元、多中心的全球治理模式演变。①

当前，全球治理的有效性受制于"治理差距"的限制。首先，尽管多边气候论坛在形式上为全球治理提供支持，但其合法性与治理能力相对有限，削弱了其推动治理的实际效能。② 其次，全球治理还面临"政治阻滞"这一挑战。21 世纪国际政治格局持续演变，国家间利益冲突和治理僵局愈加凸显，进一步制约了全球合作的推进，而西方政治的失能使现行治理体系往往陷入停滞。③ 再者，西方全球治理体系被嵌入一个等级制度和权力不平等的规范和制度结构中，因此本质上造成了竞争、抵抗和分配斗争，全球治理机制正在经历功能退化与制度重构的难题。④

长期以来，美国作为全球治理的主要推动者，其治理模式的失效进一步加剧了全球治理的安全困境。美国治理模式问题不仅限于内部政治操作的僵化，还涉及其对外政策的不可持续性，尤其是在全球公共产品供应方面的缺乏，难以在国际治理中有效运作。⑤ 此外，美国的外部干预政策，特别在伊拉克和阿富汗的战争中，未能实现稳定和持久的治理结果，进一步表明传统的美国主导模式在应对全球治理问题上存在局限性。⑥ 因此，全球治理亟须一个更具灵活性的框架，以化解这些政治僵局，并更好地应对全球性危机。

中国崛起为全球治理的补充力量，中国化路径为全球治理提供了新思路

---

① Acharya, Amitav, "Global governance in a multiplex world", EUI RSCAS, BORDERLANDS, Global Governance Programme-266, Europe in the World-https: //hdl. handle. net/1814/46849. [2025 – 02 – 24].

② Sylvia I. Karlsson-Vinkhuyzen and Jeffrey McGee, "Legitimacy in an Era of Fragmentation: The Case of Global Climate Governance", *Global Environmental Politics*, MIT Press, Vol. 13, No. 3, 2013, pp. 56 – 78.

③ David Held, *Global Politics After 9/11: Failed Wars, Political Fragmentation and the Rise of Authoritarianism*, London: Global Policy, 2016.

④ Michael Zürn. , *A Theory of Global Governance: Authority, Legitimacy, and Contestation*, Oxford University Press, 2018.

⑤ 庄旭崴:《全球治理困境中的中国方案研究》，天津财经大学硕士学位论文，2022 年，第 1—12 页。

⑥ Leanna Shea Nichols, *Ignoring the Learning Curve: The Failure of U. S. Foreign Intervention in Chile and Afghanistan*, Fordham University, 2019.

与新方案。中国化路径的核心理念是共商、共建、共享，通过平等协商、多边合作的方式，推动全球共同发展。这一理念在本质上区别于传统的西方治理模式。① 一方面，中国作为新型世界秩序的建设者，如"新型大国关系""人类命运共同体"，以超越威斯特伐利亚体系为前提，以一种新文明类型为基础，其根基在于中国社会主义的道路定向，复活中国的和平主义传统——全球治理的中国方案因此获得其本质。② 另一方面，在全球治理单一模式的背景下，应构建一种结合国家协调与多样化治理的模式，通过吸取中国社会主义市场经济的经验，增强全球治理中的公平和效率。中国在全球治理中展现了应对危机的积极姿态和改革意愿，试图通过合作和责任分配的途径，推动了全球治理创新。③

目前也有不少全球学者对中国在全球治理中的作用给予了积极肯定。穆罕默德·沙基尔·瓦希德（Mahmood Shakil Wahed）认为，中国已从早期的国际孤立转向到现有的 G20 和 WTO 国际体系，逐步推动全球经济治理的改革，在全球治理中发挥其日益重要的影响。④ 杰弗里·威尔逊（Jeffrey D. Wilson）的研究也支持了这一观点，他认为，中国通过亚洲基础设施投资银行（AIIB）在全球治理中成为"制度建设者"角色，反映出中国在全球治理体系中的积极影响和改革创新。⑤ 黄琼秋（Chiung-Chiu Huang）和施智宇（Chih-yu Shih）也进一步指出，中国的治理风格主要基于国家主权优先和非干涉他国的内政原则，不以领导全球为目标，而是专注于内部治理，力求不对外部世界造成

---

① Shaun Breslin, *China Risen? Studying Chinese Global Power*, Bristol, UK: Bristol University Press, 2021.

② Wu Xiaoming, "'The Chinese Approach' Ushers in a New Model of Global Governance Civilization", *Social Sciences in China*, Vol. 39, No. 4, 2018, pp. 139 – 153.

③ Men Honghua, "China's Approach to Dealing with Crisis and Change in Global Governance", *Social Sciences in China*, Vol. 39, No. 4, 2018, pp. 185 – 200.

④ Mahmood Shakil Wahed, "China's Current Role in Global Economic Governance: Pushing for Gradual Changes by Remaining within the System", *Cambridge Journal of China Studies*, Vol. 12, No. 1, 2017, pp. 1 – 10.

⑤ Jeffrey D. Wilson, "The Evolution of China's Asian Infrastructure Investment Bank: from a revisionist to status-seeking agenda", *International Relations of the Asia-Pacific*, Vol. 19, No. 1, 2019, pp. 147 – 176.

困扰。这种方法反映出一种内向且防御性的治理心态,形成了中国特有的全球治理风格,国家利益的优先并避免了对外部的干预。① 马克·比森(Mark Beeson)和李福建也表示,中国的崛起意味着中国再次在国际事务中发挥关键作用。中国的经济实力和日益增长的政治影响力,使其外交政策及其背后的理念对既有的"全球治理"概念产生重大影响,而且亚洲基础设施投资银行(AIIB)的影响是积极的,中国正在寻求不依赖西方框架的全球治理新路径,并开创了多边合作的新可能。②

综上所述,当前传统西方全球治理模式局限性凸显,美国主导的全球治理模式面临挑战,中国化路径为其治理提供了新模式,有着长期显著发展潜力。但如何平衡全球治理中的自身利益与国际责任以有效应对内外挑战,将决定其未来的发展方向。

二、改革与挑战:全球安全治理的困境根源

人类社会需要符合时代需求的新理念。中国提出全球安全倡议,致力于构建人类命运共同体。从全球治理角度来看,它是以"共赢"为目的,可解决当前全球安全治理中的复杂性和低效能。而美国的全球安全治理模式则以"对抗"为核心,常借"安全"之名强化地缘斗争,通过制造敌人维持世界霸权,使全球长期陷入二元对立状态,导致冲突升级加剧。这种零和博弈削弱了国际社会的合作基础,给全球安全治理埋下了隐患。以下是从理论批判、路径依赖和实践方式等三个层面缺陷,来诠释西方安全治理模式的困境根源。

(一)理论根源:美西方全球安全治理的逻辑悖论

长期以来,美西方的全球治理模式建立在"民主和平论""霸权稳定论"

---

① Chih-yu Shih and Chiung-Chiu Huang, "Preaching Self-Responsibility: The Chinese Style of Global Governance", *Journal of Contemporary China*, Vol. 22, No. 80, 2012, pp. 351 – 365.

② Mark Beeson and Fujian Li, "China's Place in Regional and Global Governance: A New World Comes Into View", *Global Policy*, Vol. 7, No. 4, 2016, pp. 491 – 499.

和"威胁均衡论"等国际关系理论基础上。然而,这些理论在实践中存在严重的逻辑悖论,不仅未能带来全球和平,反而加剧了国际安全秩序的复杂性。

一是民主和平论的逻辑悖论。全球秩序大变革冲击了各地区治理主体的安全意识和合作倾向,这在美国维系其霸权的过程中被"民主和平"所遮盖,致使各地区内部治理分散、规制分歧严重。根据"民主和平论",将世界划分为"民主"与"非民主"两大阵营,这种做法不仅将国家类型同质化,还加剧了国际关系的紧张局势,在不同国家之间埋下了深刻敌意,进而导致了全球治理的对立与分裂。弗朗西斯·福山(Francis Fukuyama)的"历史终结论"提出再次强化了这种二元对立性,将非民主国家视为潜在威胁,形成了一种排他性的国际合作模式,全球治理因而陷入了无法贯通的困境。① 西方认为民主国家之间不会发生战争,将民主扩展至全球的做法被视为维护和平的重要手段。然而,美国常常以"民主"为借口,通过战争、经济援助和政治施压等方式干涉他国内政,甚至动用军事手段推行其政治利益。② 正如学者们所指出,所谓的"民主推广"并非带来和平,而是通过强化地缘政治竞争与军事干预,削弱了全球安全的稳定性。

二是霸权和平论下的逻辑悖论。这一霸权逻辑在实践中否定了其他国家的自主发展模式,不仅未能解决全球共同问题,反而加剧了国际安全治理的复杂性。"霸权稳定论"主张,世界和平与安全的实现有赖于一个强有力的霸权国家主导全球治理。③ 然而,这种理论背后的霸权主义倾向使其治理路径带有极大的局限性。罗伯特·基欧汉(Robert O. Keohane)指出,"以霸权建立和领导的国际机制为平台,协调多国合作才能维持世界和平与安全",但实际上,这种治理方式带有浓厚的政治色彩,并未真正考虑到国际社会的多样性和公平性。④ 在这

---

① Francis Fukuyama, *The End of History and the Last Man*, New York: Free Press, 1992.

② Jonathan Monten, "The Roots of the Bush Doctrine: Power, Nationalism, and Democracy Promotion in U. S. Strategy", *International Security*, Vol. 29, No. 4, 2005, pp. 112 – 156.

③ Robert Gilpin, *War and Change in World Politics*, Cambridge University Press, 1981.

④ Robert O. Keohane, *After Hegemony: Cooperation and Discord in the World Political Economy*, Princeton University Press, 1984.

种模式下，全球安全治理不仅未能有效处理全球共同挑战，反而陷入了霸权国家为维护自身利益而制造冲突的怪圈。长期以来，美国在这一框架下，拒绝承认其他国家的发展路径和独特性，试图通过压制性手段维持其全球优势，这直接导致了全球安全合作的破裂。

三是威胁均衡论下的逻辑悖论。威胁均衡论认为，国家安全应通过对抗和制衡潜在敌人来实现。在实际操作中，美国通过将某些国家打造成"共同敌人"的方式，借此拉拢盟友，强化全球霸权。然而，这种理论往往加剧了全球冲突的爆发和升级。美国推行此类政策的典型案例就是北约东扩，通过不断吸纳东欧国家加入，以此遏制和压缩俄罗斯的生存版图，但这最终导致了俄乌冲突的爆发，加剧了俄美对立。正如美国国务卿安东尼·约翰·布林肯（Antony John Blinken）在俄乌冲突之后宣称的那样"冷战后所形成的国际秩序正在瓦解"，① 而美国的对抗性政策正是这一局面的催化剂。在"制造敌人"和"离岸平衡"的策略下，美国将世界秩序置于自身掌控之下，通过军事扩张和建立联盟等对抗性手段解决地区冲突安全问题，非但未能维持和平，反而使得全球安全形势日益复杂，形成了新的"冷战态势"。

美国的"霍布斯式"安全逻辑将全球治理推向了冲突的对抗轨道，以所谓的"安全治理"之名，追求的是维持霸权的地缘优势。其结果是，全球治理中的主体责任缺失导致安全合作机制无法有效运行，并不断加剧全球安全困境。正如研究者殷文贵所总结的，这种零和博弈的治理思维与全球化合作趋势背道而驰，传统国际关系理论也越来越难以解释当今全球安全的复杂性。② 因此，全球安全治理必须摆脱这种对抗性思维，转向以合作共赢的多边理念，才能真正解决全球安全问题。

---

① Antony John Blinken, "Remarks to the Johns Hopkins School of Advanced International Studies (SAIS): The Power and Purpose of American Diplomacy in a New Era", U. S. Department of State, https://www.state.gov/. [2024-12-2].

② 殷文贵：《批判与重塑：全球治理体系的内在缺陷及其变革转向》，载《社会主义研究》2021年第5期，第164页。

(二) 路径根源：美西方全球安全治理下的"楔子策略"

1989 年，加迪斯·刘易斯（John Lewis Gaddis）的《长和平》从历史学角度将美国分化中苏同盟的战略称为"压力楔子"（Wedge Through Pressure），是首位将"楔子战略"和相关战略引入国际关系学科的学者。① 外交中的"楔子战略"用于防止、分裂和削弱敌对联盟。在美国全球安全治理的实施路径中，"楔子战略"的核心在于分化地区对手安全合作来削弱集体凝聚力，通过制造内部矛盾来消耗竞争对手的综合实力，实现对该地区的控制与影响。② 美国通过操控宗教及人权问题，扶持特定国家和反对政党，来破坏地区主导国的协调合作，塑造有利于全球霸权的政治格局。这种战略的实施不仅削弱了地区国之间的信任，还阻碍了区域治理机制的建设，导致原本的安全合作机制逐步陷入瘫痪。尤其在欧洲、朝鲜半岛和中东地区，这一战略的应用尤为明显，并对这些地区的安全格局产生了深远影响。

1. 楔子战略在东欧地区的运用

这一策略在冷战后的表现十分明显。美国加紧在欧亚的分化步伐，先后将波兰、匈牙利、捷克等俄罗斯前卫星国纳入北约体系，实现北约东扩战略野心。东欧国家的加入极大压缩了俄罗斯的西部战略缓冲，打破了原有的东欧地缘政治平衡，推动了该地区的持续对立与冲突。波罗的海国家（立陶宛、拉脱维亚、爱沙尼亚）及波兰，处于俄罗斯与美国（北约）全球对抗的核心地带，而波罗的海三国的加入北约，不仅加剧了欧盟、北约与俄罗斯之间的裂痕，也使得该地区地缘政治形势变得紧张。而乌克兰危机爆发也进一步恶化了俄罗斯与波罗的海国家间的关系。③ 综上显示了美国在这一地区实施楔子

---

① John Lewis Gaddis, *Long Peace*, New York: Oxford University Press, 1989, pp. 147–194.

② Timothy W. Crawford, "Preventing Enemy Coalitions: How Wedge Strategies Shape Power Politics", *International Security*, Vol. 35, No. 4, 2011, pp. 155–189.

③ Vadim Volovoj and Irina A. Batorshina, "Security in the Baltic Region as a Projection of Global Confrontation Between Russia and the USA", *Baltic Region*, Vol. 9, No. 1, 2017, pp. 18–29.

战略的作用显著，并为后续的离岸平衡提供了干预条件。

另外，美国还成功分化了俄罗斯与欧盟的国际能源合作框架，打破了世界能源供需结构，进一步恶化了欧洲的安全局势。自2014年克里米亚危机爆发后，美国和北约寻求干预，试图阻止乌克兰倒向俄罗斯，而随之而来的是东乌克兰冲突，直到2022年演变成俄乌全面冲突。① 自2022年2月普京对乌开展特别军事行动计划后，欧盟国家普遍选择战队乌克兰，欧洲各国以能源安全为由，纷纷削减对俄罗斯的能源投资与进口，使俄乌冲突逐渐演变为俄欧之间的地缘政治较量，导致原本贸易互补的俄欧能源体系再度遭到打击。在此期间，美国自身还加大了对乌克兰的投入成本，从军事援助、政治支持和对俄制裁力度等，不断推动乌克兰倒向北约怀抱，将其纳入抗俄的北大西洋公约防御组织。② 正如米尔斯海默（John J. Mearsheimer）所指出，乌克兰危机的根本责任在于西方。乌克兰危机并非由俄罗斯单方面进攻所引发，而是由西方，特别是拜登政府推动的北约扩展和对乌克兰及对苏联国家的民主化支持所引发的。约翰·米尔斯海默认为，西方在冷战后采取的激进政治和军事政策，忽视了俄罗斯的战略利益，这一系列楔子战略举措加剧了俄罗斯的安全焦虑，最终导致了乌克兰危机的爆发。③

2. 楔子战略在朝鲜半岛地区的应用

美国的楔子战略在朝鲜半岛的应用具有独特的地缘政治背景。美国通过与韩国和日本的军事合作，在朝鲜半岛内外的政治关系中打入了"楔子"，其战略目标之一是离间韩国与朝鲜、中国和俄罗斯的关系，进一步遏制朝韩改善关系的可能性，增加地区冲突与对峙的风险。④

---

① Grigori Sergei, "The Russia-Ukraine War in the Study of Historical Law and Conflict of State Security Area", *International Journal of Law Reconstruction*, Vol 6, No. 2, 2022, pp. 147–155.

② Tsyhaniuk Viktoriia, "US Military and Humanitarian Aid to Ukraine in 2014–2020", *Історико-Політичні Проблеми Сучасного Світу*, No. 43, 2021, pp. 104–116.

③ John J. Mearsheimer, "Why the Ukraine Crisis Is the West's Fault: The Liberal Delusions That Provoked Putin", *Foreign Affairs*, Vol. 93, No. 5, 2014, pp. 77–89.

④ 凌胜利：《双重分化：美国对朝鲜半岛的楔子战略》，载《东北亚论坛》2017年第5期，第52—58页。

一方面，美国通过强化美日和美韩同盟，不断增强其在东北亚的军事存在，借助定期的联合军事演习来展示对朝鲜的威慑力。这种做法不仅加强了美国在该地区的军事部署，还加剧了朝鲜半岛的紧张局势。尤其2016年美国以朝核威胁为由，在韩部署了萨德（THAAD）反导系统，这一举措成为楔子战略的关键组成部分。尽管萨德系统的官方目标是防御朝鲜的导弹威胁，但其部署射程远超过对朝防御范围，被中俄视为对其战略核威慑力的直接挑战。中俄认为，萨德系统的存在不仅限于防御朝鲜，它更对中俄边境安全构成威胁，因此，它的存在不仅加剧了中韩和俄韩之间的紧张关系，还进一步复杂化了地区安全局势。①

另一方面，萨德的部署对朝韩和平对话进程构成了重大制约。随着韩国对美国军事依赖的加深，韩国在对朝政策上不得不考虑美国的战略利益，这使得朝韩之间的和平对话进程受到了明显阻碍。美国的军事存在使得韩国在许多问题上受制于美国的战略框架，从而限制了朝韩之间的外交互动和合作。

与此同时，奥巴马时期的中国也增加了被捆绑风险，美国通过对中极限施压推动中国倒逼朝鲜弃核，这一策略在疏远中韩关系的同时，也在双向分化朝韩和中朝关系。而当前尹锡悦在应对朝核问题上更依赖于与美日合作，配合美国对朝政策强硬的反击，②导致朝鲜半岛的治理问题更加严峻。

3. 楔子战略在中东地区的应用

美国在中东地区的楔子战略的主要目标是防止该地区落入俄罗斯势力范围。在中东，美国利用楔子战略支持沙特阿拉伯、以色列等盟友，离间伊朗等地区对手，并通过这些盟友在中东地区建立起紧张局势，削弱了该地区的国家联合能力，以此维持美国的全球优势。

---

① 李沁妤：《"萨德"导弹系统部署韩国的地缘政治学解读》，载《当代韩国》2016年第4期，第48—60页。

② Nam Kwang Kyu, "The Yoon Seok-yeol Administration's Policy on North Korea and the Direction of ROK-U. S. Relations and Policy Tasks", *Journal of Northeast Asian Studies*, Vol. 8, No. 1, 2022, pp. 51–73.

美国与沙特阿拉伯和以色列的紧密联盟是其楔子战略的核心。沙特阿拉伯作为美国海湾地区的主要盟友，不仅依赖美国的军事保护，还在美国的支持下与伊朗展开了激烈的地区竞争。美国通过提供先进武器装备和安全承诺，确保了沙特在与伊朗的对抗中保持强硬立场。[①] 同时，美国也强化了与以色列的军事情报合作，为以色列在面对地区敌对势力，尤其在应对伊朗时提供了强大战略支持。以色列在美国的支持下，频繁采取军事行动来遏制伊朗的地区扩张，尤其是在叙利亚和黎巴嫩问题上，美国的支持使以色列对伊朗的军事设施和代理人展开了多次打击。2025年1月，美国国务院计划向以色列出售价值80亿美元武器，以增强其防御能力，应对伊朗及其"代理人"威胁。[②]

美国的楔子战略不仅体现在直接军事支持上，还通过经济制裁和外交孤立来削弱伊朗等对手的力量。美国对伊朗的"极限施压"政策，不仅包括严厉的经济制裁，还在国际舞台上离间伊朗与其他中东国家的关系。通过强化对伊朗的制裁美国试图迫使其他地区国家与伊朗保持距离，以削弱伊朗的经济和军事能力。

美国在中东通过楔子战略，支持以色列和沙特阿拉伯这样的关键盟友，离间伊朗等地区对手，成功打破了地区国家的联合能力，使中东长期处于分裂和冲突之中。通过这一战略，美国维持了其在中东的战略主导地位，同时削弱了地区国家在全球治理中的独立能力和话语权。[③] 随着叙利亚内战在2024年12月阿萨德政权倒台落下帷幕，支持叙利亚反对派的美以又一次在中东取得暂时性胜利。而以色列在对巴勒斯坦加沙地带不断袭击和同其他中东国家交火，将加快未来美俄在中东代理人的决战事态。

综上可知，美国通过在东欧、东北亚和中东等地区实施楔子战略的做法，

[①] Igor V. Kryuchkov, "The Foreign Policy of Saudi Arabia in the Near East at the Beginning of the 21st Century", *Science Journal of Volsu*, Vol. 22, No. 3, 2017, pp. 142 – 149.

[②] "US plans to sell \$8B in arms to Israel to deter Iran proxies", New York Post, https://nypost.com/2025/01/04/world-news/us-plans-to-sell-8b-in-arms-to-israel-to-deter-iran-proxies. [2025 – 01 – 04].

[③] Nora Maher, "Balancing Deterrence: Iran-Israel Relations in a Turbulent Middle East", *Review of Economics and Political Science*, Vol. 8, No. 3, 2020, pp. 226 – 245.

以对抗性全球治理模式确保美国利益至上,这种模式的实施路径存在致命缺陷,它将不断恶化全球国家的外部生存环境,促使这种制衡威胁下的不同区域国家形成安全防御困境,导致国家间信任感流失,从而阻碍了全球安全治理的效果达成。当前,俄罗斯与欧盟、北约对立情绪增强,朝鲜半岛核不扩散体系濒临崩溃,印巴之间冲突持续升级,以巴冲突引发国际人道主义危机,这些地区性冲突和风险正在跨领域叠加,将世界推向多重危险边缘。以上问题肇始于西方全球安全治理模式的零和思维,它侵蚀了国际合作带来的绝对收益,导致全球安全治理面临集体失控的风险。

(三) 实践根源:美西方全球治理下的"代理人战争"

"代理人战争"作为美国实现全球楔子战略的重要工具,通过支持反对势力间接参与局部冲突,以降低直接介入战争的风险。同时以西方为代表的国际"直接干预"辅之以达成既定目标,这些战争常常被用来遏制竞争对手,并作为其削弱地区轴心国的主要手段。然而这一策略与全球安全治理和国际地区秩序的维护相冲突,更偏向通过控制区域冲突巩固其全球战略地位。

1. 冷战时期的"代理人战争"

冷战时期,美国广泛利用"代理人战争"来遏制苏联扩张,维持其全球战略主导地位,试图通过支持各地的反共势力推动美国主导的全球治理秩序。然而,这些"代理人战争"不仅给对手带来了巨大的消耗,也对全球治理体系带来了严重的负面影响。

在朝鲜战争中,美国以联合国名义进行干预,支持韩国抵御北部的朝鲜军队。这场战争虽避免了与苏联和中国发生直接冲突,但却使朝鲜半岛成为冷战时期的长期对峙区,直至今天仍未彻底解决朝鲜半岛的分裂。[①] 这场"代理人战争"不仅引发了地区安全的长期危机,还在东北亚建立了对抗性的军事同盟结构,并阻碍了区域和平的稳定发展,削弱了中韩在全球治理中关于

---

① Priscilla Roberts, "New Light on a 'Forgotten War': The Diplomacy of the Korean Conflict", *OAH Magazine of History*, Vol. 14, No. 3, 2000, pp. 10–14.

构建东北亚安全合作机制的努力。

与此同时,美国通过中情局在阿富汗战争中支持反苏武装,是成功削弱苏联在中亚地区影响力的关键一环。这场战争导致苏联在经济和军事上的严重消耗,被认为是促使苏联最终解体的重要因素之一。① 然而,阿富汗战后的长期动荡、极端主义的崛起以及地区安全问题的恶化,暴露了美国"代理人战争"对全球安全治理的长远破坏。此外,在拉美地区的尼加拉瓜内战中,美国通过支持右翼"反政府武装"来推翻左翼桑地诺政权,旨在遏制共产主义在拉美的扩展。② 这一"代理人战争"虽然削弱了桑地诺政府的力量,但也引发了该地区长期的内乱和政治动荡,对尼加拉瓜的经济发展和社会稳定造成了深远负面影响。③ 美国的干预在国际社会中遭到了广泛谴责,也破坏了区域合作与治理机制。

"代理人战争"的核心缺陷在于,它往往服务于短期的地缘政治利益,而忽视了长期安全治理的稳定性。不仅未能有效塑造一个可持续的国际秩序,反而导致全球治理失效,并使多个地区陷入持久性动荡。

2. 后冷战时期从"代理人战争"到"直接干预"

在后冷战时期,美国的"代理人战争"更注重维护地区秩序和遏制新兴大国,主要通过地区盟友和武装团体干预冲突,从也门和乌克兰代理人战争到伊拉克、叙利亚、利比亚中东直接干预,其目的是遏制区域性对手如伊朗、俄罗斯的影响,战略动机更加多样化,美国的这种策略加剧了该地区的政治动荡和分裂。④

---

① Kamrany, Nake M and Killian, David T, "Effects of Afghanistan War on Soviet Society and Policy", *International Journal of Social Economics*, Vol. 19, No. 7/8/9, 1992, pp. 129 – 151.

② Mateo Jarquín, "The Nicaraguan Question: Contadora and the Latin American Response to US Intervention Against the Sandinistas, 1982 – 86", *The Americas*, Vol. 78, No. 4, 2021, pp. 581 – 608.

③ Daniel Ortega and Tomás Borge, *Nicaragua: The Sandinista People's Revolution*, Pathfinder Press, 1985.

④ Philip Gater-Smith, "Asia and the Saudi-Iranian 'Cold War': The Desirability of Non-Alignment, the Prospects for Détente, and the Chances of an Asian Peace Initiative", *Asian Journal of Middle Eastern and Islamic Studies*, Vol. 14, No. 2, 2020, pp. 159 – 178.

一是中东地区军事干预的再持续。美国在中东通过煽动暴力手段进行国际干预，并借助"颜色革命"式的政治变革，试图推翻不利于其利益的政权。这些地区内外各方势力的复杂互动，进一步阻止了阿拉伯世界形成政治上的凝聚力。不仅削弱了地区国家政权的稳固，还引发了内部的分裂与冲突，阻碍了阿拉伯世界的统一和长期发展。以至于该地区安全治理机制长期处于无支配国的虚空混乱状态，① 更分化了联合治理合作的可能。

在伊拉克，小布什政府于2003年推翻萨达姆政权，尝试建立一个亲西方的民主政权。然而，这种直接的国际干预给中东地区带来了权力真空，导致了国内政治的分裂和暴力冲突的加剧。伊拉克内部的教派冲突升级，极端组织如"伊斯兰国"（ISIS）得以崛起，对该地区的安全构成严重威胁，② 利比亚的局势同样复杂。2011年在"阿拉伯之春"的背景下，美国及北约通过空袭和代理人支持，推翻了卡扎菲政权。然而，利比亚自此陷入长期的内战与无政府状态，导致国内武装派系林立，恐怖主义活动蔓延，难以恢复稳定。利比亚的局势失控进一步破坏了北非的安全局势。③

在叙利亚，美国通过支持反政府武装，试图推翻阿萨德政权，以削弱伊朗和俄罗斯的影响力。④ 然而，美国的介入不仅没有迅速结束冲突，反而使得叙利亚陷入长期内战，造成了严重的人道主义危机和难民潮。而美国支持的反政府武装和代理人势力与伊朗支持的地方力量交战，直接导致了叙利亚和也门的内战长期化和地区分裂，这不仅加剧了内部的动荡，还为外部势力介入提供了空间，进一步瓦解了阿拉伯世界的团结。⑤ 总体而言，美国通过直接

---

① Marc Lynch, *The New Arab Wars: Uprisings and Anarchy in the Middle East*, Public Affairs, 2016.
② Sayle, Timothy Andrews, "US War in Iraq since 2003", Oxford Research Encyclopedia of American History, 2019.
③ "How Libya's years of crisis unfolded after 2011 uprising", Reuters, https://www.reuters.com/world/africa/how-libyas-years-crisis-unfolded-after-2011-uprising-2024-08-28/. [2024-08-28].
④ "Blinken: US in direct contact with Syrian rebels that ousted Assad", VOA News, https://www.voachinese.com/a/blinken-us-in-direct-contact-with-syrian-rebels-that-ousted-assad-20241214/7901568.html. [2024-12-14].
⑤ Christopher Phillips, *The Battle for Syria: International Rivalry in the New Middle East*, Yale University Press, 2020.

介入和代理人间接方式干预中东冲突，未能实现其预期的战略目标，反而给这些国家造成了长期的动荡、恐怖主义滋生和地区安全秩序的瓦解，严重削弱了中东国家的自治能力。

二是乌东战场。目前乌东地区治理严重混乱，俄乌交火持续不断，给全球安全带来不可预估的后果。以美国为首的西方正在努力包围俄罗斯，将其与地区和国际环境隔离开来，这一切都影响了俄乌危机的再次升级，俄罗斯在乌克兰的特别军事行动变成了一场由欧洲人和美国人领导的在乌克兰领土上对抗俄罗斯的混合战。① 拜登通过大规模的军事援助和武器供应，试图支持乌克兰抵御俄罗斯的进攻，以削弱俄罗斯在东欧的影响力。然而，这一"代理人战争"未在短期内达成预定目标，反而在双输的局面下难以停战，导致危机不断外溢蔓延。乌克兰东西部的政治立场差异决定了乌克兰内部的分歧，东部的亲俄势力与西部亲欧派的对立，使其整个国家治理陷入深层的分裂态势。②

伴随战事的不断推进，北约不断加大对乌克兰的支持，双方越来越难以判断彼此的红线，这增加了意外升级的风险。2024年9月25日，普京在召开的俄罗斯联邦安全会议上做出了对国家核威慑政策更新，削减核门槛。并称，"若无核国家在拥有核武器的国家参与或支持下对俄罗斯进行侵略，则此行为将被视为联合攻击，进而触发俄罗斯的核反应。此外他还指出，在面临常规武器对俄罗斯主权的严重威胁时，俄罗斯也保留使用核武器的权利"。③ 这一政策变化是在拜登批准向乌克兰提供远程导弹的背景下发生的，乌克兰可以利用这些导弹打击俄罗斯的关键军事设施。俄罗斯认为这增加了军事威胁，并准备相应地升级回应。克里姆林宫发言人德米特里·佩斯科夫强调，这一政策变化表明，任何对俄罗斯及其盟友采取的行动，都将面临"不可避免的

---

① 徐舒悦、高飞：《乌克兰危机背景下"混合战争"理论与实践评析》，载《和平与发展》2023年第4期，第76—96页。

② Wiktor Mozgin, "Ukraine in a Geopolitical Game between the West and the Russian Federation", U-krainian Policymaker, Vol. 3, 2018, pp. 36–42.

③ "Putin Lowers Threshold for Using Nuclear Weapons in Updated Doctrine, Sparking Escalation Concerns", The Moscow Times, https：//www.themoscowtimes.com. [2024-01-19].

报复"。① 可见这种形势下，美国的"代理人战争"政策将招致更加可怕的结果即大国核威慑失效后的代价。正如其在叙利亚和利比亚的干预所示，美国的代理人模式和直接干预正在给全球带来灾难。乌克兰局势表明，如果西方的国际干预策略未能有效控制，可能导致全球治理陷入更深层次的失控风险。

三、美西方全球安全治理下的危机外溢

美国全球安全治理正从过去新自由主义主导的合作路径逐步转向以新现实主义为基础的竞争与对抗路径，全球安全治理矛盾不断尖锐化。全球安全治理系统的压力也在不断加大，合作治理的成本上升，各国之间的协调和合作变得更加困难。传统的军事对抗与非传统领域如网络安全、气候变化、疫情防控等问题交织，使中美两国的安全治理成本显著增加。罗伯特·基欧汉和约瑟夫·奈（Joseph Samuel Nye Jr.）指出："随着国家从多边主义中退却，转而采用更加单边和竞争性的策略，全球治理日益碎片化"，② 其影响如下：

（一）全球地缘战略内耗加剧：俄乌冲突的连锁反应

2022 年俄乌冲突爆发以来，全球地缘战略内耗加剧，战争不仅对东欧地区产生了深远的影响，还引发了全球性连锁反应。拜登对乌克兰大规模军援和对北约的持续支持，使得战争愈演愈烈，造成了严重的不稳定局面。俄乌冲突爆发后紧随其来的就是战争国家货币贬值、原材料断供、产品供给断链及全球粮食与能源供需失衡。③ 俄罗斯和乌克兰作为全球重要的两大粮食出口

---

① Amber Weurding, "Russia lowers nuclear threshold as US drops restrictions on use of missiles by Ukraine", JURIST, https://www.jurist.org/news/2024/11/russia-lowers-nuclear-threshold/. [2024-11-18].

② Robert OwenKeohaneand Joseph Samuel Nye Jr., *Power and Interdependence*: *World Politics in Transition*, Pearson Longman, 2012.

③ 胡子南：《俄乌冲突对全球经济的影响及中国的策略》，载《亚太经济》2022 年第 4 期，第 19—20 页。

国,战争的持续严重减少了粮食出口数量,导致全球粮价飙升,进而引发了全球性粮食危机。① 这种冲突性后果不仅限于经济层面,还包括全球军备的结构性改变。2022 年全球军费开支连续第八年增长,达到 22400 亿美元,同比增长 3.7%,是 SIPRI 有史以来记录的最高水平。②

与此同时,欧美国家通过军事、经济手段对乌克兰的支持,激化了大国博弈,使俄美之间的对抗升级。战争加剧了全球大国之间的对抗,尤其在核威慑机制失效的风险之下,俄罗斯多次发出核警告,而国际社会对此反应较为冷漠,表明核威慑在新的地缘政治局势中效力下降,③ 这种情况给全球安全治理带来了更大不确定性。随着冲突的长期化,国际社会在应对战争停火上显得苍白无力,全球权力格局的失衡日益明显。④ 全球范围内的安全治理因此面临更高成本的挑战,俄乌冲突加剧了全球安全治理的多极化对抗,尤其使欧亚地区代理人战争进一步升级。美国在乌克兰的干预不仅未能推动和平进程,还进一步加剧了全球治理体系的内耗,表明其美国的干预式治理模式存在严重缺陷。

(二) 中东地区的宗教矛盾与大国干预:以色列和伊朗冲突加剧

中东长期以来作为全球地缘政治的博弈热点,特别在美国的介入下,伊斯兰国家与以色列的冲突不断升级。2023 年 10 月 7 日,巴勒斯坦伊斯兰抵抗运动(哈马斯)对以色列发动代号为"阿克萨洪水"的军事行动,向以色列境内发射大量火箭弹,导致以色列宣布进入"战争状态",新一轮巴以冲突爆

---

① "SIPRI Yearbook 2023: Armaments, Disarmament and International Security", Oxford University Press, https://www.sipri.org/sites/default/files/2023-06/yb23_summary_en_1.pdf./. [2025-02-02].

② "SIPRI Yearbook 2023: Armaments, Disarmament and International Security", Oxford University Press, https://www.sipri.org/sites/default/files/2023-06/yb23_summary_en_1.pdf./. [2025-02-02].

③ Vajriyati, Suci, Basuki, Lukman Wijaya, Lessy, Ahmad Khoirul, Anieda, Indah, Kuswoyo, Kuswoyo, Chumairoh, Lailatul, and Meristiana, Mia, "The Effect of the Russia-Ukraine Conflict on the PotentialUse of Nuclear Weapons", *Journal of Social and Political Sciences*, Vol. 3, No. 3, 2022, pp. 235-267.

④ Serhii Feduniak, "Influence of the Russian-Ukrainian War on the Activity of the Leading Security Institutions in the Context of New Model of International Relations", *Mediaforum*, No. 11, 2022, pp. 131-140.

发。以色列随即对加沙地带展开大规模军事行动，包括持续的空袭和地面进攻，导致严重的人道主义危机。① 在其背后，是伊朗等国家对以色列的长期对抗及美国对以色列的全面支持。美国通过将伊朗和黎巴嫩真主党视为主要敌对势力，复杂化了中东的安全局势，使冲突超越宗教争端，演变为大国博弈的权力平衡问题。美国计划利用最近通过的 260 亿美元援助包来增强以色列的防空能力，而俄罗斯计划向伊朗提供苏－35 战斗机和先进的 S－400 防空系统。② 以色列与美英法等西方国家形成的联盟对抗伊朗、黎巴嫩真主党及其盟友，未来俄伊与美以合作可能使地区冲突上升为全球性危机。另一层面，楔子战略也是让伊朗和沙特之间的竞争成为该地区的核心，以继续挑起什叶派和逊尼派之间的宗派战争，美国借此从向沙特出售武器中获益，并在该地区维持军事基地。美国在中东的干预性模式治理不仅加剧了该地区的安全困境，还进一步激化了宗教与政治矛盾。美以联盟与伊朗及其盟友之间的对抗愈演愈烈，使中东局势陷入新一轮的动荡。这一局势很可能导致未来中东冲突扩大，甚至向欧亚策源地外溢扩张。③ 美国的安全治理模式在中东的失败，再次表明大国对冲逻辑下的治理模式无助于实现持久和平，反而加剧了全球安全格局的动荡。

（三）中美博弈对亚太地区的安全影响

伴随中美博弈的加剧，亚太地区成为全球战略对抗的又一个焦点。美国又宣称"国际秩序的建立要依赖霸权国家的存在"。④ 通过强化与亚太地区的

---

① "Gaza es la crisis humanitaria más aguda desde la II Guerra Mundial, según un responsable de la ONU para alimentación", El País, https：//elpais.com/planeta-futuro/2024 - 10 - 26/gaza-es-la-crisis-humanitaria-mas-aguda-desde-la-segunda-guerra-mundial-segun-responsable-de-la-onu-para-alimentacion.html/.［2024 - 12 - 20］.

② "Russia-Iran alliance concern for Israel: Analysis", Stars and Stripes, https：//www.stripes.com/.［2024 - 10 - 26］.

③ Nora Maher, "Balancing Deterrence: Iran-Israel Relations in a Turbulent Middle East", *Review of Economics and Political Science*, Vol. 8, No. 3, 2023, pp. 226 - 245.

④ 曹玮：《国际关系理论教程》，北京：中国社会科学出版社 2020 年版，第 167 页。

盟友关系，特别是通过重振"美日印澳+"四方安全机制，试图遏制中国在亚太的崛起。① 拜登政府上台后，进一步深化了美国在亚太地区的军事同盟网络，推动了印太战略的全面实施。这不仅在军事层面加强了对中国的围堵，还使得地区内的安全紧张局势加剧，特别是在台海和南海问题上，局势愈加复杂。

美国在亚太的政策不仅局限于直接军事部署，还在台湾问题上积极推动代理人模式。"美台安全合作"是美国长期以来打入两岸关系中的一个楔子，其并非仅出于制衡大陆的战略考量，更重要的是要实现"统一预阻"的战略目标，预防美国在亚太区域的联盟体系被弱化，维系美国对东亚安全秩序的主导权。② 美国通过向台湾提供武器和政治支持，加剧了两岸关系的紧张，特别是在中美博弈不断升级的前景下，台海局势有愈发复杂和对抗的趋势。美国的介入和支持，使台海问题成为中美战略对抗的核心区域，而这种对抗也增加了亚太地区的整体安全风险。

同时，美国推行的印太战略通过拉拢日本、印度、澳大利亚、韩国和新西兰等国，试图在亚太地区构建一个包围中国的价值观联盟。这种以遏制中国为核心的政策不仅对中国形成了艰巨考验，也破坏了亚太地区的安全合作机制。美国的排他性战略不仅阻碍了亚太地区安全共同体的建设，还进一步加剧域内集体身份认知分散割裂，使得亚太的安全治理面临更大的内耗与挑战。③

美国在亚太地区推行的战略还包括经济层面的封锁，通过加强 CPTPP（跨太平洋合作伙伴协议）、IPEF（印太经济框架）的发展，试图将中国排除在区域经济整合之外。④ 与此同时，中国则通过推动区域全面经济伙伴关系协

---

① Wei, Zongyou, "The evolution of the 'QUAD': driving forces, impacts, and prospects", *China International Strategy Review*, Vol. 4, 2022, pp. 288-304.

② 王晓虎：《"统一预阻"：美台安全合作的楔子战略视角》，载《太平洋学报》2018 年第 3 期，第 39—48 页。

③ 赵磊、方长平：《美国"印太战略"背景下的亚太区域合作变局与走向》，载《当代亚太》2024 年第 5 期，第 85—105 页。

④ 国际合作中心：《"印太经济框架"新进展及其对亚太区域经济一体化的影响》，2024-10-02，www.icc.org.cn/publications/internationaloberservation/2371.html.[2025-01-05]。

定（RCEP）来平衡美国的经济遏制。这一经济与安全的双重博弈，使得亚太地区的安全形势变得更加复杂，区域内各国在经济、安全、政治方面的分歧加剧，全球化进程也因此受到更多阻力。

（四）中美全球化与逆全球化的矛盾：供应链安全与地缘政治风险

在当前各国相互依赖深化的浪潮下，过去美欧主导的全球治理体系受结构性困扰，社会矛盾尖锐，民粹主义和分裂主义纷纷崛起。这些国家未能意识到改革的迫切，反而把矛头对向全球化，转向退避而自保。[1]

2018年特朗普政府实施对华"战略脱钩"，以供应链"去中国化"为核心，推动制造业回流（reshoring），强化与盟友的供应链合作（friend-shoring），试图通过构建"民主供应链联盟"限制中国在全球产业链中的作用，强化地缘政治对经济格局的干预。[2]

与此同时，中国通过"双循环"战略强化供应链自主可控，加大科技创新投入，并借助"一带一路"、RCEP等平台拓展国际供应链合作，以应对外部封锁风险，倡导更加开放的全球经济合作模式，强调供应链的多元化与稳定性。

中国倡导的全球安全区域机制反映了世界的多极化规律，弥补了"对排他性'圈子俱乐部'和现行秩序的政治包容性缺乏和存在双重安全标准等不足"。[3] 因而，中美之间的全球化与逆全球化的对立结构，也反映了中美在全球安全治理中的战略利益和价值取向的不同。[4]

---

[1] 沈亚梅：《探析全球治理转型中的"中国方案"》，载《和平与发展》2017年第6期，第2页。

[2] 张薇薇：《美国对华"脱钩"：进程、影响与趋势》，孔子学院全球学术信息网，http://www.ccis.sdu.edu.cn/info/1010/4981.htm.[2025-03-07]。

[3] 傅莹：《在共同的屋顶下——中国的全球秩序观》，观察者网，http://www.guancha.cn/fuying/2015_11_13_341121_s.shtml.[2025-01-04]。

[4] 吴志成、李颖：《中美全球治理战略比较（英文）》，载《当代国际关系》2021年第6期，第61—84页。

（五）非传统安全治理被忽视，全球治理南北矛盾激增

美国在全球治理逻辑中的对抗思维深刻影响了非传统安全领域合作，这在环境保护和气候变化等方面表现明显。

首先，安全危机的联动性导致单一安全问题波及更多复合领域，而传统与非传统安全治理的边界模糊将影响国家安全认知。[1] 在这一过程中，美国的全球治理逻辑展现出一定的交叉模糊，导致非传统安全领域治理不仅难以推进，还被其对抗性思维所扭曲，其典型就是日本核废水排放争议。日本核废水排放得到了美国和国际原子能机构许可，对核污水和核废水本质差异的忽略，表明环境规范正被大国地缘政治竞争所取代。背后反映的是大国意识形态对抗对环境规范产生了强烈干扰，不考虑日本核排海代价和对安全规范的颠覆影响，美国的默认为日本持续排放奠定了基础。可见，除日本转嫁核污水让国际社会"被动承担"[2] 外，美国及国际组织以传统地缘思维导向引导规范价值的判断，使其大国之间的对抗放大了规范竞争中的权力因素，弱化了国家间的理性思考和交流，强烈干扰了海洋保护的迫切需求，使得非传统安全治理变得更加混乱。这种现象表明，非传统安全问题正逐渐被传统安全的利益所捆绑，非传统领域的国际合作的独立性与有效性因此大大削弱。

与此同时，在西方为主导的环境治理规则下，往往以自身利益为重，忽视了发展中国家的利益。美欧共同构建的"气候俱乐部"为摆脱《联合国气候变化框架公约》的"共区原则"，试图倒逼发展中国家按照符合西方的利益进行生产转型，导致南北国家在环境治理上分歧严重。[3] 2023 年 8 月 17 日，欧盟宣布实施碳边境调节机制（CBAM），促使更多大量依赖高碳的发展中国

---

[1] 傅小强、韩立群：《非传统安全对国家安全的影响趋势研究》，载《国家安全研究》2022 年第 2 期，第 95 页。

[2] 王京滨、李扬、吴远泉：《核污水排海折射日本将国际事务内政化的利己本质》，人民网，http://world.people.com.cn/n1/2022/0823/c1002-32509213.html.［2025-02-04］。

[3] 总体国家安全观研究中心、中国现代国际关系研究院：《气候变化与国家安全》，北京：时事出版社 2022 年版，第 280 页。

家企业面临供应链断供等安全风险,[①] 足以表明,以西方主导的治理框架未能平衡各方利益,并忽视了非传统安全治理的紧迫,进一步深化了全球环境治理中的南北关系对立。

四、中国全球安全治理的路径重构

当前以国际为本位的合作路径正在让位于以国家为本位的竞争路径,导致国家中心思想的影响回流,不利于全球安全治理的整体实现。自美国将中国全面定位为竞争对手以来,逆全球化趋势凸显,区域经济合作正让位于地缘安全对立,无不表明美国霸权主导下治理体系的倒退。在东西二元对立的认知观下,其"冲突—战争—对立"成为国际常态,其阵营共敌的不断强化阻碍了西方全球安全治理的深化,给全球安全治理的持续造成了逻辑错位。国家间的安全竞争成了"自我预言"的冲突悲剧,其中代理人战场就成了这一重要产物,可见,这种竞争逻辑不仅加剧了地区动荡,也使全球治理面临更大挑战。因此,国强必霸、崇尚实力、零和博弈等思维越来越不符合时代前进的方向,传统国际关系理论越来越难以破解人类当下所面临的困局。[②]

为打破这种冲突对抗冲突的治理怪圈,中国正在推动全球治理体系的转型,其提出的全球发展倡议、全球安全倡议、全球文明倡议和人类命运共同体等理念,在治理过程中逐渐取得成效。它与西方以冲突取代冲突的传统路径不同,更注重国家主体间的差异性需求。在此期间,中国有效斡旋了沙特和伊朗复交,推进乌克兰和平计划,并在朝鲜半岛和中东持续扮演和平维护者角色,这成为落实全球安全人类命运共同体的生动典范。

整体来看,中国的全球治理模式同西方全球治理存在差异,其实施结构

---

① Yulong Zhang, Binbin Pan, "Shared responsibility of carbon emission for international trade based on carbon emission embodied between developing and developed countries", *Environmental science and pollution research*, Vol. 30, No. 7, 2023, pp. 19367 – 19379.

② 《〈携手构建人类命运共同体:中国的倡议与行动〉白皮书》,中华人民共和国中央人民政府,https://www.gov.cn/zhengce/202309/content_6906335.htm. [2025 – 02 – 21]。

主要包含三大部分：一是对顶层理念的设计，二是对路径依赖的选择，三是对国际架构的实践。以下对其进行详细的论述。

（一）理念设计：全球安全倡议

稳定是安全的根基，世界是休戚与共的命运共同体。事实再次证明，冷战思维只会破坏全球和平框架，霸权主义和强权政治只会危害世界和平，集团对抗只会加剧21世纪安全挑战。为了促进世界安危与共，中方提出全球安全倡议：坚持共同、综合、合作、可持续的安全观。[①]"共同安全""综合安全""合作安全"和"可持续安全"作为这一治理的设计核心，不仅创新了全球安全治理思路，还为应对当今世界安全困境难题提供了有效之解。

1. 以"共同安全"代替"分割安全"

中国的总体国家安全观构建了"大安全"理论框架，强调安全的整体性、不可分割性与可持续性，突破传统安全观中狭隘的"分割安全"模式，以全球视角审视安全问题。2011年，中国政府在《中国的和平发展》白皮书中明确提出，"中国倡导互信、互利、平等、协作的新安全观，寻求实现共同安全、综合安全、合作安全"。[②] 共同安全的核心理念在于，安全是全球性、普惠性的，不能建立在对抗、封闭或针对第三方的联盟基础上，更不能以牺牲他国利益换取自身安全。

2023年2月，中国正式发布《全球安全倡议概念档》，进一步明确了"六个坚持"的核心理念与原则，提出了二十个重点合作方向，[③]为全球安全治理提供了系统性方案。这一理论成果不仅突破了传统安全观中"零和博弈"

---

① 《习近平在博鳌亚洲论坛2022年年会开幕式上的主旨演讲（全文）》，中华人民共和国中央人民政府，https：//www.gov.cn/xinwen/2022－04/21/content_5686424.htm.［2025－02－04］。

② 《中国的和平发展》白皮书，国务院新闻办公室，http：//www.gov.cn/english/official/2011－09/06/content_1922435.htm.［2025－01－22］。

③ 《全球安全倡议概念文件（全文）》，中华人民共和国司法部，http：//www.moj.gov.cn/pub/sfbgw/gwxw/ttxw/202302/t20230221_472434.html.［2025－01－29］。

的局限，还强调通过共同协商实现全球安全秩序稳定，无论是应对区域冲突、恐怖主义，还是全球环境问题，其共同安全主张的是各国通过多边合作寻求共识，以避免局部利益冲突扩大为全球危机。

2. 以"综合安全"替代"单边安全"

全球安全倡议强调"综合安全"理念，主张统筹传统与非传统安全，打破单一安全观的局限性，推动安全体系的协调发展。综合安全理念强调安全的整体性，涵盖军事、政治、经济、社会、科技、生态、文化等多个维度，倡导各国安全相互依存，反对冷战思维、霸权主义和单边主义，认为唯有通过多边协作与共同治理，才能实现全球安全的可持续性。

针对大国战略博弈中的竞争安全逻辑，全球安全倡议强调的是大国带头讲平等合作法治，反对搞霸权霸凌霸道，携手构建和平共处、总体稳定、均衡发展的大国关系框架，[①] 这与西方的治理理念、世界观及"以我为大"缺乏包容的思维模式不同。习近平总书记在多个国际会议上强调，综合安全超越传统的军事安全范畴，应涵盖更广泛的安全维度，以系统性思维应对全球挑战。中国在联合国、亚信峰会、上海合作组织等多边平台推动安全合作，倡导通过对话化解分歧，避免恶性竞争与冲突。这种大国协调不仅有助于缓解全球安全紧张局势，也为中小国家提供了更多安全保障。

3. 以"合作安全"替代"排他性安全"

在当前全球治理"失序"的背景下，全球安全倡议为全球安全治理提供了一种全新解决方案，尤其当美国传统的治理框架已难以应对全球化下的新型安全威胁时，全球各国迫切需要一种新的安全观来弥合分歧，以增强国际合作。

在区域和全球安全合作上，中国通过亚投行等多边机制，推动以合作安

---

① 彭博、薛力：《全球安全倡议的文明基底、理论逻辑与实践路径》，载《国际安全研究》2023年第6期，第79—101页。

全为基础的国际安全合作。通过平等合作、互信对话，打破了传统安全观中的对抗性和竞争性思维，增强了全球安全治理的包容性与有效性。这些举措不仅促进了全球经济安全合作，还增强了发展中国家在国际安全事务中的参与度。本源来看，排他性治理模式早已无法有效应对跨国性挑战，中国式全球治理是一种管理、协调、平衡与和谐关系的过程，其和谐共赢就是这一思维方式的重要产物。①

4. 以"可持续安全"替代"短视性安全"

可持续安全的核心在于建立稳定可预期的安全机制，防止因短期利益驱动而引发长期安全困境。唯有超越单边主义和短视行为，各国才能携手推动全球安全治理迈向公平、公正、可持续的方向，最终实现世界的长治久安与共同繁荣。习近平总书记在多个国际场合中指出，全球安全问题具有高度相互依赖性，各国的安全相互联系，任何国家都无法通过单边手段实现绝对安全。强调的是要以共同安全的"大局观"去建立"可持续"的发展格局。②

全球安全倡议从根本上超越了传统地缘政治安全理论，摒弃狭隘的抗争博弈思维，转向以人类命运共同体为核心的安全理念，致力于构建更加公正、均衡、可持续的国际安全秩序。正如国家主席习近平所倡导的，秉持开放包容原则，积极探索开展新形式新领域合作，有助于推动国际社会携手为动荡变化的时代注入更多稳定性和确定性，实现世界持久和平与发展。③

（二）以互利共赢为核心的路径依赖

在全球治理体系日益复杂的背景下，传统大国治理模式逐渐暴露出自身的局限性，尤其是只注重短期利益、偏重自身优先的策略。在此背景下，中

---

① 王时中：《构建人类命运共同体——应对全球问题的"中国方案"》，北京：人民出版社2022年版，第77页。
② 习近平：《习近平谈治国理政（第四卷）》，北京：外文出版社2022年版，第451页。
③ 《全球安全倡议概念文件（全文）》，中华人民共和国中央人民政府，https://www.gov.cn/xinwen/2023-02/21/content_5742481.htm.［2025-01-26］。

国倡导的"互利共赢"理念为全球治理提供了一种新的路径选择。

1. 构建新型多边民主化国际关系框架

为实现这一目标,中国在联合国框架内积极推动通过"在国际安全领域促进和平利用国际合作"决议,以巩固大国间的多边协调,构建良性、非对抗的国际关系。这种多边合作不仅有助于提高全球安全的协调性,还意图营造一个更具包容性的国际安全环境。中国的立场不同于传统的西方干预模式,倡导"受援国提出、受援国同意、受援国主导"的原则。① 这种非干预式援助模式注重发展中国家的自主性,超越了传统西方安全管控和战略冲突的逻辑,体现出中国对多边主义的支持与推动。通过这一路径,中国在国际发展援助上也提供了新的合作方式。如中国在东盟框架下持续推动"南海行为准则"的磋商与实施,致力于通过区域内的多边合作机制解决南海争端,以确保南海区域的和平稳定。

中国坚持重视各国安全合理关切,推动国际关系民主化,为非洲、中东、拉美等地区的基础设施、能源安全和技术发展提供了大量援助支持,帮助发展中国家提升自主发展和治理能力。这种援助不仅在经济上拉动了区域发展,更在安全上为这些地区提供了基础保障。十年来,一批标志性项目陆续建成并投运,中欧班列开辟了亚欧陆路运输新通道,这种多边合作模式与美国对外援助的方式形成鲜明对比。美国对外援助的"附加条件"策略常导致受援国的主权受限,甚至引发当地社会的不稳定,特别是在对立地区或冲突热点。这种以自身利益为核心的援助方式往往削弱了多边合作的稳定性,加剧了地区紧张局势。相比之下,中国的援助更侧重发展中国家的自主权和多边合作的可持续性。这一立场推动了中国与发展中国家关系的深化,形成了以"平等合作、互利共赢"为基础的伙伴关系。

通过这些努力,中国在多个区域内构建了基于互信、平等和尊重的多边

---

① 《〈新时代的中国国际发展合作〉白皮书》,中华人民共和国中央人民政府,https://www.gov.cn/zhengce/2021-01/10/content_5578617.htm.[2025-01-22]。

合作机制，逐步形成了"利益安全共同体"的雏形。这种安全共同体不仅有助于促进区域的和平发展，也为全球提供了新型的安全治理模式。这种模式不仅能强化多边合作的韧性，还为其他大国提供了借鉴，推动全球安全治理体系更加开放、包容和多元。

2. 统筹传统与非传统安全的综合治理

中国的全球安全倡议强调统筹推进传统与非传统安全领域的治理。其核心是协调各方共同应对安全挑战，在多个领域形成合力。具体分为：

（1）核安全合作

中国通过推动核武器国家之间的对话与合作，积极遵守国际协议，"2022年1月，五核国领导人关于防止核战争与避免军备竞赛的联合声明"，致力于降低核战争风险，维护全球核安全。[①] 中国强调通过多边合作和国际协调来达成全球核安全目标，减少冲突。而美国的核政策更侧重于威慑战略，虽然参与国际合作，但其军备控制政策常带有双重标准，强调通过核力量威慑来保障其全球安全利益。美国在核武器的削减与管控上有时采取不对称措施，主要是为了维持其在国际安全格局中的优势地位。

（2）国际反恐与信息安全合作

中国支持联合国在国际反恐斗争中的主导作用，并在2020年提出了《全球数据安全倡议》，呼吁建立统一的全球数据安全管理体系，旨在促进国际社会在信息安全领域的合作。[②] 中国强调全球信息基础设施的共同治理，推动国际合作以应对网络犯罪、数据泄露和信息安全威胁。虽然美国也积极参与全球反恐，但往往采取单边行动，特别是在中东等反恐战场。美国在信息安全方面更加注重数据隐私与网络安全保护，但同时也以国家安全为名实施监控

---

① 《全球安全倡议概念文件（全文）》，中华人民共和国中央人民政府，https://www.gov.cn/xinwen/2023-02/21/content_5742481.htm. [2025-03-02]。

② 《全球数据安全倡议》，中华人民共和国外交部，http://foreignjournalists.fmprc.gov.cn/wjb_673085/zfxxgk_674865/gknrlb/tywj/zcwj/202010/t20201029_9869292.shtml. [2025-03-09]。

计划，这些措施在全球范围内引发了关于国家主权和个人隐私的争议。

(3) 网络空间与人工智能治理

中国在网络空间治理方面强调构建"网络空间命运共同体"，倡导国际合作以实现网络空间的共同安全与秩序，并在 2023 年乌镇世界互联网大会上提出了《全球人工智能治理倡议》，推动人工智能的安全与可持续发展。① 美国在网络安全和人工智能方面更注重自主发展和技术优势，推动技术创新的同时，也对其他国家的网络攻击采取强硬措施。美国主张的网络自由和信息开放常被其他国家视为对网络主权的威胁，而其在人工智能领域强调技术领先，但较少涉足全球治理框架的建立。

(4) 建构广泛安全协作机制

中国提出的全球治理观以"共商、共建、共享"为核心，强调广泛的安全协作与互信机制建设，重视各国合理安全关切，以推动国际关系民主化为目标。为实现这一目标，中国推动战略沟通与对话，致力于化解国家间的矛盾与分歧，构建基于利益共同体、责任共同体和命运共同体的合作关系。②

中国主张通过多边平台进行安全协作，倡导国家间的平等协商。如在上海合作组织（SCO）框架内，中国与其他成员国共同应对区域安全问题，特别是打击恐怖主义、极端主义和分裂主义。上海合作组织提供了成员国间定期对话与合作的机会，提升了成员国的安全治理能力。此外，中国还将东亚视为"周边共同体"的重要辐射区，③ 通过东盟地区论坛（ARF）、亚信（CICA）等区域性多边机制，促进了亚洲地区的和平与安全合作。这些平台使区域国家在安全事务中拥有更多话语权，实现共同治理。

在全球公共卫生安全领域，中国积极参与并推动应对突发卫生事件的国

---

① 《习近平向 2023 年世界互联网大会乌镇峰会开幕式发表视频致辞》，中华人民共和国中央人民政府，https://www.gov.cn/yaowen/liebiao/202311/content_6914131.htm.［2025 - 01 - 24］。
② 何亚非：《全球治理的中国方案》，北京：五洲传播出版社 2018 年版，第 122 页。
③ 中共中央宣传部、中华人民共和国外交部：《习近平外交思想学习纲要》，北京：人民出版社、学习出版社 2021 年版，第 58—59 页。

际合作。中国在疫情期间向多个国家提供疫苗、医疗物资和技术支持，支持全球抗击新冠疫情。同时，中国提倡在全球范围内建立统一的公共卫生安全防控体系，推动生物安全法的制定与完善，以强化生物安全合作。中国还倡议加强跨境的卫生事件通报机制，与世界卫生组织（WHO）等机构紧密合作，以增强全球卫生应急回应的协调性。

总之，中国构建广泛安全协作机制的模式与美国传统军事同盟形成鲜明对比，中国更加注重以经济和技术支持、发展合作等方式促进地区安全。不同于美国通过北约等军事同盟体系维护其全球利益。中国通过非军事的合作形式，特别是经济互惠和技术支持，推动各国的安全协作。中国的这一模式更注重尊重各国主权与发展模式，不设附加政治条件，更易为发展中国家接受，因而在国际上受到广泛支持。

（三）全球治理架构的实践

中国通过积极参与联合国维和行动、推动多边合作，为全球安全、减贫和可持续发展做出巨大贡献。同时，中国注重绝对合作和长期利益，推动国际安全架构向可持续发展。

1. 以大国立场为导向参与提供公共产品

在新旧国际体系转型之际，西方传统大国的安全治理体制略显疲态，新兴国家治理能力尚处攀升期，中国作为联合国安理会常任理事国，从受惠者向供应者身份转型。表现如下：

在应对全球公共卫生危机领域。疫情暴发后，截至2021年9月，中国"向100多个国家和国际组织提供了12亿剂新冠疫苗和原液，向150多个国家和14个国际组织提供了抗疫物资援助"。[①] 此外，中国还与一些国家建立了突发性卫生事件通报机制，及时填补了全球公共卫生应急领域的产品缺口。

---

① 《中方已向100多个国家和国际组织提供12亿剂新冠疫苗和原液》，中华人民共和国外交部，https://www.gov.cn/xinwen/2021-09/23/content_5638974.htm.［2025-01-20］。

与此同时，中国还通过推动亚投行的建立，弥补了全球金融体系的治理不足，亚投行已成为全球第二大国际多边开发机构，截至 2023 年初，成员国从 57 个增加到 106 个，累计批准 202 个项目，总融资额超过 388 亿美元，带动资本 1300 亿美元，覆盖全球人口 81% 和 GDP 占 65%。①

中国作为负责任大国，不仅在全球积极投送公共产品，还大幅增加其对外援助。自 2003 年至 2021 年，中国对外援助额度出现渐长，从 2003 年的 0.631 亿美元增加到 2015 年的 3 亿美元，从 2016 年 2.3 亿美元增加到 2021 年的 3.18 亿美元。② 习近平总书记在 2021 年宣布，将在未来三年内追加 30 亿美元的国际援助，来支持发展中国家的抗疫与经济恢复。③

在维护联合国地位上，中国是坚定的支持者。自 2022 年后，联合国因大国政治博弈治理效力减弱，无法有效斡旋俄乌、以巴等国际冲突。2023 年 10 月 25 日，以色列总理要求联合国秘书长古特雷斯就其发言道歉，突显了安理会在美国强权支持下的职能弱化。在此情形下，中国坚决支持联合国立场，呼吁国际社会推动落实巴勒斯坦问题上的"两国方案"，支持阿盟在该区域的建设性作用，共同推动构建中东国际安全新架构，推动全球治理规范向更加合理可持续的方向演进。这一系列举措预示着中国从全球治理的受惠者转型为全球治理的供应者，为推动国际安全合作的长期发展做出了贡献。

2. 填补安全治理主体空缺，发挥大国治理责任

在当前传统治理体制滞后窘境下，贫穷的国家政府没有能力实现公共产品自我供给，与单中心治理系统相比，多中心治理系统能产生更高治理效能，通过增加竞争以提高效率，这在解决"集体行动问题"上展现了创新性。为

---

① 《开业运营 7 周年 亚投行"朋友圈"何以越来越大？》，中华人民共和国中央人民政府，https://www.gov.cn/xinwen/2023-01/17/content_5737425.htm.[2025-03-02]。

② "Data: Chinese Global Foreign Aid", China Africa Research Initiative in School of Advanced International Studies Johns Hopkins University, https://www.sais-cari.org/data-chinese-global-foreign-aid/.[2023-10-28]。

③ 《习近平宣布中方继续支持全球团结抗疫新举措》，中华人民共和国中央人民政府，https://www.gov.cn/xinwen/2021-05/21/content_5610220.htm.[2025-02-18]。

打破这一瓶颈，中国主动填补安全治理主体空缺，主要体现在以下几个层面：

在联合国募捐和国际执法培训上。中国现已成为联合国第二大会费国和第二大维和摊款国。自1990年以来，中国参与近30项联合国维和行动，① 也成为目前安理会五大常任理事国中派出最多维和人员的国家，数量达2531人。② 2023年，中国还承诺为非洲维和能力建设追加1亿美元预算，为联合国维和待命部队提供五分之一兵力。③ 在上海合作组织第二十二次元首理事会上，习近平总书记承诺在未来五年为成员国培训2000名执法人员，帮助提升其自主安全治理能力，确保共同应对非传统安全威胁及打击跨国犯罪。④

在全球减贫、环境保护领域上。2021年中国实现全面消除绝对贫困，提前十年完成《联合国2030年可持续发展议程》减贫目标，对全球减贫贡献率超70%，"为全球减贫事业发展和人类发展进步作出重大贡献"。⑤ 与此同时，中国还提出了"碳达峰""碳中和"的"双碳"目标，来增强国家自主贡献，承诺到2030年实现碳排放峰值，到2060年实现碳中和，积极应对全球气候变化。⑥

在公共设施和多边机制领域上。中国参与全球合作并积极普及国际互联网业务，通过北斗系统提供全球重要时空基础设施，现已覆盖全球五大洲，其产品已出口至全球一半以上国家和地区，以此构建国家顶级域名系统下的

---

① 王芳、肖新新：《让和平的阳光普照大地（携手同心·新中国恢复联合国合法席位50周年）》，人民网，http://world.people.com.cn/n1/2021/1111/c1002-32279068.html.[2025-02-28]。

② "China and UN in graphics: A contributor to world peace"，CGTN，https://news.cgtn.com/news/2020-09-18/China-and-UN-in-graphics-A-contributor-to-world-peace-TPwjeqR1cs/index.html/.[2024-10-28]．

③ Courtney J. Fung, "China's Small Steps into UN Peacekeeping Are Adding Up", https://theglobalobservatory.org/2023/05/chinas-small-steps-into-un-peacekeeping-are-adding-up/.[2024-12-24]．

④ 习近平：《把握时代潮流 加强团结合作 共创美好未来》，载《人民日报》2022年9月17日，第2版。

⑤ 《〈人类减贫的中国实践〉白皮书》，中华人民共和国中央人民政府，https://www.gov.cn/zhengce/2021-04/06/content_5597952.htm.[2025-01-08]。

⑥ 习近平：《在第七十五届联合国大会一般性辩论上的讲话》，载《人民日报》2020年9月23日，第3版。

网络空间命运共同体,① 不仅如此,中国通过主导建立的金砖合作、亚信、上海合作组织、"中国+中亚五国"、东亚合作等相关机制也发挥着重要作用,在投送安全公共产品上,为区域发展与全球和谐安全而持续奋斗。②

总之,与美国代理人战争模式强调短期相对收益、追求"美国利益优先"的做法不同,中国通过"全球发展倡议""全球安全倡议""全球文明倡议"实践,不仅有效填补了国际安全治理中的公共产品缺口,也体现了中国一贯坚持的"发展优先"方针。③ 中国的全球治理模式更注重长期合作与共同收益,强调通过合作共赢来推动全球安全发展的整体进步。

总　结

自后冷战开始至本世纪前两个十年,全球化取得突飞猛进的成就,人类进入了共同繁荣的新阶段,和平与发展成为时代主旋律,全球安全局势相对平稳。但是,到了本世纪第三个十年,全球化进程发生逆转,全球安全治理进入了一个不确定时期。

中国与美国的全球治理模式反映了两国在国际事务中的不同定位与责任。中国倡导通过构建人类命运共同体,推动全球的合作与安全治理。中国的多边合作机制更多地体现了全球发展优先的理念,并通过提供广泛的公共产品推动全球共同安全与繁荣。美国的全球治理模式则更多通过维护其军事与经济优势来维持全球秩序,虽然在科技、经济等领域具有巨大的影响力,但其军事同盟体系和"美国利益优先"的政策往往造成全球安全治理中的不平衡

---

① 《〈携手构建网络空间命运共同体〉白皮书(全文)》,国务院新闻办公室,https://www.gov.cn/zhengce/2022-11/07/content_5725117.htm.[2025-01-18]。

② 中共中央文献研究室编:《十八大以来重要文献选编》(上),北京:中央文献出版社2014年版,第38页。

③ Courtney J. Fung, "China's Small Steps into UN Peacekeeping Are Adding Up," May 24, 2023, https://theglobalobservatory.org/2023/05/chinas-small-steps-into-un-peacekeeping-are-adding-up/.[2024-10-28]。

与对抗。

两者的全球治理模式既存在竞争，也有融合的可能性。在国际安全合作与全球公共产品供给领域，中国强调通过合作与共享实现全球共同繁荣，而美国则倾向于通过威慑与控制维持全球秩序。总体而言，两国的治理模式代表了不同的全球视野，但如何在全球治理中相互补充与融合，仍是国际社会面临的重要议题。

Global Security Governance:
The U. S. Dilemma and the Chinese Path

Xue Meifang Hong Dandan

Abstract: This study compares the global governance paths of China and the United States, which helps to understand the diversification trend of global governance in the twenty-first century and offers insights for constructing a more inclusive and balanced international security architecture. At the same time, such a comparison assists developing countries engaged in major power competitions to find security development paths better suited to their needs, thus avoiding being passively drawn into great power confrontations. By analyzing the strengths and weaknesses of both models, countries around the world can learn from each other in security governance practices and work together to address diverse threats such as terrorism, climate change, and cybersecurity.

Keywords: global security governance, U. S. governance dilemma, global security initiative, Chinese path

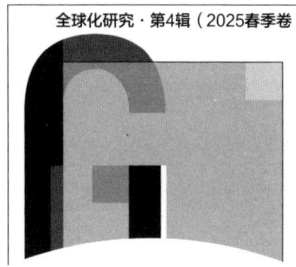

全球化研究·第4辑（2025春季卷）

| 全球化研究信息之窗

全球化研究论文观点辑要

（2024 年 4 月—2025 年 3 月）

杨乔蕾* 整理

1. 全球治理转型与中国对全球治理的观念公共产品供给

赵洋在《东北亚论坛》2024 年第 3 期撰文认为，共商共建共享治理理念是中国为全球治理贡献的重要观念公共产品。它强调治理主体之间的平等地位，各国之间通过协商来应对全球治理中的各类风险与挑战，以及各国共同参与全球治理实践，因而有助于破解当前困扰着国际社会的全球治理赤字难题。在实践中，中国主要是通过同国际组织或制度的互动来向国际社会传递共商共建共享的内涵，进而促使相关组织或制度接受这一理念。中国在这种互动中扮演了"智慧型领导"的角色，即引导国际组织的成员以共商共建共享理念为基础，克服在全球治理中阻碍各国采取一致行动的各类困境。这就改变了传统理论单纯将国家看作是被国际组织所社会化，进而接受国际组织所倡导的各类观念或规范的观点。国家同国际组织或制度之间的关系并不像传统观点认识的那样仅仅是"学生"同"教师"的关系，国家也并不仅仅是被动地接受国际组织所倡导的观念或从国际组织那里学习，而是可以将自身

---

* 杨乔蕾，南开大学全球问题研究所科研助理。

的观念传递给国际组织，促使国际组织转变行为模式。通过中国的实践，联合国等机构在其决议中采纳了共商共建共享理念，使这一理念初步成为指导各国参与全球治理活动的观念公共产品。

2. 数字经济全球化：历史必然性、显著特征及战略选择

李正图、朱秋在《**兰州大学学报（社会科学版）**》2024 年第 2 期撰文认为，经济全球化仍然是当今世界经济发展的客观趋势。如何正确认识经济全球化的客观规律？如何把握当今世界经济全球化的历史必然性？如何概括当今世界经济全球化的显著特征？如何依据当今世界经济全球化历史必然性和显著特征进行国家战略的正确选择？所有这些都需要在学理上进行全面系统完整地探究。在既有研究成果基础上，在人类文明演进中把经济全球化细分为农业经济全球化、工业经济全球化和数字经济全球化，依次阐述它们的区别联系、相互依赖和依次递进，进而论证经济全球化的客观演进规律；在经济全球化客观规律基础上，论证数字经济全球化是经济全球化演进自然历史过程的结晶，阐述数字经济全球化的历史必然性；在数字技术和数字经济显著特征基础上，结合经济全球化客观演进规律，阐述了数字经济全球化的显著特征；最后，基于数字经济全球化历史必然性及其显著特征，提出了新时代我国参与、引领和主导数字经济全球化的国家战略选择方略。

3. 全人类共同价值引领 21 世纪全球化生存的主体间性逻辑

韩升在《**理论探讨**》2024 年第 3 期撰文认为，21 世纪的全球化生存需要实现一种从西方"普世价值"主导到全人类共同价值引领的范式变迁。全人类共同价值生成于人类普遍交往日趋加剧的全球化语境中，蕴含破解共同发展难题、优化全球生存环境、构建美好未来世界的主体间性逻辑。全人类共同价值内蕴着与当前世界历史迈向更高阶段发展进程相适应的关系论原则、实践论旨趣和生存论意向：立足普遍交往的经验现实，以平等的关系理性涵容人类"相遇"的客观发生；着力于视域融合的交流互鉴，以明确的实践理性促进人类"相知"的共识达成；落脚于差异共在的世界图景，以积极的生

存理性构思人类"相融"的和谐未来。以全人类共同价值引领的 21 世纪全球化生存，将充分展开世界历史发展的崭新篇章，有力实现人类文明进步的美好未来。

4. 全球治理的"内卷式"困境与中国的作为

刘雪莲、卓晔在《国际展望》2024 年第 3 期撰文认为，2008 年国际金融危机后，全球治理逐渐陷入困境，但与此同时全球治理中各类制度、规则广泛建立。现有研究解释不了全球治理失效但各类制度、规则又不断建立的现象。通过引入"内卷"概念，并分析全球治理"量的增长"与"质的停滞"的情形，可以将全球治理所面临的问题称为"内卷式"困境，即全球治理中制度、规则数量的增长并未带来全球治理质的提升。究其原因，全球化进程中的矛盾性在全球治理层面的反映可以解释这种"内卷式"困境，包括国家内部的矛盾性引发对全球治理的质疑、国家主义阻碍了全球治理向全球主义的升级、大国竞争削弱了多元主体的协同性等。面对全球治理的"内卷式"困境，中国提出人类命运共同体理念，以"一带一路"建设推进区域治理发展，减少因大国竞争造成制度、规则间的不一致，为推动全球治理质的提升而贡献力量。

5. 地缘政治竞争和全球价值链

竺波亮在《国际政治研究》2024 年第 3 期撰文认为，过去几十年间，全球价值链的迅速发展进一步推动了世界经济的一体化。各经济体之间形成一种关系型的网络结构性相互依存。然而，近年来，日趋明显的大国地缘政治竞争对以全球价值链为基础的经济全球化构成巨大挑战。全球价值链由于其黏性和高转换成本对短期的冲击具有很强韧性，但长期的地缘政治竞争可能会改变企业的成本收益考量，从而改变价值链的地理布局。这种地理上的重新布局可能会更多地体现在行业分化上，然而，由于全球价值链的网络结构相互依存性，重新布局也有可能产生连锁反应，带来系统性变化。对全球价值链结构性相互依存如何影响国家之间的合作关系，以及企业如何应对地缘政治环境改变的进一步研究将有助于更好地理解地缘政治竞争与国际经济合作的相互作用。

6. 全球治理与国家治理互动的理论要义及现实出路

刘贞晔在《国际观察》2024年第4期撰文认为，全球治理在很大意义上因应国家治理的外部性而生。全球治理与国家治理在当今时代互动互融，相互贯通，已形成一种"整体性治理"。本文从追溯治理与善治概念的提出开始，考察了国际国内学术界关于全球治理与国家治理互动的研究进展，在此基础上，本文对全球治理与国家治理互动关系的理论要义进行了挖掘和阐述，其理论要义主要体现为：全球治理与国家治理相互推动；全球治理规范变革与国家治理制度变革相互促进；有效的治理制度和法治是治理互动达至善治效果的根基。最后本文分析了全球治理与国家治理良性互动的现实困境、出路和中国的治理变革。其中，主要大国对国家利益的片面追求导致全球"劣治"和"恶治"，大国合作关系的不确定性，国家治理能力弱化和治理能力不对称，文明排斥和极端民族主义以及有效治理制度供给不足等是阻碍全球治理与国家治理良性互动的主要障碍。坚持开放性治理，大国达成合作共识，再造和完善国家治理能力，坚持文明间的多样包容，积极推进全球有效治理制度的供给是克服各种障碍的主要出路。当下中国可以通过加强自身能力建设，为全球治理与国家治理的互动提供新的动力，以自身的治理经验和理念，重塑21世纪的全球治理秩序。

7. 构建全球发展共同体：核心要义与中国实践

李丹、李龙龙在《国际问题研究》2024年第4期撰文认为，作为人类命运共同体建设不可缺少的组成部分，构建全球发展共同体着眼于百年变局下全球发展的矛盾困境，回应了弥合南北发展鸿沟的时代呼声，体现了构建人类命运共同体的现实要求，蕴含着深刻的理念内涵：在建设原则上，坚持发展优先、以人为本、共商共建共享、互利共赢；在建设目标上，致力于加快全球减贫进程、推进全球发展治理、促进全球均衡发展，提升全球发展的公平性、有效性、包容性；在建设路径上，积极践行全球发展倡议凝聚发展合力，推动构建主体平等参与、成果共同分享的责任共同体、利益共同体，与各国携手实现共同繁荣的世界现代化。中国作为首倡国，正致力于以新型经济全球化引领全球发展方向，以绿色低碳合作创新全球发展方式，以共建"一带一路"重振全球发展伙伴关系，以加强国际科技合作激活全球发展动力，以"鱼渔并授"创新全球发展援助范式，以实际行动推动建设全球发展共同体。

8. 数字主权与全球数字治理

廖凡在《暨南学报（哲学社会科学版）》2024 年第 7 期撰文认为，数字主权是国家主权在数字领域的自然延伸，同传统主权一样表现为国家在数字领域的对内最高管辖权和对外独立自主权。数字主权大体包括网络主权和数据主权两个方面。就网络主权而言，应当坚持网络空间的"和平"和"日常"属性，强调一国基于国家主权所享有的管辖权、管理权和规制权；就数据主权而言，应当探索平衡、适度的跨境数据流动监管路径和方法，在维护数据主权与发展数字经济之间求得最优解，有望推动全球数字治理正向发展，对其的异化和滥用则可能诱发监管过度扩张、加速西方国家对华"数字脱钩"。作为因应，中国在国内层面应当坚持数字主权的国家属性和"防御"属性，探索更加平衡、适度的监管方法和路径；在双边层面应当对"等效监管"要求作出更加灵活有效的应对，包括考虑主动进行"逆向"充分性认定；在多边层面应当探索确立以主权平等为基础的全球数字治理模式，并充分利用有关区域性机制。

9. 全球风险扩散与治理韧性建设

韩笑、吴志成在《探索与争鸣》2024 年第 7 期撰文认为，全球化进程的深刻调整和各国相互依赖的加深，使当今世界日益成为一个紧密相联又高度复杂的风险社会。全球风险挑战交织集聚且加速扩散，全球体系呈现明显的脆弱性特征。有效识别当前全球体系面临的风险及其联动机制，加强全球治理韧性建设,成为推动全球治理体系变革的重要议题。人类活动的外部性、经济活动的盲目性、民族国家的自利性以及社会文化的世俗化趋势,不断催生着生态环境、经济网络、政治系统和价值体系的全球风险。这些风险彼此联系又相互转化,形成了一个自我强化的整体机制,使传统治理的控制性、确定性和安全性逻辑受到挑战,全球系统面临巨大的不确定性。面对全球事务的复杂危机和多元风险,国际社会应以培育共同价值为纽带提振全球信任、以国际多边合作推动有效制度供给、以协同式设计促进全球治理制度互动、以数字建设提升全球治理的行动效能,不断增强全球治理及时适应、快速调适、有效协作和迅速恢复的韧性能力。

10. 新的动荡变革期全球治理的特征、趋势与变革之路

任琳在《人民论坛》2024年第14期撰文认为,置身世界新的动荡变革期,中国发展的外部环境更为严峻复杂。在世界新的动荡变革期,国际社会对全球治理合法性与有效性的需求增加,希冀联合国及其他多边治理机构发挥更为重要的作用,然而,在当下大国竞争常态化的时代背景之下,既成的全球治理体系面临诸多问题与挑战。中国只有深刻把握国际大势,统筹国内国际两个大局,既自立自强、做好自己的事情,又积极为全球治理体系改革注入中国智慧,才能联合国际社会一切积极力量在动荡变革中育先机、开新局。

11. 全球治理制度变迁与中国的战略选择——以渐进制度变迁为基础的新分析框架

李欣在《社会主义研究》2024年第4期撰文认为,全球化助推全球治理的兴起与发展,全球治理制度经历了漫长的、渐进的、有规律的变迁过程。本文在渐进制度变迁理论的基础上提出新的分析框架,将制度改革者和制度特征视为制度变迁的动力。纵观全球治理制度发展的历史,全球治理制度变迁经历了"转换—漂移—叠加—取代"的循环过程。在制度变革的初期,改革者实力较小,利用制度的模糊性,选择转换型制度变迁;当受到环境的冲

击时，制度改革者能够抓住机遇，选择漂移型变迁；随着制度改革者实力增强，能够利用制度的模糊性在旧制度中加入新的规则，选择叠加型变迁；当制度改革者改变了全球权力格局且旧制度的模糊性较小和合法性受到冲击时才会选择取代型制度变迁。中国作为负责任的大国，需要抓住全球治理制度变革的重要窗口期，积极参与全球治理体系改革和建设，推进国际关系民主化，推动全球治理朝着更加公正合理的方向发展。

12. "全球南方"与国际制度变革

王明国在《国外理论动态》2024年第4期撰文认为，国际制度性权力提升是"全球南方"崛起的重要标志。"全球南方"与国际制度变革之间存在双向互动关系，"全球南方"通过国际制度变革，推动了自身主体意识复兴和集体身份认同，而国际制度变革进一步提升了"全球南方"的影响力。历史上，西方国家对国际制度的规则垄断和话语控制，"全球南方"对国际制度的依附参与和被动裹挟，使国际制度出现了不平等的南北体系。近年来，南方国家加大了国际制度投入，推动国际制度"南方转向"，引发与西方国家在国际制度中的竞争，包括原则规范竞争、成员资格竞争、议题设置竞争和新建制度竞争。"全球南方"面临复杂外部环境，需要强化合作制度、创新合作模式、拓宽合作范围、丰富合作形式，推动世界走向和平、安全、繁荣、进步的光明前景。

13. "全球南方"崛起与全球治理发展

吴志成、王尹泽在《国外理论动态》2024年第4期撰文认为，随着全球化的深化和新兴市场国家的群体性崛起，"全球南方"已经成为加速世界多极化进程和推进全球治理体系改革的积极动力，也成为当今国际舞台上一支重要的战略性力量。"全球南方"集合了地理空间、世界政治、历史条件、发展水平和利益诉求等多层内涵，是新兴市场国家和发展中国家的集合体，具有全球性、多样性和中立性的特点。"全球南方"崛起加速了世界经济格局的演变和世界政治格局的多极化进程，促进了全球治理体系改革，为全球治理提供了经验和智慧，有助于丰富和拓展全球治理公共产品。中国作为"全球南方"天然成员，引领"全球南方"坚守独立自主的政治底色，坚持发展振兴的使命目标，坚持维护国际公道正义，携手构建"全球南方"命运共同体，将推动"全球南方"迈向更加美好的未来。

14. 全球发展倡议的规范内涵与实践来源

何越、朱杰进在《复旦国际关系评论》2024年第1期撰文认为，从全球治理体系变革的视角出发，本文将全球发展倡议理解为中国倡导的一种统筹治理的新型国际规范。其中，坚持发展优先原则和坚持以人民为中心原则是新型国际规范的核心内涵，具体表现为统筹发展与安全、统筹人民与国家的新型治理理念。从实践来源看，这一新型国际规范源于中国近年通过澜湄合作、上海合作组织等机制来重塑周边区域治理的一系列成功实践。在澜湄合作中，除了回应下游国家对跨境水资源合作的需求外，中国倡议开展跨境安全合作以及社会人文领域的合作，平衡该流域既有机制偏重经济合作和国家间合作的倾向，实现了发展与安全、人民与国家的统筹治理。在上海合作组织中，除了推进俄罗斯偏好的中亚安全合作外，中国倡议开展中亚经济合作和人文合作，平衡该机制侧重安全合作和国家间合作的倾向，也实现了发展与安全、人民与国家的统筹治理。

15. 他者观念塑造全球治理合作的路径分析

任琳、孙振民在《当代亚太》2024年第5期撰文认为，学界主要从器物和制度两个维度来解释全球治理难题，对观念维度的讨论相对不足。实际上，治理观念是理解全球治理难题的重要因素。通过分析霸权国和新兴国家在全球贸易治理、全球金融治理和全球发展治理等领域的几组合作治理案例，我们发现，议题实力、公共产品等因素通过治理观念这一中介变量发挥作用，塑造出多元的议题联盟偏好及治理合作类型。文章通过回顾国际关系研究中揭示的他者观念，并结合中国参与全球治理的理念与实践寻找中华优秀传统文化中的相对无他观念，梳理了不同的治理观念及其发挥作用的具体过程。

文章认为，价值他者、功能他者和相对无他三种治理观念分别生成传统议题联盟、功能议题联盟和开放议题联盟三种行为偏好，进而塑造了战略排他、求同存异和开放包容三种在不同程度上规避全球治理难题的合作类型。

16. 大国战略竞争与全球价值链的地缘政治转向

管传靖在《外交评论（外交学院学报）》2024年第6期撰文认为，随着大国战略竞争加剧，全球价值链究竟会随着地缘政治变迁而重构，还是会遵循市场逻辑并保持韧性，已成为一个亟待回答的现实问题。实际上，全球价值链存在于由地理空间与权力空间构成的双重生产空间，因此极易受地缘政治因素的影响。同时，全球价值链还具有连通性和等级性，权力因素通过这两个特征介入全球价值链治理。在大国战略竞争加剧背景下，地缘政治能够通过生产布局安全化、经济合作集团化、制度联系工具化和产业优势武器化等方式影响全球价值链的结构。近些年来，霸权焦虑刺激美国根据地缘政治利益重构价值链，安全压力也促使欧盟根据地缘政治需要调整自身价值链战略布局。美国和欧盟围绕产业政策、高新技术和关键原材料等议题重构全球价值链，使得基于全球价值链的国际经济合作出现较为明显的地缘政治转向，加剧了国际经济环境的不确定性。

17. 全球治理演化视野下的中国与全球治理体系关系——基于"施动者—结构"理论的分析

赵敏、刘昌明在《国际论坛》2024年第6期撰文认为，近年来，中国推动全球治理体系变革的积极行动被美西方质疑为颠覆当前体系的修正主义行为。正确认识和阐明中国与全球治理体系关系，须厘清全球治理体系价值内核和理论内涵、选取有效理论分析框架。全球治理体系是由基于国家间实力分布形成的权力结构、世界主流政治思潮形成的观念结构和世界性制度规范形成的制度结构共同组成的多维系统。"施动者—结构"理论是适应当今美西方社会认知规律、实现中西方通约对话的理想工具。运用这一理论分析可知，中国与全球治理体系是本体地位相同的互构关系。全球体系结构，既为中国参与全球治理提供规则和资源，也限定中国施动性发挥的边界；中国作为施动者，在与体系的历时态持续互动中以施动性促进体系再生。从全球治理演化视野看，全球治理体系历经自由主义思潮—超国家治理模式、国家主义思潮—大国共治模式和保守主义思潮—大国竞争博弈治理模式等结构形式的嬗变，中国也分别与之形成同频共振的共生关系、调和鼎鼐的协调关系和改制创新的变革关系等关系类型。当前，中国以积极行动匡扶失序的体系多维结构，坚守全球治理应然价值内核；不是体系的"修正"者，而是赋能者。

18. 经济全球化中的矛盾风险对现代化的不利影响及应对

吴忠民在《中共中央党校（国家行政学院）学报》2024 年第 6 期撰文认为，经济全球化对于任何一个国家的现代化建设都具有积极和消极的双重效应。经济全球化对于现代化建设固然具有必不可少的巨大推动作用，以至于离开全球化，现代化建设就无从谈起，但同时必须看到，全球化中所存在的诸多矛盾风险对于现代化建设也会造成一些明显的负面影响，而这一点有时不易引起人们的重视。就全球化对于现代化建设的负面效应而言，主要表现在三个重要维度上：全球化对于国家之间矛盾冲突的催生和加重；全球化对于国内社会矛盾冲突的催生和加重；全球化对于社会风险的催生和加重。有效应对全球化中的矛盾风险关键在于：积极推动人类命运共同体建设；保持自主性与开放性两者之间的平衡；建立起应对社会风险的战略资源储备体系。

19. 全球化、反全球化、逆全球化、替代全球化思潮的历史嬗变

徐艳玲、宋德照在《思想教育研究》2024 年第 12 期撰文认为，全球化、反全球化、逆全球化、替代全球化思潮具有时空上的并存样态与逻辑上的衍生关系。全球化思潮主要指涉的是西方学者赞成全球化的思想主张，是对全球化进程的"鼓"与"呼"；反全球化运动和思潮是全球化的逆动现象，是对全球化进程的"疑"与"忧"；逆全球化思潮是反全球化的"升级"，是对全球化进程的"破"与"变"，标志着反全球化从社会思潮演进为政治思潮；在全球化正向与逆向的互动博弈中，替代全球化思潮应运而生。人类命运共

同体作为解决全人类共同问题的中国智慧与中国方案，孕育着人类走出全球化困境的希望，为全球化未来演进打开了新的可能性空间。

20. 全球化辩证法研究——关于全球化发展态势与内在张力的哲学解释

薛晓源在《江海学刊》2025年第1期撰文认为，从哲学运思的高度描述和分析全球化辩证法的运行态势和发展规律在当前尤为必要。具体来说就是要梳理和概括全球化辩证法蕴含的空间辩证法、时间辩证法、状态辩证法与历史辩证法的外在肌理构成和内在生命张力，从解释学与现象学的视域来揭示全球化辩证法是即刻的辩证法、超越传统时间观的辩证法。应当说，全球化辩证法是流动的辩证法、超越空间间隔与距离的辩证法，同时全球化辩证法是二元间性的辩证法，蕴含了事物的复杂性与矛盾性。

21. 新的动荡变革期逆全球化的特点、成因及应对

任琳在《人民论坛·学术前沿》2025年第1期撰文认为，追溯全球化的起源，有助于我们思考全球化底层逻辑是否发生改变及我们该如何予以有效应对。在不同的历史阶段，全球化皆具有三对矛盾互动的基本特征：单向度与可逆性、非中性和中性、全球治理和国家治理。新的动荡变革期及此轮逆全球化的成因主要包括：民粹主义、保护主义和单边主义思潮的冲击；主客观"脱钩断链"冲击经济全球化的底层逻辑；科技进步既拉动增长又制造"数字鸿沟"；应对气候变化和经济增长双重治理目标难以兼顾；全球治理体系本身面临严峻的有效性与合法性危机。当下，如何让全球化重回健康轨道，成为摆在世界各国面前的重大历史性命题。作为负责任大国，中国正致力于构建以开放型世界经济、数字赋能与创新驱动、绿色可持续发展、互利共赢与普惠包容为特征的新型全球化。

22. 经济全球化的双重结构与百年变局下的新型经济全球化

田文林在《人民论坛·学术前沿》2025年第1期撰文认为，全球化包含了两重结构，即作为自然历史进程的全球化和西方主导的资本主义全球化。

前者是客观趋势和历史必然性的体现；后者是西方国家强加的结果，具有历史偶然性。几百年来，由于欧美国家始终主导并塑造世界体系，西方主导的资本主义全球化成为主流。这种资本主义全球化导致等级性经济秩序、全球贫富分化、安全局势动荡等一系列问题，使得"逆全球化"潮流不断涌现。人类社会应该抵制的是西方主导的资本主义全球化，而不是全球化本身。人类历史是一个否定之否定的发展历程，各国唯有积极参与体现自然历史进程的新型全球化，才能实现共存共荣、和平发展，推动构建人类命运共同体。

23. 新型经济全球化：新形势下的多元特点与发展路径

王辉耀在《人民论坛·学术前沿》2025年第1期撰文认为，当下，逆经济全球化思潮涌现，全球经济发展受阻，世界进入新的动荡变革期。在此背景下，推动新型经济全球化成为必然选择。新型经济全球化应以人为本，以高科技为引领，追求平等并注重生态平衡。为有效推进新型经济全球化，需强化多边合作机制，为合作筑牢根基；促进贸易和投资自由化便利化，激发市场活力；推动全球产业链供应链升级，提升经济韧性；倡导绿色转型，实现可持续发展；培育新型经济全球化人才，强化智力支撑。

24. 经济全球化的结构效应与新型经济全球化的发展方向

刘雪莲在《人民论坛·学术前沿》2025年第1期撰文认为，冷战后，全球化结构发生了重大变化，打破了西方发达资本主义国家的单向作用过程，形成多主体的推动；打破了"中心—边缘"的结构，边缘地带国家崛起；打破了国家中心主义，非国家主体作用得到发挥，这些结构变化带来了明显的结构效应，表现在世界整体性发展的大趋势难以改变，全球化进程中的资本主义固有矛盾仍然存在，全球化结构的动态性和多样性凸显，国内治理问题突出等方面。与全球化的结构效应相对照，新型全球化的发展方向：一是需要有更广泛的力量来推动；二是以发展逻辑取代资本逻辑；三是需要国家治理与全球治理相结合；四是需要数字技术对新型全球化赋能。中国等新兴市场国家和全球南方成为全球化的主要推动力量，也将是全球化的变革力量，构建平等、包容、普惠的新型全球化已经成为大势所趋；中国式现代化不仅是实现中华民族伟大复兴的必由之路，更是新型全球化结构多样化的典范；中国的发展不是与美国争夺霸权，而是要与其他新兴市场国家和广大发展中国家一道，为建设美好世界而努力。

25. 重思全球治理：大国世界的合作

约瑟夫·斯蒂格利茨、丹尼·罗德里克、周建军、汪兵韬在《世界社会科学》2025 年第 1 期撰文认为，人类生活在一个高度一体化、高度相互依存的世界之中，各个领域都需要全球治理。"良好"的全球治理应该避免"以邻为壑"的政策，考虑到世界各国发展的多样性，应关注和解决全球公共产品的问题，在推动提高全球效率的同时也应关注公平等问题。考虑到政治现实，一个更加有限、不那么雄心勃勃的全球议程可能更加可行。在气候变化与特别提款权、大流行病与知识产权豁免、跨国公司税收、投资协议、贸易政策、债务等方面，全球治理体系需要改革和完善。WTO 成立之后的贸易秩序的一些基本假设已经站不住脚。贸易的重点必须从更严格、一致的规则转向更低限度的可行做法，从而在扩大国家政策空间的同时避免最糟糕的"以邻为壑"行为，并确保最贫穷的国家不会被系统性地排除在外。旨在减缓气候变化的绿色产业政策，无法与贸易政策完全分离。中国对太阳能板的补贴是能够提升全球福祉的，这样的产业政策很难说是"以邻为壑"的政策。美国的《通胀削减法案》则可能成为一种"以邻为壑"的措施，尽管这并非其声称的目标。

26. 国际组织在全球数字经济治理中的双重角色

王皓在《国际经贸探索》2025 年第 2 期撰文认为，数字经济是促进当今世界经济发展的重要动力，也是重塑全球经济结构、改变全球竞争格局的关键力量。国际组织作为全球治理中不可或缺的重要平台和行为体，可通过制定国际规则实现对全球数字经济的硬法约束；也可以通过发表联合声明及倡议、为国际数字经济规则制定提供指导原则及指南、开展非正式对话以及解决数字经济特定问题实现对全球数字经济治理的软法治理。然而，国际政治经济格局变化和数字经济发展导致国际组织在开展全球数字经济治理时面临大国竞争、治理机制碎片化、数据主权和隐私保护等新挑战。未来，国际组织可通过加强大国合作、推动践行真正的多边主义、开展敏捷治理等方式提升全球数字经济治理的效能。

27. 重塑全球化共识：基于中国道路的静态与动态比较优势理论分析

余宇新、张瑾在《上海交通大学学报（哲学社会科学版）》2025 年第 1 期撰文认为，针对贫富差距扩大与全球经济供需结构失衡的问题，本文通过梳理全球化共识的演变历程，融合了静态与动态比较优势理论，重新解构全球化红利的分配逻辑以适应技术革新的现实背景，提出"共享繁荣，共谋发展"的新全球化共识框架。这一共识强调市场导向与尊重国家自主选择权的合作模式，旨在达成国际合作的最大公约数，进而推动全球化向深度与广度拓展。本研究对于应对"逆全球化"趋势，缓解国际经济秩序的动荡，提供了理论支撑与实践指导。

28. 全球治理体系变革的现实要求与新趋向

高飞在《人民论坛》2025 年第 3 期撰文认为，当今世界正经历百年未有之大变局，从本质上看这场变局是原有的全球治理机制难以适应全球政治、经济和社会领域深刻变革的必然结果，并通过地缘政治、社会经济、环境气候等危机和挑战形式予以呈现。站在人类发展新的十字路口，各种新旧问题与复杂矛盾叠加碰撞、交织发酵，这些都离不开全球治理。当前，全球治理呈现出一些新趋势与新特征，有机遇也有挑战。要深刻把握全球治理体系变革的现实要求，完善全球治理，为世界注入更多稳定力量，促进全世界共同繁荣。

29. 全球治理泛政治化：表现、观念根源与应对

孔凡伟在《东北亚论坛》2025 年第 2 期撰文认为，近年来，美欧不断把

全球治理作为大国博弈的工具，致使其被过度裹挟进国际政治竞争中，全球治理出现泛政治化现象。全球治理泛政治化主要表现为治理主体泛政治化、治理议题泛政治化及治理规则泛政治化。作为全球治理泛政治化的重要动因，国际观经由对外政策，作用于全球治理要素并引发了全球治理泛政治化。美欧持有的"世界领导者"角色观、共存占优竞合观及私利性规则观，导致他们采取了竞争性区域国别政策、转化性全球治理政策及偏私性国际制度政策。这些对外政策弱化了各国间全球治理合作以及国际组织效能，促使多个全球治理议题"升级"失焦，并破坏了多项全球治理规则的公正性，从而导致了全球治理泛政治化。人类命运共同体理念所倡导的平等尊重、互利共赢、公正包容等原则可以打破角色预设，化解权力竞逐，超越霸权逻辑，进而塑造有别于美欧的角色观、竞合观与规则观并促使全球治理"去政治化"。

30. "全球南方"崛起的全球治理意义

刘雪莲、唐新宇在《东北亚论坛》2025 年第 2 期撰文认为，"全球南方"的崛起已成为当今世界颇受瞩目的现实动向。从现实变化与既有研究来看，"全球南方"的崛起实际体现在实践和话语两个维度，其在政治、经济、文化等方面的发展正深刻影响着国际局势，并对全球治理产生了多重意义。在理论层面，"全球南方"的崛起推动了全球治理理论研究的"全球转向"，有助于破除西方中心主义，促进多元范式的发展；在结构层面，"全球南方"的崛起有助于调整当前全球治理存在的空间结构错位、制度结构分化、权力结构失衡、观念结构迟滞等问题，为全球治理秩序的稳定与变革贡献积极力量；在功能层面，"全球南方"强化了全球治理的发展导向，有助于提升全球发展治理的有效性；与此同时，尚处于建构之中的"全球南方"既为中国提供了在全球治理中发挥大国影响力的舞台，也蕴含着中国参与"全球南方"建构进而更好参与全球治理、推动中国特色大国外交的行动空间，凸显了全球治理发展中的"中国"意义。

全球化研究论文要目

（2024年4月—2025年3月）

杨乔蕾　整理

1. 习近平：《把握时代大势 共促世界繁荣》，载《人民日报》2024年11月17日。

2. 陈再齐、朱晓梅、宋宗宏：《全球价值链结构性权力重构与中国的战略选择》，载《广东社会科学》2025年第2期。

3. 赵英臣：《经济全球化守望与推进中国式现代化》，载《学术探索》2025年第4期。

4. 刘雪莲、唐新宇：《全球南方崛起的全球治理意义》，载《东北亚论坛》2025年第2期。

5. 孔凡伟：《全球治理泛政治化：表现、观念根源与应对》，载《东北亚论坛》2025年第2期。

6. 付宇、李柯蔓：《全球治理"碎片化"背景下非政府组织角色的变化——以环境治理领域为例》，载《教学与研究》2025年第2期。

7. 熊李力：《全球地缘政治现状剖析与趋势前瞻》，载《人民论坛》2025年第3期。

8. 高飞：《全球治理体系变革的现实要求与新趋向》，载《人民论坛》2025年第3期。

9. 黄艳希、邹紫微、章添香：《发展中经济体能否通过"南北"型国际研发合作提升全球价值链分工地位》，载《中国科技论坛》2025 年第 2 期。

10. 屠年松、肖涛：《人工智能技术对制造业全球价值链地位的影响研究——基于人工智能专利数据的实证分析》，载《中国科技论坛》2025 年第 2 期。

11. 徐秀军：《"全球南方"群体性崛起与世界大变局演进方向》，载《太平洋学报》2025 年第 1 期。

12. 何怀远：《为完善全球治理推动可持续发展注入中国力量》，载《红旗文稿》2025 年第 2 期。

13. 余宇新、张瑾：《重塑全球化共识：基于中国道路的静态与动态比较优势理论分析》，载《上海交通大学学报（哲学社会科学版）》2025 年第 1 期。

14. 王皓：《国际组织在全球数字经济治理中的双重角色》，载《国际经贸探索》2025 年第 2 期。

15. 魏龙、张敏、易子榆：《研发网络嵌入、制度质量与全球价值链攀升》，载《统计与信息论坛》2025 年第 1 期。

16. 孙铁牛：《经济全球化"虽非坦途仍为正道"》，载《光明日报》2025 年 1 月 20 日。

17. 李之旭、彭水军：《全球价值链风险暴露与需求冲击传递——一个统一的分析框架》，载《经济研究》2025 年第 1 期。

18. 王胜利、张笑笛：《数据要素增强生产性服务业全球价值链韧性研究》，载《东南大学学报（哲学社会科学版）》2025 年第 1 期。

19. 赵磊、方长平：《全球产业治理的大国竞争分析——基于美国对华产业压制视角》，载《国际经贸探索》2025 年第 1 期。

20. 和音：《坚定引领经济全球化正确方向》，载《人民日报》2025 年 1 月 18 日。

21. 刘孟男：《中华文明与全球治理：追本、对话与展望》，载《哈尔滨工业大学学报（社会科学版）》2025 年第 1 期。

22. 寰宇平：《三问经济全球化》，载《人民日报》2025年1月17日。

23. 郭秋梅、卢勇：《中国式现代化与全球发展体系转型》，载《国际论坛》2025年第1期。

24. 钟书能、施思：《文化多样性与全球化的逻辑关系与实践路径探究》，载《当代外语研究》2025年第1期。

25. 唐幸、张怡玲：《"一带一路"与经济全球化》，载《宏观经济管理》2025年第1期。

26. 卢静、林怡娉：《大变局下国际思潮新动向与中国外交应对》，载《国际问题研究》2025年第1期。

27. 约瑟夫·斯蒂格利茨、丹尼·罗德里克、周建军、汪兵韬：《重思全球治理：大国世界的合作》，载《世界社会科学》2025年第1期。

28. 胡键：《全球安全知识生产与全球安全治理》，载《世界社会科学》2025年第1期。

29. 彭竞兰：《布局全球化科研 推进数智化建设》，载《科技日报》2025年1月14日。

30. 汤莉：《复杂形势下，中国制造如何掌舵全球化新航程？》，载《国际商报》2025年1月14日。

31. 刘雪莲：《经济全球化的结构效应与新型经济全球化的发展方向》，载《人民论坛·学术前沿》2025年第1期。

32. 宋国友：《美国的逆行与新型经济全球化的兴起》，载《人民论坛·学术前沿》2025年第1期。

33. 王辉耀：《新型经济全球化：新形势下的多元特点与发展路径》，载《人民论坛·学术前沿》2025年第1期。

34. 王宁：《新型经济全球化的兴起与中国式现代化的世界意义》，载《人民论坛·学术前沿》2025年第1期。

35. 田文林：《经济全球化的双重结构与百年变局下的新型经济全球化》，载《人民论坛·学术前沿》2025年第1期。

36. 任琳：《新的动荡变革期逆全球化的特点、成因及应对》，载《人民论坛·学术前沿》2025 年第 1 期。

38. 刘世强、永林钎：《普惠包容的经济全球化：核心要义与推动路径》，载《新视野》2025 年第 1 期。

38. 李晓进：《从共主观性现象学到全球化共同体的构成》，载《江海学刊》2025 年第 1 期。

39. 薛晓源：《全球化辩证法研究——关于全球化发展态势与内在张力的哲学解释》，载《江海学刊》2025 年第 1 期。

40. 葛新庭、谢建国：《智能化是否加速价值链"脱钩"：基于跨国制造业数据的研究》，载《世界经济研究》2025 年第 1 期。

41. 程聪瑞：《共同安全与全球治理：概念、挑战与路径》，载《华中科技大学学报（社会科学版）》2025 年第 1 期。

42. 费英秋、武玉婷：《马克思交往理论视域下逆全球化的本质辨析及中国对策》，载《河南师范大学学报（哲学社会科学版）》2025 年第 1 期。

43. 郭言：《共同维护多边贸易体制》，载《经济日报》2025 年第 1 期。

44. 苏若林、江嘉妍：《全球安全倡议与冲突调停的方式创新》，载《国际安全研究》2025 年第 1 期。

45. 刘从德、李晶洁：《新的叙事与全球治理意蕴：中国国际"塑造力"提升的内在逻辑》，载《社会主义研究》2024 年第 6 期。

46. 易子榆：《数据要素渗透与制造业全球价值链重构》，载《统计与决策》2024 年第 24 期。

47. 王小伟：《开放、稳定、韧性：全球化供应链的重要关键词》，载《证券时报》2024 年 12 月 25 日。

48. 徐艳玲、宋德照：《全球化、反全球化、逆全球化、替代全球化思潮的历史嬗变》，载《思想教育研究》2024 年第 12 期。

49. 张育瑄：《全球治理视角下人类命运共同体对西方传统全球正义理论的超越》，载《世界民族》2024 年第 6 期。

50. 王金强、崔文星、曲舒怡：《"全球南方"共同体的理论内涵与实践路径》，载《当代亚太》2024 年第 6 期。

51. 蒋芊、李雨浓、汪涛：《全球化、区域贸易协定与服务贸易》，载《经济学报》2024 年第 4 期。

52. 高奇正、张建清、李舒婷、赵崔泽昊：《全球价值链网络中心地位提升的关键因素：质量或价格》，载《中国管理科学》2024 年第 12 期。

53. 刘凯、许利平：《发展导向型全球治理：缘起、内涵与中国方案》，载《和平与发展》2024 年第 6 期。

54. 陈子阳：《践行真正的多边主义 以共同行动应对全球挑战》，载《南方日报》2024 年 12 月 14 日。

55. 和音：《以"同球共济"精神促进共同发展》，载《人民日报》2024 年 12 月 12 日。

56. 王中美：《再全球化：多边机制面临的困境与复兴路径》，载《当代世界》2024 年第 12 期。

57. 彭训文：《全球治理中的"南方声音"更响亮》，载《人民日报（海外版）》2024 年 12 月 2 日。

58. 吴忠民：《经济全球化中的矛盾风险对现代化的不利影响及应对》，载《中共中央党校（国家行政学院）学报》2024 年第 6 期。

59. 胡建东、吴宏政：《全球生态治理的中国方案——人类命运共同体理念的生态政治学意蕴》，载《中共中央党校（国家行政学院）学报》2024 年第 6 期。

60. 吴志成、刘培东：《世界百年未有之大变局下参与引领全球治理体系变革的中国视角》，载《马克思主义与现实》2024 年第 6 期。

61. 张亚斌、马莉莉：《"数字丝绸之路"建设引领新型数字经济全球化：逻辑机制与中国方略》，载《学术论坛》2024 年第 6 期。

62. 丁煌、吕嘉欣：《完善全球治理"共商机制"的对策探析》，载《上海交通大学学报（哲学社会科学版）》2024 年第 11 期。

63. 程恩富：《"东升西降"国际新格局与全球经济治理》，载《世界社会主义研究》2024 年第 11 期。

64. 贾子凡、陈小茹：《经济全球化变革势在必行》，载《中国青年报》

2024 年 11 月 22 日。

65. 赵敏、刘昌明：《全球治理演化视野下的中国与全球治理体系关系——基于"施动者—结构"理论的分析》，载《国际论坛》2024 年第 6 期。

66. 陈丽娴、姜兴民：《全球数字服务贸易壁垒网络对制造业价值链升级的影响研究》，载《国际商务（对外经济贸易大学学报）》2024 年第 6 期。

67. 景璟：《论全球政治的空间叙事与差异》，载《云南师范大学学报（哲学社会科学版）》2024 年第 6 期。

68. 林桂军、马继凯、任靓：《服务贸易全球化发展的特征与我国面临的挑战》，载《国际贸易问题》2024 年第 11 期。

69. 郑永年：《中国单边开放正重塑全球化》，载《中国经济周刊》2024 年第 21 期。

70. 张春：《全球安全倡议与国际安全公共产品的供应创新》，载《国际安全研究》2024 年第 6 期。

71. 郭晓娜、陈睿山、李强、张春焕：《全球气候治理演变历程及实践框架研究》，载《世界地理研究》2024 年第 11 期。

72. 刘世强：《世界秩序变革趋势与大国治理能力提升》，载《人民论坛》2024 年第 21 期。

73. 尹铂淳：《全球合作话语体系：意蕴内涵及构建路径》，载《湖南社会科学》2024 年第 6 期。

74. 杨娜：《金砖合作机制赋能"全球南方"的实践路径》，载《当代世界》2024 年第 11 期。

75. 潘寅茹：《经济全球化并未发生根本逆转 数字贸易引领破局》，载《第一财经日报》2024 年 11 月 8 日。

76. 刘馨蔚：《贸易壁垒伤人伤己 "再全球化"将让更多人受益》，载《中国贸易报》2024 年 11 月 7 日。

77. 吴卫群：《经济全球化改善生活水平》，载《解放日报》2024 年 11 月 6 日。

78. 韩笑：《风险社会视域下全球文明倡议的时代意义》，载《国际观察》

2024 年第 6 期。

79. 管传靖：《大国战略竞争与全球价值链的地缘政治转向》，载《外交评论（外交学院学报）》2024 年第 6 期。

80. 马述忠、陈逸凡、张洪胜：《产业数字化与生产全球化——基于附加值地理分布的视角》，载《管理世界》2024 年第 11 期。

81. 胡国良、王继源、龙少波：《全球化转向中的跨国公司结构性演变及中国策略选择》，载《经济学家》2024 年第 11 期。

82. 韩娜、董小宇：《全球人工智能安全治理的信任困境与破解路径》，载《国际论坛》2024 年第 6 期。

83. 周国富、湛婧宁：《RCEP、贸易比较优势与价值链分工地位》，载《经济与管理》2024 年第 6 期。

84. 张燕生：《全球经济形势与中国的应对策略》，载《俄罗斯研究》2024 年第 5 期。

85. 孙灿：《"大援外"体系中的"小而美"项目——"一带一路"提升全球普惠发展的微观机制研究》，载《当代亚太》2024 年第 5 期。

86. 任琳、孙振民：《他者观念塑造全球治理合作的路径分析》，载《当代亚太》2024 年第 5 期。

87. 任鹏飞：《全球数据安全治理面临的挑战与中国的治理方案》，载《社会主义研究》2024 年第 5 期。

88. 金新、刘雨松：《中国在全球安全治理中的参与机制及其完善路径》，载《社会主义研究》2024 年第 5 期。

89. 唐楠、李静、曹啸、李佳慧：《跨境数据流动限制对全球价值链分工的影响研究》，载《财经论丛》2024 年第 12 期。

90. 黄保罗：《权威：当前全球化的核心问题》，载《长江学术》2024 年第 4 期。

91. 徐宏潇：《数智时代算力经济全球化的资本逻辑及其极化效应》，载《经济学家》2024 年第 10 期。

92. 朱福林：《全球价值链基本图景、"分合"逻辑与战略应对》，载《福建论坛（人文社会科学版）》2024 年第 10 期。

93. 景璟：《中国参与全球治理的施动性分析——基于双向互动的逻辑》，载《社会科学战线》2024 年第 10 期。

94. 何越、朱杰进：《全球发展倡议的规范内涵与实践来源》，载《复旦国际关系评论》2024 年第 1 期。

95. 贾开、俞晗之：《议题属性与国内政治：全球数字治理的合作与竞争》，载《行政论坛》2024 年第 5 期。

96. 张建平、董建业：《全球价值链区域化发展的演变方向和趋势研究》，载《宏观经济研究》2024 年第 9 期。

97. 叶淑兰、李孟婷：《全球人工智能治理：进展、困境与前景》，载《国际问题研究》2024 年第 5 期。

98. 杨洁勉、沈若豪：《"全球南方"的历史轨迹和时代使命》，载《国际问题研究》2024 年第 5 期。

99. 云新雷、夏立平：《全球文明倡议：推进人类文明多样性的中国方案》，载《国际展望》2024 年第 5 期。

100. 秦川、胡大平：《全球现代性语境中的中国式现代化》，载《云南师范大学学报（哲学社会科学版）》2024 年第 5 期。

101. 文武、吕建阳、张海洋：《数字技术嵌入环节与全球价值链分工地位》，载《财贸经济》2024 年第 9 期。

102. 胡继平、徐飞彪：《全球化蜕变及其对"全球南方"的意义》，载《当代中国与世界》2024 年第 3 期。

103. 李安山：《全球治理与中非合作：逻辑动因、历史基础与现实需求》，载《当代世界》2024 年第 9 期。

104. 陈秋丰：《基于原则的治理：全球公域治理机制变迁的逻辑》，载《国际观察》2024 年第 5 期。

105. 张蛟龙：《金砖扩员与全球治理变革》，载《亚太安全与海洋研究》2024 年第 5 期。

106. 刘卿：《全球信任危机与国际信任重建》，载《人民论坛·学术前沿》2024 年第 16 期。

107. 林宏宇：《2024 年美国大选对国际政治经济关系及国际安全环境的影响》，载《国际论坛》2024 年第 5 期。

108. 王菲、陈晨、刘鹏飞：《全球气候安全问题的演进逻辑、成因分析及出路探究——以联合国为实证》，载《环境保护》2024 年第 16 期。

109. 许艺煊、毛顺宇、陆树檀：《全球价值链的经济学研究进展》，载《当代经济管理》2024 年第 11 期。

110. 吴忠民：《论全球化对生成和提升现代化动力的巨大作用》，载《当代世界与社会主义》2024 年第 4 期。

111. 吴志成、王尹泽：《"全球南方"崛起与全球治理发展》，载《国外理论动态》2024 年第 4 期。

112. 王明国：《"全球南方"与国际制度变革》，载《国外理论动态》2024 年第 4 期。

113. 李欣：《全球治理制度变迁与中国的战略选择——以渐进制度变迁为基础的新分析框架》，载《社会主义研究》2024 年第 4 期。

114. 和音：《坚持合作共赢 推动经济全球化》，载《人民日报》2024 年 8 月 15 日。

115. 李亚琪、贺来：《数智时代全球数字治理的现代性困境与中国战略选择》，载《南京社会科学》2024 年第 8 期。

116. 丁煌、吕嘉欣：《论全球治理的"理论赤字"及其纾解》，载《南京社会科学》2024 年第 8 期。

117. 陈翔：《"全球南方"参与全球安全治理的路径、动力及影响》，载《和平与发展》2024 年第 4 期。

118. 王明国：《全球发展倡议与全球发展治理体系变革》，载《当代世界》2024 年第 8 期。

119. 张东冬：《三大全球倡议与人工智能全球治理的新理路》，载《俄罗斯东欧中亚研究》2024 年第 4 期。

120. 任琳：《新的动荡变革期全球治理的特征、趋势与变革之路》，载

《人民论坛》2024 年第 14 期。

121. 陈菁泉、陈雪纯、马晓君、徐晓晴：《数字贸易壁垒对全球价值链攀升的影响》，载《国际经贸探索》2024 年第 7 期。

122. 桂天晗、王磊、陈济冬：《国家经济发展与国际组织代表性——解析全球治理中的国家影响力机制》，载《世界经济与政治》2024 年第 7 期。

123. 陈伟光、孙慧卿：《全球海洋治理的国家参与：一个比较分析框架》，载《广东社会科学》2024 年第 4 期。

124. 韩笑、吴志成：《全球风险扩散与治理韧性建设》，载《探索与争鸣》2024 年第 7 期。

125. 李国辉：《碳中和目标下的全球海洋综合治理及中国贡献》，载《亚太安全与海洋研究》2024 年第 4 期。

126. 胡玫、钊阳：《数字服务贸易壁垒与全球价值链地位》，载《世界经济与政治论坛》2024 年第 4 期。

127. 程志宙、王岚、刘依茼：《区域贸易协定、价值链网络结构与制造业价值链关联》，载《国际贸易问题》2024 年第 7 期。

128. 孙倩、薛进军、孙克娟：《地缘政治演变与全球能源供应链重建》，载《世界社会科学》2024 年第 4 期。

129. 廖凡：《数字主权与全球数字治理》，载《暨南学报（哲学社会科学版）》2024 年第 7 期。

130. 阎德学：《全球人工智能治理：联合国的角色》，载《国际问题研究》2024 年第 4 期。

131. 李丹、李龙龙：《构建全球发展共同体：核心要义与中国实践》，载《国际问题研究》2024 年第 4 期。

132. 祁昊天：《从整合、多元到协商：安全共同体理念演化与全球安全治理》，载《亚太安全与海洋研究》2024 年第 4 期。

133. 胡键：《全球数字治理：理论问题、价值目标和治理工具》，载《国际经贸探索》2024 年第 7 期。

134. 刘雪莲、张觉文：《东北亚国家关系的矛盾性与中国的战略选择——

基于全球化与地缘政治交织的视角》,载《吉林大学社会科学学报》2024 年第 4 期。

135. 刘贞晔:《全球治理与国家治理互动的理论要义及现实出路》,载《国际观察》2024 年第 4 期。

136. 冯绍雷、杨洁勉、黄仁伟、范军、余伟民、毕洪业、丁纯、赵隆:《危机与秩序:21 世纪全球转型问题》,载《俄罗斯研究》2024 年第 3 期。

137. 马丹、杨钰涵:《区域数字贸易规则与全球数字价值链》,载《统计研究》2024 年第 6 期。

138. 张二震、戴翔:《经济全球化新变局与中国开放发展新思路》,载《学习与探索》2024 年第 6 期。

139. 白钢、丁耘、寒竹、李滨、李磊、罗岗、苏长和、唐杰、王绍光、吴新文、殷之光、张广生:《大变局中的国家、文明与全球秩序》,载《东方学刊》2024 年第 2 期。

140. 竺波亮:《地缘政治竞争和全球价值链》,载《国际政治研究》2024 年第 3 期。

141. 张南燕:《论全球化与国家主权的互动》,载《湖北社会科学》2024 年第 6 期。

142. 王明国:《从边缘性反抗到结构性重塑:"全球南方"与国际秩序转型》,载《太平洋学报》2024 年第 5 期。

143. 萨汉·萨瓦斯·卡拉塔斯利、王文彬:《世界霸权秩序、分配(非)正义与全球社会变革》,载《马克思主义与现实》2024 年第 3 期。

144. 徐飞彪、王友明、翟崑、卢静、徐秀军、任琳、唐志超、孙德刚、林民旺、周志伟、李勇慧、沈陈:《"大金砖"与"全球南方":合作、治理与变革》,载《俄罗斯东欧中亚研究》2024 年第 3 期。

145. 孙昌岳:《世界经济多极化全球化总趋势未变》,载《经济日报》2024 年 5 月 16 日。

146. 赵静梅、田远杰、钟浩:《欧美"逆全球化"的代价——基于国际经济周期协同的视角》,载《国际经贸探索》2024 年第 5 期。

147. 张宜强、段钢：《中国式现代化对全球现代性困境的三重破解》，载《东岳论丛》2024 年第 4 期。

148. 释启鹏、陈想：《世界政治学视野下西方全球治理理论的缺陷及其克服》，载《教学与研究》2024 年第 5 期。

149. 刘雪莲、卓晔：《全球治理的"内卷式"困境与中国的作为》，载《国际展望》2024 年第 3 期。

150. 韩升：《全人类共同价值引领 21 世纪全球化生存的主体间性逻辑》，载《理论探讨》2024 年第 3 期。

151. 谢申祥、高新锐：《数字产业与制造业企业全球价值链韧性》，载《暨南学报（哲学社会科学版）》2024 年第 5 期。

152. 陈薇：《从全球问题到议题政治：全球性议题的脉络、谱系与议程设置》，载《现代传播（中国传媒大学学报）》2024 年第 5 期。

153. 李剑、于雪梅、栾朔琛、姜宝：《全球价值链区域化的测度、趋势与异质性》，载《统计与决策》2024 年第 9 期。

154. 陈泥、肖波：《何以全球文化治理：文化多样性公约的共识达成与执行评估机制研究》，载《湖北民族大学学报（哲学社会科学版）》2024 年第 6 期。

155. 高奇琦：《从大国协调到全球性机制：人工智能大模型全球治理路径探析》，载《当代世界》2024 年第 5 期。

156. 李正图、朱秋：《数字经济全球化：历史必然性、显著特征及战略选择》，载《兰州大学学报（社会科学版）》2024 年第 2 期。

157. 杨慧：《全球文明倡议、新时代文明观与国际秩序转型》，载《东岳论丛》2024 年第 3 期。

158. 翟崑：《消解"四大赤字"：完善全球治理的中国方案》，载《人民论坛》2024 年第 8 期。

159. 宋国新：《俄乌冲突背景下全球安全治理困境及其破解》，载《俄罗斯研究》2024 年第 2 期。

160. 孙吉胜：《全球信任赤字与重建信任的中国方案》，载《人民论坛·

学术前沿》2024年第8期。

161. 王义桅：《破解全球信任赤字的理论逻辑与实践逻辑》，载《人民论坛·学术前沿》2024年第8期。

162. 李志强：《全球信任赤字的形成原因与生成机制》，载《人民论坛·学术前沿》2024年第8期。

163. 叶海林：《泛安全化背景下的国际信任缺失与重构》，载《人民论坛·学术前沿》2024年第8期。

164. 熊光清、王瑞：《全球互联网治理中的网络主权：历史演进、国际争议和中国立场》，载《学习与探索》2024年第4期。

165. 吴志成、徐信高：《推动全球治理更加公正合理的中国视角与实践》，载《世界经济与政治》2024年第4期。

166. 赵洋：《全球治理转型与中国对全球治理的观念公共产品供给》，载《东北亚论坛》2024年第3期。

167. 刘培东：《全球多层网络治理的理论构建与路径探索》，载《东北亚论坛》2024年第3期。

168. 贾开、俞晗之、薛澜：《人工智能全球治理新阶段的特征、赤字与改革方向》，载《国际论坛》2024年第3期。

《全球化研究》稿约

1. 《全球化研究》（*Globalization Studies*）是由北京师范大学全球化研究与文化发展战略研究院和中华文化研究院丨京师书院共同主办、中央编译出版社出版的学术集刊，专事刊登全球化研究领域的论文、译作、访谈和书评，力求在不同尺度和维度上汇聚国内外一流学者对全球化理论与实践研究的真知灼见，针对全球化研究发出中国的声音，把"释放全球化的善意、发挥全球化的美德"写在人类命运共同体同舟共济的桅杆之上。本刊采用匿名评审方式接收原创学术论文，欢迎海内外学者赐稿。

2. 发表论文以中文为主，一般以 1.5 万字左右为宜，特殊情况另行处理。

3. 来稿必须未经发表，如属会议论文，以未收入正式出版论文集为限；如有抄袭或侵权行为，概由投稿者负责。

4. 所有学术论文先由编委会作初步遴选，获通过的论文会送请专家学者做匿名评审。文中请勿出现能够辨识作者身份的信息。

5. 来稿请另页标明中英文篇名、投稿人发表用的中英文姓名，并附中英文摘要及关键词（以 5 个为限）。

6. 来稿一律采用页下注（脚注）形式，每页单独编号。一般情况下，引用外文文献的注释仍从原文，无须另行译出。文章正文后不另开列"参考文献"。所引资料及其注释务求真实、准确、规范，体例请参考《全球化研究》往期刊文。并请以 Microsoft Word 兼容的文稿电子文件投稿。

7. 来稿请附个人简介，并附通信地址、电话、电子邮件等联系方式。

8. 来稿一经刊登，即送作者当期刊物 2 册，并付稿酬。

9. 本刊已收入中国知网（CNKI）中文期刊全文数据库。

10. 来稿经本刊发表后，除作者本人将其著作结集出版外，凡任何形式的翻印、转载、翻译等均须事先征得本刊同意。

11. 来稿请以附件方式发邮件至：globalization_bnu@163.com。自收稿之日起 2 个月内未收到编辑部通知，稿件可自行处理。

12. 本刊主编和编委会保留发表最后决定权，并可以对来稿文字做调整删节。如不愿删改，请于来稿时事先予以说明。

《全球化研究》编辑部